昆明统计年鉴

KUNMING STATISTICAL YEARBOOK

2018

昆明市统计局
KUNMING MUNICIPAL BUREAU OF STATISTICS
云南滇中新区统计局
YUNNAN DIANZHONG DISTRICT BUREAU OF STATISTCS
国家统计局昆明调查队
NBS SURVEY OFFICE IN KUNMING
编

中国统计出版社
China Statistics Press

图书在版编目(CIP)数据

昆明统计年鉴.2018/昆明市统计局编.—北京：
中国统计出版社，2018.9
ISBN 978-7-5037-8616-7

Ⅰ.①昆… Ⅱ.①昆… Ⅲ.①统计资料－昆明－
2018－年鉴 Ⅳ.①C832.741-54

中国版本图书馆CIP数据核字(2018)第192359号

昆明统计年鉴—2018

作　　者/昆明市统计局
责任编辑/陈越月
装帧设计/宋瑾霞　王肖庆
出版发行/中国统计出版社
通信地址/北京市丰台区西三环南路甲6号
邮　　编/100073
电　　话/邮购（010）63376909　书店（010）68783171
网　　址/http://csp.stats.gov.cn
印　　刷/云南出版印刷（集团）有限责任公司
　　　　　云南新华印刷一厂
经　　销/新华书店
开　　本/890×1240毫米 1/16
字　　数/606千字
印　　张/28.25
版　　别/2018年9月第1版
版　　次/2018年9月第1次印刷
定　　价/300.00元

《昆明统计年鉴——2018年》编委会和编辑部

生产总值（亿元）

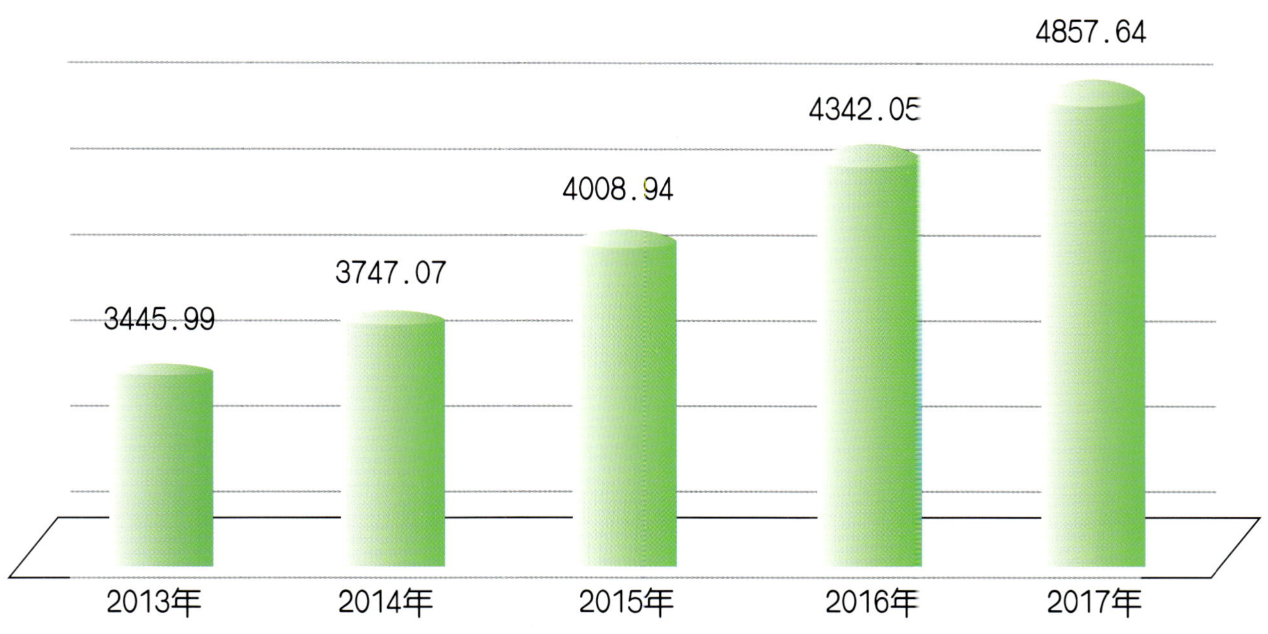

生产总值构成（%）

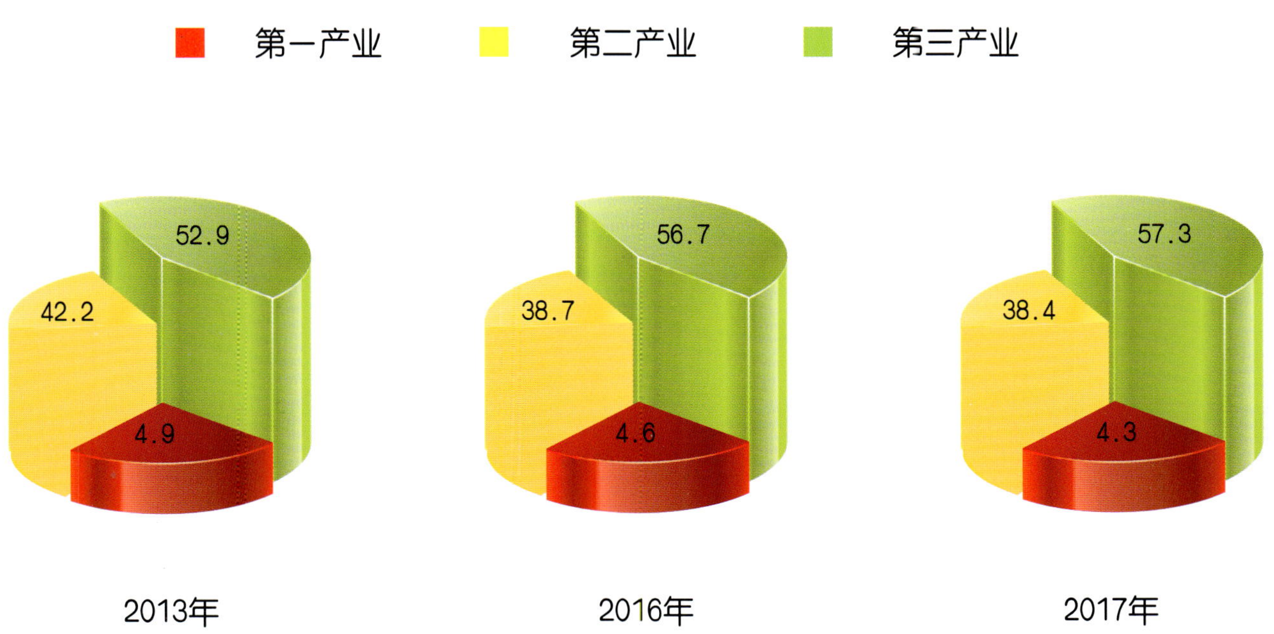

人均生产总值（元）

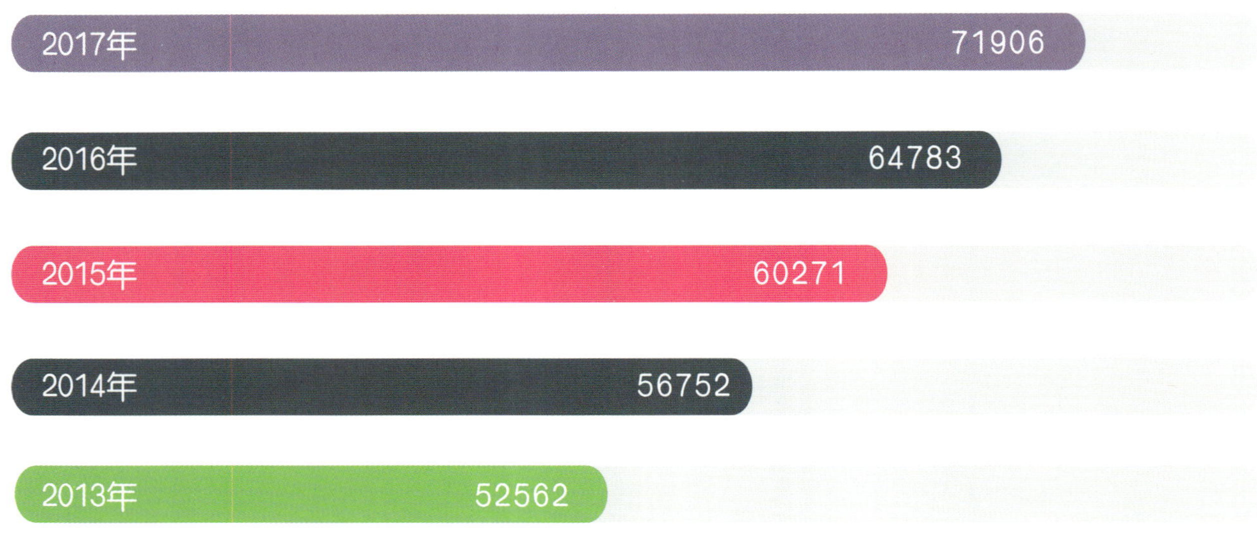

年末常住人口（万人）

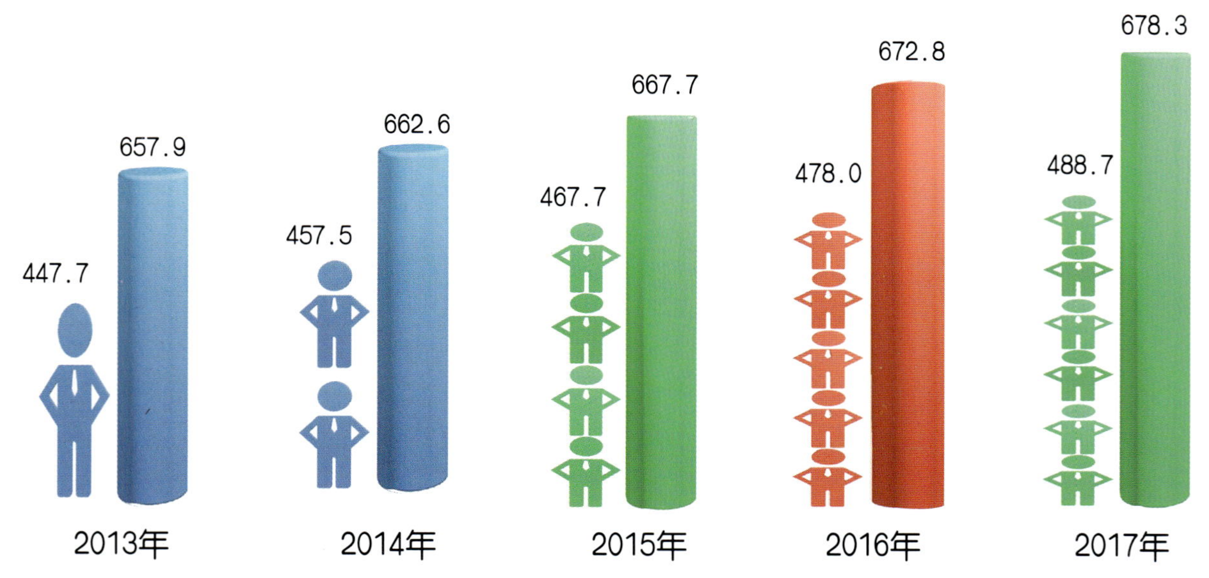

规模以上工业增加值（亿元）

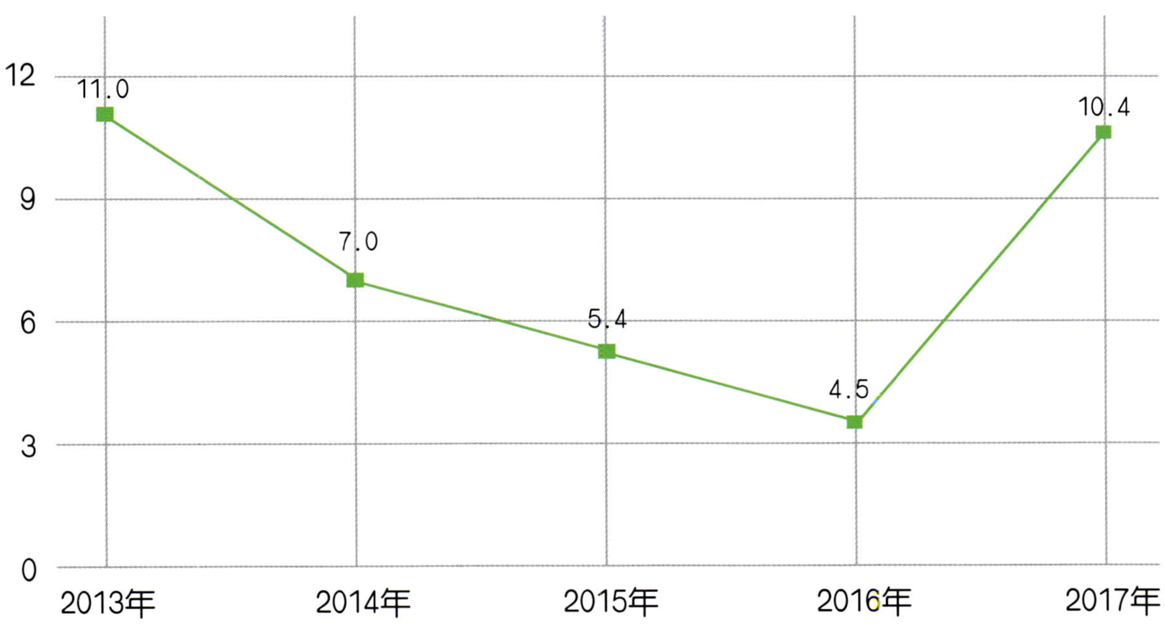

农林牧渔及服务业总产值（亿元）

固定资产投资（亿元）

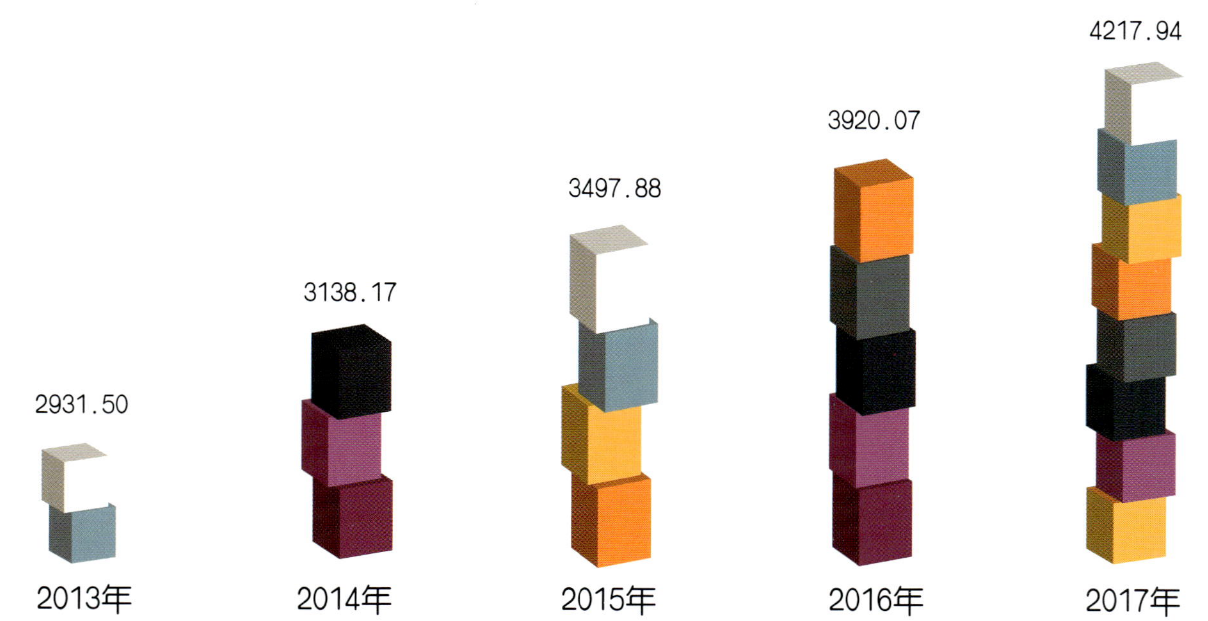

社会消费品零售总额（亿元）

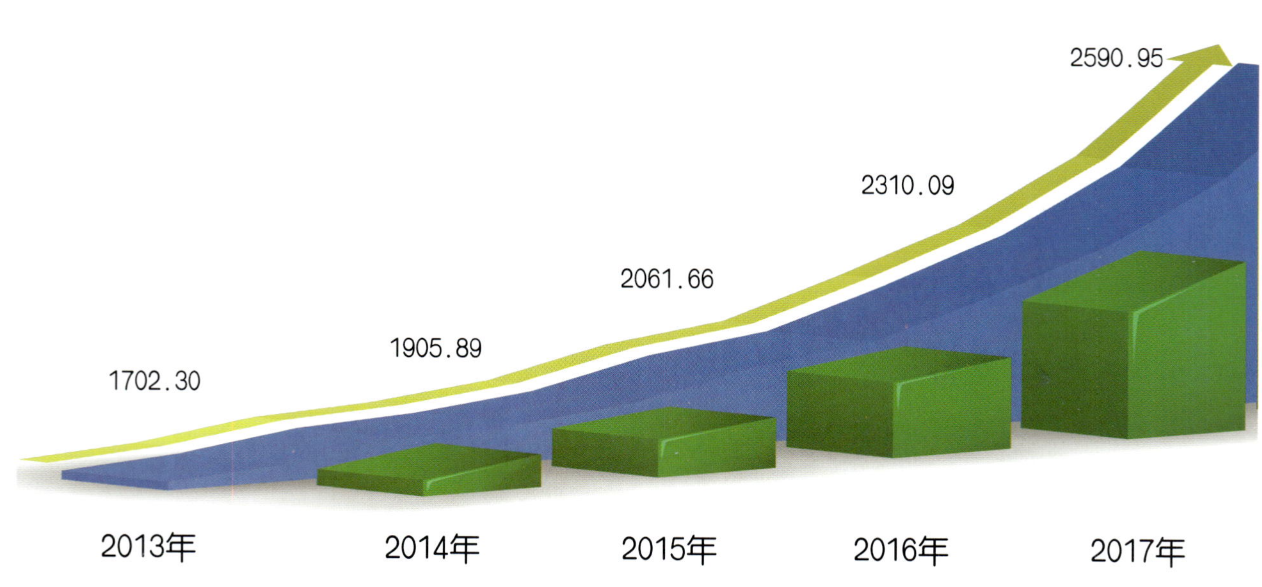

进出口总额（亿美元）

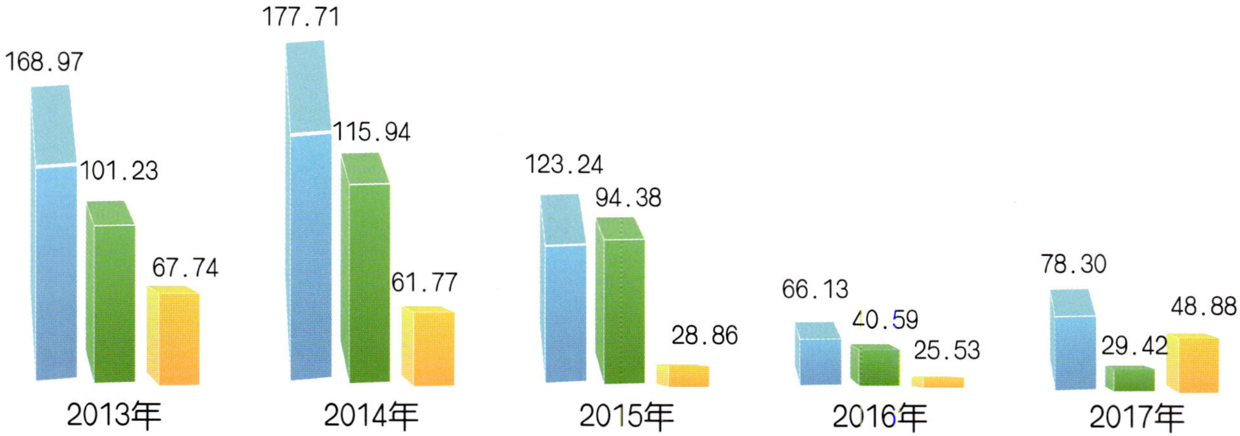

旅游人数及收入

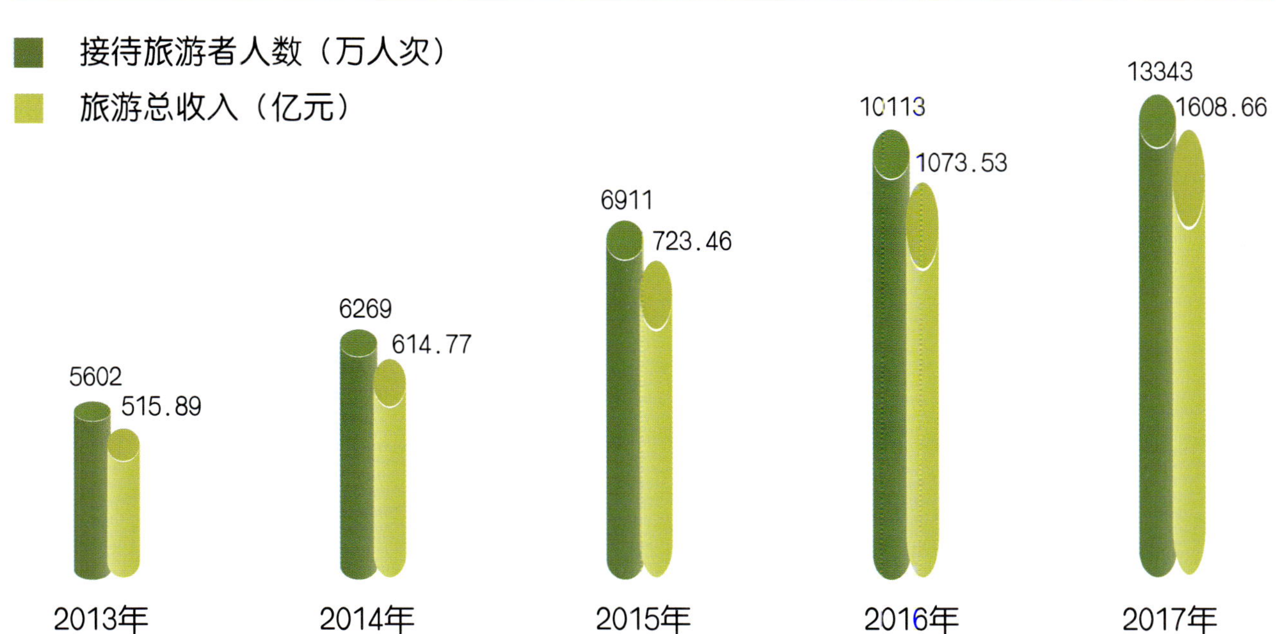

财 政（亿元）

地方公共财政预算收入
地方公共财政预算支出
450.75
585.76
477.97
593.66
502.22
615.49
518.39
688.40
560.86
775.90
2013年
2014年
2015年
2016年
2017年

金 融（亿元）

金融机构人民币存款余额
金融机构人民币贷款余额
10085.36
9148.63
10582.22
10201.32
11850.53
11940.24
12655.68
13520.32
13466.56
14789.35
2013年
2014年
2015年
2016年
2017年

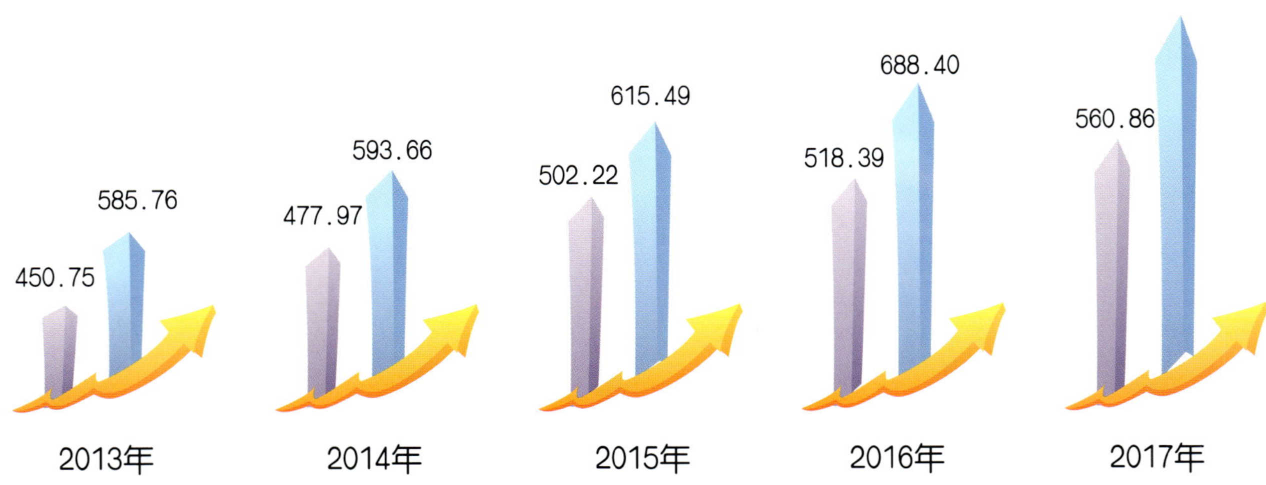

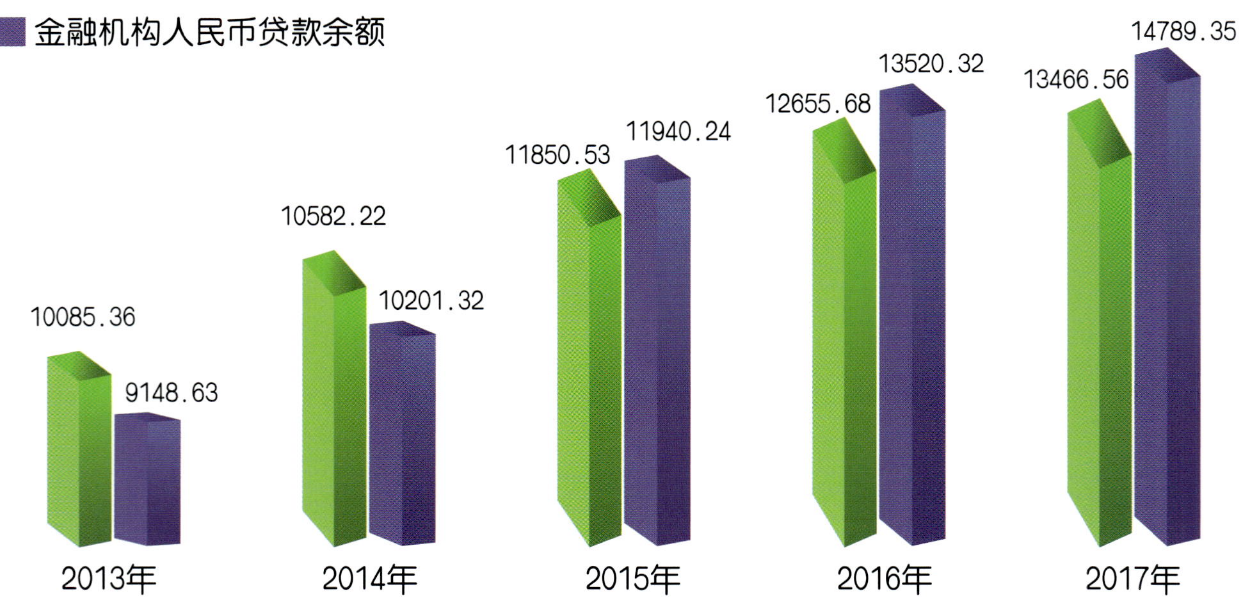

城乡居民收入（元）

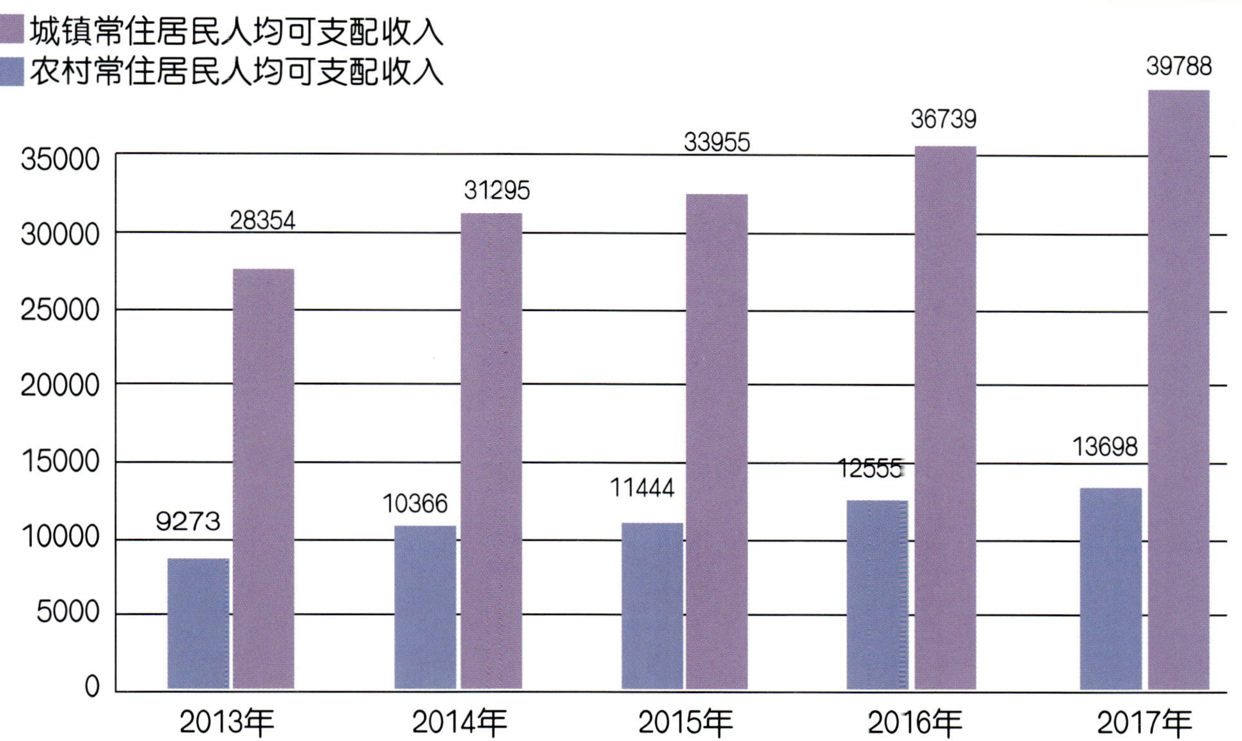

价格指数（%）

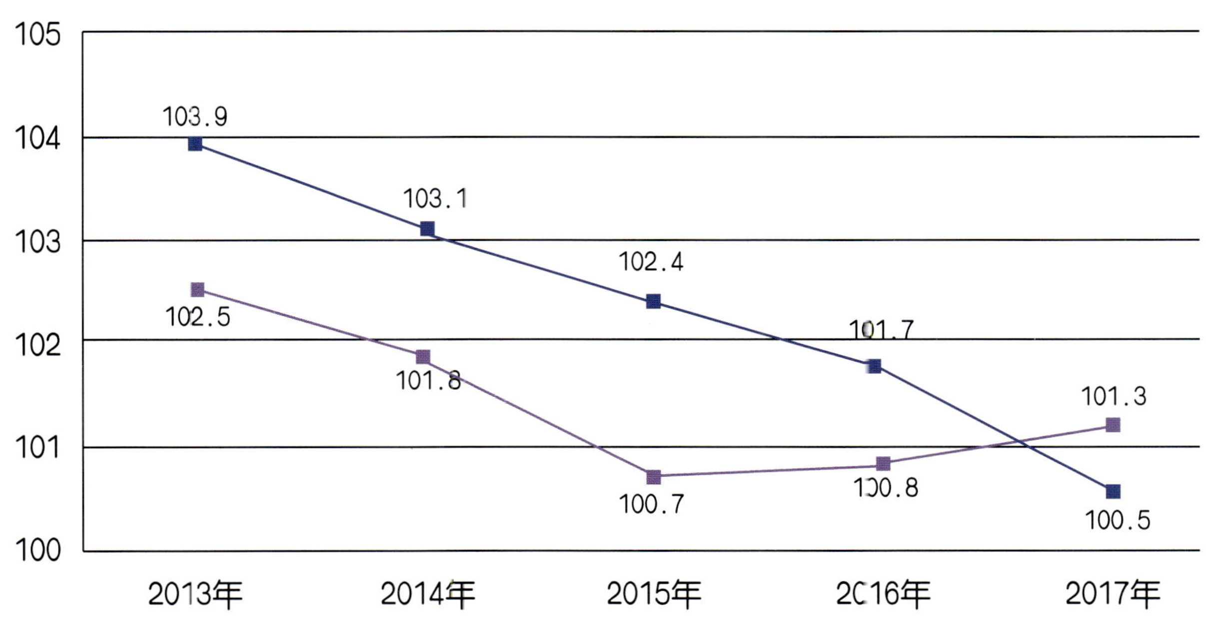

编者说明

一、《昆明统计年鉴》（以下简称《年鉴》）是一部按年连续出版的大型统计资料。本《年鉴》通过大量的统计数据，真实地记录了昆明市一年来经济社会发展变化情况，是社会各界了解昆明、认识昆明的重要资料工具书。

二、本《年鉴》内容共分为19个部分，即：1.市情概况；2.国民经济核算；3.人口；4.从业人员和职工工资；5.固定资产投资；6.财政和金融；7.物价；8.人民生活；9.农业；10.工业和能源；11.交通运输；12.建筑业；13.国内贸易；14.对外贸易、旅游；15.城市建设、环境保护；16.科技、教育、文化、卫生和其他；17.开发区建设；18.各州（市）主要经济指标；19.全国省会城市主要经济指标。有关部分有主要统计指标解释，对主要统计指标的含义、统计范围和统计方法作了简要说明。

三、本《年鉴》资料主要来自昆明市统计局、国家统计局昆明调查队的各种定期统计报表和抽样调查资料；部分资料来自省、市有关部门以及各县（市）区、开发（度假）园区。

四、本《年鉴》中度量衡单位均采用国际统一标准计量单位。

五、本《年鉴》中涉及到的历史数据，均以最新出版的《年鉴》数据为准；本年鉴中部分数据合计数或相对数由于四舍五入而产生的计算误差均未做机械调整。

六、本《年鉴》统计表中的符号使用说明：

"#"表示其中主要项；

"空格"表示该项统计指标无数据；

"–"表示该项指标取消或无可比性。

七、本《年鉴》由于内容较多、涉及面广，如有差错，敬请批评指正。

本《年鉴》在整理编辑过程中，得到省、市有关部门和单位的大力支持，在此表示感谢！

2018年11月

目　　录

一、市情概况

二、国民经济核算

三、人　　口

四、从业人员和职工工资

五、固定资产投资

六、财政和金融

七、物　　价

八、人民生活

九、农　　业

十、工业和能源

十一、交通运输

十二、建筑业

十三、国内贸易

十四、对外贸易、旅游

十五、城市建设、环境保护

十六、科技、教育、文化、卫生和其他

十七、开发区建设

十八、各州市主要经济指标

十九、全国省会城市主要经济指标

昆明市2017年国民经济和社会发展统计公报[1]

昆明市统计局

2018年4月

2017年，面对错综复杂的国内外经济形势和繁重艰巨的改革发展稳定任务，市委、市政府团结带领全市各族人民，以习近平新时代中国特色社会主义思想为指引，牢固树立和贯彻落实新发展理念，坚持稳中求进工作总基调，以供给侧结构性改革为主线，全力推进稳增长、促改革、调结构、惠民生、防风险各项工作，经济社会发展的稳定性协调性明显增强，发展质量得到新提升，民生福祉获得新改善，社会事业实现新进步，决胜全面小康迈出坚实步伐。

一、综合

经济发展稳中有进。初步核算，全年地区生产总值[2]（GDP）4857.64亿元，按可比价格计算，比上年增长9.7%。其中，第一产业增加值210.13亿元，增长6.0%；第二产业增加值1865.97亿元，增长9.0%；第三产业增加值2781.54亿元，增长10.5%。三次产业结构由上年的4.6:38.7:56.7调整为4.3:38.4:57.3，三次产业对GDP增长的贡献率分别为2.8%、36.9%和60.3%。全市常住人口人均生产总值71906元，增长8.9%，按年平均汇率折算为10650美元。

经济活力持续增强。全年非公有制经济实现增加值2270.73亿元，比上年增长9.9%，占GDP比重为46.7%，比上年提高0.1个百分点。全年全市新登记各类型市场主体14.90万户，比上年增长40.1%。其中，新登记企业4.64万户，增长0.2%；新登记个体工商户10.20万户，增长72.3%。

图 1　2012–2017 年昆明市地区生产总值及其增长速度

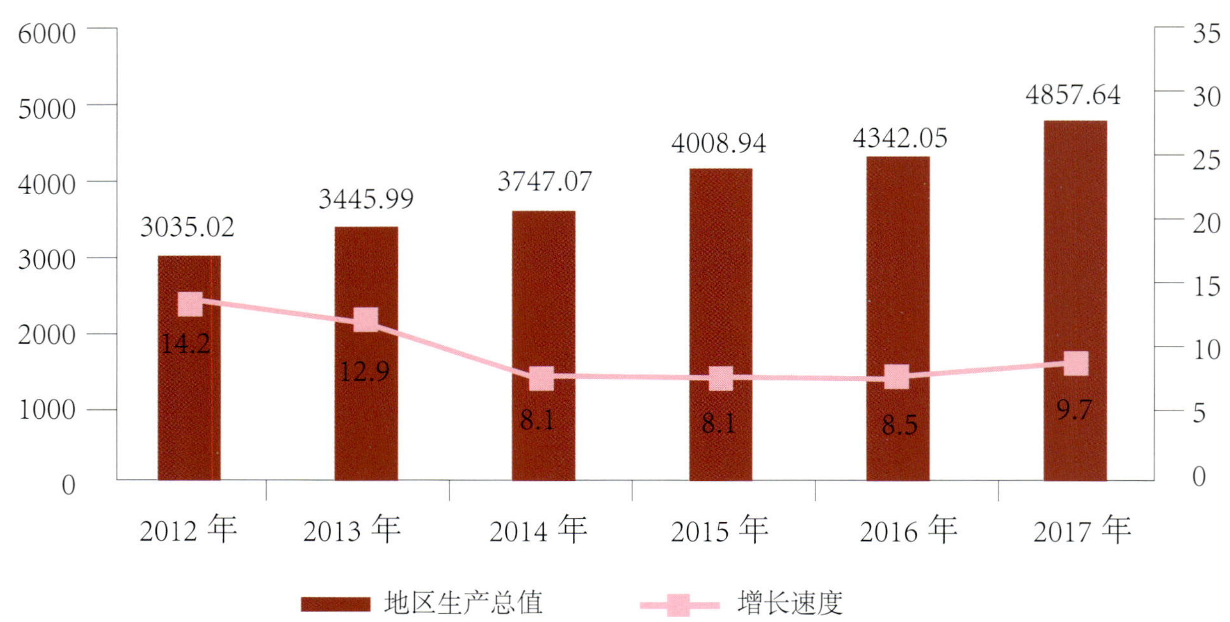

居民消费价格温和上涨。全年居民消费价格比上年上涨 0.5%。其中，衣着类上涨 0.9%，交通和通信类上涨 2.4%，医疗保健类上涨 4.3%，其他用品和服务类上涨 2.8%，食品烟酒类下降 0.2 %，居住类下降 0.8%，生活用品及服务类下降 0.5%，教育文化和娱乐类下降 0.5%。

全年商品零售价格比上年上涨 1.3%。工业生产者出厂价格上涨 7.8%，比上年末提高 10.0 个百分点；工业生产者购进价格上涨 9.4%，比上年末提高 11.8 个百分点。

图 2　2017 年居民消费价格月度涨跌幅度

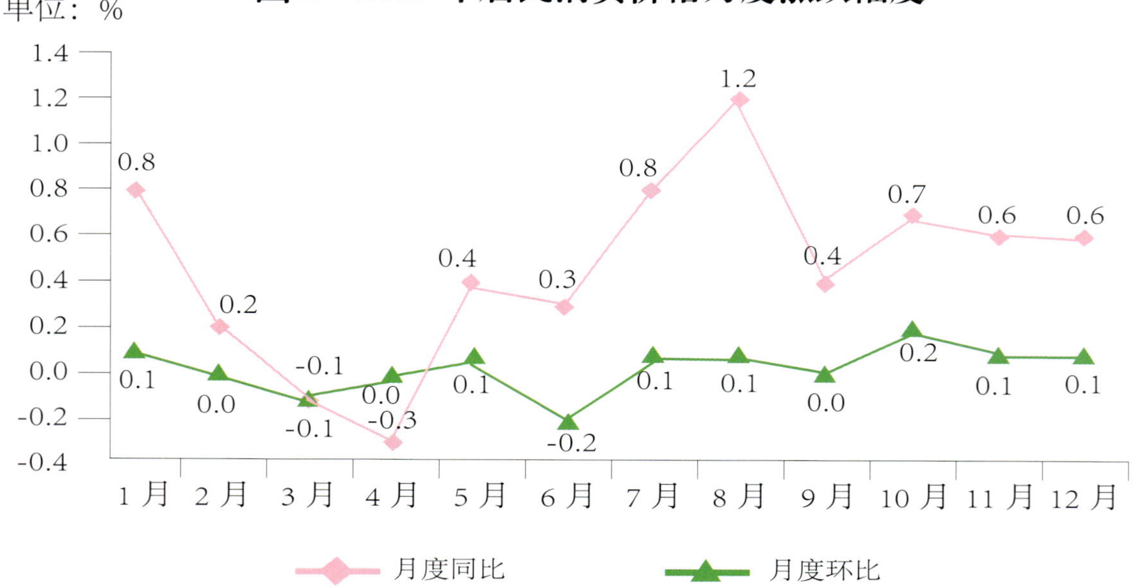

表1 2017年昆明市居民消费价格指数
（上年为100）

指 标	全 市
居民消费价格指数	**100.5**
食品烟酒	99.8
衣着	100.9
居住	99.2
生活用品及服务	99.5
交通和通信	102.4
教育文化和娱乐	99.5
医疗保健	104.3
其他用品和服务	102.8

财政收支质量提高。全年一般公共预算收入560.86亿元，比上年增长8.2%。其中，税收收入410.95亿元，增长12.4%，占一般公共预算收入的比重为73.3%。一般公共预算支出775.90亿元，增长12.7%。用于教育、社保、医疗等民生方面的支出完成583.5亿元，占一般公共预算支出的比重为75.2%。

就业形势保持稳定。全年城镇新增就业14.57万人，城镇失业人员再就业4.71万人，年末城镇登记失业率为3%。农村劳动力转移就业18.05万人次。

二、农业

农业生产平稳发展。全年农林牧渔业及农林牧渔服务业总产值366.38亿元，按可比价计算，比上年增长6.0%。其中，农业产值199.07亿元，增长5.6%；林业产值15.93亿元，增长24.4%；牧业产值129.07亿元，增长5.1%；渔业产值9.30亿元，增长5.0%；农林牧渔服务业产值13.01亿元，增长3.4%。

图 3　2012–2017 年昆明市农林牧渔业及农林牧渔服务业总产值及其增速

单位：亿元、%

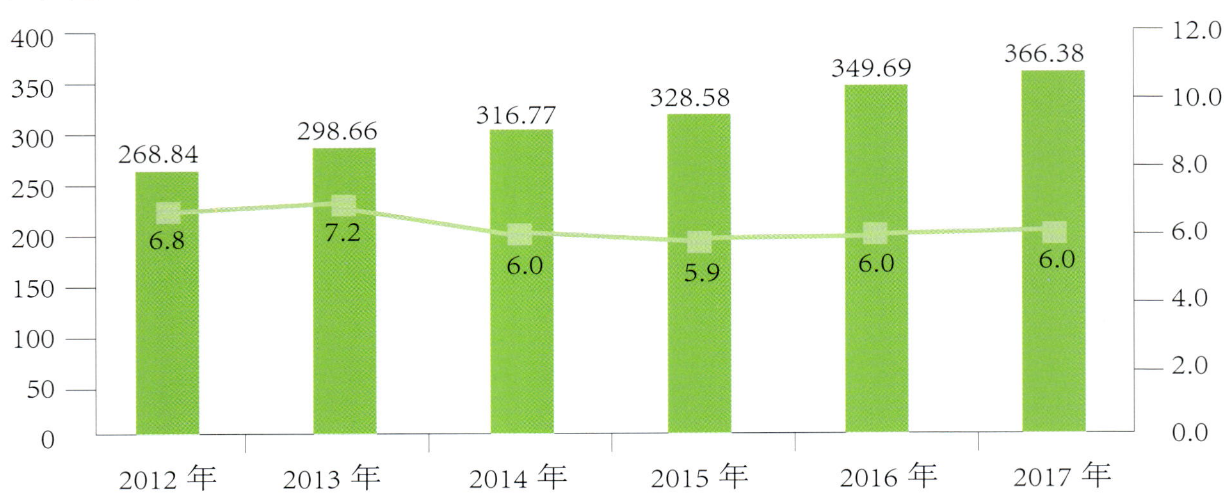

全年粮食种植面积 27.20 万公顷，产量 121.76 万吨；蔬菜种植面积 10.47 万公顷，产量 288.16 万吨；鲜切花种植面积 0.82 万公顷，产量 55.36 亿枝。

表 2　2017 年昆明市主要农产品产量及其增速

	单位	2017 年	比上年±%
粮食	万吨	121.76	-2.5
#稻谷	万吨	16.33	-7.3
油料作物	万吨	1.53	5.1
烤烟	万吨	6.95	-2.7
蔬菜	万吨	288.16	2.4
鲜切花	亿枝	55.36	9.1
水果	万吨	20.14	-2.8

全年猪出栏 452.08 万头，下降 3.0%；牛出栏 32.90 万头，下降 0.9%；羊出栏 96.96 万只，增长 0.8%。牛年末存栏 62.10 万头，下降 0.6%；猪年末存栏 267.44 万头，下降 3.4%；羊年末存栏 155.28 万头，下降 0.8%。

全年肉类总产量54.44万吨，增长4.4%；禽蛋产量8.89万吨，下降7.3%；牛奶产量10.64万吨，增长0.9%。

全年农村用电量11.43亿千瓦时，增长4.3%。年末农业机械总动力32.8亿瓦特，增长1.5%。大中型拖拉机16557台，下降7.8%。农村自来水普及率89.91%，农村卫生厕所普及率87.51%。

三、工业和建筑业

工业生产平稳运行。全年全部工业增加值1159.20亿元，比上年增长10.1%。规模以上工业增加值增长10.4%。在规模以上工业中，分经济类型看，国有及国有控股企业增长7.8%，股份制企业增长5.9%，外商及港澳台商投资企业增长7.1%，集体企业下降27.3 %，股份合作企业增长13.3%。分门类看，采矿业下降5.7%；制造业增长9.5%；电力、热力、燃气及水生产和供应业增长22.3%。

全年规模以上工业38个行业大类中有24个行业实现增长。重点行业中，烟草制品业增长0.8%，石油加工、炼焦和核燃料加工业增长38.6倍，化学原料及化学制品制造业增长6.9%，冶金工业增长3.7%，装备制造业下降9.9%，医药制造业增长10.7%，电力、热力生产和供应业增长24.2%。高技术制造业[(3)]增加值比上年增长13.7%，占规模以上工业增加值的比重比上年提高0.2个百分点。

图4　2012–2017年昆明市规模以上工业增加值增速

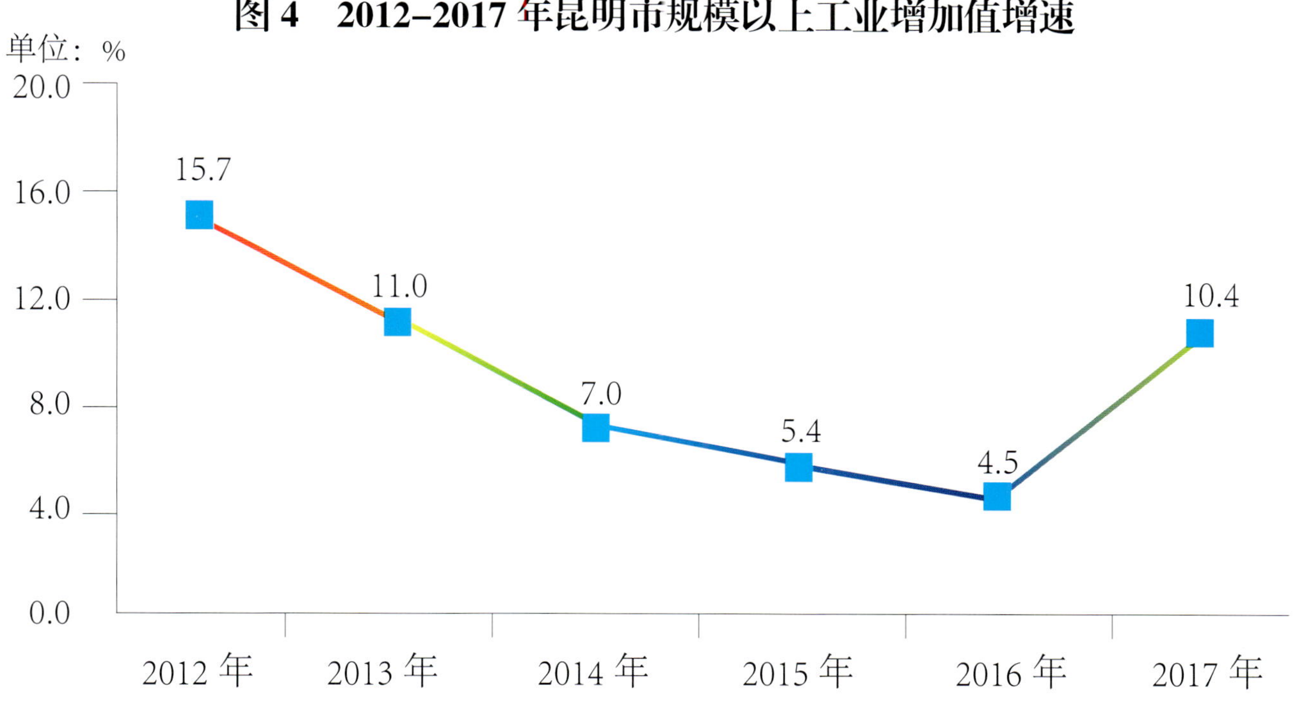

表3　2017年昆明市主要工业产品产量及其增速

	单位	2017年	比上年±%
粗钢	万吨	404.42	3.2
钢材	万吨	449.92	1.7
生铁	万吨	393.04	0.8
金属切削机床	台	14937	36.9
汽车	辆	3950	35.4
水泥	万吨	1937.12	0.4
商品混凝土	万立方米	1959.55	14.0
磷矿石	万吨	2657.35	8.0
化肥	万吨	134.54	2.2
卷烟	亿支	812.64	-4.0
复烤烟叶	万吨	35.70	-4.7
十种有色金属	万吨	91.45	6.8
软饮料	万吨	256.06	0.9
饮料酒	万吨	41.00	-17.6
饲料	万吨	232.88	4.3
自来水生产量	万立方米	36063.15	5.7
原盐	万吨	148.49	40.0
乳制品	万吨	22.20	2.0
中成药	吨	29043.60	-6.9
光学仪器	万台	228.92	-9.0
电力电缆	千米	250042.25	8.0
发电量	亿千瓦时	215.86	9.0
原煤	万吨	265.60	-5.7

企业效益明显改善。全年规模以上工业企业主营业务收入3695.94亿元，比上年增长19.1%；利润总额175.13亿元，增长65.7%。全年规模以上工业企业产品销售率97.9%，每百元主营业务收入中的成本为81.28元，年末规模以上工业企业资产负债率为55.1%。

全年建筑业总产值2945.82亿元，比上年增长20.4%。其中，建筑工程产值2600.25亿元，增长18.9%；安装工程产值203.31亿元，增长4.9%。全市总承包和专业承包建筑业企业房屋建筑施工面积10132.03万平方米，下降0.3%。其中，本年新开工面积4131.40万平方米，增长0.5 %；房屋建筑竣工面积3313.49万平方米，增长2.8%。全年建筑业增加值707.44亿元，按可比价计算，比上年增长7.1%。

图 5　2012-2017 年昆明市建筑业增加值及其增速

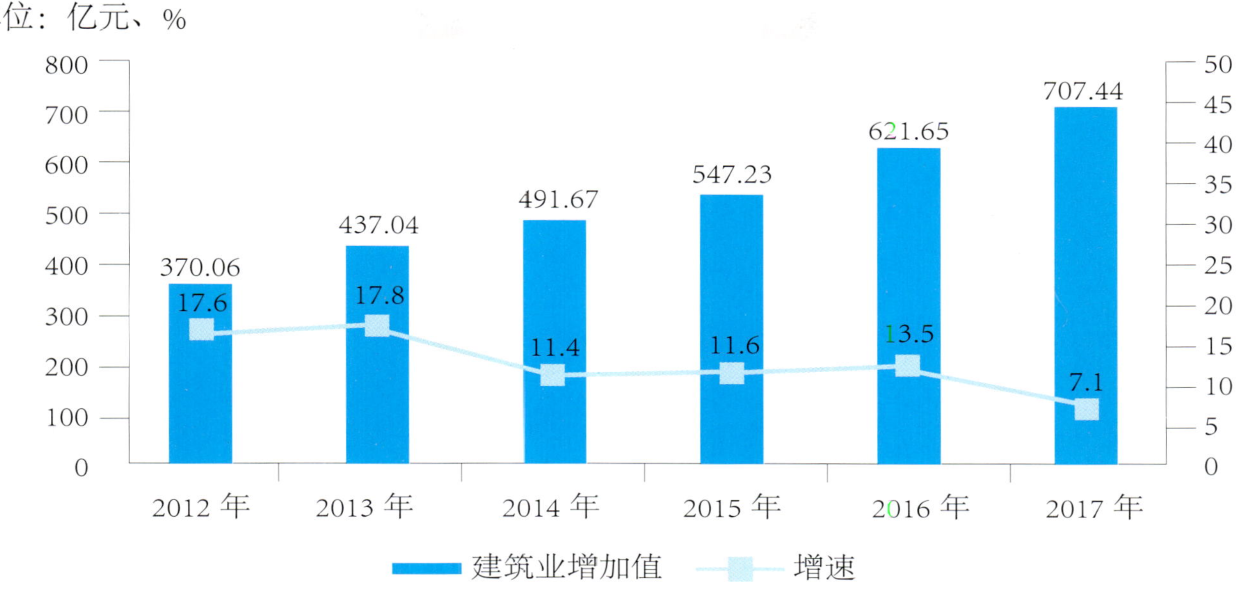

四、固定资产投资

固定资产投资保持增长。全年固定资产投资（不含农户）4217.94 亿元，比上年增长 7.6%。固定资产投资中：第一产业投资 71.30 亿元，增长 32.9%；第二产业投资 550.86 亿元，下降 12.6%；第三产业投资 3595.78 亿元，增长 11.1%。全年民间固定资产投资[4]1774.34 亿元，增长 16.1%，占全市固定资产投资总额的比重为 42.1%，较上年提高 3.1 个百分点。

图 6　2012-2017 年昆明市固定资产投资及其增速

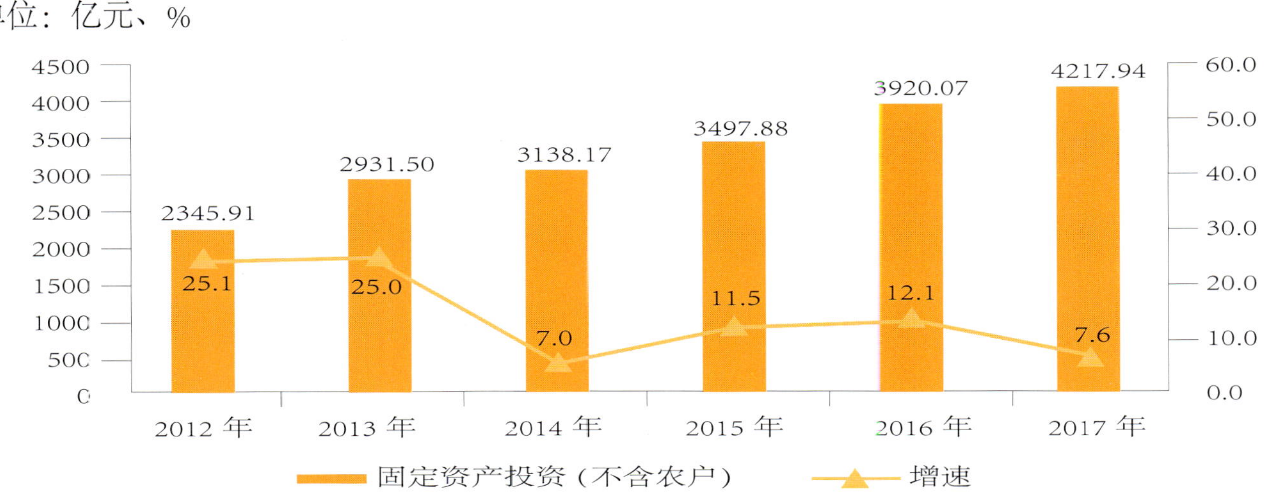

全年房地产开发投资 1683.33 亿元，比上年增长 10.0%。其中，住宅投资 1058.90 亿元，增长 13.6%；办公楼投资 121.95 亿元，下降 6.4%；商业营业用房投资 222.73 亿元，与上年持平。

全年房屋施工面积 10090.20 万平方米，比上年增长 6.0%；房屋竣工面积 680.33 万平方米，增长 45.1%；商品房销售面积 1827.25 万平方米，增长 20.1%。

五、国内贸易和对外经济

消费品市场保持活跃。全年社会消费品零售总额 2590.95 亿元，比上年增长 12.2%。按经营地统计，城镇消费品零售额 2459.13 亿元，增长 12.1%；乡村消费品零售额 131.82 亿元，增长 13.2%。按消费类型统计，商品零售 2181.77 亿元，增长 11.7%；餐饮收入 409.18 亿元，增长 14.6%。

图 7　2012–2017 年昆明市社会消费品零售总额及其增速

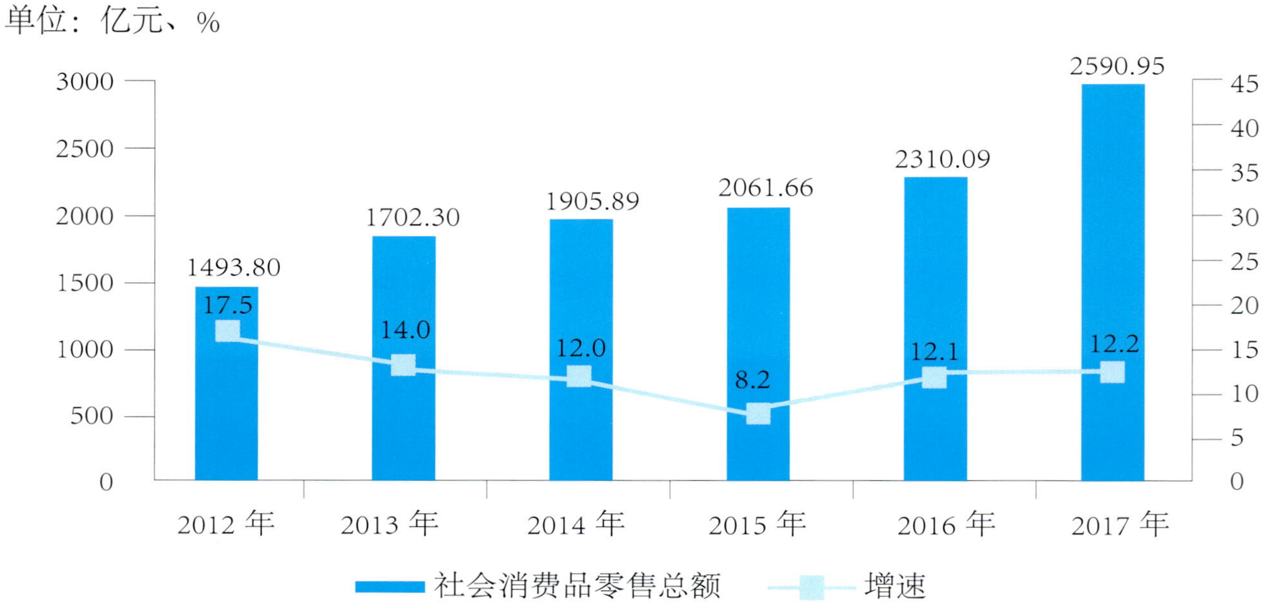

单位：亿元、%

2012 年　1493.80　17.5
2013 年　1702.30　14.0
2014 年　1905.89　12.0
2015 年　2061.66　8.2
2016 年　2310.09　12.1
2017 年　2590.95　12.2

社会消费品零售总额　增速

在限额以上单位商品零售额中，粮油、食品类零售额比上年增长 22.8%，饮料类增长 10.0%，烟酒类增长 5.2%，服装、鞋帽、针纺织品类增长 2.5%，化妆品类增长 13.0%，日用品类增长 11.7%，家用电器和音像器材类下降 10.1%，中西药品类增长 14.9%，家具类增长 34.2%，通讯器材类增长 16.3%，建筑及装潢材料类增长 37.7%，石油及制品类增长 7.3%，汽车类增长 11.9%。

全年限额以上单位通过互联网实现的零售额 19.18 亿元，比上年增长 14.9%。

全年海关进出口总额 78.18 亿美元，比上年增长 18.2%。其中，出口 29.43 亿美元，下降 27.5%；进口 48.75 亿美元，增长 90.9%。分贸易方式看，一般贸易进出口 63.83 亿美元，增长 14.5%，占进出口总额的 81.6%；加工贸易进出口 13.03 亿美元，增长 45.6%，占进出口总额的 16.7%。

全年新批外商投资企业 115 户，比上年增长 64.3%；实际利用外资 8.01 亿美元，增长 8.3%。

图 8　2012-2017 年昆明市海关进出口总额

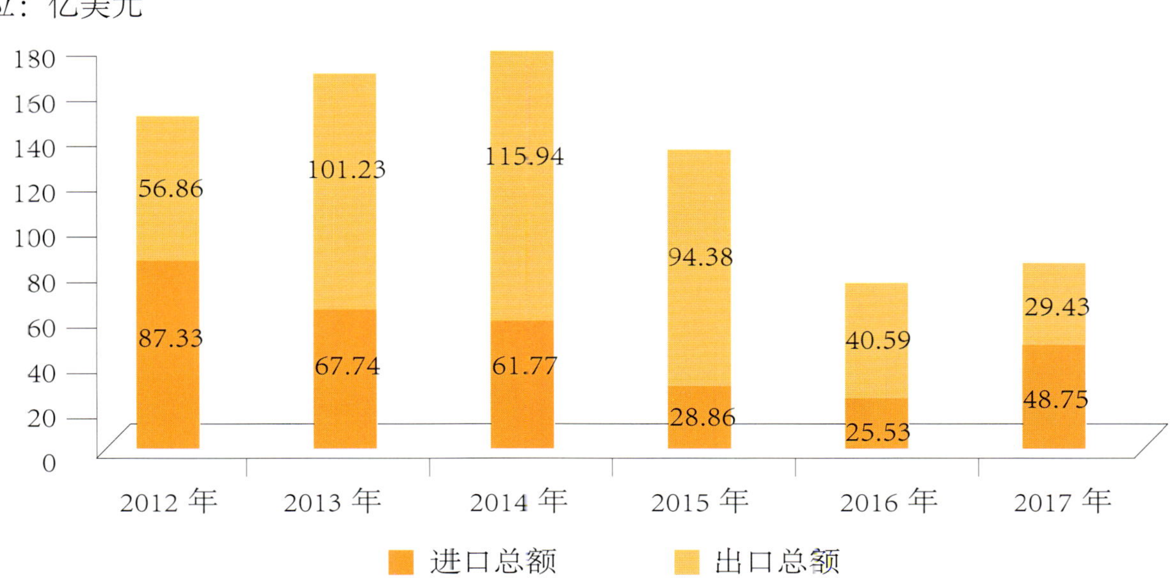

六、交通运输、邮政电信和旅游业

全年公路货物运输量 26352 万吨，比上年增长 1.1%；公路旅客运输量 5461 万人次，下降 26.0%；公路货物周转量 180.94 亿吨公里，增长 12.8%；公路旅客周转量 57.69 亿人公里，下降 21.7%。水运货运量 32.94 万吨，下降 10.7%，水运客运量 147.78 万人次，下降 18.8%；水运货物周转量 65.87 万吨公里，下降 11.2%，水运旅客周转量 841.1 万人公里，增长 30.4%。

全年铁路货物运输量 1876 万吨，比上年下降 0.9%；铁路旅客运输量 2348 万人次，增长 29.2%；铁路货物周转量 168.36 亿吨公里，增长 10.9%；铁路旅客周转量 51.74 亿人公里，增长 31.1%。

昆明机场全年运输起降 34.9 万架次，比上年增长 7.4%；旅客吞吐量 4473 万人，增长 6.5%，货邮吞吐量 41.9 万吨，增长 9.4%。全年共开通航线 359 条。其中，国际航线 76 条。

年末全市机动车保有量 249.91 万辆，比上年增长 10.2%。其中，本年新注册机动车 28.19 万辆，增长 4.9%。汽车保有量 213.46 万辆，增长 10.2%。其中，本年新注册汽车 26.38 万辆。年末个人汽车保有量 193.83 万辆。

主城五区公交运营线路 472 条，新增公交线路 35 条，新增公交车辆 351 辆，日均客运量 223.6 万人次，公共交通机动化出行分担率 57.09%。年末全市实有出租车 9157 辆。其中，主城区实有出租汽车 8037 辆。每万人拥有公共交通车辆 32.95 辆，行政村客运班车通达率 96.4%。

年末昆明地铁运营线路 4 条，包括 1、2 号线首期工程，1 号线支线，3 号线（一期、二期）和 6 号线（一期）。年末昆明地铁通车总里程 88.7 公里，开通车站 57 座。全年全网累计运送乘客 1.25 亿人次，旅客周转量 14.42 亿人公里，日均客流量 47.2 万人次。

全年邮政业累计完成业务收入 30.35 亿元，比上年增长 18.4%。其中，快递业务收入 21.62 亿元，增长 17.0%。全市完成邮政函件业务 572.62 万件，包裹业务 14.47 万件，快递业务量 14543.94 万件。

全年电信业务收入 102.98 亿元，比上年增长 3.2%。年末拥有固定电话用户 120.32 万户，比上年增加 2.16 万户。拥有移动电话用户 1050.77 万户，增加 88.1 万户。固定互联网宽带接入用户[5]211.9 万户，增加 25.04 万户。移动互联网用户 901 万户。其中，4G 网络用户 774.38 万户，3G 网络用户 65.31 万户。

全年接待国内外游客 13342.52 万人次，比上年增长 31.9%。其中，国内游客 13208.45 万人次，增长 32.2%，海外游客 134.07 万人次，增长 8.6%。

全年旅游总收入 1608.66 亿元，比上年增长 49.8%。其中，国内旅游收入 1572.74 亿元，增长 50.7%；旅游外汇收入 5.32 亿美元，增长 10.5%。

七、金融

金融市场运行平稳。年末金融机构（不含外资、证券）人民币存款余额 13466.56 亿元，比上年增长 6.4%。其中，住户存款余额 4431.40 亿元，增长 7.5%；非金融企业存款余额 5495.56 亿元，增长 5.5%。

年末金融机构（不含外资、证券）人民币贷款余额 14789.35 亿元，比上年增长 9.4%。其中，住户贷款 2640.44 亿元，增长 13.6%；非金融企业及机关团体贷款 12088.18 亿元，增长 8.6%。

图 9　2012–2017 年昆明市金融机构人民币存款余额

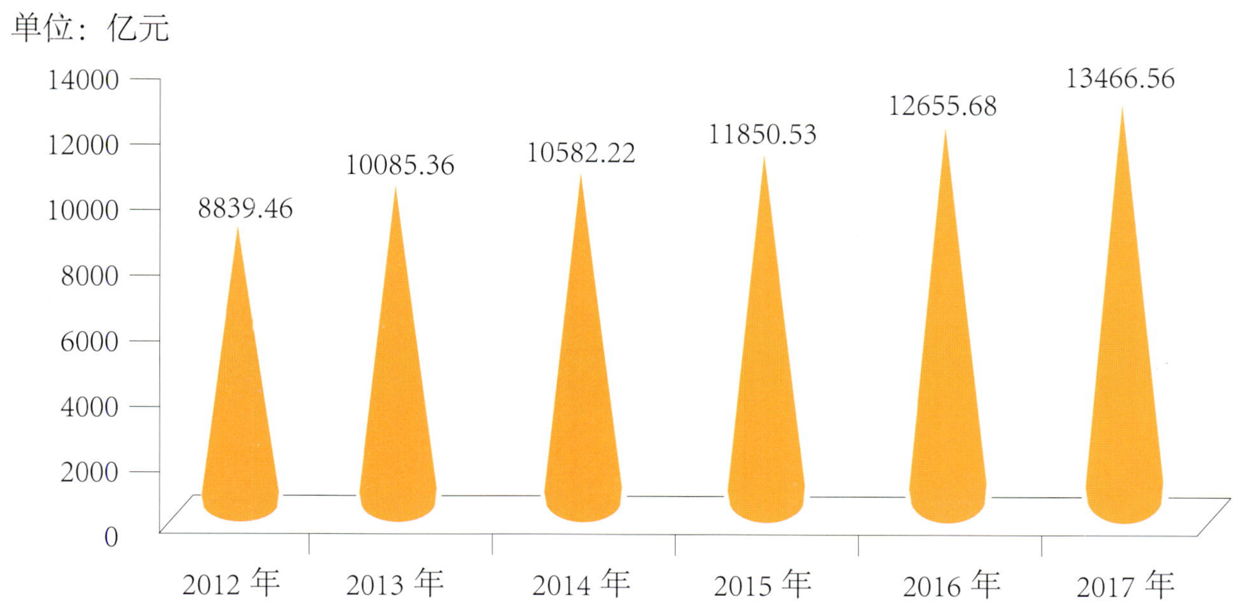

图 10　2012–2017 年昆明市金融机构人民币贷款余额

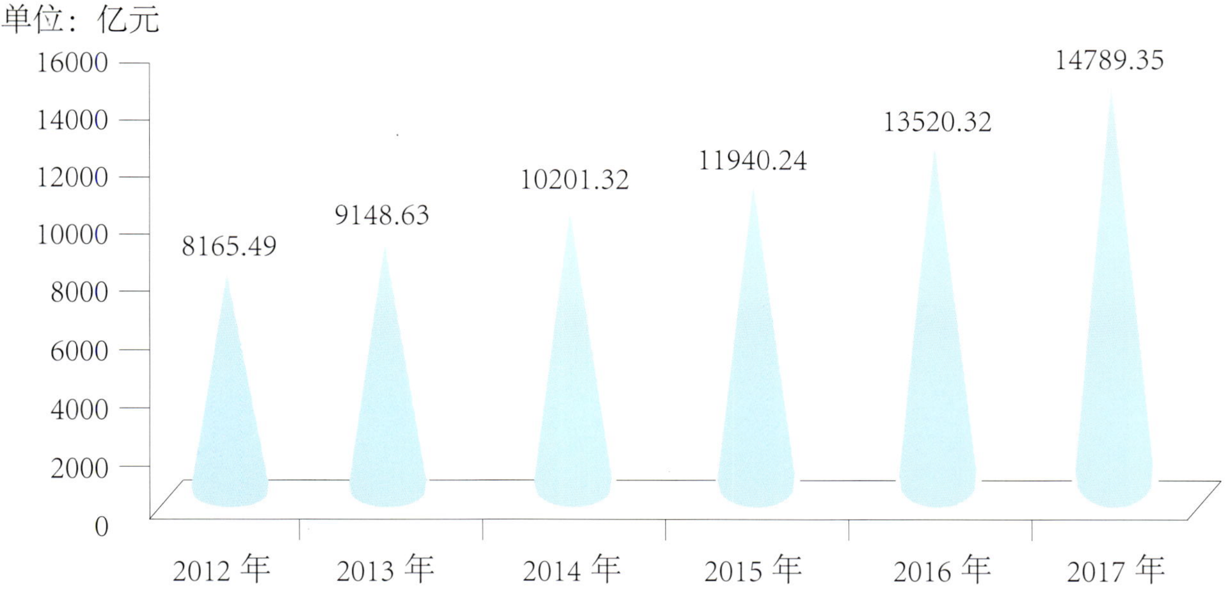

全年保险公司原保险保费收入 248.83 亿元，比上年增长 16.6%。其中，财产险原保险保费收入 101.28 亿元，增长 13.9%；人身险原保险保费收入 147.55 亿元，增长 18.4%。

全年赔款与给付支出 81.98 亿元，比上年增长 2.0%。其中，财产险赔款支出 44.98 亿元，增长 1.7%；人身险赔款支出 37.00 亿元，增长 2.2%。

八、教育、科学技术和文化体育

年末全市共有普通高等院校 49 所，在校生 50.35 万人，专任教师 2.88 万人；中等职业教育学校 77 所，在校生 17.76 万人，专任教师 5658 人；普通中学 314 所，在校生 32.72 万人，专任教师 2.57 万人；普通小学 755 所，在校生 48.57 万人，专任教师 2.85 万人；幼儿园 1247 所，在园幼儿 22.45 万人，专任教师 1.39 万人；特殊教育学校 6 所，在校学生 630 人，专任教师 212 人；工读学校 1 所，在校学生 78 人，专任教师 43 人。

高中阶段毛入学率 93.52%，普通初中毛入学率 114.14%，小学学龄儿童净入学率 99.77%，学前教育三年毛入园率 93.92%，残疾儿童入学率 98.3%。

全年实施科技计划项目 146 项（市本级），其中，重大科技计划项目 2 项。全年受理专利申请 16925 件，获专利授权 8217 件，有效发明专利拥有量 7557 件。全年登记技术合同 3158 项，技术合同成交额 70.15 亿元。全年共登记科技成果 373 项。其中，基础理论类 10 项，应用技术类 293 项，软科学类 70 项。

全市注册博物馆 34 个，公共图书馆 15 个，文化馆 15 个，文化站 135 个。专业文化艺术表演团体 2 个，登记在册的业余文化艺术表演团体 1863 个。

年末全市有线电视实际用户 107.86 万户。全市电视综合覆盖率 99.89%，广播综合覆盖率 99.93%。

全年昆明运动员在国家级比赛中获金牌 18 枚，银牌 4 枚，铜牌 1 枚。

九、人口、人民生活和社会保障

年末全市常住人口 678.3 万人。其中，城镇常住人口 488.72 万人，占常住人口比重为 72.05%。人口自然增长率 6.68‰。

年末全市户籍总人口 563.00 万人。其中，城镇人口 336.18 万人，占户籍人口比重为 59.7%。

全年城镇常住居民人均可支配收入 39788 元，比上年增长 8.3%；农村常住居民人均可支配收入 13698 元，增长 9.1%。

图 11　2012–2017 年昆明市城镇和农村常住居民人均可支配收入

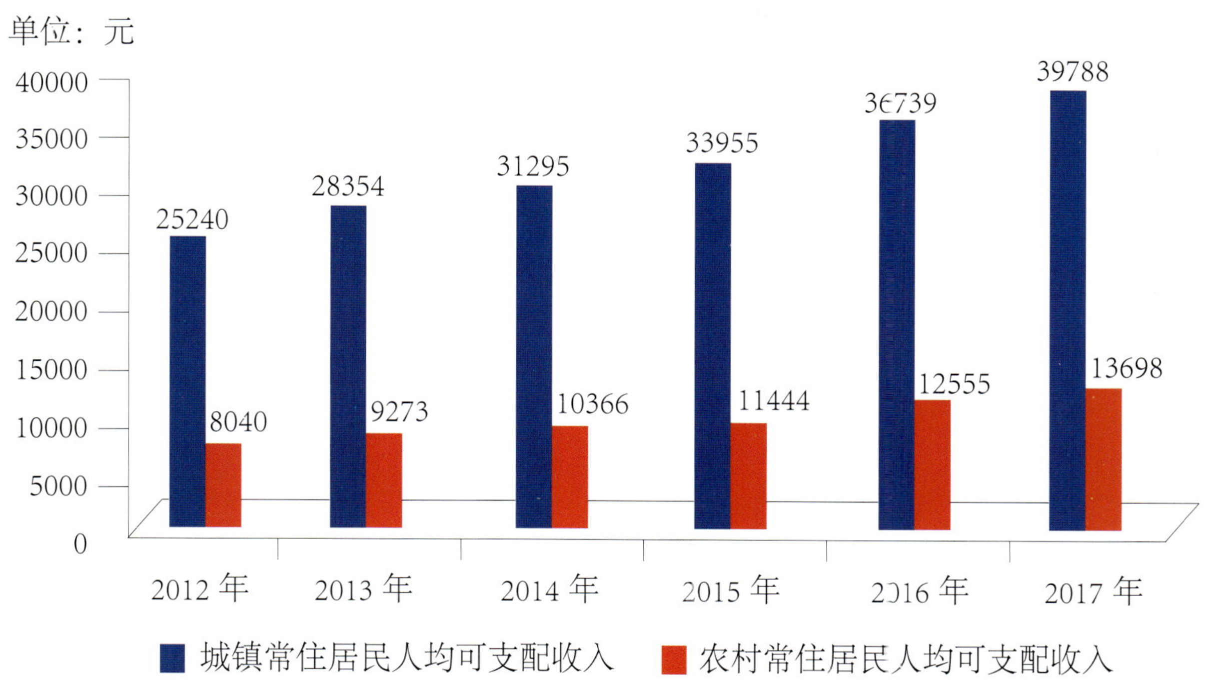

年末全市参加城镇职工基本养老保险人数 157.23 万人，比上年末增加 5.19 万人。参加城乡居民基本养老保险人数 209.03 万人。参加原农村养老保险人数 24.97 万人。参加城镇职工基本医疗保险人数 153.04 万人，增加 7.17 万人。参加城乡居民基本医疗保险人数 387.5 万人，增加 4.4 万人。参加城镇失业保险人数 99.3 万人，增加 2.48 万人。参加城镇职工工伤保险人数 108.67 万人，增加 1.4 万人。

年末享受城市居民最低生活保障人数 8.0 万人，农村居民最低生活保障人数 10.42 万人，城乡特困人员 8418 人。全年资助城乡困难群众 27.28 万人参加医疗保险。

十、卫生和社会服务

全市共有卫生机构 4823 个。其中，医院 308 个，乡镇卫生院 100 个，社区卫生服务中心（站）389 个，诊所（卫生所、医务室）2488 个，村卫生室 1283 个。卫生技术人员 7.60 万人。其中，执业医师和执业助理医师 2.73 万人，注册护士 3.54 万人。医疗卫生机构实有病床 6.09 万张。

年末共有社区服务中心 134 个，社区服务站 738 个。基层民主参选率为 93.9%。

全市拥有农村养老院 41 个，床位 3514 张。公办城市养老机构 5 所，床位 1684 张；民办老年养老机构 65 所，床位 2.28 万张；居家养老床位 0.48 万张。

十一、资源环境和安全生产

全年昆明地区年平均降雨量1050毫米，较历史平均值偏多125毫米；年平均气温16℃，较历史平均值偏高0.4℃；年平均日照时数2024小时，较历史平均值偏少56小时。

全市森林覆盖率49.14%。全年完成营造林3.80万公顷。其中，人工造林1.28万公顷，封山育林及补植0.61万公顷。全年义务植树1182万株。年末建成区绿地总量16011公顷。

全年主城区空气质量优良天数达到360天，空气质量优良率达到98.6%。主城区区域环境噪声昼间平均值53.2分贝。国家考核地表水达标率82.6%。

各污染物年平均浓度中，二氧化硫15微克/立方米、二氧化氮32微克/立方米、可吸入颗粒物（PM10）58微克/立方米、细颗粒物（PM2.5）28微克/立方米。

全年主城五区取水总量37679.81万立方米。其中，工业取水量5675.55万立方米。万元地区生产总值取水量10.33立方米/万元，万元工业增加值取水量6.88立方米/万元。

初步核算，全市能源消费总量2457.74万吨标准煤，比上年增长4.5%。其中，规模以上工业能源消费量1500.47万吨标准煤，增长9.0%。万元地区生产总值能耗下降4.74%。规模以上工业单位增加值能耗下降1.3%。

各类生产安全事故死亡人数412人，交通事故死亡人数 324人，火灾事故死亡人数17人。全市亿元GDP生产安全事故死亡率0.08，道路交通万车死亡人数2.56人。

注释：

⑴本公报数据为初步统计数，正式统计数据以《昆明统计年鉴》和各部门正式公布数据为准。部分数据因四舍五入的原因，存在总计与分项合计不等的情况。

⑵2012-2017年地区生产总值为研发支出核算方法改革后数据。地区生产总值（GDP）、人均地区生产总值、分产业增加值、农林牧渔业总产值绝对数按现价计算，增长速度按不变价格计算。

⑶高技术制造业包括医药制造业，航空、航天器及设备制造业，电子及通信设备制造业，计算机及办公设备制造业，医疗仪器设备及仪器仪表制造业，信息化学品制造业。

⑷民间固定资产投资是指具有集体、私营、个人性质的内资企事业单位以及由其控股（包括绝对控股和相对控股）的企业单位建造或购置固定资产的投资。

⑸固定互联网宽带接入用户是指报告期末在电信企业登记注册，通过xDSL、FTTx+LAN、FTTH/0以及其他宽带接入方式和普通专线接入公众互联网的用户。

1

市情概况

SHIQINGGAIKUANG

1-1 行政区划

（2017年）　　单位：个

地区	乡镇	镇	乡	民族乡	街道办事处
全　市	**59**	**43**	**16**	**4**	**76**
五华区					10
盘龙区					12
官渡区					10
西山区					10
东川区	7	6	1		1
呈贡区					10
晋宁区	6	4	2	2	2
富民县	5	5			2
宜良县	6	4	2	2	2
石林彝族自治县	4	3	1		3
嵩明县	3	3			1
禄劝彝族苗族自治县	15	9	6		1
寻甸回族彝族自治县	13	9	4		3
安宁市					9

注：此部分数据来源于昆明市民政局。

1-1 续表

（2017年）

县(市)区	乡、镇、街道办事处	乡、镇、街道办事处数
五华区	护国街道办事处、华山街道办事处、大观街道办事处、龙翔街道办事处、莲华街道办事处、丰宁街道办事处、红云街道办事处、普吉街道办事处、黑林铺街道办事处、西翥街道办事处	10个街道办事处
盘龙区	拓东街道办事处、鼓楼街道办事处、东华街道办事处、联盟街道办事处、金辰街道办事处、茨坝街道办事处、龙泉街道办事处、青云街道办事处、双龙街道办事处、松华街道办事处、滇源街道办事处、阿子营街道办事处	12个街道办事处
官渡区	吴井街道办事处、太和街道办事处、关上街道办事处、金马街道办事处、官渡街道办事处、小板桥街道办事处、大板桥街道办事处、六甲街道办事处、矣六街道办事处、阿拉街道办事处	10个街道办事处
西山区	马街街道办事处、金碧街道办事处、永昌街道办事处、前卫街道办事处、福海街道办事处、棕树营街道办事处、西苑街道办事处、碧鸡街道办事处、海口街道办事处、团结街道办事处	10个街道办事处
东川区	铜都街道办事处、阿旺镇、乌龙镇、红土地镇、汤丹镇、拖布卡镇、因民镇、舍块乡	1个街道办事处 6个镇 1个乡
呈贡区	龙城街道办事处、洛羊街道办事处、斗南街道办事处、吴家营街道办事处、马金铺街道办事处、七甸街道办事处、大渔街道办事处、洛龙街道办事处、雨花街道办事处、乌龙街道办事处	10个街道办事处
晋宁区	昆阳街道办事处、宝峰街道办事处、晋城镇、二街镇、上蒜镇、六街镇、双河彝族乡、夕阳彝族乡	2个街道办事处 4个镇 2个乡
富民县	永定街道办事处、大营街道办事处、东村镇、款庄镇、赤鹫镇、散旦镇、罗免镇	2个街道办事处 5个镇
宜良县	匡远街道办事处、汤池街道办事处、狗街镇、北古城镇、马街镇、竹山镇、耿家营彝族苗族乡、九乡彝族回族乡	2个街道办事处 4个镇 2个乡
石林彝族自治县	鹿阜街道办事处、石林街道办事处、板桥街道办事处、西街口镇、长湖镇、圭山镇、大可乡	3个街道办事处 3个镇 1个乡
嵩明县	嵩阳街道办事处、杨林镇、小街镇、牛栏江镇	1个街道办事处 3个镇
禄劝彝族苗族自治县	屏山街道办事处、撒营盘镇、转龙镇、茂山镇、翠华镇、团街镇、皎平渡镇、中屏镇、乌东德镇、九龙镇、云龙乡、则黑乡、乌蒙乡、雪山乡、汤朗乡、马鹿塘乡	1个街道办事处 9个镇 6个乡
寻甸回族彝族自治县	仁德街道办事处、塘子街道办事处、金所街道办事处、羊街镇、倘甸镇、柯渡镇、功山镇、七星镇、河口镇、先锋镇、鸡街镇、凤合镇、甸沙乡、金源乡、六哨乡、联合乡	3个街道办事处 9个镇 4个乡
安宁市	连然街道办事处、金方街道办事处、太平新城街道办事处、温泉街道办事处、青龙街道办事处、草铺街道办事处、禄脿街道办事处、八街街道办事处、县街街道办事处	9个街道办事处

1-2 土地面积和人口密度

（2017年）

地　区	土地面积(平方公里)	年末常住人口(万人)	人口密度(人/平方公里)	户籍人口(万人)
总　计	**21012.53**	**678.30**	**323**	**562.99**
五华区	381.60	87.55	2294	63.63
盘龙区	343.71	83.78	2438	55.37
官渡区	632.92	89.86	1420	58.15
西山区	881.32	78.90	895	54.42
东川区	1865.70	28.31	152	31.82
呈贡区	510.22	34.07	668	20.61
晋宁区	1336.66	30.64	229	28.41
富民县	993.76	15.65	157	15.26
宜良县	1912.77	43.98	230	45.99
石林彝族自治县	1680.09	26.27	156	25.25
嵩明县	1349.68	32.89	244	30.82
禄劝彝族苗族自治县	4233.91	41.42	98	48.72
寻甸回族彝族自治县	3588.38	47.22	132	56.91
安宁市	1301.81	37.76	290	27.63

注：1.土地面积数据来源于昆明市国土资源局；
2.户籍人口数据来源于昆明市公安局。

1-3 气象概况

（2017年）

月份	平均气温 (℃)	日照时数 (小时)	降雨量 (毫米)	相对湿度 (%)
全 年	**15.7**	**2342.2**	**1186.4**	**73**
一 月	10.2	254.8	20.9	71
二 月	11.2	201.3	1.9	65
三 月	13.7	232.0	66.9	61
四 月	16.1	208.8	55.9	67
五 月	18.9	248.2	40.1	62
六 月	20.9	183.0	144.0	73
七 月	19.6	136.4	340.3	83
八 月	20.3	149.5	156.2	81
九 月	19.7	161.2	214.3	81
十 月	16.1	144.9	137.1	83
十一月	12.4	217.1	8.8	75
十二月	9.3	205.0		72

注：年极端最高气温为：29.7℃，出现日期：6月10日；年极端最低气温为：-3.6℃，出现日期：12月21日；霜日天数为28天。此部分数据来源于昆明市气象局。

1-4 主要年份国民经济主要指标

指　　标	单位	2013年	2014年	2015年	2016年	2017年	2017年比2016年±%
一、年末常住人口	**万人**	**657.90**	**662.60**	**667.70**	**672.80**	**678.30**	**0.8**
城镇人口比重	%	68.05	69.05	70.05	71.05	72.05	—
二、年末劳动者人数							
全社会从业人员	万人	403.51	405.29	412.78	420.37	432.14	2.8
#在岗职工人数	万人	115.91	111.12	110.75	110.84	109.01	-1.7
三、人口变动情况							
出生率	‰	11.40	11.64	11.93	12.23	12.84	—
死亡率	‰	5.81	5.93	5.95	6.02	6.16	—
人口自然增长率	‰	5.59	5.71	5.98	6.21	6.68	—
四、生产总值(当年价)	**亿元**	**3445.99**	**3747.07**	**4008.94**	**4342.05**	**4857.64**	**9.7**
第一产业	亿元	169.68	181.56	188.10	200.51	210.13	6.0
第二产业	亿元	1454.84	1555.73	1605.41	1679.70	1865.97	9.0
第三产业	亿元	1821.46	2009.78	2215.43	2461.85	2781.54	10.5
人均生产总值	元	52562	56752	60271	64783	71906	8.9
五、工业							
规模以上工业增加值增速	%	11.0	7.0	5.4	4.5	10.4	—
六、运输							
货运周转量	万吨公里	2843643	3030300	3075073	3137561	3507691	11.8
旅客周转量	万人公里	2428770	2674082	2779412	2651523	2631746	-0.7
七、农业							
1.农业总产值(当年价)	亿元	298.66	316.77	328.58	349.69	366.38	6.0
2.主要农产品产量							
粮食	吨	1230074	1235986	1235700	1248425	1217578	-2.5
肉类	吨	573725	558849	511074	521281	544360	4.4
#猪牛羊肉	吨	449236	431071	413747	421322	432925	2.8
烤烟	吨	84396	74573	70898	71446	69514	-2.7
蔬菜(含菜用瓜)	吨	2509519	2625552	2716633	2814363	2881614	2.4
水果	吨	169242	185298	195689	207126	201403	-2.8
水产品	吨	39235	26149	37942	41521	41401	-0.3

1-4 续表

指 标	单位	2013年	2014年	2015年	2016年	2017年	2017年比2016年±%
八、固定资产投资							
固定资产投资(不含农户)	亿元	2931.50	3138.17	3497.88	3920.07	4217.94	7.6
#房地产开发投资	亿元	1291.71	1492.62	1451.31	1530.50	1683.33	10.0
九、国内贸易							
社会消费品零售总额	亿元	1702.30	1905.89	2061.66	2310.09	2590.95	12.2
十、财政、金融							
一般公共预算收入	亿元	450.75	477.97	502.22	518.39	560.86	8.2
一般公共预算支出	亿元	585.76	593.66	615.49	688.40	775.90	12.7
金融机构人民币存款余额	亿元	10085.36	10582.22	11850.53	12655.68	13466.56	6.4
金融机构人民币贷款余额	亿元	9148.63	10201.32	11940.24	13520.32	14789.35	9.4
十一、物价指数							
居民消费价格指数	%	103.9	103.1	102.4	101.7	100.5	—
商品零售价格指数	%	102.5	101.8	100.7	100.8	101.3	—
十二、人民生活							
城镇常住居民人均可支配收入	元	28354	31295	33955	36739	39788	8.3
农村常住居民人均可支配收入	元	9273	10366	11444	12555	13698	9.1
十三、教育、文化							
普通高等院校数	所	41	41	42	45	49	8.9
普通高等院校在校学生数	人	386097	409933	436436	465464	503538	8.2
普通中学在校学生数	人	313719	318380	315903	317283	327176	3.1
小学在校学生数	人	483784	483434	484379	485598	485697	0.0
公共图书馆	个	15	13	15	15	15	—
公共图书馆藏书	千册	2646	2691	2905	2967	3955	33.3
十四、卫生							
卫生机构数	个	4552	4492	4490	4755	4823	1.4
卫生技术人员	人	53742	57626	64279	71000	75964	7.0
#执业医师和执业助理医师	人	22128	22595	24109	26049	27317	4.9
十五、环境保护							
人均公园绿地面积	平方米	9.93	10.57	10.38	10.93	10.93	—
环境保护投资额	万元	1823900	1230340	1454510	1595826	1471325	—

注：1.生产总值、规模以上工业增加值、农林牧渔业总产值增速按可比价或可比口径计算；
2.2016、2017年一般公共预算收入为全省统一按“营改增”后计算地方分享的收入；
2.金融机构人民币存、贷款余额增长速度是与年初比；
3.2014年城乡一体化改革，城镇居民可支配收入、农民人均纯收入改为城镇、农村常住居民人均可支配收入，增速为可比口径计算的现价增速；
4.2014年、2015年环境保护投资额不含滇中新区；
5.普通高等学校在校学生数不含研究生。

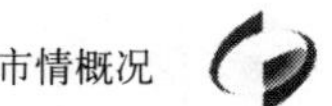

1-5 昆明市国民经济主要指标占云南省的比重

（2017年）

指　　标	单位	云南	昆明	昆明占云南的比重(%)
年末总人口	万人	4800.50	678.30	14.1
城镇化率	%	46.69	72.05	—
生产总值	亿元	16376.34	4857.64	29.7
#第一产业	亿元	2338.37	210.13	9.0
第二产业	亿元	6204.97	1865.97	30.1
第三产业	亿元	7833.00	2781.54	35.5
人均生产总值	元/人	34221	71906	—
农林牧渔业总产值	亿元	3872.93	366.38	9.5
主要农产品产量				
#粮食	万吨	1843.40	121.76	6.6
烤烟	万吨	83.85	6.95	8.3
蔬菜	万吨	2077.76	288.16	13.9
猪牛羊肉	万吨	642.96	43.29	6.7
规模以上工业增加值增速	%	10.6	10.4	—
一般公共预算收入	亿元	1886.17	560.86	29.7
一般公共预算支出	亿元	5712.97	775.90	13.6
金融机构人民币存款余额	亿元	29963.85	13466.56	44.9
金融机构人民币贷款余额	亿元	25398.93	14789.35	58.2
固定资产投资(不含农户)	亿元	18474.89	4217.94	22.8
社会消费品零售总额	亿元	6423.06	2590.95	40.3
进出口总额	亿美元	233.94	78.30	33.5
#出口总额	亿美元	114.30	29.42	25.7
城镇常住居民人均可支配收入	元	30996	39788	—
农村常住居民人均可支配收入	元	9862	13698	—

主要统计指标解释

行政区划 指国家对行政区域的划分。根据宪法规定，我国的行政区域划分如下：(1)全国分为省、自治区、直辖市；(2)省、自治区分为自治州、县、自治县、市；(3)自治州分为县、自治县、市；(4)县、自治县分为乡、民族乡、镇；(5)直辖市和较大的市分为区、县；(6)国家在必要时设立的特别行政区。

土地面积 指某一国家或某一地区所辖范围内的全部地域面积。土地包括耕地、荒山、荒地、林地、草原、道路、建筑物占地、河流、湖泊、水库等。按照地形的不同，一般可分为山地、高原、盆地、平原、丘陵。地形分类因各地区特点而异。以下地形的地貌特征是：

(1)平原 地面平坦，地面坡度小于 5 度，地表组织物质以第四纪松散堆积物为主。

(2)丘陵 地面波状起伏，脉络不明显，丘顶多呈浑圆状，间有峰脊，坡度大多在 25 度以下，相对高度在 200 米以下，地表多为基岩裸露。

(3)山地 地面起伏大，线状伸延，脉络清楚，相对高度大于 200 米，坡度大于 25 度，地表切割深，多为基岩裸露。

人口密度 指一定地理(政治的、行政区域的、自然的、经济的、城乡的)范围内的人口数与相应土地面积的比值，反映一定地理范围内人口集居的稀密状况。计算公式为：

$$人口密度(人/平方公里)=\frac{某地理范围内的总人口}{某地理范围内的土地面积}$$

计算结果表明每一平方公里内有多少人口。

气温 指空气的温度，我国一般以摄氏度（℃）为单位表示。气象观测的温度表是放在离地面约 1.5 米处通风良好的百叶箱里测量的，因此，通常说的气温指的是离地面 1.5 米处百叶箱中的温度。其统计计算方法为：月平均气温是将全月各日的平均气温相加，除以该月的天数而得。年平均气温是将 12 个月的月平均气温累加后除以 12 而得。

日照时数 指太阳实际照射地面的时间。其统计方法与降水量相同。

降水量 指从天空降落到地面的液态或固态（经融化后）水，未经蒸发、渗透、流失而在地面上积聚的深度。其统计计算方法为：月降水量是将全月各日的降水量累加而得。年降水量是将 12 个月的月降水量累加而得。

相对湿度 指空气中实际水气压与当时气温下的饱合水气压之比。其统计方法与气温相同。

2

国民经济核算

GUOMINJINGJIHESUAN

2-1 主要年份地区生产总值

年 份	地区生产总值(万元)	第一产业	第二产业	第三产业	地区生产总值指数(%)	第一产业	第二产业	第三产业
1978	150619	19652	91703	39264	130.9	108.2	125.2	183.4
1980	191149	22175	117450	51524	115.2	110.4	111.0	132.7
1985	418477	54426	252627	111424	120.0	103.1	119.5	132.0
1990	1152588	128817	609768	414003	109.0	104.7	106.5	114.5
1995	3578651	397634	1767652	1413365	113.8	121.1	117.6	109.0
1996	4443941	458714	2137559	1847668	114.1	105.5	114.2	115.7
1997	5017852	487087	2373937	2156828	113.2	103.7	113.8	114.3
1998	5629465	507149	2628500	2493816	111.0	102.3	110.4	113.0
1999	5936439	528361	2680956	2727122	108.2	103.5	106.7	110.3
2000	6361308	575242	2758071	3027995	108.4	103.5	107.6	109.8
2001	6763684	580957	2973665	3209062	108.5	104.0	107.2	110.5
2002	7339974	607662	3177541	3554771	109.2	103.6	109.2	110.2
2003	8182598	650417	3543658	3988523	110.3	104.3	111.0	110.7
2004	9461405	731547	4242190	4487668	112.0	104.3	114.6	110.9
2005	10801256	773081	4735334	5292841	111.2	105.0	113.1	110.4
2006	12155431	815645	5553729	5786057	112.4	104.5	114.3	111.9
2007	14254325	939717	6433352	6881256	112.5	105.6	115.0	111.1
2008	16340007	1049392	7354500	7936115	112.0	106.2	113.0	112.0
2009	18422246	1114337	7358177	9949732	112.8	105.6	112.9	113.6
2010	21349051	1166430	9065828	11116793	114.5	104.7	117.1	113.0
2011	25282254	1296396	11295783	12690075	114.1	106.0	116.8	112.7
2012	30350207	1541956	13277078	15531173	114.2	106.1	116.1	113.4
2013	34459909	1696839	14548444	18214626	112.9	106.8	113.4	113.1
2014	37470676	1815602	15557261	20097813	108.1	106.2	108.1	108.2
2015	40089424	1880991	16054109	22154324	108.1	105.8	107.4	108.9
2016	43420529	2005059	16797014	24618456	108.5	106.0	107.7	109.2
2017	48576426	2101325	18659664	27815437	109.7	106.0	109.0	110.5

注：1.按国家统计局的规定，2009年-2013年的生产总值是根据第三次全国经济普查进行修定后的数据；
2.2009年——2017年地区生产总值数据含研究与开发支出数据。
3.生产总值指数按可比价计算，以上年为100。

2-2 各县(市)区

（2017年）

地 区	地区生产总值(万元)	第一产业	第二产业		
				工业	建筑业
昆明市	**4857.64**	**210.13**	**1865.97**	**1159.20**	**707.44**
五华区	1082.22	2.09	556.66	373.59	183.11
盘龙区	654.70	5.05	191.04	118.68	72.42
官渡区	1140.14	8.11	406.83	185.54	221.38
西山区	567.09	3.66	142.46	72.48	70.00
东川区	91.87	6.37	46.43	32.44	13.98
呈贡区	227.12	5.13	118.20	74.52	43.70
晋宁区	127.12	22.44	43.98	36.40	7.63
富民县	72.71	10.69	37.04	20.68	16.37
宜良县	184.67	49.13	53.49	34.29	19.46
石林县	85.96	20.33	23.05	13.27	9.82
嵩明县	117.95	15.94	53.80	35.44	18.36
禄劝县	91.19	23.61	23.95	12.20	11.75
寻甸县	89.89	23.62	26.35	20.81	5.56
安宁市	317.61	13.97	137.04	123.31	13.90

注：生产总值是分级核算，各县(市)区数相加不等于全市数。

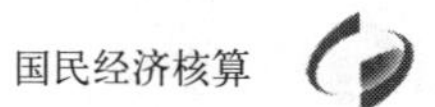

地区生产总值

			三次产业构成(%)			人均生产总值(元)
第三产业	交通运输、仓储及邮政业	批发和零售业	第一产业	第二产业	第三产业	
2781.54	**106.59**	**568.21**	**4.3**	**38.4**	**57.3**	**71906**
523.48	2.20	129.30	0.2	51.4	48.4	123809
458.61	3.54	114.59	0.8	29.2	70.0	78328
725.19	72.95	168.80	0.7	35.7	63.6	127661
420.98	6.91	86.56	0.6	25.1	74.3	72103
39.07	0.34	1.96	6.9	50.6	42.5	32474
103.78	1.15	22.48	2.3	52.0	45.7	67096
60.71	1.75	4.15	17.6	34.6	47.8	41714
24.97	0.65	2.72	14.7	51.0	34.3	46578
82.05	3.68	4.10	26.6	29.0	44.4	42129
42.58	0.70	10.39	23.7	26.8	49.5	32864
48.21	3.10	6.15	13.5	45.6	40.9	36450
43.63	1.39	4.64	25.9	26.3	47.8	22021
39.92	1.59	5.50	26.3	29.3	44.4	19079
166.60	19.71	34.85	4.4	43.1	52.5	84696

2-3 各县(市)区地区

（2017年）

地 区	地区生产总值指数(%)	第一产业	第二产业	工业
昆明市	**109.7**	**106.0**	**109.0**	**110.1**
五华区	106.5	102.0	105.7	104.2
盘龙区	110.6	101.7	110.9	108.0
官渡区	110.4	96.5	108.8	113.0
西山区	110.5	102.7	107.0	107.7
东川区	110.0	107.0	109.5	109.0
呈贡区	111.4	103.0	109.6	106.2
晋宁区	106.6	106.8	105.4	106.5
富民县	110.1	106.5	112.1	119.9
宜良县	110.0	106.7	111.0	110.1
石林县	108.5	107.0	107.2	109.6
嵩明县	107.1	106.6	102.4	102.7
禄劝县	109.1	107.1	101.1	101.6
寻甸县	107.0	106.9	103.4	100.1
安宁市	115.5	106.2	125.4	135.9

注：生产总值指数按可比价计算，以上年为100。

生产总值指数

建筑业	第三产业	交通运输、仓储及邮政业	批发和零售业	人均生产总值指数 (%)
107.1	**110.5**	**109.3**	**107.8**	**108.9**
109.2	107.5	106.2	102.6	106.2
117.1	110.5	104.8	111.0	110.0
105.2	111.5	110.5	109.7	109.4
106.2	111.9	106.5	114.2	109.8
111.0	111.1	112.0	107.4	109.6
116.7	114.3	105.9	105.3	110.0
99.7	107.5	106.3	108.3	105.5
102.7	108.6	106.6	106.7	109.2
113.0	111.3	112.5	107.6	109.2
103.8	109.9	105.6	107.6	107.5
101.6	113.6	110.4	107.3	104.2
100.5	115.5	106.1	107.3	108.7
120.3	109.8	106.1	107.6	106.5
68.8	108.1	111.0	106.6	113.8

主要统计指标解释

国内生产总值或地区生产总值（GDP） 是指一个国家或地区所有常住单位在一定时期内(通常为一年)生产活动的最终成果（简称 GDP）。即所有常住机构单位或产业部门一定时期内生产的可供最终使用的产品和劳务的价值。对国家而言，此指标称之为国内生产总值(GDP)；对地区而言，此指标则称之为地区生产总值（GDP），如云南省生产总值，昆明市生产总值，等等。

生产总值有三种表现形态，即价值形态、收入形态和产品形态。从价值形态看，它是所有常住单位在一定时期内所生产的全部货物和服务价值超过同期投入的全部非固定资产货物和服务价值的差额，即所有常住单位的增加值之和；从收入形态看，它是所有常住单位在一定时期内所创造并分配给常住单位和非常住单位的初次分配收入之和；从产品形态来看，它是最终使用的货物和服务减去进口货物和服务。

生产总值能够全面反映全社会经济活动的总规模，是衡量一个国家或地区经济实力，评价经济形势的重要综合指标，世界上大多数国家都采用这一指标。

当年价格 指报告期的实际价格，如工厂的出厂价格，农产品的收购价格，商业的零售价格等。按当年价格计算，是指一些以货币表现的价值量指标，如社会总产值、工农业总产值。国民收入、国民生产总值等，按照当年的实际价格来计算总量。使用当年价格计算的数字，是为了使国民经济各项指标互相衔接，便于考察当年社会经济效益，便于对生产和流通、生产和分配、生产和消费进行经济核算和综合平衡。

按当年价格计算的价值指标，在不同年份之间进行对比时，因为包含有各年间价格变动的因素，不确切地反映实物量的增减变动。必须消除价格变动因素后，才能真实反映经济发展动态。因此，在计算增长速度时都使用按可比价格计算的数字。

可比价格 指在不同时期的价值指标对比时，扣除了价格变动的因素，以确切反映物量的变化。按可比价格计算有两种方法：一种是直接按产品产量乘其不变价格计算；一种是用价格指数换算。

三次产业划分规定 为更好地反映我国三次产业的发展情况，满足国民经济核算、服务业统计及其他统计调查对三次产业划分的需求，根据《国民经济行业分类》（GB/T 4754—2011），制定本规定。

三次产业的范围：

第一产业是指农、林、牧、渔业（不含农、林、牧、渔服务业）。

第二产业是指采矿业（不含开采辅助活动），制造业（不含金属制品、机械和设备修理业），电力、热力、燃气及水生产和供应业，建筑业。

第三产业即服务业，是指除第一产业、第二产业以外的其他行业。第三产业包括：批发和零售业，交通运输、仓储和邮政业，住宿和餐饮业，信息传输、软件和信息技术服务业，金融业，房地产业，租赁和商务服务业，科学研究和技术服务业，水利、环境和公共设施管理业，居民服务、修理和其他服务业，教育，卫生和社会工作，文化、体育和娱乐业，公共管理、社会保障和社会组织，国际组织，以及农、林、牧、渔业中的农、林、牧、渔服务业，采矿业中的开采辅助活动，制造业中的金属制品、机械和设备修理业。

3

人　口

RENKOU

3-1 主要年份全市年末人口数

单位：万人

年份	总人口	按居住在乡村、城镇的人口分	
		乡村人口	城镇人口
1978	367.10	258.66	108.44
1980	378.05	263.27	114.78
1985	399.23	268.08	131.15
1990	426.72	278.51	148.21
1995	449.94	284.93	165.01
1996	455.26	286.41	168.85
1997	460.65	287.09	173.56
1998	467.01	288.95	178.06
1999	473.39	290.44	182.95
2000	480.94	291.78	189.16
2001	487.52	292.69	194.83
2002	494.81	294.30	200.51
2003	500.79	295.44	205.34
2004	502.92	294.85	208.07
2005	608.57	255.30	353.27
2006	615.20	252.29	362.91
2007	619.33	253.31	366.02
2008	623.90	248.81	375.09
2009	628.00	244.90	383.10
2010	643.92	231.81	412.11
2011	648.64	220.54	428.10
2012	653.30	215.26	438.04
2013	657.90	210.20	447.70
2014	662.60	205.10	457.50
2015	667.70	200.00	467.70
2016	672.80	194.78	478.02
2017	678.30	189.58	488.72

注：2005年以前人口数为户籍人口数(居住在乡村和城镇的人口为农业人口和非农业人口口径)。

3-2 主要年份全市人口出生率、死亡率、自然增长率

单位：万人、‰

年份	年平均人口	出生率	死亡率	自然增长率
1978	363.09	22.09	5.21	16.88
1980	374.94	13.38	5.89	7.49
1985	396.54	11.42	5.54	5.88
1990	424.28	13.34	5.88	7.46
1995	447.43	12.58	5.67	6.91
1996	452.60	12.13	5.55	6.58
1997	457.96	12.78	5.46	7.32
1998	463.83	13.02	5.09	7.93
1999	470.20	12.53	5.12	7.42
2000	477.16	13.45	5.72	7.73
2001	484.23	11.52	4.72	6.80
2002	491.17	11.65	4.80	6.85
2003	497.80	11.55	4.65	6.90
2004	501.86	11.10	4.60	6.50
2005	604.54	12.72	5.29	7.43
2006	611.89	10.90	4.43	6.47
2007	617.27	10.47	4.45	6.02
2008	621.62	10.94	5.35	5.59
2009	625.95	10.93	5.13	5.80
2010	641.98	11.80	6.00	5.80
2011	646.28	11.44	5.78	5.66
2012	650.97	11.40	5.79	5.61
2013	655.60	11.40	5.81	5.59
2014	660.25	11.64	5.93	5.71
2015	665.15	11.93	5.95	5.98
2016	670.25	12.23	6.02	6.21
2017	675.55	12.84	6.16	6.68

注：从2005年开始，表中统计指标为常住人口统计口径。

3-3 分县(市)区人口数

（2017年） 单位：万人

地区	总人口	城镇人口	乡村人口
昆明市	**678.30**	**488.72**	**189.58**
五华区	87.55	85.58	1.97
盘龙区	83.78	81.90	1.88
官渡区	89.86	87.84	2.02
西山区	78.90	77.12	1.78
东川区	28.31	11.95	16.36
呈贡区	34.07	23.81	10.26
晋宁区	30.64	14.58	16.06
富民县	15.65	5.88	9.77
宜良县	43.98	19.26	24.72
石林县	26.27	11.27	15.00
嵩明县	32.89	14.96	17.93
禄劝县	41.42	11.64	29.78
寻甸县	47.22	14.31	32.91
安宁市	37.76	28.62	9.14

注：城镇人口、乡村人口指按统计上城乡划分的居住在城镇的人口和居住在乡村的人口。

3-4 六次人口普查

指　　标	1953	1964
全市总人口(万人)	**186.57**	**249.72**
男	93.67	126.96
女	92.90	122.76
性别比	100.83	103.42
家庭户规模(人/户)	**4.37**	**4.62**
各年龄组人口构成(%)		
0-14岁	33.55	39.17
15-64岁	62.82	57.66
65岁及以上	3.62	3.17
民族人口		
汉族人口数(万人)	163.30	220.48
占总人口比重(%)	87.53	88.29
少数民族人口数(万人)	23.27	29.24
占总人口比重(%)	12.47	11.71
每十万人拥有的各种受教育程度人口(人)		
大专及以上		1197
高中和中专		2487
初中		5410
小学		26061
平均受教育年限(年)		**3.49**
文盲人口数及文盲率		
文盲人口数(万人)		95.78
文盲率(%)		38.35
平均预期寿命(岁)		
男		
女		

全市人口基本情况

1982	1990	2000	2010
383.28	**434.64**	**578.13**	**643.22**
196.70	225.75	303.99	330.62
186.58	208.89	274.14	312.60
105.42	108.07	110.89	105.76
4.39	**3.78**	**3.05**	**2.72**
33.40	23.08	19.07	15.50
61.32	71.12	74.37	76.13
5.27	5.80	6.56	8.37
336.65	378.04	502.84	554.24
87.83	86.98	86.98	86.17
46.63	56.60	75.29	88.98
12.17	13.02	13.02	13.83
1615	3904	6986	15245
6444	9189	13123	14071
16338	21581	28544	31019
34520	36283	34745	29090
5.12	**6.41**	**8.02**	**9.22**
101.39	88.05	35.79	25.38
26.45	20.26	6.19	3.94
		73.70	**75.61**
		71.78	73.36
		75.89	78.23

主要统计指标解释

人口总数　指一定时点，一定地区范围内的有生命的自然人的总和。年度统计的年末人口数是指每年 12 月 31 日 24 时的人口数。

常住人口　是指居住在本市，且户口登记地在本市的人（含户口登记地在本市、外出不满半年的人）和居住在本市，且户口登记地在外省、地，但离开户口登记地半年以上的人。

城镇人口和乡村人口　一般是按常住人口划分的，是指居住在城镇和乡村的人口。

出生率（又称粗出生率）　指一定时期内（通常为一年内）一定地区的出生人数与同期平均人数之比，一般用千分率表示。计算公式：

$$出生率=\frac{年出生人数}{年平均人数}\times 1000‰$$

出生人数是指活产婴儿，即有过呼吸或其他生命现象。

年平均人数是年初、年末人口数的平均数，也可用年中人口数代替。

死亡率　指在一定时期内（通常为一年内）一定地区的死亡人数与同期平均人数之比，一般用千分率表示。计算公式：

$$死亡率=\frac{年死亡人数}{年平均人数}\times 1000‰$$

人口自然增长率　在一定时期内（通常为一年内）人口自然增加数与年平均人数之比，一般用千分率表示。计算公式：

$$人口自然增长率=\frac{年出生人数-年死亡人数}{年平均人数}\times 1000‰$$

人口自然增长率=人口出生率—人口死亡率

4

从业人员和职工工资

CONGYERENYUANHEZHIGONGGONGZI

4-1 按三次产业分的从业人员

（年末数）

年 份	从业人员合计(万人)				构成(%)		
		第一产业	第二产业	第三产业	第一产业	第二产业	第三产业
1978	175.59	109.00	43.52	23.07	62.1	24.8	13.1
1980	193.80	121.11	46.68	26.01	62.5	24.1	13.4
1985	223.04	137.43	49.08	36.53	61.6	22.0	16.4
1990	250.89	137.99	58.06	54.84	55.0	23.1	21.9
1995	281.74	145.00	67.46	69.28	51.5	23.9	24.6
1996	286.34	145.11	68.16	73.07	50.7	23.8	25.5
1997	294.94	146.03	67.40	81.51	49.5	22.9	27.6
1998	295.30	145.88	64.27	85.15	49.4	21.8	28.8
1999	289.08	141.16	62.23	85.69	48.8	21.5	29.7
2000	294.62	141.40	56.59	96.63	48.0	19.2	32.8
2001	295.36	142.44	53.51	99.41	48.2	18.1	33.7
2002	305.07	143.32	65.49	96.26	47.0	21.5	31.5
2003	309.28	143.44	57.62	108.22	46.4	18.6	35.0
2004	320.35	142.78	56.95	120.62	44.6	17.8	37.6
2005	345.44	141.43	74.70	129.31	41.0	21.6	37.4
2006	342.49	139.64	78.08	124.77	40.8	22.8	36.4
2007	383.75	136.72	92.04	154.99	35.6	24.0	40.4
2008	395.27	137.40	94.62	163.25	34.8	23.9	41.3
2009	391.17	135.91	82.47	172.79	34.0	21.8	44.2
2010	392.15	135.88	79.37	176.90	34.7	20.2	45.1
2011	400.66	128.17	87.62	184.87	32.0	21.9	46.1
2012	401.88	124.39	88.62	188.87	30.9	22.1	47.0
2013	403.51	119.40	88.57	195.54	29.6	22.0	48.4
2014	405.29	118.85	85.17	201.27	29.3	21.0	49.7
2015	412.78	120.12	85.86	206.80	29.1	20.8	50.1
2016	420.37	122.33	86.18	211.86	29.1	20.5	50.4
2017	432.14	116.15	83.21	232.78	26.9	19.3	53.8

4-2 按国民经济行业分的城镇单位从业人员人数

（2017年）　　单位：人

指　　标	从业人员年末人数
全市合计	**1347986**
按国民经济行业分	
1.农、林、牧、渔业	3277
2.采矿业	20503
3.制造业	170628
4.电力、热力、燃气及水生产和供应业	18203
5.建筑业	343971
6.批发和零售业	94366
7.交通运输、仓储和邮政业	116337
8.住宿和餐饮业	35881
9.信息传输、软件和信息技术服务业	25528
10.金融业	36086
11.房地产业	46889
12.租赁和商务服务业	60053
13.科学研究和技术服务业	52362
14.水利、环境和公共设施管理业	14261
15.居民服务、修理和其他服务业	13482
16.教育	119769
17.卫生和社会工作	69657
18.文化、体育和娱乐业	14082
19.公共管理、社会保障和社会组织	92651
20.国际组织	

4-3 主要年份城镇单位职工工资总额

单位：千元

年　份	合计	国有经济单位	集体经济单位	其他经济单位
1978	422018	375536	46482	
1980	567371	498420	68951	
1985	968052	832973	132307	2772
1990	2085278	1816292	262449	6537
1995	5910589	4901696	796537	212356
1996	7067305	5884630	873619	309056
1997	7909571	6642148	835442	431981
1998	8236287	6751079	739256	745952
1999	8675716	6647893	701349	1326474
2000	9187062	6848382	662125	1676555
2001	9607725	6728038	524708	2354979
2002	10519895	7408899	491777	2619219
2003	11055680	7379166	440728	3235786
2004	12214482	8112309	351157	3751016
2005	13429298	8706306	276453	4446539
2006	16454389	10342637	581342	5530410
2007	19229001	11681457	561287	6986257
2008	23199740	13605210	631792	8962738
2009	27252106	16416763	744582	10090761
2010	31650252	19107732	778197	11764323
2011	43076241	22881847	1061747	19132647
2012	51609566	27062894	1505585	23041087
2013	66382860	24789070	2025186	39568604
2014	70830818	28932502	2054973	39843343
2015	76882999	30649963	2208485	44024551
2016	85375029	35434728	1815651	48124650
2017	95285362	38622079	1825782	54837501

注：由于国家劳动工资统计制度改革，从2011年起为从业人员口径。

4-4 主要年份城镇单位职工年平均工资

单位：元/人

年　份	全市平均	国有经济单位	集体经济单位	其他经济单位
1978	656	686	486	
1980	802	833	629	
1985	1213	1250	1022	1252
1990	2413	2497	1955	2570
1995	6014	6204	4972	6534
1996	7263	7491	5880	7931
1997	8118	8372	6205	9308
1998	8554	8770	6757	8914
1999	9077	9149	7161	10104
2000	9891	9941	7555	11013
2001	10914	11049	7414	11741
2002	12287	12476	8084	12996
2003	13369	13526	8595	14063
2004	15464	16161	9066	15055
2005	17887	18805	9588	17171
2006	19683	21783	10967	17946
2007	21504	24502	11248	19009
2008	25261	28492	13626	22718
2009	28993	33408	16830	24957
2010	33487	40788	19784	26900
2011	39731	49726	24543	32943
2012	43702	56843	30388	35161
2013	49207	60138	36103	44926
2014	56582	69116	42209	50496
2015	62033	76035	46008	55443
2016	65334	85193	50613	56290
2017	71746	100774	54235	60183

注：由于国家劳动工资统计制度改革，从2011年起为从业人员口径。

4-5 按经济类型分行业城镇单位在岗职工年末人数

（2017年） 单位：人

指　标	在岗职工	国有经济	集体经济	其他经济
全市合计	**1090104**	**332246**	**33948**	**723910**
按企、事业和机关分组				
企业	845548	100435	32849	712264
事业	169260	157017	1099	11144
机关	74711	74711		
民间非营利组织	99			99
其他	486	83		403
按国民经济行业分				
1.农、林、牧、渔业	2810	1330	68	1412
2.采矿业	19886	583	149	19154
3.制造业	153779	10464	2210	141105
4.电力、热力、燃气及水生产和供应业	15384	4264	122	10998
5.建筑业	205384	9375	20765	175244
6.批发和零售业	86387	5337	1358	79692
7.交通运输、仓储和邮政业	103509	40536	554	62419
8.住宿和餐饮业	32236	4212	610	27414
9.信息传输、软件和信息技术服务业	23805	1311	96	22398
10.金融业	34906	12376	3007	19523
11.房地产业	38686	1161	789	36736
12.租赁和商务服务业	47449	5486	624	41339
13.科学研究和技术服务业	45737	25974	1686	18077
14.水利、环境和公共设施管理业	10039	3973	165	5901
15.居民服务、修理和其他服务业	12609	443	466	11700
16.教育	108605	79343	716	28546
17.卫生和社会工作	55716	39447	406	15863
18.文化、体育和娱乐业	12423	6150	26	6247
19.公共管理、社会保障和社会组织	80754	80481	131	142
20.国际组织				

4-6 按经济类型分行业城镇单位在岗职工平均工资

（2017年）　　单位：元/人

指　　标	在岗职工	国有经济	集体经济	其他经济
全市合计	**76350**	**104075**	**55494**	**64002**
按企、事业和机关分组				
企业	68764	105843	55897	63963
事业	99324	101758	45137	67506
机关	106728	106728		
民间非营利组织	38135			38135
其他	61828	139765		47892
按国民经济行业分				
1.农、林、牧、渔业	58923	90473	43957	29345
2.采矿业	57727	62945	51376	57589
3.制造业	69447	100824	38833	67473
4.电力、热力、燃气及水生产和供应业	119308	135044	38865	114199
5.建筑业	54812	94063	43714	53779
6.批发和零售业	55343	84071	37785	53667
7.交通运输、仓储和邮政业	95008	104766	47196	88783
8.住宿和餐饮业	37210	39545	31500	36986
9.信息传输、软件和信息技术服务业	81827	134085	31232	79270
10.金融业	166978	155647	184027	171471
11.房地产业	59670	84233	32330	59467
12.租赁和商务服务业	52740	103552	34445	46583
13.科学研究和技术服务业	86734	88079	29373	89897
14.水利、环境和公共设施管理业	56108	75131	40243	44494
15.居民服务、修理和其他服务业	43009	55994	32493	42916
16.教育	91506	106202	45354	49162
17.卫生和社会工作	95656	109186	39461	54316
18.文化、体育和娱乐业	81802	92144	80077	70937
19.公共管理、社会保障和社会组织	103779	104028	32792	39483
20.国际组织				

主要统计指标解释

一、从业人员

从业人员期末人数　指期末最后一日在本单位中工作，并取得工资或其他形式劳动报酬的人员数。该指标为时点指标，不包括最后一日当天及以前已经与单位解除劳动合同关系的人员，是在岗职工、劳务派遣人员及其他从业人员之和。从业人员不包括：

1、离开本单位仍保留劳动关系，并定期领取生活费的人员；

2、利用课余时间打工的学生及在本单位实习的各类在校学生；

3、本单位因劳务外包而使用的人员。

在岗职工　指在本单位工作且与本单位签订劳动合同，并由单位支付各项工资和社会保险、住房公积金的人员，以及上述人员中由于学习、病伤、产假等原因暂未工作仍由单位支付工资的人员。

在岗职工包括：

1、应订立劳动合同而未订立劳动合同人员(如使用的农村户籍人员)；

2、处于试用期人员；

3、编制外招用的人员；

4、派往外单位工作，但工资仍由本单位发放的人员(如挂职锻炼、外派工作等情况)。

在岗职工不包括：

(1)本单位使用的且由本单位直接支付工资的劳务派遣人员，应统计在本单位“劳务派遣人员”指标中；

(2)本单位因劳务外包而使用的人员，由承包劳务的单位统计为在岗职工。

劳务派遣人员　根据《中华人民共和国劳动合同法》规定，指与劳务派遣单位签订劳动合同，并被劳务派遣单位派遣到实际用工单位工作，且劳务派遣单位与实际用工单位签订《劳务派遣协议》的人员。

其他从业人员　指本单位中不能归到在岗职工、劳务派遣人员中的人员。此类人员是实际参加本单位生产或工作并从本单位取得劳动报酬的人员。具体包括：非全日制人员、聘用的正式离退休人员、兼职人员和第二职业者等，以及在本单位中工作的外籍和港澳台方人员。

二、工资

从业人员工资总额　指根据《关于工资总额组成的规定》(1990 年 1 月 1 日国家统计局发布的一

号令)进行修订，本单位在报告期内(季度或年度)直接支付给本单位全部从业人员的劳动报酬总额。包括计时工资、计件工资、奖金、津贴和补贴、加班加点工资、特殊情况下支付的工资，是在岗职工工资总额、劳务派遣人员工资总额和其他从业人员工资总额之和。

工资总额是税前工资，包括单位从个人工资中直接为其代扣或代缴的房费、水费、电费、住房公积金和社会保险基金个人缴纳部分等。

工资总额不论是计入成本的还是不计入成本的，不论是以货币形式支付的还是以实物形式支付的，均应列入工资总额的计算范围。

在岗职工工资总额　指本单位在报告期内直接支付给本单位全部在岗职工的劳动报酬总额。在岗职工工资总额由基本工资、绩效工资、工资性津贴和补贴、其他工资四部分组成。工资总额不包括病假、事假等情况的扣款。

基本工资　也可称为标准工资、合同工资、谈判工资。指本单位在报告期内(季度或年度)支付给本单位在岗职工的按照法定工作时间提供正常工作的劳动报酬。各单位给个人确定的底薪可作为基本工资。包括工龄工资(年功工资)。

基础工资不含定时、定额发放的各种奖金、各种津贴和补贴、加班工资，也不包括补发的上一季度或上一年度的基础工资。

绩效工资　也可称为效益工资、业绩工资。指根据本单位利润增长和工作业绩定期支付给本单位在岗职工的奖金；支付给本单位从业人员的超额劳动报酬和增收节支的劳动报酬。具体包括：值加班工资、绩效奖金(如年度、季度、月度等)、全勤奖、生产奖、节约奖、劳动竞赛奖和其他名目的奖金；以及某工作事项完成后的提成工资、年底双薪等。但不包括入股分红、股权激励兑现的钱和各种资本性收益。

工资性津贴和补贴　指本单位制定的员工相关工资政策中，为补偿本单位在岗职工特殊或额外的劳动消耗和因其他特殊原因支付的津贴，以及为保证其工资水平不受物价影响而支付的物价补贴。具体包括：补偿特殊或额外劳动消耗的津贴及岗位性津贴、保健性津贴、技术性津贴、地区津贴和其他津贴。如：过节费、通讯补贴、交通补贴、不休假补贴、无食堂补贴、单位发的可自行支配的住房补贴以及上的各种商业性保险等。上述各种项目均包括货币性质的，也包括实物性质的和各种形式的充值卡、购物卡(券)等。

其他工资　指上述基本工资、绩效工资、工资性津贴和补贴三类工资均不能包括的发给在岗职工的工资，如补发上一年度的工资等。

劳务派遣人员工资总额　指实际用工单位(派遣人员的使用方)在一定时期内为使用劳务派遣人员而付出的劳动报酬总额，包括用工单位负担的基本工资、加班工资、绩效工资以及各种津贴、补贴等，但不包含因使用派遣人员而支付的管理费用和其他用工成本。

其他从业人员工资总额：指本单位在报告期内直接支付给本单位其他从业人员的全部劳动报酬。

从业人员平均工资　指本单位在报告期内从业人员的平均工资水平。计算公式为：

$$\text{从业人员平均工资}=\frac{\text{从业人员工资总额}}{\text{从业人员平均人数}}$$

在岗职工平均工资　指本单位在报告期内在岗职工的平均工资水平。计算公式为：

$$\text{在岗职工平均工资}=\frac{\text{在岗职工工资总额}}{\text{在岗职工平均人数}}$$

5

固定资产投资

GUDINGZICHANTOUZI

 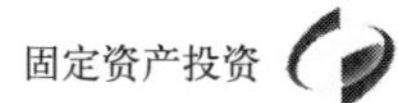

5-1 主要年份固定资产投资完成情况

单位：万元

年　份	投资总额	按建设性质分				按经济类型分	
		基本建设	更新改造	其他	房地产开发	国有	非国有
1978	27763	26126	80	1557		26634	1129
1980	50419	41153	6339	2927		48711	1708
1985	147170	80020	33245	33905		117736	29434
1990	216238	79309	75428	48171	13330	177090	39148
1995	1313339	462439	355117	210115	285668	942651	370688
1996	1552219	503830	510033	257390	280966	1130337	421882
1997	1840201	680093	584590	262419	313099	1369486	470715
1998	2260168	796251	669160	284653	510104	1563453	696715
1999	2389621	905345	455901	306294	722081	1573525	816096
2000	2391121	870495	473879	407634	639113	151432	876779
2001	2639050	966985	557644	452955	661466	1656993	982057
2002	2918976	1050391	603584	581606	683395	1642669	1276307
2003	3616524	1358986	799505	757333	700700	1784174	1832350
2004	4350794	1400868	884358	988756	1076812	2408162	1942632
2005	5230093	1904697	1105569	726300	1493527	2940410	2289683
2006	6540186	4376260		331033	1832893	3367551	3172635
2007	8175236	5429040		526260	2219936	3864505	4310731
2008	10531562	7530062		408610	2592890	5127321	5404241
2009	16006555	11856697		455527	3694331	8330541	7676014
2010	21608849	16834336		367699	4406814	9423445	12185404
2011	27011061	20210336		541014	6259711	10022293	16670333
2012	23459100	14268368			9190732	7599350	15859750
2013	29315032	16397972			12917060	9616657	19698375
2014	31381657	16455411			14926246	10728556	20653101
2015	34978793	20465726			14513067	18949209	16029584
2016	39200747	23895748			15304999	22580241	16620506
2017	42179420	25346095			16833325	23332011	18847409

注：1.2006年起取消基本建设、更新改造分组；
2.2012年起不含500万元以下投资数据。

5-2 全市固定资产投资主要指标

（2017年）　　单位：万元

指　　标	固定资产投资	非房地产开发	房地产开发
一、投资额			
计划总投资	181959375	82841406	99117969
本年完成投资	42179420	25346095	16833325
#国有控股	23332011	19601071	3730940
民间投资	17743430	5466366	12277064
二、新增固定资产	**13161855**	**10185097**	**2976758**
三、资金来源			
(一)本年资金来源合计	38545143	17428123	21117020
1.上年末结余资金	5584364	1168740	4415624
2.本年资金来源小计	32960779	16259383	16701396
(1)国家预算内资金	1300249	1300249	
(2)国内贷款	6624768	2496624	4128144
(3)债券	31214	31214	
(4)利用外资	49728	16953	32775
(5)自筹资金	17471589	10902628	6568961
(6)其他资金	7483231	1511715	5971516
四、各项应付款合计	**12820775**	**6756879**	**6063896**
#工程款	5923035	2677236	3245799
五、本年施工项目个数(个)	**3293**	**2900**	**393**
#本年新开工	1942	1871	71
六、投产(竣工)项目个数(个)	**2152**	**2124**	**28**
七、房屋施工面积(平方米)	**118709240**	**17807246**	**100901994**
#住宅	65857278	3230176	62627102
八、房屋竣工面积(平方米)	**14197462**	**7394167**	**6803295**
#住宅	5894993	1949818	3945175

注：此表不含500万元以下投资数据；除本年完成投资外，其它数据均不含跨地区数据。

5-3 全市固定资产投资按构成类型分组完成情况

（2017年） 单位：万元

指　　标	固定资产投资	非房地产开发	房地产开发
投资总额	**42179420**	**25346095**	**16833325**
一、按登记注册类型分			
内资	39391076	23212558	16178518
国有	9892759	9892759	
集体	38284	38284	
其他	29460033	13281515	16178518
港澳台商投资	697923	189725	508198
合资经营	4211	4200	11
合作经营	2129	2129	
独资	619958	111771	508187
股份有限	71625	71625	
其他港、澳、台商投资企业			
外商投资	307918	161309	146609
合资经营	66541	57653	8888
合作经营	38931	38931	
独资	62251	62251	
股份有限	138795	1074	137721
其他外商投资企业	1400	1400	
个体经营	79639	79639	
二、按投资额构成分			
建筑工程	29903465	17879213	12024252
安装工程	2001501	354719	1646782
设备、工具器具购置	1816295	1667295	149000
其它费用	6755295	3742004	3013291
#建设用地费(土地购置费)	3820483	1681718	2138765
三、按建设性质分			
新建	35354989	18521664	16833325
扩建	2367323	2367323	
改建和技术改造	1485705	1485705	
其它	1268539	1268539	

注：此表不含500万元以下投资数据；除投资总额外，其它数据均不含跨地区数据。

5-4 全市固定资产投资按国民经济行业分组完成情况

（2017年） 单位：万元

指标	固定资产投资	非房地产开发	房地产开发
一、投资总额	**42179420**	**25346095**	**16833325**
按国民经济主要行业分			
1.农、林、牧、渔业	832460	832460	
2.采矿业	261981	261981	
3.制造业	4050121	4050121	
4.电力、热力、燃气及水的生产和供应业	540206	540206	
5.建筑业			
6.批发和零售业	623226	623226	
7.交通运输、仓储和邮政业	7495327	7495327	
8.住宿和餐饮业	674675	674675	
9.信息传输、软件和信息技术服务业	245647	245647	
10.金融业	4748	4748	
11.房地产业	18718497	1885172	16833325
12.租赁和商务服务业	151541	151541	
13.科学研究和技术服务业	102281	102281	
14.水利、环境和公共设施管理业	4154416	4154416	
15.居民服务、修理和其他服务业	72288	72288	
16.教育	1212486	1212486	
17.卫生和社会工作	546316	546316	
18.文化、体育和娱乐业	543804	543804	
19.公共管理、社会保障和社会组织	246536	246536	
20.国际组织			

注：此表不含500万元以下投资数据；除投资总额外，其它数据均不含跨地区数据。

 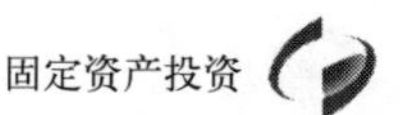

5-5 全市分县(市)区固定资产投资完成情况

（2017年）　　单位：万元

地　区	固定资产投资		
		非房地产开发	房地产开发
合计	**42179420**	**25346095**	**16833325**
五华区	3005247	840651	2164596
盘龙区	4769265	1261171	3508094
官渡区	8176594	4899988	3276606
西山区	5888202	1894919	3993283
东川区	1455921	1430656	25265
呈贡区	4787610	3185089	1602521
晋宁区	1741466	1132284	609182
富民县	775675	686928	88747
宜良县	1674600	1647746	26854
石林县	1593040	1487697	105343
嵩明县	1897321	1495176	402145
禄劝县	1468404	1192377	276027
寻甸县	1473472	1457931	15541
安宁市	3008240	2269119	739121

注：此表不含500万元以下投资数据。

5-6 房地产投资、施

（2017年）

指　　标	单位	合计	住宅	户型
				90平方米及以下
本年房地产开发投资	万元	16833325	10589031	3496767
房屋施工面积	平方米	100901994	62627102	19592202
其中：本年新开工面积	平方米	15987252	9871572	3171138
本年房屋竣工面积	平方米	6803295	3945175	1405685
其中：不可销售面积	平方米	966424	695352	449782
本年房屋竣工价值	万元	2698201	1540982	557826
本年商品房销售面积	平方米	18272477	13877657	3561013
现房销售面积	平方米	5207348	3670313	929195
期房销售面积	平方米	13065129	10207344	2631818
本年商品房销售额	万元	14635906	11375890	2500568
现房销售额	万元	3177479	2321519	534380
期房销售额	万元	11458427	9054371	1966188
待售面积	平方米	6046292	2740416	417025
其中：待售1-3年(含1年)	平方米	2769017	1085873	188069
待售3年以上(含3年)	平方米	568247	212818	48101

工、销售和待售情况

结构 144平方米以上	别墅、高档公寓	办公楼	商业营业用房	其他
2221928	691967	1219470	2227306	2797518
12162903	2583926	7008281	12450991	18815620
1475668	546239	821605	1790921	3503154
1251084	60797	470680	841940	1545500
78340			54713	216359
523189	28357	249201	321238	586780
2716041	588724	979599	1401250	2013971
898960	278938	168549	694583	673903
1817081	309786	811050	706667	1340068
2443100	501529	809489	1381543	1068984
583749	185329	75295	508383	272282
1859351	316200	734194	873160	796702
879112	481642	580369	1209022	1516485
311280	207448	337691	472404	873049
47314	45218	25091	171770	158568

主要统计指标解释

固定资产投资　固定资产投资是建造和购置固定资产经济活动，即固定资产再生产活动。固定资产再生产过程包括固定资产更新(局部更新和全部更新)、改建、扩建、新建等活动。新的企业财务会计制度规定，固定资产局部更新的大修理作为日常生产活动的一部分，发生的大修理费用直接在成本费用中列支。按照现行投资管理体制及有关部门的规定，凡属于大修理、养护、维护性质的工程(如设备大修、建筑物的翻修和加固、农田水利工程和堤防、水库的大修、铁路大修等)都不纳入固定资产投资管理，也不作为固定资产投资统计。

固定资产投资属于实物投资的一部分，这一点区别于金融投资。固定资产投资的目的是建造和购置固定资产，它的承担物表现为机器、设备、建筑物等固定资产。而金融投资(如股票和债券投资)则表现为金融资产的增加。

固定资产投资是国民经济再生产活动的一个重要部分。通过固定资产投资，可以扩大社会再生产的规模，提高社会生产的技术水平，调整经济结构，改变生产力的地区分布，增强国家的经济实力，提高和改善人民物质和文化生活水平。

固定资产投资额（又称固定资产投资完成额）　是以货币形式表现的在一定时期内建造和购置固定资产的工作量以及与此有关的费用的总称。没有形成工程实体的建筑材料和没有开始安装的设备，都不计算投资完成额。它是反映固定资产投资规模、结构和发展速度的综合性指标，又是观察工程进度和考核投资效果的重要依据。

房地产开发　是指各种登记注册类型的房地产开发公司、商品房建设公司及其他房地产开发单位统一开发的包括统代建、拆迁还建的住宅、厂房、仓库、饭店、宾馆、度假村、写字楼、办公楼等房屋建筑物和配套的服务设施、土地开发工程，如道路、给水、排水、供电、供热、通讯、平整场地等基础设施工程。包括实际从事房地产开发或经营活动的附营房地产开发单位。

施工项目　指报告期内曾进行建筑安装施工活动的建设项目，包括报告期内新开工项目，报告期以前开工跨报告期继续施工的项目，报告期施过工并在报告期内全部建成投产或停缓建的项目。

新增固定资产（又称交付使用的固定资产）　是指已经完成和购置过程结束，并已交付生产或使用单位的固定资产价值。

新增固定资产是反映固定资产投资成果的价值量指标，也是反映建设进度，计算固定资产投资效果的必要数据。

房屋建筑面积　是房屋建筑勒脚以上外墙外围的水平截面面积，包括房屋建筑的有效面积和结构面积。房屋建筑面积统计指标是从实物形态上反映建设规模和建设成果的重要指标，也是检查工程形象进度、计算工程造价、分析投资效果、研究施工任务与施工力量和建筑材料之间平衡情况的重要依据。

房屋施工面积　是指报告期内施工的全部房屋建筑面积，包括本期新开工的面积和上期开工跨入本期继续施工的房屋面积，以及上期已停建在本期恢复施工的房屋面积、本期竣工和本期施工后又停缓建的房屋，其建筑面积仍计入本期房屋施工面积中。

6

财政和金融

CAIZHENGHEJINRONG

6-1 一般公共预算收入

单位：万元

指　　标	2017年
一、一般公共预算收入	**5608643**
1.税收收入	**4109462**
增值税	1837032
营业税	22926
企业所得税	293649
个人所得税(款)	144425
资源税	55783
城市维护建设税	359514
房产税	221853
印花税	106313
城镇土地使用税	185393
土地增值税	282742
车船税(款)	74935
耕地占用税(款)	115756
契税(款)	353036
烟叶税(款)	56105
2.非税收入	**1499181**
专项收入	526671
行政事业性收费收入	103146
罚没收入	102016
国有资本经营收入	1389
国有资源(资产)有偿使用收入	697921
捐赠收入	12675
政府住房基金收入	33192
其他收入	22171
二、政府性基金收入	**3850031**

注：此表数据来源于昆明市财政局。

6-2 一般公共预算支出

单位：万元

指　　标	2017年
一、一般公共预算支出	**7759012**
#一般公共服务支出	872929
国防支出	10010
公共安全支出	573723
教育支出	1181689
科学技术支出	168930
文化体育与传媒支出	74044
社会保障和就业支出	846157
医疗卫生与计划生育支出	568172
节能环保支出	362894
城乡社区支出	1395562
农林水支出	615943
交通运输支出	335297
住房保障支出	286729
二、政府性基金支出	**3510059**

注：此表数据来源于昆明市财政局。

6-3 分县(市)区一般公共预算收入

单位：万元

地　　区	2017年
昆明市	**5608643**
市级	**2891177**
县(市)区小计	**2717466**
五华区	384701
盘龙区	393443
官渡区	399444
西山区	397940
东川区	66694
呈贡区	210599
晋宁区	145681
富民县	52866
宜良县	78397
石林县	61688
嵩明县	108013
禄劝县	61188
寻甸县	68034
安宁市	288778

注：此表数据来源于昆明市财政局。

6-4 分县(市)区一般公共预算支出

单位：万元

地　　区	2017年
昆明市	**7759012**
市级	**3293040**
县(市)区小计	**4465972**
五华区	390064
盘龙区	489223
官渡区	453676
西山区	443054
东川区	276702
呈贡区	326800
晋宁区	250154
富民县	114036
宜良县	200809
石林县	203490
嵩明县	255583
禄劝县	335925
寻甸县	364236
安宁市	362220

注：此表数据来源于昆明市财政局。

6-5 金融机构(含外资)本外币信贷运行情况

单位：万元

项目名称	2017年	比年初	
		增减	增减(±%)
资金来源总计	**167999580**	**14792583**	**9.66**
一、各项存款	**136467164**	**8120415**	**6.33**
(一)境内存款	136164086	8151816	6.37
1.住户存款	44886124	3007578	7.18
(1)活期存款	21101595	1236820	6.23
(2)定期及其他存款	23784530	1770758	8.04
2.非金融企业存款	55945365	2983211	5.63
(1)活期存款	32615209	3036774	10.27
(2)定期及其他存款	23330156	-53562	-0.23
3.广义政府存款	31423174	2501096	8.65
(1)财政性存款	4774141	2704979	130.73
(2)机关团体存款	26649033	-203882	-0.76
4.非银行业金融机构存款	3909422	-340070	-8.00
(二)境外存款	303078	-31401	-9.39
二、金融债券	**1004398**	**304877**	**43.58**
三、借款及非银行业金融机构拆入	**761626**	**180987**	**31.17**
四、联行往来(净)	**15036568**	**12421894**	**475.08**
五、应付及暂收款	**3556647**	**419668**	**13.38**
六、各项准备	**5458483**	**353300**	**6.92**
七、所有者权益	**5227663**	**496867**	**10.50**
#实收资本	2368716	459912	24.09
八、其他	**487031**	**-7505423**	**-93.91**

注：此表数据来源于人民银行昆明中心支行。

6-5 续表

单位：万元

项目名称	2017年	比年初	
		增减	增减(±%)
资金运用总计	**167999580**	**14792583**	**9.66**
一、各项贷款	**152475865**	**12928216**	**9.26**
(一)境内贷款	149519376	12829314	9.39
1.住户贷款	26406201	3150426	13.55
(1)短期贷款	4909603	-807742	-14.13
消费贷款	1856646	-123374	-6.23
经营贷款	3052957	-684367	-18.31
(2)中长期贷款	21496598	3958167	22.57
消费贷款	18935036	3843081	25.46
经营贷款	2561562	115086	4.70
2.非金融企业及机关团体贷款	123113175	9678888	8.53
(1)短期贷款	25725383	1467617	6.05
(2)中长期贷款	84682467	9007033	11.90
(3)票据融资	6887751	-1516027	-18.04
(4)融资租赁	5475485	998808	22.31
(5)各项垫款	342090	-278543	-44.88
(二)境外贷款	2956489	98902	3.46
二、债券投资	**10358268**	**1485689**	**16.74**
三、股权及其他投资	**1987937**	**34906**	**1.79**
四、买入返售资产	**259172**	**81523**	**45.89**
五、存放非银行业金融机构款项	**46618**	**2350**	**5.31**
六、应收及预付款	**1172342**	**258672**	**28.31**
七、投资性房地产	**4025**	**-309**	**-7.14**
八、固定资产	**1695353**	**1536**	**0.09**

6-6 金融机构(不含外资、证券)人民币信贷运行情况

单位：万元

项目名称	2017年	比年初	
		增减	增减(±%)
资金来源总计	**163344957**	**14543580**	**9.77**
一、各项存款	**134665614**	**8108815**	**6.41**
(一)境内存款	134513038	8102334	6.41
1.住户存款	44314031	3070222	7.44
(1)活期存款	20805796	1295686	6.64
(2)定期及其他存款	23508235	1774536	8.16
2.非金融企业存款	54955559	2861856	5.49
(1)活期存款	32192479	3049143	10.46
(2)定期及其他存款	22763080	-187287	-0.82
3.广义政府存款	31362794	2509457	8.70
(1)财政性存款	4774141	2704979	130.73
(2)机关团体存款	26588653	-195522	-0.73
4.非银行业金融机构存款	3880654	-339201	-8.04
(二)境外存款	152575	6481	4.44
二、金融债券	**1004398**	**304877**	**43.58**
三、借款及非银行业金融机构拆入	**671809**	**304525**	**82.91**
四、联行往来(净)	**12693555**	**12167951**	**2315.04**
五、应付及暂收款	**3531158**	**405082**	**12.96**
六、各项准备	**5155602**	**334008**	**6.93**
七、所有者权益	**5170143**	**426034**	**8.98**
#实收资本	2339939	461070	24.54
八、其他	**452679**	**-7507711**	**-94.31**

注：此表数据来源于人民银行昆明中心支行。

6-6 续表

单位：万元

项目名称	2017年	比年初	
		增减	增减(±%)
资金运用总计	**163344957**	**14543580**	**9.77**
一、各项贷款	**147893549**	**12690344**	**9.39**
(一)境内贷款	147286258	12736432	9.47
1.住户贷款	26404443	3150758	13.55
(1)短期贷款	4908235	-807477	-14.13
消费贷款	1855279	-123110	-6.22
经营贷款	3052957	-684367	-18.31
(2)中长期贷款	21496207	3958235	22.57
消费贷款	18934645	3843149	25.47
经营贷款	2561562	115086	4.70
2.非金融企业及机关团体贷款	120881816	9585674	8.61
(1)短期贷款	24776464	1467250	6.29
(2)中长期贷款	83435516	8934306	11.99
(3)票据融资	6856696	-1536420	-18.31
(4)融资租赁	5475485	998808	22.31
(5)各项垫款	337655	-278269	-45.18
(二)境外贷款	607291	-46089	-7.05
二、债券投资	**10358268**	**1485689**	**16.74**
三、股权及其他投资	**1987937**	**34906**	**1.79**
四、买入返售资产	**259172**	**81523**	**45.89**
五、存放非银行业金融机构款项	**3637**	**169**	**4.87**
六、应收及预付款	**1143492**	**249778**	**27.95**
七、投资性房地产	**4025**	**-309**	**-7.14**
八、固定资产	**1694878**	**1482**	**0.09**

主要统计指标解释

财政收入　是指国家凭借政治权力，以社会管理者、国有资产所有者身份筹集到的归国家支配的资金，是国家参与国民收入分配的主要形式，是政府履行职能的财力保障。

按照现行政府预算体系，财政收入分为：一般公共预算收入、政府性基金收入、国有资本经营收入和社会保险基金收入。一般公共预算收入的主体为税收收入，是国家凭借政治权力向纳税人征收的收入；非税收入是公共财政收入的补充形式，反映各级政府行政机关、事业单位、代行政府职能的社会团体及其他组织依法利用政府权力、政府信誉、国家资源、国有资产或通过提供特定公共服务而参与国民收入分配活动。政府性基金收入是国家通过向社会征收基金、收费，以及出让土地、发行彩票等方式取得的收入。国有资本经营收入是国家以所有者身份依法取得的国有投资收益，包括利润收入、国有股股利、国有产权转让收入等。社会保险基金收入是根据国家社会保险和预算管理法律法规，政府依法通过社会保险缴费、公共财政预算安排的补助等方式取得的，并专项用于社会保险支出的收入。

财政支出　是指政府为提供公共产品和服务，满足社会公共需要而安排财政资金的支付，反映政府配置资源的范围和规模。

按照现行政府预算体系，财政支出分为一般公共预算支出、政府性基金支出、国有资本经营支出和社会保险基金支出。一般公共预算支出主要用于：保证国家机构正常运转、维护国家安全、巩固各级政府政权建设的支出；维护社会稳定、改善和保障民生、发展社会公共事业的支出；有利于经济环境和生态环境改善，具有较强外部经济效应的公益性基础设施建设的支出；对宏观经济运行进行必要调控的支出等。政府性基金支出是有特定用途的支出，专项用于支持特定基础设施建设和社会事业发展。国有资本经营支出主要用于支持国有经济和产业结构调整、经济发展方式转变，以及弥补国有企业的改革成本等。社会保险基金支出是指按照国家法律、法规，专门用于支付保险对象的社会保险待遇以及其他规定用途所形成的支出，主要用于包括养老、医疗、工伤、失业、生育等社会保险的支出。

7

物 价

WUJIA

7-1 主要年份价格指数

（以上年为100）

年　份	居民消费价格总指数(%)	商品零售价格总指数(%)
1980	105.6	105.6
1985	112.1	113.1
1990	103.5	102.6
1995	119.1	115.0
1996	108.2	104.8
1997	104.9	101.4
1998	102.6	99.1
1999	98.9	97.2
2000	97.5	97.0
2001	100.6	98.1
2002	99.2	97.3
2003	101.6	100.7
2004	106.5	104.6
2005	102.0	100.5
2006	101.6	99.7
2007	105.8	103.4
2008	105.8	105.4
2009	100.8	100.0
2010	104.2	103.6
2011	104.9	104.9
2012	103.1	102.0
2013	103.9	102.5
2014	103.1	101.8
2015	102.4	100.7
2016	101.7	100.8
2017	100.5	101.3

7-2 居民消费价格指数

（2017年，以上年为100）

项　目	指数(%)	项　目	指数(%)
居民消费价格总指数	**100.5**	5.鞋类	104.8
一、食品烟酒	**99.8**	**三、居住**	**99.2**
1.食品	99.7	1.租赁房房租	100.0
(1)粮食	100.2	2.住房保养维修及管理	100.5
(2)薯类	92.8	3.水电燃料	95.8
(3)豆类	99.7	4.自有住房	100.0
(4)食用油	100.7	**四、生活用品及服务**	**99.5**
(5)菜	101.0	1.家具及室内装饰品	99.9
(6)畜肉类	95.3	2.家用器具	98.6
(7)禽肉类	100.0	3.家用纺织品	95.0
(8)水产品	107.4	4.家庭日用杂品	99.6
(9)蛋类	99.8	5.个人护理用品	101.3
(10)奶类	101.3	6. 家庭服务	101.0
(11)干鲜瓜果类	100.3	**五、交通和通信**	**102.4**
(12)糖果糕点类	105.0	1.交通	104.8
(13)调味品	101.5	2.通信	98.8
(14)其他食品类	100.5	**六、教育文化和娱乐**	**99.5**
2.茶及饮料	100.0	1.教育	99.7
3.烟酒	100.2	2.文化娱乐	99.3
4.在外餐饮	99.8	**七、医疗保健**	**104.3**
二、衣着	**100.9**	1.药品及医疗器具	107.6
1.服装	99.6	2.医疗服务	101.4
2.服装材料	101.6	**八、其他用品和服务**	**102.8**
3.其他衣着及配件	100.8	1.其他用品类	99.3
4.衣着加工服务费	102.5	2.其他服务类	106.8

7-3 商品零售价格指数

（2017年，以上年为100）

项　　目	指数(%)	项　　目	指数(%)
商品零售价格指数	**101.3**	3.专业音像器材	98.1
一、食品	**99.7**	**六、文化办公用品**	**100.6**
1.粮食	100.4	**七、日用品**	**100.3**
2.薯类	92.8	1.日用百货	104.2
3.豆类	99.7	2.厨具餐具茶具	99.1
4.食用油	100.7	3.清洗用品	98.4
5.菜	101.0	4.其他日用品	101.1
6.畜肉类	95.2	**八、体育娱乐用品**	**101.0**
7.禽肉类	100.0	1.体育户外用品	100.0
8.水产品	107.4	2.娱乐用品	101.2
9.蛋类	99.8	**九、交通、通信用品**	**99.8**
10.奶类	101.3	1.交通运输机械	100.0
11.干鲜瓜果类	100.3	2.通信器材	94.6
12.糖果糕点类	105.3	**十、家具**	**100.0**
13.调味品	101.5	**十一、化妆品**	**101.1**
14.其他食品类	100.4	**十二、金银饰品**	**97.9**
15.在外餐饮	99.7	**十三、中西药品及医疗保健用品**	**104.0**
二、饮料、烟酒	**100.1**	1.医疗卫生器具	100.0
1.茶及饮料	100.0	2.中药	128.9
2.烟草	100.0	3.西药	103.0
3.酒类	100.8	4.保健器具及用品	100.0
三、服装、鞋帽	**101.8**	**十四、书报杂志及电子出版物**	**101.9**
1.服装	100.6	1.教材及参考书	102.5
2.鞋帽袜	104.5	2.书报杂志	102.9
3.其它衣着配件	99.0	3.计算机办公软件	100.0
四、纺织品	**95.7**	**十五、燃料**	**110.6**
1.服装材料	101.6	1.煤炭及制品	185.6
2.床上用品	94.5	2.石油及制品	110.0
五、家用电器及音像器材	**100.1**	**十六、建筑材料及五金电料**	**101.8**
1.家庭设备	98.6	1.建筑装璜材料	102.1
2.文娱用耐用消费品	101.6	2.五金水暖	100.3

7-4 工业生产者出厂价格指数

（以上年为100） 单位：%

项　目	2013年	2014年	2015年	2016年	2017年
工业生产者出厂价格指数	**97.9**	**97.3**	**94.8**	**97.8**	**107.8**
#轻工业	100.8	101.1	100.6	100.0	100.8
以农产品为原料	101.1	101.4	101.2	100.2	100.4
以非农产品为原料	99.8	99.6	98.0	98.5	103.1
重工业	97.1	96.2	93.2	97.1	110.2
采掘	101.5	95.5	84.3	96.0	98.1
原料	97.9	95.4	92.4	97.0	112.5
加工	96.0	97.1	95.0	97.3	109.7
#生产资料	97.1	96.4	93.3	97.0	109.9
采掘	101.5	95.5	84.3	96.0	98.1
原料	98.0	95.6	92.7	97.2	112.5
加工	95.7	97.3	95.0	97.1	109.2
生活资料	100.9	100.3	100.2	100.1	101.6
食品	101.5	100.6	100.9	100.6	101.9
衣着	97.5	102.2	100.5	99.3	99.6
一般日用品	97.9	98.9	96.2	96.7	99.8
耐用消费品	102.3	100.2	100.1	100.0	102.0

7-5 工业生产者购进价格指数

（以上年为100） 单位：%

项目	2013年	2014年	2015年	2016年	2017年
工业生产者购进价格指数	**96.5**	**97.9**	**94.4**	**97.6**	**109.4**
(一)燃料、动力类	96.1	97.7	96.4	98.4	104.0
(二)黑色金属材料类	98.0	99.5	98.0	97.1	123.2
#钢材	94.1	95.8	93.3	99.4	115.8
其它	99.1	100.5	99.3	96.8	124.1
(三)有色金属材料和电线类	92.8	93.8	89.6	96.0	122.7
(四)化工原料类	94.7	100.1	98.4	91.9	109.9
(五)木材及纸浆类	98.0	99.3	97.6	97.2	105.1
(六)建筑材料及非金属类	97.2	95.8	96.4	96.7	100.6
(七)其它工业原材料及半成品类	99.9	101.6	94.5	102.1	104.9
(八)农副产品类	105.5	101.7	99.0	98.5	103.0
(九)纺织原料类	98.8	101.9	100.1	101.1	99.1

7-6 住宅销售价格指数

（以上年同月价格为100）　　单位：%

项　目	新建住宅价格指数	新建商品住宅价格指数				二手住宅价格指数			
			90m2及以下	90-144m2	144m2以上		90m2及以下	90-144m2	144m2以上
2017年1月	104.2	104.3	104.5	104.8	103.0	101.5	101.8	101.3	101.6
2017年2月	104.6	104.6	104.6	105.0	103.9	101.3	101.0	101.7	101.0
2017年3月	105.5	105.6	105.4	106.0	104.9	101.9	101.2	102.3	102.6
2017年4月	106.3	106.4	106.7	106.3	106.3	102.2	101.9	102.1	102.8
2017年5月	106.5	106.5	106.5	106.8	106.0	102.3	101.6	102.0	103.9
2017年6月	107.3	107.3	107.7	107.3	107.0	103.1	102.2	103.1	104.5
2017年7月	107.7	107.7	107.2	108.2	107.4	103.4	102.6	103.1	105.0
2017年8月	108.0	108.1	108.0	108.4	107.7	104.0	102.8	103.9	105.8
2017年9月	107.8	107.8	107.4	108.3	107.5	104.4	103.5	104.2	106.1
2017年10月	107.1	107.1	106.9	107.5	106.7	104.4	103.6	103.9	106.4
2017年11月	107.8	107.8	107.4	108.3	107.5	105.2	104.1	104.7	107.9
2017年12月	110.1	110.2	110.1	110.9	109.1	106.8	105.4	105.9	110.4

主要统计指标解释

居民消费价格指数　是度量居民生活消费品和服务价格水平随着时间变动的相对数，综合反映居民购买的生活消费品和服务价格水平的变动情况。它是宏观经济分析和调控、价格总水平监测以及国民经济核算的重要指标，其变动率在一定程度上反映了通货膨胀（或紧缩）的程度。按用途划分为 8 个大类，39 个中类，262 个基本分类，包括食品、烟酒、衣着、家庭设备用品及维修服务、医疗保健和个人用品、交通和通信、娱乐教育文化用品及服务、居住。

商品零售价格指数　是指反映一定时期内商品零售价格变动趋势和变动程度的相对数。商品的零售价格是商品在流通过程中最后一个环节的价格，是工业、商业、餐饮业和其他零售企业向城乡居民、机关团体出售生活消费品和办公用品的价格。商品零售价格调查的任务是系统地调查、搜集和整理市场商品零售价格资料，编制商品零售价格指数，以此反映市场商品零售价格的变动趋势和变动程度。其目的在于掌握商品价格的变动趋势，为国家宏观调控和国民经济核算提供参考依据。调查内容包括食品、饮料烟酒、服装鞋帽、纺织品、家用电器及音像器材、文化办公用品、日用品、体育娱乐用品、交通通信用品、家具、化妆品、金银珠宝、中西药品及医疗保健用品、书报杂志及电子出版物、燃料、建筑材料及五金电料等 16 个大类，229 个基本分类的商品零售价格。

工业生产者价格指数　包括工业生产者出厂价格指数（PPI）和工业生产者购进价格指数。工业生产者出厂价格指数是反映一定时期内全部工业产品出厂价格总水平的变动趋势和程度的相对数，包括工业企业售给本企业以外所有单位的各种产品和直接售给居民用于生活消费的产品。工业生产者购进价格指数是反映工业企业作为生产投入，而从物资交易市场和能源、原材料生产企业购买原材料、燃料和动力产品时，所支付的价格水平变动趋势和程度的统计指标，是扣除工业企业物质消耗成本中的价格变动影响的重要依据。

8

人民生活

RENMINSHENGHUO

8-1 居民收支情况

（2017年）

指　　标	单位	城镇居民	农村居民
一、可支配收入	**元**	**39788**	**13698**
(一)工资性收入	元	20518	6392
(二)经营净收入	元	2978	5410
(三)财产净收入	元	7723	937
(四)转移净收入	元	8570	959
二、消费支出	**元**	**26093**	**11142**
(一)食品烟酒	元	7244	2921
(二)衣着	元	1669	537
(三)居住	元	5745	2921
(四)生活用品及服务	元	1590	497
(五)交通通信	元	3163	1836
(六)教育文化娱乐	元	3719	1306
(七)医疗保健	元	2262	1017
(八)其他用品和服务	元	700	106

8–2 调查户基本情况

（2017年）

指　　标	单位	城镇居民	农村居民
一、按家庭规模分的住户类型			
(一)一人户	%	9.7	4.6
(二)二人户	%	35.1	22.6
(三)三人户	%	37.4	25.8
(四)四人户	%	10.6	29.3
(五)五人户	%	6.1	11.0
(六)六人及以上户	%	1.1	6.7
二、按世代分的住户类型			
(一)一代户	%	38.6	18.6
(二)二代户	%	50.3	55.6
(三)三代户	%	11.0	24.7
(四)四代及以上户	%	0.2	1.1
三、住户特征			
(一)纯老人户	%	18.1	10.0
(二)家中有未成年子女户	%	25.2	41.8
(三)年轻夫妻无子女户	%	0.7	0.1
(四)无劳动力户	%	5.5	3.2

8-3 调查户人口和就业情况

（2017年）

指　　标	单位	城镇居民	农村居民
一、调查人口基本情况			
期内住户成员数	人	1.01	1.07
二、常住成员情况			
(一)年龄			
1.5岁及以下	%	1.9	2.8
2.6–15岁	%	8.4	12.7
3.16–19岁	%	3.6	5.8
4.20–24岁	%	4.8	7.5
5.25–29岁	%	5.3	5.1
6.30–34岁	%	6.0	5.0
7.35–40岁	%	9.9	6.8
8.41–50岁	%	19.8	22.9
9.51–60岁	%	18.1	16.5
10.61–65岁	%	7.5	5.4
11.66岁及以上	%	14.6	9.6
(二)参加医疗保险情况			
1.新型农村合作医疗	%	15.6	91.9
2.城镇职工基本医疗保险	%	34.0	1.6
3.(城镇)居民基本医疗保险	%	45.8	5.8
4.公费医疗	%	0.3	0.0
5.商业医疗保险	%	0.3	0.1
6.其他医疗保险	%	1.5	0.4
7.没有参加任何医疗保险	%	2.4	0.3
(三)6周岁及以上住户成员受教育程度			
1.未上过学	%	2.6	8.6
2.小学	%	16.9	38.5
3.初中	%	27.6	37.0
4.高中	%	22.8	9.7
5.大学专科	%	16.1	3.3
6.大学本科	%	13.2	3.0
7.研究生	%	0.7	0.0
(四)15周岁及以上住户成员婚姻状况			
1.未婚	%	15.1	20.6
2.有配偶	%	77.8	74.8
3.离婚	%	3.0	1.1
4.丧偶	%	4.1	3.6

8-3 续表

（2017年）

指　　标	单位	城镇居民	农村居民
三、常住劳动力情况(16周岁及以上非在校学生)			
(一)本季度就业类型			
1.雇主	%	1.2	0.8
2.公职人员	%	5.1	0.2
3.事业单位人员	%	8.1	1.1
4.国有企业雇员	%	8.4	0.6
5.其他雇员	%	58.8	21.8
6.农业自营	%	11.5	67.3
7.非农自营	%	6.9	8.1
(二)本季度从事主要行业			
1.第一产业	%	12.2	68.9
2.第二产业	%	14.4	9.0
(1)采矿业	%	1.1	0.8
(2)制造业	%	4.5	3.3
(3)电力、热力、燃气及水生产供应业	%	2.8	0.4
(4)建筑业	%	5.9	4.5
3.第三产业	%	73.4	22.0
(1)批发和零售业	%	14.1	4.4
(2)交通运输、仓储和邮政业	%	6.0	3.1
(3)住宿和餐饮业	%	3.9	2.5
(4)信息传输、软件业和信息技术服务业	%	1.8	0.1
(5)金融业	%	1.8	0.3
(6)房地产业	%	2.4	0.1
(7)租赁和商务服务业	%	5.7	0.6
(8)科学研究和技术服务业	%	0.9	0.1
(9)水利、环境和公共设施管理业	%	1.6	0.2
(10)居民服务、修理和其他服务业	%	19.1	6.5
(11)教育	%	4.6	0.7
(12)卫生和社会工作	%	3.2	0.9
(13)文化、体育和娱乐业	%	0.7	0.5
(14)公共管理、社会保障和社会组织	%	7.5	1.9
(15)国际组织	%		
(三)本季度从事主要职业			
1.国家机关、党群组织、企业、事业单位负责人	%	3.8	0.4
2.专业技术人员	%	13.0	1.8
3.办事人员和有关人员	%	19.9	2.2
4.商业、服务业人员	%	28.5	9.4
5.农、林、牧、渔、水利业生产人员	%	11.9	68.6
6.生产、运输设备操作人员及有关人员	%	6.4	5.2
7.军人	%	0.1	0.1
8.不便分类的其他从业人员	%	16.3	12.2

8-4 居民可支配收入情况

（2017年）

指　　标	单位	城镇居民	农村居民
可支配收入	**元**	**39788.22**	**13698.01**
一、工资性收入	**元**	**20517.93**	**6391.78**
(一)工资	**元**	**19507.97**	**4779.90**
1.按月发放的工资	元	18169.76	3735.24
2.补发工资	元	130.89	43.00
3.不按月发放的奖金、津贴、过节费等	元	1207.32	1001.67
(二)实物福利	**元**	**28.33**	**2.62**
1.从单位或雇主得到的实物产品折价	元	15.52	1.37
(1)食品	元	13.13	1.29
①谷物、薯类及豆类	元	3.09	0.26
②食用油(植物油)	元	3.27	0.27
③蔬菜及制品	元	0.25	0.02
④肉、禽、蛋、奶及制品	元	2.02	0.19
⑤水产品及制品	元	0.06	0.01
⑥糖、烟、酒、饮料类	元	0.48	0.45
⑦干鲜瓜果类	元	0.61	0.01
⑧其他类食品	元	3.35	0.08
(2)衣着	元	0.06	
(3)居住	元	0.06	
(4)家庭设备和日用品	元	0.31	0.06
(5)交通、通信工具及用品	元	0.10	0.02
(6)教育文化娱乐用品	元		
(7)医疗保健用品	元	1.56	
(8)其他用品	元	0.30	0
2.从单位或雇主得到的服务折价	元	12.80	1.25
(1)免费或低价提供的工作餐	元	12.35	1.04
(2)免费或低价提供的住宿	元	0.16	
(3)单位缴纳的水电费、取暖费、物业费等	元		
(4)免费或低价提供的交通和通信服务	元	0.11	0.08
(5)单位缴纳的教育入学赞助费	元		
(6)免费或低价提供的旅游服务	元	0.19	
(7)其他服务	元		0.13
3.单位或雇主实物福利报销所得	元		
(三)其他	**元**	**981.64**	**1609.26**
1.住房公积金	元	756.44	47.96
2.辞退金	元	47.12	20.59
3.自由职业劳动所得(如稿费、翻译费)	元	5.68	174.60
4.安家费	元	0	
5.股票期权	元	8.14	
6.其他劳动所得	元	164.25	1366.11
二、经营净收入	**元**	**2977.67**	**5410.25**
(一)第一产业经营净收入	**元**	**479.74**	**3307.94**
1.农业	元	366.16	2645.15
2.林业	元	6.85	185.76
3.牧业	元	104.22	469.13
4.渔业	元	2.52	7.91

8-4 续表 1

（2017年）

指　　标	单位	城镇居民	农村居民
(二)第二产业经营净收入	**元**	**73.56**	**179.27**
1.采矿业	元	-0.01	11.55
2.制造业	元	68.02	47.76
3.电力、热力、燃气及水生产和供应业	元	-0.16	16.07
4.建筑业	元	5.71	103.90
(三)第三产业经营净收入	**元**	**2424.36**	**1923.03**
1.批发和零售业	元	1959.47	1073.69
2.交通运输、仓储和邮政业	元	88.27	513.02
3.住宿和餐饮业	元	175.66	99.41
4.房地产业	元	3.50	4.18
5.租赁和商务服务业	元	77.84	51.64
6.居民服务、修理和其他服务业	元	111.53	147.26
7.其他	元	0.67	-2.19
8.农林牧渔服务业	元	7.42	36.02
三、财产净收入	**元**	**7722.93**	**937.04**
(一)利息净收入	**元**	**66.99**	**21.61**
(二)红利收入	**元**	**1237.14**	**162.77**
1.集体分配的红利	元	1180.95	158.11
2.其他红利收入	元	56.51	4.66
(三)储蓄性保险净收益	**元**	**3.38**	**8.05**
(四)转让承包土地经营权租金净收入	**元**	**169.22**	**286.92**
(五)出租房屋财产性收入	**元**	**3287.41**	**370.65**
(六)出租机械、专利、版权等资产的收入	**元**	**50.36**	**62.28**
(七)其他财产净收入	**元**	**278.99**	**24.76**
(八)房屋虚拟租金	**元**	**2629.44**	
四、转移净收入	**元**	**8569.70**	**958.93**
(一)转移性收入	**元**	**10086.43**	**1269.43**
1.养老金或离退休金	元	9323.59	406.32
(1)离退休金	元	8730.84	246.69
(2)(城镇)居民社会养老保险	元	501.46	30.92
(3)新型农村养老保险	元	41.07	69.62
(4)其他养老金	元	50.22	59.08
2.社会救济和补助	元	40.19	203.41
(1)最低生活保障费	元	24.22	36.12
(2)五保户救助金	元		0
(3)扶贫款	元	0.67	85.72
(4)救灾款	元	0.02	41.54
(5)抚恤金	元	11.05	25.69
(6)其他社会救济收入	元	4.22	14.34
3.政策性生活补贴	元	32.80	47.14
(1)家电补贴	元		2.30

8-4 续表 2

（2017年）

指　　标	单位	城镇居民	农村居民
(2)能源补贴	元	5.65	1.63
(3)免费或低价提供的住宿(廉租房)	元		0.01
(4)其他生活补贴	元	27.16	43.20
4.报销医疗费	元	396.59	160.75
5.家庭外出从业人员寄回带回收入	元	43.06	212.42
6.赡养收入	元	71.19	72.46
7.其他经常转移收入	元	163.65	51.97
(1)失业保险金	元	0.92	1.00
(2)经常性捐赠收入	元		37.79
(3)经常性赔偿收入	元	0.73	
(4)其他转移性收入	元	162.15	13.19
8.从政府和组织得到的实物产品和服务折价	元	10.76	12.56
(1)食品	元	0.56	0.85
①.谷物、薯类及豆类	元	0.18	0.59
②.食用油(植物油)	元	0.23	0.03
③.蔬菜及制品	元		
④.肉、禽、蛋、奶及制品	元	0.09	
⑤.水产品及制品	元		
⑥.糖、烟、酒、饮料类	元	0.01	0
⑦.干鲜瓜果类	元	0.04	0
⑧.其他类食品	元	0.01	0.23
(2)衣着	元	0.02	0.02
(3)居住	元	0.37	0.13
(4)家庭设备和日用品	元	4.47	4.23
(5)交通、通信工具及用品	元		
(6)教育文化娱乐用品	元	0	
(7)医疗保健用品	元	4.50	
(8)其他用品	元	0.68	3.73
(9)其他服务折价(不含廉租房)	元	0.17	3.61
9.现金政策性惠农补贴	元	4.60	102.39
(二)转移性支出	**元**	**1516.73**	**310.51**
1.个人所得税	元	96.59	3.10
2.社会保障支出	元	1198.52	255.47
(1)个人缴纳的养老保险	元	812.39	134.35
(2)个人缴纳的医疗保险	元	244.66	100.23
(3)个人缴纳的失业保险	元	55.73	4.45
(4)其他社会保障支出	元	85.73	16.43
3.外来从业人员寄给家人的支出	元	6.53	3.34
4.赡养支出	元	71.96	18.34
5.其他转移性支出	元	143.14	30.26
(1)经常性捐赠支出	元	0.53	1.35
(2)经常性赔偿支出	元	0.01	0.47
(3)其他经常转移支出	元	142.60	28.44

8-5 居民消费支出情况

（2017年）

指　　标	单位	城镇居民	农村居民
一、消费支出	**元**	**26092.67**	**11142.14**
(一)食品烟酒	**元**	**7243.99**	**2920.98**
1.食品	元	4669.18	2047.33
(1)谷物	元	453.55	391.81
(2)薯类	元	48.13	66.66
(3)豆类	元	61.73	30.44
(4)食用油	元	154.23	97.88
(5)蔬菜和食用菌	元	799.84	261.96
(6)肉类	元	1237.93	583.44
(7)禽类	元	281.60	143.60
(8)水产品	元	254.37	62.30
(9)蛋类	元	78.50	36.19
(10)奶类	元	245.02	56.24
(11)干鲜瓜果类	元	586.51	162.79
(12)糖果糕点类	元	290.10	98.03
(13)其他食品	元	177.67	55.99
2.烟酒	元	530.74	505.99
(1)烟草	元	437.34	435.47
(2)酒类	元	93.39	70.52
3.饮料	元	170.96	83.61
4.饮食服务	元	1873.11	284.05
(1)食堂用餐	元	119.52	26.56
(2)其他在外饮食	元	1751.03	255.62
(3)食品加工服务费	元	2.55	1.87
(二)衣着	**元**	**1669.49**	**537.36**
1.衣类	元	1283.70	412.85
2.鞋类	元	385.79	124.51
(三)居住	**元**	**5745.15**	**2921.02**
1.租赁房房租	元	231.73	68.14
2.住房维修及管理	元	549.41	311.99
3.水电燃料及其他	元	696.61	327.64
4.自有住房折算租金	元	4267.40	2213.24
(四)生活用品及服务	**元**	**1590.40**	**497.21**
1.家具及室内装饰品	元	249.52	119.01
2.家用器具	元	360.76	116.52

8-5 续表

（2017年）

指　　标	单位	城镇居民	农村居民
3.家用纺织品	元	170.85	27.12
4.家庭日用杂品	元	430.75	161.38
5.个人用品	元	314.06	66.69
6.家庭服务	元	64.47	6.49
(五)交通通信	**元**	**3163.02**	**1836.42**
1.交通	元	2134.57	1365.59
(1)交通工具	元	630.32	640.03
(2)交通费	元	275.02	75.98
(3)交通工具用燃料	元	606.53	391.21
(4)交通工具使用及维修	元	622.71	258.37
其中：车辆保险支出	元	163.70	73.13
2.通信	元	1028.45	470.84
(1)通信工具	元	301.85	148.27
(2)通信服务	元	726.60	322.56
(六)教育文化娱乐	**元**	**3718.61**	**1305.88**
1.教育	元	1237.19	930.21
(1)学前教育	元	147.72	73.95
(2)小学教育	元	169.53	61.76
(3)初中教育	元	285.54	161.83
(4)高中教育	元	194.96	199.84
(5)中专职高教育	元	11.86	41.61
(6)大专及以上教育	元	303.82	280.25
(7)成人教育	元	123.77	110.97
2.文化娱乐	元	2481.43	375.66
(1)文娱耐用消费品	元	159.52	64.60
(2)其他文娱用品	元	183.46	53.62
(3)文化娱乐服务	元	2138.45	257.45
(七)医疗保健	**元**	**2262.40**	**1017.10**
1.医疗器具及药品	元	884.95	214.39
2.医疗服务	元	1377.45	802.71
(1)门诊总费用	元	525.45	309.95
(2)住院总费用	元	852.00	492.77
(八)其他用品和服务	**元**	**699.61**	**106.17**
1.其他用品	元	320.96	65.61
2.其他服务	元	378.65	40.56

8-6 居民住房、生活设施和耐用消费品拥有情况

（2017年）

指　　标	单位	城镇居民	农村居民
一、本住户居住空间样式			
1.单栋楼房	%	22.3	60.5
2.单栋平房	%	3.2	21.1
3.四居室及以上单元房	%	14.0	1.2
4.三居室单元房	%	34.9	0.4
5.二居室单元房	%	21.6	0
6.一居室单元房	%	3.3	
7.筒子楼或连片平房	%	0.4	0.9
8.其他	%	0.3	15.9
二、主要建筑材料			
1.钢筋混凝土	%	43.0	22.8
2.砖混材料	%	53.2	32.2
3.砖瓦砖木	%	3.5	21.7
4.竹草土坯	%	0.2	5.0
5.其他	%	0.2	18.3
三、现住房房屋来源			
1.租赁公房	%	1.9	0.1
2.租赁私房	%	5.4	0.7
3.自建住房	%	25.6	96.2
4.购买商品房	%	28.4	1.5
5.购买房改住房	%	27.8	0.2
6.购买保障性住房	%	6.8	
7.拆迁安置房	%	0.7	0
8.继承或获赠住房	%	0.4	1.0
9.免费借用房	%	1.0	0.2
10.雇主提供免费住房	%	0.8	0.1
11.其他来源	%	1.1	0.1
四、现住房建筑面积	**平方米**	**43.96**	**50.08**
1.10平方米以内	%	0	0
2.10–20平方米	%	0.6	0.2
3.20–30平方米	%	0.9	0.1
4.30–60平方米	%	23.4	8.6
5.60–90平方米	%	19.6	16.9
6.90–120平方米	%	25.0	23.5
7.120–200平方米	%	18.0	21.0
8.200平方米以上	%	12.4	29.8

8-6 续表

（2017年）

指　　标	单位	城镇居民	农村居民
五、住户主要饮用水来源情况			
1.经过净化处理的自来水	%	66.5	47.5
2.受保护的井水和泉水	%	3.4	42.6
3.不受保护的井水和泉水	%	0.2	6.8
4.江河湖泊水	%	0.5	0.5
5.收集雨水	%	0.2	0.1
6.桶装水	%	29.2	1.4
7.其他水源	%	0	1.1
六、住户厕所类型			
1.水冲式卫生厕所	%	91.6	21.7
2.水冲式非卫生厕所	%	0.7	3.8
3.卫生旱厕	%	2.0	8.6
4.普通旱厕	%	3.2	52.2
5.无厕所	%	2.5	13.7
七、住户洗澡设施情况			
1.统一供热水	%	5.6	0.7
2.家庭自装热水器	%	78.9	59.4
3.其他	%	11.5	4.1
4.无洗澡设施	%	4.0	35.7
八、主要炊用能源状况			
1.柴草	%	0.6	44.1
2.煤炭	%	0	0.2
3.罐装液化石油气	%	10.4	1.6
4.管道液化石油气	%	1.6	0.4
5.管道煤气	%	32.1	0.8
6.管道天然气	%	16.9	0.2
7.电	%	37.9	50.8
8.燃料用油	%		0.1
9.沼气	%	0.1	1.6
10.其他	%		0
11.无炊用行为	%	0.4	0.1

8-7 居民每百户耐用消费品拥有情况

（2017年）

指　　标	单位	城镇居民	农村居民
家用汽车	辆	58.1	34.9
摩托车	辆	10.3	62.9
助力车	台	38.7	33.3
洗衣机	台	102.1	82.9
电冰箱(柜)	台	95.7	66.8
微波炉	台	78.2	27.6
彩色电视机	台	112.7	109.2
#接入有线电视	台	79.2	45.7
空调	台	2.1	0.5
热水器	台	97.5	68.8
#太阳能热水器	台	68.0	62.1
洗碗机	台	2.2	1.0
排油烟机	台	85.0	22.1
固定电话	线	27.9	8.6
移动电话	部	236.4	271.9
#接入互联网	部	126.6	69.7
计算机	台	85.8	22.0
#接入互联网	台	71.1	14.9
照相机	台	49.8	7.3
中高档乐器	架	8.0	1.9
健身器材	台	7.2	1.9

8-8 住户年末粮食结存情况

（2017年）

指　　标	单位	城镇居民	农村居民
小麦	公斤	0.51	7.67
面粉	公斤	0.44	0.61
稻谷	公斤	1.50	19.40
大米	公斤	5.72	18.54
玉米	公斤	11.08	173.00
玉米面	公斤	1.89	13.09
其他原粮	公斤	1.75	6.46
其他加工粮	公斤	0.11	0.38

8-9 居民土地经营和主要农产品产量情况

（2017年）

指　　标	单位	城镇居民	农村居民
一、家庭实际经营土地情况			
(一)期初实际经营土地面积	**亩**	**0.184**	**1.929**
1.耕地面积	亩	0.127	1.340
#有效灌溉面积	亩	0.067	0.390
2.林地面积	亩	0.028	0.434
3.园地面积	亩	0.027	0.148
4.牧草地面积	亩	0.001	0.006
5.养殖水面面积	亩		0.001
(二)期末实际经营土地面积	**亩**	**0.158**	**1.798**
1.耕地面积	亩	0.112	1.242
#有效灌溉面积	亩	0.067	0.337
2.林地面积	亩	0.018	0.416
3.园地面积	亩	0.028	0.138
4.牧草地面积	亩	0.001	0.002
5.养殖水面面积	亩		0.001
二、期内土地种植情况			
(一)期内主要粮食播种面积	**亩**	**0.078**	**0.925**
1.小麦播种面积	亩	0.018	0.156
2.水稻播种面积	亩	0.004	0.075
3.玉米播种面积	亩	0.045	0.583
4.大豆播种面积	亩	0.001	0.019
5.薯类播种面积	亩	0.010	0.093
(二)期内主要经济作物播种面积	**亩**	**0.030**	**0.272**
1.油料作物播种面积	亩		0.087
2.糖料作物播种面积	亩		0
3.蔬菜播种面积	亩	0.022	0.164
#设施蔬菜播种面积	亩	0.008	0.054
4.水果播种面积	亩	0.007	0.021
#设施水果播种面积	亩	0.001	
(三)农业生产技术应用情况	**亩**	**0.049**	**0.567**
1.机耕面积	亩	0.037	0.452
2.机播面积	亩		0.025
3.机收面积	亩		0.017
4.机电灌溉面积	亩	0.012	0.073

8–9 续表

（2017年）

指　　标	单位	城镇居民	农村居民
三、主要农产品产量			
(一)谷物产量	**公斤**	**14.243**	**253.092**
面积	亩	0.059	0.656
1.小麦产量	公斤	1.387	18.219
面积	亩	0.018	0.126
2.稻谷产量	公斤	1.246	29.126
面积	亩	0.004	0.056
3.玉米产量	公斤	11.610	205.746
面积	亩	0.038	0.474
4.其他谷物产量	公斤		0
面积	亩		0
(二)薯类产量	**公斤**	**2.037**	**41.761**
面积	亩	0.011	0.095
1.红薯产量	公斤	0.336	0.566
面积	亩	0	0.003
2.马铃薯产量	公斤	1.701	40.820
面积	亩	0.010	0.091
3.其他薯类产量	公斤		0.376
面积	亩		0.001
(三)豆类产量	**公斤**	**1.072**	**4.453**
面积	亩	0.006	0.022
1.大豆产量	公斤	0.477	2.793
面积	亩	0.002	0.011
2.其他豆类产量	公斤	0.595	1.660
面积	亩	0.004	0.011
(五)油料产量	**公斤**	**0.261**	**8.142**
面积	亩	0	0.090
1.花生产量	公斤		0.125
面积	亩		0.001
2.油菜籽产量	公斤	0.222	7.845
面积	亩	0	0.087
3.葵花籽产量	公斤	0.039	0.145
面积	亩	0	0
4.其他油料产量	公斤		0.027
面积	亩		0

8-10 居民食品消费情况(含自产自用)

（2017年）

指　　标	单位	城镇居民	农村居民
一、粮食消费量	**公斤**	**94.328**	**123.366**
(一)谷物消费量	公斤	83.070	113.951
1.小麦	公斤	15.303	4.255
2.稻谷	公斤	54.221	96.304
3.玉米	公斤	3.123	10.736
4.其他谷物	公斤	10.423	2.657
(二)薯类消费量	公斤	2.418	4.454
1.红薯	公斤	0.356	0.079
2.马铃薯	公斤	1.849	4.319
3.其他薯类	公斤	0.213	0.056
(三)豆类消费量	公斤	8.839	4.961
1.大豆	公斤	0.310	0.601
2.其他豆类	公斤	8.528	4.360
二、油脂类消费量	**公斤**	**9.440**	**6.680**
(一)植物油	公斤	8.629	5.010
(二)动物油	公斤	0.811	1.670
三、蔬菜及菜制品消费量	**公斤**	**111.268**	**71.397**
(一)鲜菜	公斤	106.370	70.475
(二)干菜及菜制品	公斤	2.409	0.588
(三)鲜菌	公斤	2.173	0.308
(四)干菌及菌制品	公斤	0.316	0.027
四、肉类	**公斤**	**30.672**	**23.862**
(一)猪肉	公斤	20.454	20.849
(二)牛肉	公斤	4.385	1.083
(三)羊肉	公斤	0.633	0.586
(四)其他肉类及制品	公斤	5.200	1.345
五、禽类	**公斤**	**8.555**	**6.282**
(一)鸡	公斤	6.221	5.697
(二)鸭	公斤	0.332	0.210
(三)鹅	公斤	0.075	0.021
(四)其他禽类及制品	公斤	1.928	0.354

8-10 续表

（2017年）

指　　标	单位	城镇居民	农村居民
六、水产品	**公斤**	**7.828**	**3.297**
(一)鱼类	公斤	5.576	3.078
(二)虾、贝、蟹类	公斤	1.242	0.078
(三)藻类	公斤	0.115	0.021
(四)其他	公斤	0.895	0.120
七、蛋类及蛋制品	**公斤**	**6.238**	**3.380**
(一)鲜蛋	公斤	5.803	3.237
(二)蛋制品	公斤	0.435	0.143
八、奶和奶制品	**公斤**	**14.599**	**2.190**
(一)鲜奶	公斤	10.449	1.323
(二)酸奶	公斤	3.173	0.400
(三)奶粉	公斤	0.330	0.142
(四)其他奶制品	公斤	0.647	0.325
九、干鲜瓜果类	**公斤**	**51.095**	**21.171**
(一)鲜瓜果	公斤	45.438	18.714
(二)瓜果制品	公斤	1.104	0.507
(三)坚果类	公斤	4.553	1.950
十、糖果糕点类	**公斤**	**11.463**	**6.108**
(一)食糖	公斤	1.317	0.888
(二)糖果	公斤	0.698	0.425
(三)糕点	公斤	8.293	4.276
(四)其他糖果糕点	公斤	1.155	0.518
十一、饮料	**公斤**	**0.491**	**0.635**
(一)茶叶	公斤	0.491	0.635
十二、烟叶消费量	**公斤**	**30.263**	**44.475**
十三、酒	**公斤**	**3.140**	**6.114**
(一)白酒	公斤	2.156	5.365
(二)啤酒	公斤	0.772	0.714
(三)果酒	公斤	0.212	0.035

8-11 住户能源消耗情况

（2017年）

指　　标	单位	城镇居民	农村居民
天然气	立方米	25.136	0.421
金额	元	76.209	1.565
煤气	立方米	11.399	0.213
金额	元	18.695	0.372
液化石油气	公斤	5.768	3.813
金额	元	37.276	21.147
汽油	升	90.147	54.122
金额	元	590.538	349.157
柴油	升	3.220	7.016
金额	元	19.880	43.067
电	度	711.329	401.710
金额	元	363.609	191.615
沼气	立方米	0.061	0.001
金额	元	0.098	0.001
煤炭	公斤	4.178	15.897
金额	元	2.914	20.097
柴	公担	0.220	5.542
金额	元	1.874	50.785
草	公担	0.007	0.004
金额	元	0.073	0.041

主要统计指标解释

住户　指居住在一个住宅内，共同分享生活开支或收入的一群人。居住在同一房间内、不共同分享生活开支的人群，每个人都视为一个住户。住家保姆、住家家庭帮工视为单独的住户。

根据居住的状态，可将住户分为家庭居住户和集体居住户。

家庭居住户指的是以家庭成员关系为主，居住在同一住宅内共同生活的住户。注意：同一住宅内有住家保姆或住家家庭帮工的，仍被视为家庭居住。

集体居住户指的是相互没有家庭成员关系，居住在同一房间内，不共同分享生活开支，独立生活的住户。如在工棚、工厂的集体宿舍以及在工作地的集体居住户，每个人都视为一个住户。

可支配收入　指调查户在调查期内获得的、可用于最终消费支出和储蓄的总和，即调查户可以用来自由支配的收入。可支配收入既包括现金，也包括实物收入。按照收入的来源，可支配收入包含四项，分别为：工资性收入、经营净收入、财产净收入和转移净收入。计算公式为：

可支配收入 = 工资性收入 + 经营净收入 + 财产净收入　+ 转移净收入

其中：经营净收入 = 经营收入 – 经营费用 – 生产性固定资产折旧　　生产税

财产净收入 = 财产性收入 – 财产性支出

转移净收入 = 转移性收入 – 转移性支出

消费支出　指住户用于满足家庭日常生活消费需要的全部支出，包括用于消费品的支出和用于服务性消费的支出。根据用途不同，消费支出可划分为食品烟酒、衣着、居住、生活用品及服务、交通通信、教育文化娱乐、医疗保健、其他用品及服务八大类。根据来源不同，消费支出可划分为现金消费支出、实物消费支出（含自产自用、来自单位、来自政府和其他社会组织）。

居民生活状况资料来源　住户收支与生活状况调查的数据是以住户为单位，在常住地参加调查。调查内容主要包括居民现金和实物收支情况、住户成员及劳动力从业情况、居民家庭食品和能源消费情况、住房和耐用消费品拥有情况、家庭经营和生产投资情况、社区基本情况以及其他民生状况等。

调查组织　从 2013 年起，住户调查由两部分组成。一是分省住户调查，以省为总体进行抽样，主要目的是准确反映全国及分省居民收支水平、结构、增长速度，收入分配格局以及政策对居民生活状况的影响。二是分市县住户调查，以市、县为总体进行抽样，主要目的是准确反映分市县居民收支水平和增长速度，满足政府对市县管理的需要。 国家统计局统一领导住户调查，负责制定调查方案，组织调查实施，监督调查过程，审核、处理、汇总调查数据，发布全国和分省城乡居民收入、消费和生活状况数据。 国家统计局各调查总队按照国家调整方案规定，负责组织分省住户调查工作，牵头并会同各省级统计局组织分市县住户调查。分市县住户调查具体实施方案必须按照《国家统计局关于加强和改进分市县住户调查工作的通知》和国家调查方案的要求，由各调查总队会同省级统计局制定后上报国家统计局审批。各级统计调查部门应按照方案规定，认真组织实施调查，确保调查数据质量。

城乡一体化住户调查概况 为满足政府统筹城乡发展、改善收入分配格局、让全体居民共享发展成果等战略需要，国家统计局对城乡住户调查进行了一体化改革，统一了城镇和农村居民收入和支出调查的分类标准、指标名称与口径，并按照统一的抽样方法和程序，在我市抽选了约 2270 户城乡居民家庭，从 2012 年四季度起正式开展城乡一体化的住户收支与生活状况调查。

至 2013 年底，按照国家新制度规定，昆明调查队收集了调查户 12 个月的记账数据，并于 2014 年 1 月底根据全国统一的计算要求，初步汇总计算出 2013 年城乡可比的全市居民可支配收入，经云南省评估认定后，得到最终的全市居民人均可支配收入。

启用城乡可比的居民可支配收入，一方面可以更加准确地反映全体居民收入分配全貌，为国家制定统筹城乡发展和调整收入分配格局政策提供全面可靠的信息；另一方面，也可以用统一标准监测城乡居民收入增长和差距变化，更加准确地反映不同群体居民对经济发展成果的分享情况；同时，也填补了我国缺少全体居民收入数据的空白。

变动情况 城乡住户调查一体化改革后，新口径的城乡居民收入与老口径的城乡居民收入主要有四点不同：一是指标名称不同，新口径的农村居民收入是农村人均可支配收入，老口径是农民人均纯收入，城镇居民不变；二是抽样方法不同，新口径是城乡统一抽样，老口径是城乡各自抽样，同时，具体的抽样过程也有较大差异；三是调查范围不同，新口径是区域内的所有常住居民户，不包括外籍住户，老口径由于城乡分别抽样，调查范围互有重合和遗漏的区域；四是指标口径不同，主要的区别是新口径的城乡居民可支配收入包括实物收入和自有住房折算净租金，老口径城镇居民可支配收入不包括实物收入部分，老口径农民纯收入不包括自有住房折算净租金，另外，收入分项指标的口径也有一些变动。

9

农　　业

NONGYE

9-1 主要年份农林牧渔业总产值

（以当年价计算） 单位：万元

年份	农林牧渔业总产值	农业	林业	牧业	渔业	农林牧渔服务业
1985	90369	60990	5376	22997	1006	
1990	199206	126792	6633	60788	4993	
1995	598986	371930	18102	190520	18434	
1996	685790	428855	23397	211851	21687	
1997	731469	451736	23889	228797	27047	
1998	759626	455260	26395	250185	27786	
1999	793356	476336	29769	260329	26922	
2000	815767	503074	32815	254534	25344	
2001	858558	523477	32131	273058	29892	
2002	901499	546843	33202	290106	31348	
2003	957332	548692	32410	307249	31698	37283
2004	1090013	619616	33607	367556	31532	37702
2005	1172285	658345	36988	405871	29997	41084
2006	1251672	705597	41152	428942	30335	45646
2007	1504193	786403	45862	589042	32801	50085
2008	1757375	879010	59335	722735	39539	56756
2009	1909556	1018509	63405	718545	44930	64167
2010	2007273	1070573	74359	750349	43320	68672
2011	2250655	1203203	67117	856599	47682	76054
2012	2688441	1461199	75000	997642	62649	91951
2013	2986610	1652354	88689	1066268	75786	103513
2014	3167696	1764545	100440	1106586	81590	114535
2015	3285796	1814899	116046	1152453	79141	123257
2016	3496876	1912287	122568	1250867	86388	124766
2017	3663841	1990709	159306	1290700	93024	130102

9-2 主要年份农林牧渔业总产值指数

（上年为100）　　单位：%

年份	农林牧渔业总产值	农业	林业	牧业	渔业	农林牧渔服务业
1985	104.1	97.9	130.0	117.8	93.5	
1990	107.1	106.1	94.6	112.1	93.6	
1995	110.5	110.6	105.7	110.6	117.3	
1996	109.5	107.5	115.8	111.4	118.5	
1997	107.7	107.7	99.0	108.4	113.0	
1998	104.2	98.9	112.6	110.9	122.0	
1999	108.5	107.6	109.9	110.8	99.9	
2000	108.2	110.6	102.5	106.5	95.1	
2001	103.2	102.0	99.1	105.7	103.5	
2002	105.8	104.4	107.1	107.4	110.6	
2003	106.0	104.9	94.0	108.6	116.9	102.0
2004	107.1	110.0	103.1	104.7	100.7	101.0
2005	105.9	103.0	104.0	112.5	90.0	106.8
2006	106.2	106.4	106.0	105.9	104.1	107.4
2007	107.0	105.7	101.9	110.5	97.1	106.4
2008	107.6	106.9	121.1	107.2	112.8	108.1
2009	107.2	107.5	100.7	107.2	107.1	111.2
2010	105.5	104.9	92.7	107.6	101.7	105.5
2011	106.8	108.2	109.8	104.6	109.9	102.7
2012	106.8	106.2	97.5	107.6	112.4	112.9
2013	107.2	108.5	113.7	104.8	105.3	108.2
2014	106.0	106.5	114.2	104.2	107.1	110.1
2015	105.9	106.5	121.1	104.1	98.4	106.3
2016	106.0	106.3	113.1	105.1	107.2	103.6
2017	106.0	105.6	124.4	105.1	105.0	103.4

9-3 主要年份农林牧渔业总产值构成

单位：%

年份	农林牧渔业总产值构成	农业	林业	牧业	渔业	农林牧渔服务业
1985	100	67.49	5.95	25.45	1.11	
1990	100	63.65	3.33	30.52	2.50	
1995	100	62.10	3.02	31.80	3.08	
1996	100	62.54	3.41	30.89	3.16	
1997	100	61.76	3.26	31.28	3.70	
1998	100	59.93	3.47	32.94	3.66	
1999	100	60.04	3.75	32.82	3.39	
2000	100	61.78	3.85	31.40	2.97	
2001	100	60.98	3.74	31.80	3.48	
2002	100	60.66	3.68	32.18	3.48	
2003	100	57.31	3.39	32.09	3.32	3.89
2004	100	56.85	3.08	33.72	2.89	3.46
2005	100	56.20	3.20	34.50	2.60	3.50
2006	100	56.40	3.30	34.30	2.40	3.60
2007	100	52.28	3.05	39.16	2.19	3.32
2008	100	50.02	3.38	41.13	2.25	3.22
2009	100	53.33	3.33	37.63	2.35	3.36
2010	100	53.30	3.70	37.38	2.22	3.40
2011	100	53.50	3.00	38.00	2.10	3.40
2012	100	54.40	2.80	37.10	2.30	3.40
2013	100	55.30	3.00	35.70	2.50	3.50
2014	100	55.70	3.17	34.93	2.58	3.62
2015	100	55.24	3.53	35.07	2.41	3.75
2016	100	54.69	3.50	35.77	2.47	3.57
2017	100	54.33	4.35	35.23	2.54	3.55

注：构成按当年价计算。

9-4 分县(市)区农林牧渔

（2017年）

指　　标	单位	全市	五华区	盘龙区	官渡区	西山区
一、农林牧渔业总产值	**万元**	**3663841**	**34271**	**84010**	**139594**	**61989**
农业产值	万元	1990709	11819	64154	94691	34058
林业产值	万元	159306	373	3261	2288	4448
牧业产值	万元	1290700	19634	14143	32584	17138
渔业产值	万元	93024	1175	787	1287	2932
农林牧渔服务业产值	万元	130102	1270	1665	8744	3413
二、中间消耗	**万元**	**1492691**	**12678**	**32704**	**53095**	**23619**
农业中间消耗	万元	752592	4967	23990	31272	11192
林业中间消耗	万元	51563	142	1280	706	1886
牧业中间消耗	万元	587434	6482	6285	17017	7416
渔业中间消耗	万元	40828	559	321	741	1530
农林牧渔服务业中间消耗	万元	60274	528	828	3359	1595

业产值及中间消耗

东川区	呈贡区	晋宁区	富民县	宜良县	石林县	嵩明县	禄劝县	寻甸县	安宁市
144547	**82093**	**379837**	**177471**	**779839**	**385686**	**279143**	**439781**	**423650**	**251930**
48138	65484	296765	87816	384608	214740	183389	201878	198306	104863
7602	6809	1960	12464	40442	30692	3881	26488	12394	6204
80277	4073	73782	65847	250061	118719	82754	205731	193531	132426
2246	4050	3910	1804	46793	7725	2187	1742	14547	1839
6284	1677	3420	9540	57935	13810	6932	3942	4872	6598
78291	**29890**	**153064**	**66597**	**257734**	**173665**	**116305**	**200662**	**185023**	**109364**
24408	23677	115377	28704	91877	99422	72618	100652	89986	34450
1814	2267	439	4703	14742	13038	549	5393	3025	1579
47396	1520	34626	26620	104907	53177	38407	92774	82057	68750
921	1626	1623	971	19078	2959	1234	925	7519	821
3752	800	999	5599	27130	5069	3497	918	2436	3764

9-5 分县(市)区农林

（2017年）

指　　　　标	单位	全市	五华区	盘龙区	官渡区	西山区
农林牧渔业总产值	**万元**	**3663841**	**34271**	**84010**	**139594**	**61989**
一、农业产值	**万元**	**1990709**	**11819**	**64154**	**94691**	**34058**
1.谷物及其他作物	万元	685994	2213	29935	36305	3471
#谷物	万元	297407	1318	9875	12349	2571
油料	万元	9812	62	4	24	171
甘蔗	万元	139				
烟叶	万元	202837		6990		
2.蔬菜园艺作物	万元	1142302	7740	30920	54488	20473
#蔬菜(含菜用瓜)	万元	590007	6304	22753	17425	13462
花卉	万元	326853	99	7477	8519	3083
盆景园艺	万元	218207	1337	690	28544	530
3.水果、坚果、饮料和香料	万元	110148	1866	3139	3891	8614
4.中药材	万元	52265		160	7	1500
二、林业产值	**万元**	**159306**	**373**	**3261**	**2288**	**4448**
#林木的培育和种植	万元	117827	100	3017	994	1550
林产品	万元	17580		1	511	
竹木采运	万元	23899	273	243	783	2898
三、牧业产值	**万元**	**1290700**	**19634**	**14143**	**32584**	**17138**
#牲畜饲养	万元	287215	799	3363	2605	2708
猪的饲养	万元	747755	16776	7792	11843	11914
家禽饲养	万元	247336	2059	2971	18099	2200
四、渔业产值	**万元**	**93024**	**1175**	**787**	**1287**	**2932**
五、农林牧渔服务业产值	**万元**	**130102**	**1270**	**1665**	**8744**	**3413**

牧渔业总产值

东川区	呈贡区	晋宁区	富民县	宜良县	石林县	嵩明县	禄劝县	寻甸县	安宁市
144547	**82093**	**379837**	**177471**	**779839**	**385686**	**279143**	**439781**	**423650**	**251930**
48138	**65484**	**296765**	**87816**	**384608**	**214740**	**183389**	**201878**	**198306**	**104863**
20211	483	18303	36004	86092	89145	43418	161671	142248	16495
12980	445	6638	25290	50688	30981	18373	79996	36508	9395
971	8	814	1029	374	624	17	1693	1657	2364
1							138		
2		7099	3690	23413	45750	11784	41750	59059	3300
20303	62560	276092	30976	280489	80529	136689	27441	37206	76396
20303	32391	113307	26879	108509	49878	66323	25571	26427	60475
	16908	155630	2995	43813	21569	43098	372	10592	12698
	13261	6745	32	127917	8969	27268	69	110	2735
4702	2441	2370	15028	16974	26272	3282	2844	7356	11369
2922			5808	1053	18794		9922	11496	603
7602	**6809**	**1960**	**12464**	**40442**	**30692**	**3881**	**26488**	**12394**	**6204**
4327	6497	1506	6853	29329	22299	1270	26079	9727	4279
3275		180	4023	1475	7046			10	1059
	312	274	1588	9638	1347	2611	409	2657	866
80277	**4073**	**73782**	**65847**	**250061**	**118719**	**82754**	**205731**	**193531**	**132426**
16904	1413	19780	16824	57695	24214	19429	59198	55092	7191
55296	446	34822	41110	128815	48195	53206	136683	121192	79665
7617	2214	19154	5677	62522	45953	10057	8785	14811	45217
2246	**4050**	**3910**	**1804**	**46793**	**7725**	**2187**	**1742**	**14547**	**1839**
6284	**1677**	**3420**	**9540**	**57935**	**13810**	**6932**	**3942**	**4872**	**6598**

9-6 分县(市)区农

（2017年）

指　　标	单位	全市	五华区	盘龙区	官渡区	西山区
农村基层组织						
乡镇政府	个	63				
#镇政府	个	46				
村民委员会	个	958		32		
乡村户数、人口、劳动力资源						
乡村户数	户	887672	20537	26300	26178	27987
乡村人口	人	3061555	58438	94271	74348	79088
乡村劳动力资源	人	1963484	33987	58089	50148	54099
农村社会基础设施						
自来水受益村数	个	950		32		
通有线电视村数	个	786		32		
通宽带的村数	个	897		32		
乡村办水电站个数	**个**	**28**				**4**
装机容量	**千瓦**	**36096.4**				**3170**
发电量	**万千瓦时**	**8879.3**				**1141**
农村用电量	**万千瓦时**	**114291.6**	**3035.2**	**1974.5**	**2662.9**	**4308.5**
农用化肥施用量(折纯)	**吨**	**197169.9**	**5805**	**5437.4**	**2867.3**	**3389.7**
#氮肥	吨	99088.6	3377.8	2841.1	908.1	1952.3

村基本情况

东川区	呈贡区	晋宁区	富民县	宜良县	石林县	嵩明县	禄劝县	寻甸县	安宁市
7		6	7	6	4	3	15	15	
6		4	5	4	3	3	9	12	
132		129	73	50	92	39	180	167	64
72711	53290	83044	38878	110708	64556	73512	116234	131005	42732
248944	153718	241010	133957	383581	223225	283887	442391	516724	127973
159946	100762	156904	86509	249502	153781	171596	279202	323954	85005
132		129	73	50	92	39	172	167	64
52		129	65	49	87	39	123	146	64
101		129	73	47	92	39	154	167	63
6				**6**	**4**		**7**	**1**	
3010				**10585**	**3230**		**15901.4**	**200**	
1322.7				**2337**	**647.2**		**3304.4**	**127**	
4901.9	**7520.3**	**10757.6**	**5838.9**	**11964**	**8147.5**	**17157.4**	**14103.9**	**15896.7**	**6022.3**
7709.5	**7342.1**	**18845.8**	**8709.4**	**24668**	**11978**	**17949.7**	**32136.8**	**40490.8**	**9840.4**
4809.7	3371.6	6368	4989.4	11568	6620.4	9041.2	18710.3	19638.7	4892

9-6 续表

（2017年）

指　　标	单位	全市	五华区	盘龙区	官渡区	西山区
磷肥	吨	34686.3	1291.5	931.9	423.7	450.2
钾肥	吨	13653.2	160.2	240.9	596.8	117.2
复合肥	吨	49741.8	975.5	1423.5	938.7	870
农用塑料薄膜使用量	**吨**	**13587**	**130.2**	**608.8**	**374.7**	**210.5**
#地膜使用量	吨	9630	120.7	529.9	99.5	130.9
地膜覆盖面积	**公顷**	**87238.2**	**1472.1**	**5033.3**	**1265.7**	**2183.5**
农药使用量	**吨**	**4508.4**	**34.8**	**138.4**	**79.9**	**190.4**
从业人员总计	**人**	**1842913**	**30718**	**54851**	**44952**	**50601**
#男从业人员	人	955111	15678	27983	22642	25309
女从业人员	人	887802	15040	26868	22310	25292
农林牧渔业从业人员	人	1144800	13920	35687	23160	26311
工业从业人员	人	106070	1959	2169	3443	5053
建筑业从业人员	人	178947	3288	3874	1663	3756
交通运输、仓储业及邮电通信业人员	人	80805	2536	2068	3061	4893
信息传输计算机服务和软件业从业人员	人	11266	519	421	340	577
批发与零售从业人员	人	78462	2492	1363	4353	3759
住宿和餐饮业从业人员	人	76670	3446	2585	3221	2709
其它行业从业人员	人	165893	2558	6684	5711	3543

东川区	呈贡区	晋宁区	富民县	宜良县	石林县	嵩明县	禄劝县	寻甸县	安宁市
920.9	784.8	3252.5	2076	5574.7	1361.1	3310.6	5343.1	7252.5	1712.8
258.6	847.6	2388.7	476.5	1723	1280.3	1453.3	1189.3	1944.6	976.2
1720.3	2338.1	6836.6	1167.5	5802.3	2716.2	4144.6	6894.1	11655	2259.4
167.6	**648.3**	**2575.4**	**402.7**	**1566.5**	**793.9**	**1385.9**	**1486.1**	**2245.9**	**990.5**
160.6	392.9	1146.1	318.7	1151.7	624.2	802.7	1437.3	2080.6	634.2
2673.3	**1721.6**	**7305.8**	**2357.4**	**9890**	**7773.2**	**7305.7**	**12640.6**	**21806**	**3810**
53.9	**321.3**	**581.8**	**133.5**	**763.4**	**554.5**	**409.3**	**174**	**719.5**	**353.7**
151284	**91466**	**152385**	**82312**	**239371**	**138755**	**163508**	**257283**	**306005**	**79422**
81096	45500	77834	42140	122742	71470	86154	137173	160357	39033
70188	45966	74551	40172	116629	67285	77354	120110	145648	40389
92795	56481	105481	46901	145832	103502	74881	176090	211066	32693
14372	4623	8463	8429	11665	3230	15803	8583	9777	8501
12933	1339	7214	11166	25216	6038	24721	39984	33386	4369
3203	3879	6361	4072	10602	4114	11381	8388	10350	5897
184	775	843	558	898	223	2256	1699	1210	763
3336	5531	5897	3741	11010	5395	8543	8375	9927	4740
3253	4918	5079	2446	8870	3024	7629	14164	10322	5004
21208	13920	13047	4999	25278	13229	18294		19967	17455

9-7 分县(市)区农作

(2017年)

指　　标	全市	五华区	盘龙区	官渡区	西山区	东川区
农作物总计	**462453.6**	**3673.8**	**15031.3**	**6984.3**	**4972.9**	**28479.9**
一、粮食作物	**272049.9**	**2247.2**	**9741**	**4868.4**	**2650.8**	**19245.8**
夏粮	98319.1	760.6	4112.9	1587.9	891.6	4150
秋粮	173730.8	1486.6	5628.1	3280.5	1759.2	15095.8
(一)谷物	184128.6	1689.8	7224.1	3963	2114.6	11539.3
#稻谷	21430.1	14.2			98.6	1592.7
小麦	31412.1	216.3	1106.7	705.5	362.4	1759.5
玉米	94765.4	1324.1	4027.1	2801.9	1482.1	6894.2
其它谷物	36183.2	135.2	2090.3	455.6	171.5	1278
(二)豆类	42849.6	434.4	1300.2	660.4	438.8	1486.7
#蚕豆	17415.4	101.6	373	86.8	166.6	204
(三)薯类(折粮)	45071.7	123	1216.7	245	97.4	6219.8
#马铃薯	41283	123	1216.7	245	97.4	3704.7
二、油料	**8346.1**	**70.1**	**1.5**	**21.7**	**63.3**	**753.4**
#油菜籽	7184.9	46.9	1.5	17.9	49.3	352.2
三、甘蔗	**29.8**					**0.8**
四、麻类						
五、烟叶	**34120.3**	**151.4**	**1402.1**			**1.5**
#烤烟	33967.5	151.4	1402.1			
六、药材类	**10314.7**		**22**	**2**	**37.2**	**362.3**
七、蔬菜、瓜果类	**105292.7**	**1165.9**	**3503.5**	**1605**	**1887.5**	**4814.6**
#蔬菜(含菜用瓜)	104668.6	1135.8	3498.5	1605.0	1820.1	4749.9
瓜果类	624.1	30.1	5		67.4	64.7
八、其它作物	**32300.1**	**39.2**	**361.2**	**487.2**	**334.1**	**3301.5**
#鲜切花	8193.8	29	365	341.7	187.1	
青饲料	7170.1		11	1		93.3

物播种面积

单位：公顷

呈贡区	晋宁区	富民县	宜良县	石林县	嵩明县	禄劝县	寻甸县	安宁市
7554.8	**27973.3**	**21313.2**	**59070**	**58122.3**	**35353.8**	**77385.4**	**97535.1**	**19003.5**
417.3	**7804.2**	**14513.6**	**35204**	**33993.7**	**18396.6**	**54741.8**	**62515.2**	**5710.3**
	1430.8	5963.7	14954	12930.5	9839.7	20118.4	20523.5	1055.5
417.3	6373.4	8549.9	20250	21063.2	8556.9	34623.4	41991.7	4654.8
346.8	6107.1	9657	24699	26043.6	11830.7	38765.5	35361.9	4786.2
	284.1	1410.7	3285	3337.4	1860.7	3025	6335.9	185.8
	508.5	2165.2	5149	4648.2	2371.5	7822.5	4340	256.8
346.8	5227.3	5533.3	14883	13077.1	5504.9	19279	10389.2	3995.4
	87.2	533.8	1382	4980.9	2093.6	8330	14296.9	348.2
63	1060.2	4003.8	8678	4898.6	5416.3	6426.2	7273.5	709.5
5.9	522.1	831.5	3573	2557.5	3973.7	2486	2289	244.7
7.5	636.9	852.8	1827	3051.5	1149.6	9550.1	19879.8	214.6
7.5	623.4	604	1663	2961.2	1149.6	8936.7	19748.6	202.2
5.1	**497.2**	**358.7**	**338**	**411.9**	**8.2**	**1791.8**	**2654.6**	**1370.6**
	400.4	278.7	148	280.5	3.8	1600.4	2654.6	1350.7
						29		
	1110.7	**1272.3**	**4752**	**7297.5**	**1767.3**	**5977.6**	**9803.1**	**584.8**
	1110.7	1272.3	4752	7297.5	1767.3	5946.3	9683.1	584.8
		512.9	**85**	**1499.9**	**5.3**	**5973.5**	**1789.9**	**24.7**
6676.2	**16264.6**	**4169.7**	**14315**	**8732.7**	**14631**	**7980**	**9780.2**	**9766.8**
6676.2	16247.7	4131.4	14271.0	8710.7	14626.4	7934.1	9720.2	9541.6
	16.9	38.3	44	22	4.6	45.9	60	225.2
456.2	**2296.6**	**486**	**4376**	**6186.6**	**545.4**	**891.7**	**10992.1**	**1546.3**
270.3	3048.1	200	935	566.5	900.4	75.3	282.7	992.7
		20.3	226	863.5	25	551.5	5377.3	1.2

9–8 分县(市)区

（2017年）

指　　标	全市	五华区	盘龙区	官渡区	西山区	东川区
农作物总计						
一、粮食作物	**1217578.1**	**11768.8**	**42631.6**	**25056.0**	**13102.5**	**79330.7**
夏粮	234618.3	3056.4	8492.1	2962.7	3357.6	5635.5
秋粮	982959.8	8712.4	34139.5	22093.3	9744.9	73695.2
(一)谷物	917121.8	9300.0	32176.3	22598.1	11441.5	50498.0
#稻谷	163347.8	45.0			534.6	12708.4
小麦	78824.2	808.8	1466.8	1349.0	1512.8	1990.3
玉米	598865.3	7984.5	27235.0	20455.9	8705.1	33709.0
其它谷物	75243.6	461.7	3474.5	793.2	689.0	2057.6
(二)豆类	88230.5	1479.0	3013.8	1339.1	1398.0	1941.7
#蚕豆	38749.7	419.6	1049.8	187.9	548.4	212.1
(三)薯类(折粮)	212225.8	989.8	7441.5	1118.8	263.0	26891.0
#马铃薯	194654.8	989.8	7441.5	1118.8	263.0	14846.4
二、油料	**15313.2**	**90.7**	**1.8**	**34.0**	**154.2**	**1248.5**
#油菜籽	12898.0	64.5	1.8	21.0	133.2	511.9
三、甘蔗	**1208.1**					**9.6**
四、麻类						
五、烟叶	**69853.2**	**287.9**	**3426.7**			**1.2**
#烤烟	69513.5	287.9	3426.7			
六、药材类	**32655.1**	**18.0**	**2.0**	**4.0**	**209.3**	**1826.2**
七、蔬菜、瓜果类	**2901001.4**	**24622.7**	**91262.1**	**46065.0**	**57544.4**	**141084.8**
#蔬菜(含菜用瓜)	2881614.0	23969.2	91047.9	46065.0	56469.9	139512.2
瓜果类	19387.4	653.5	214.2		1074.5	1572.6
八、其它作物						
#鲜切花	553567.0	95.4	4230.6	19930.2	4278.0	

农作物产量

单位：吨、万枝

呈贡区	晋宁区	富民县	宜良县	石林县	嵩明县	禄劝县	寻甸县	安宁市
2707.3	**35286.7**	**69752.4**	**178421.1**	**152252.6**	**81796.7**	**240090**	**246226.9**	**39154.8**
	4010.9	17921.7	34961.0	32470.0	23417.4	43816.6	51405.7	3110.7
2707.3	31275.8	51830.7	143460.1	119782.6	58379.3	196273.4	194821.2	36044.1
2575.7	28633.7	56228.6	153509.0	131785.8	62876.9	176812	142949.1	35737.1
	1517.3	11888.3	32534.0	20909.6	15044.0	22916.4	43680.2	1570
	1287.7	8159.9	14568.0	15977.3	4351.9	17250	9376.8	724.9
2575.7	25591.5	34486.6	102680.0	88425.8	37818.8	117838.6	58915.4	32443.4
	237.2	1665.8	3727.0	6473.1	5662.2	18026.8	30976.7	998.8
115.7	2933.4	9525.9	16417.1	7613.3	12641.2	12612.9	15193.8	2005.6
18.4	1321.3	2487.3	8121.0	4942.8	9927.3	4055.9	4739.1	718.8
15.9	3719.6	3997.9	8495.0	12853.5	6278.6	50665.1	88084	1412.1
15.9	3669.1	2566.4	7985.0	12124.0	6278.6	48423.1	87650.1	1283.1
8.9	**1307.9**	**924.6**	**601.5**	**612.9**	**14.5**	**3256.7**	**3682.4**	**3374.6**
	1056.1	702.7	228.5	395.1	4.4	2764.9	3682.4	3331.5
						1198.5		
	2037.9	**2051.4**	**9995.0**	**14241.0**	**3855.0**	**12311**	**20471**	**1175.1**
	1807.9	2051.4	9995.0	14172.8	3855.0	12301	20440.7	1175.1
		8296.5	**198.0**	**3565.1**		**12775.6**	**5700.1**	**60.3**
182133.0	**469308.0**	**76002.4**	**425713.6**	**290781.1**	**438980.1**	**147350**	**187937.9**	**322216.3**
182133.0	468801.0	75691.2	424433.6	290632.1	438914.3	146959.8	186137.9	310846.9
	507.0	311.2	1280.0	149.0	65.8	390.2	1800	11369.4
9989.2	343076.1	7284.5	43126.0	42561.1	42893.9	566.6	4123.0	31412.4

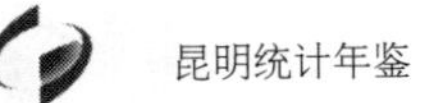

9-9 分县(市)区油、

(2017年)

指　　标	单位	全市	五华区	盘龙区	官渡区	西山区
一、油菜籽						
播种面积	公顷	7184.9	46.9	1.5	17.9	49.3
总产量	吨	12898.0	64.5	1.8	21.0	133.2
二、蔬菜						
播种面积	公顷	104668.6	1135.8	3498.5	1605.0	1820.1
总产量	吨	2881614.0	23969.2	91047.9	46065.0	56469.9
三、花卉						
鲜切花面积	公顷	8193.8	29	365	341.7	187.1
总产量	万枝	553567.0	95.4	4230.6	19930.2	4278.0
四、茶叶						
播种面积	公顷	320.7				
总产量	吨	52.3				
五、水果						
播种面积	公顷	24915.7	839.7	829.9	993.4	1105.5
#苹果园	公顷	2181.1	55.8	247.3	90.2	492.3
柑桔园	公顷	430				
梨园	公顷	5850.6	355.7	384.6	163.7	438.9
葡萄园	公顷	1854.3		3.2	181.2	2.8
水果产量	吨	201402.5	3190.3	2441.2	4650.3	10319.9
#苹果	吨	16655.7	200.1	463.2	235	4942
柑桔	吨	3004.8				
梨	吨	61348.3	1772	860	821.8	3371
葡萄	吨	26078.7		16.7	1726.0	96.0

菜、茶、果生产情况

东川区	呈贡区	晋宁区	富民县	宜良县	石林县	嵩明县	禄劝县	寻甸县	安宁市
352.2		400.4	278.7	148	280.5	3.8	1600.4	2654.6	1350.7
511.9		1056.1	702.7	228.5	395.1	4.4	2764.9	3682.4	3331.5
4749.9	6676.2	16247.7	4131.4	14271.0	8710.7	14626.4	7934.1	9720.2	9541.6
139512.2	182133.0	468801.0	75691.2	424433.6	290632.1	438914.3	146959.8	186137.9	310846.9
	270.3	3048.1	200	935	566.5	900.4	75.3	282.7	992.7
	9989.2	343076.1	7284.5	43126.0	42561.1	42893.9	566.6	4123.0	31412.4
		4.3		121.0	117.0			6.0	72.4
				24.9	12.0		0.2		15.2
1931.9	415.1	802.3	5910.4	2002	4701	921.3	1334.3	629.5	2499.4
70.1		20.5	329.8	27	353.2	40.7	132	225.3	96.9
40.4			184.7	77	3.1		124		0.8
119.8	259.1	341	411.1	407	1082.2	130.9	241.2	170.3	1345.1
378.8	9.7	35.5	308.3	188	355.2	44	2	18.7	326.9
7676	4933.5	4876.4	31990.5	10896	63667	8245.9	11112.3	4280.1	33123.1
291.5		49.5	5807.5	96	1627.5	443.9	1055.3	1099.4	344.8
360.2			1444.8	775	62		356.4	0.4	6
649.4	4495.7	2297.8	1647.4	2651	15162.4	1112.2	4036.4	1330.6	21140.6
1686.0	123.3	505.1	6217.3	2813.0	5792.8	76.9		484.0	6541.6

9-10 分县(市)区畜牧

（2017年）

指　　标	单位	全市	五华区	盘龙区	官渡区	西山区
一、生猪						
年末存栏头数	头	2674418	75940	17774	26063	63319
年内出栏头数	头	4520805	127760	36179	61321	88587
二、牛						
年末存栏头数	头	620985	4553	4850	3512	3911
年内出栏头数	头	328960	1487	2467	1270	1784
三、羊						
年末存栏只数	只	1552808	12584	18483	13117	34906
年内出栏只数	只	969616	5023	6108	6043	13323
四、马						
年末存栏头数	头	62105	272	814	838	236
年内出栏头数	头	1782	34		18	20
五、骡						
年末存栏头数	头	56238	537	87	46	75
年内出栏头数	头	725	22			3
六、驴						
年末存栏头数	头	22036	180	120		161
年内出栏头数	头	847	23			20
七、家禽						
年末家禽存栏	只	28342965	292946	245195	812483	238284
年内家禽出栏	只	69821066	187295	192065	1236694	505600

业、渔业生产情况

东川区	呈贡区	晋宁区	富民县	宜良县	石林县	嵩明县	禄劝县	寻甸县	安宁市
302368	4441	94354	167437	300913	186973	151382	471869	570651	240934
451063	3501	232864	208655	656028	278174	302222	753669	828782	492000
65987	1130	19625	22415	51316	43151	27860	137080	226649	8946
16956	191	6072	10799	20372	18669	17581	84575	138965	7772
244399	4829	35712	62970	129415	183112	31843	415065	323522	42851
119453	1910	16120	28102	71464	104967	25870	296277	235461	39495
2501	6	436	2504	5605	4713	5810	7477	30531	362
		5	431	179	584	180	50	266	15
7783		26	3825	7860	4094	1065	15711	15065	64
			311	146	58	45	65	75	
5514	6	178	4110	2142	84	31	9192	241	77
			474	253			57	6	14
1111249	147632	2101962	1142519	5627329	7132676	960191	1158213	2454480	4917806
2307295	150700	3643448	1558263	21865568	20538220	1434259	2194573	2566582	11440504

9-10 续表

（2017年）

指　　标	单位	全市	五华区	盘龙区	官渡区	西山区
八、畜牧产品产量						
(一)肉类总产量	吨	544359.7	10178.1	4323.5	8341.4	9643.2
#1.猪肉	吨	376362.1	9682.8	3511.6	5727.7	7844.2
2.牛肉	吨	36983.6	147.9	265.5	180.3	264.1
3.羊肉	吨	19579.5	118.9	167.8	153.0	384.1
4.禽肉	吨	110950.7	221.1	378.6	2277.7	1135.0
(二)禽蛋产量	吨	88910.3	3402.5	2008.9	7191.2	280.9
(三)奶类产量	吨	121484.3	150.0			120.0
#牛奶	吨	106370.6	150.0			120.0
九、渔业生产						
(一)淡水养殖面积	公顷	6646.5	21.4	40.0	26.7	32.0
(二)淡水产品产量	吨	41401.0	320.0	240.0	1205.0	1250.0
1.鱼类	吨	40812.0	320.0	240.0	1115.0	1110.0
2.虾蟹类	吨	589.0			90.0	140.0

东川区	呈贡区	晋宁区	富民县	宜良县	石林县	嵩明县	禄劝县	寻甸县	安宁市
48456.3	616.0	27353.4	25879.1	87120.6	60407.2	31375.4	74070.1	98375.9	58219.4
40485.9	241.6	19311.8	20602.4	50692.4	21955.1	25469.6	56388.6	76305.0	38143.4
1703.9	26.4	875.9	1316.4	3453.4	2430.1	2290.0	8410.6	14674.3	944.6
1990.7	48.8	366.1	938.3	1709.2	2484.7	635.6	5864.9	3467.2	1250.3
4275.8	278.7	6797.0	2872.7	31148.8	33455.6	2953.0	3388.0	3899.8	17867.9
2464.1	1618.5	18538.4	6165.6	7437.4	4085.9	4265.0	2000.5	10402.4	19049.0
66.5	1507.0	30880.0	50.0	45314.0	23637.3	17878.4	46.0	1357.0	478.1
40.3	1507.0	30880.0	14.0	44715.0	9184.8	17878.4	46.0	1357.0	478.1
122.5	239.2	80.8	109.3	2133.3	638.2	280.0	649.1	1668.7	585.3
1407.0	979.0	3235.0	485.0	15182.0	2161.0	813.0	1438.0	10748.0	1938.0
1407.0	979.0	2898.0	485.0	15160.0	2161.0	813.0	1438.0	10748.0	1938.0
		337.0		22.0					

9-11 分县(市)区林

（2017年）

指　　标	单位	全市	五华区	盘龙区	官渡区	西山区
一、林产品产量						
1.油桐籽	吨	5.0				
2.棕片	吨	63.0		0.4		12.0
3.松脂	吨	19.0				
4.竹笋干	吨	1.0				0.3
5.核桃	吨	8762.7	177.0	54.9	200.4	109.8
6.板栗	吨	25241.9	224.5	678.0	288.0	21.8
二、全社会竹木采伐量						
1.木材	m3	208499.0	950.0	6152.0	11620.0	261.0
2.竹材	万根	4304.7			65.6	1.9

业生产情况

东川区	呈贡区	晋宁区	富民县	宜良县	石林县	嵩明县	禄劝县	寻甸县	安宁市
							5.0		
			1.0				45.7	0.3	3.6
				19.0					
						0.2			0.5
903.8	1.0	331.2	1290.2	530.1	665.3	43.3	3100.1	1038.9	316.7
77.3	181.2	242.3	3205.5	6396.8	2283.0	209.4	7213.5	3738.3	482.3
2993.0	5929.0	8063.0	9568.0	32491.0	27849.0	2026.0	23624.0	14208.0	62765.0
		10.6	294.9	2285.0	70.0	693.4	204.7	615.2	63.4

主要统计指标解释

农林牧渔业总产值　指以货币表现的农林牧渔业全部产品总量和对农林牧渔业生产活动进行的各种支持性服务活动的价值。它用价值量形式综合反映一定时期内农林牧渔业生产的总成果和总规模。

农、林、牧、渔业总产值的核算范围是：

(1)农业产值：包括种植业和其他农业。种植业包括谷物、豆类、油料、棉花、麻类、糖料、烟叶、药材、薯类、蔬菜、瓜类、花卉、盆景、园艺、饲料作物等种植业，茶、桑、果、中草药种植业。

其他农业包括野生植物的果实、纤维、油料和野生药材、菌类、柴草等的采集。

(2)林业产值：包括人工植树造林、森林抚育、迹地更新，村及村以下竹、木材采伐。油桐籽、油茶籽等林产品的采集。

(3)牧业产值：包括猪、牛、羊等的饲养和放牧业，鸡、鸭、鹅等的家畜养殖业以及兔、蚕、蜂多种小动物饲养，野生动物的狩猎、诱捕、猎物饲养，野生动物产品的采集。

(4)渔业产值：包括利用海水进行鱼、虾、贝、藻类等水生动、植物的养殖和对海洋水生动、植物的捕捞；还包括在内陆水域进行鱼、虾、蟹、贝类、珍珠等水生动物的养殖和捕捞。

(5)农林牧渔服务业产值：农林牧渔服务业现价产值等于农林牧渔服务业营业收入。

农业林牧渔业总产值的计算方法，一般采用“产品法”进行计算，即凡是有产品产量的，都按产品产量乘以其产品单价求得每一种农产品的产值。

粮食产量　指全社会的产量。粮食包括稻谷、小麦、玉米、高粱、谷子、薯类和豆类。其产量计算方法，豆类按去豆荚后的干豆计算，薯类按5公斤鲜薯折1公斤粮食计算，其他粮食一律按脱粒后的原粮计算。

猪、牛、羊肉产量　指当年出栏并已屠宰的猪、牛、羊的肉产量。即屠宰后除去头蹄下水后带骨的(即胴体重)重量。

水产品产量　指本年度内捕捞的水产品产量(包括人工养殖和天然生长)。它可分为海水产品和淡水产品两大类。海水产品包括海水的鱼类、虾蟹类、贝类和藻类；淡水产品包括淡水的鱼类、虾蟹类和贝类，不包括淡水水生植物。

农用化肥施用量　指在本年度内实际用于农业生产的化肥数量。包括氮肥、磷肥、钾肥及复合肥。施用量按标准量及折纯量两种方法计算。按折纯量计算化肥数量，即把氮肥、磷肥、钾肥分别按含氮、含五氧化二磷、含氧化钾百分之百计算。

农村用电量　指本年度内扣除在农村中的全民所有制工业、交通、基建单位的用电量以后的农村生产上和生活上的全年用电总度数(全年累计数)，包括国家电网的供电量，也包括农村自办电站的供电量。

10

工业和能源

GONGYEHENENGYUAN

10-1 年主营业务收入2000万元及以上独立核算工业企业工业增加值增速

（2017年）

指　　标	2017年比2016年增长(%) (可比价)
总计	**10.4**
一、按登记注册类型分	
国有企业	51.7
集体企业	-27.3
股份合作企业	13.3
股份制企业	5.9
外商及港澳台商投资企业	7.1
其他经济类型企业	36.9
二、在总计中：国有控股企业	**7.8**
在总计中：大中型工业企业	4.1
其中：国有企业	25.9
三、按国民经济行业分(GB/T4754-2011)	
采矿业	**-5.7**
煤炭开采和洗选业	-33.6
黑色金属矿采选业	-55.2
有色金属矿采选业	-1.0
非金属矿采选业	0.4

10–1 续表 1

（2017年）

指　　标	2017年比2016年增长(%) (可比价)
制造业	**9.5**
农副食品加工业	-5.5
食品制造业	19.3
酒、饮料和精制茶制造业	-1.5
烟草制品业	0.8
纺织业	9.1
纺织服装、服饰业	23.9
皮革、毛皮、羽毛及其制品和制鞋业	62.7
木材加工和木、竹、藤、棕、草制品业	14.7
家具制造业	16.6
造纸和纸制品业	20.9
印刷和记录媒介复制业	3.0
文教、工美、体育和娱乐用品制造业	-16.9
石油加工、炼焦和核燃料加工业	3862.0
化学原料和化学制品制造业	6.9
医药制造业	10.7
化学纤维制造业	6.6
橡胶和塑料制品业	-10.0
非金属矿物制品业	14.0

10–1 续表 2

（2017年）

指　　标	2017年比2016年增长(%) (可比价)
黑色金属冶炼和压延加工业	-15.3
有色金属冶炼和压延加工业	8.0
金属制品业	-17.0
通用设备制造业	-3.5
专用设备制造业	-16.6
汽车制造业	21.2
铁路、船舶、航空航天和其他运输设备制造业	-60.0
电气机械和器材制造业	-5.3
计算机、通信和其他电子设备制造业	121.2
仪器仪表制造业	20.1
其他制造业	-3.9
废弃资源综合利用业	7.3
金属制品、机械和设备修理业	41.5
电力、热力、燃气及水的生产和供应业	**22.3**
电力、热力生产和供应业	24.2
燃气生产和供应业	21.7
水的生产和供应业	9.4

10-2 年主营业务收入2000万元及

（2017年）

指　　标	企业单位数(个)	亏损企业	工业总产值(当年价格)	工业销售产值(当年价格)	出口交货值
总　计	**990**	**185**	**32915924**	**32219800**	**418809**
一、按登记注册类型分组:					
内资企业	913	169	30536305	29919634	372247
国有企业	24	6	4684510	4583907	
中央企业	8	1	4384586	4282535	
地方企业	16	5	299925	301373	
集体企业	10	3	51810	51132	
股份合作企业	2	1	3724	3583	
有限责任公司	341	74	11182548	11050813	163757
国有独资公司	35	9	2570285	2584654	12104
其他有限责任公司	306	65	8612263	8466159	151654
股份有限公司	62	10	8906831	8713669	102772
私营企业	474	75	5706881	5516531	105717
私营独资企业	15	2	130818	123840	
私营合伙企业	1		10391	11307	
私营有限责任公司	428	72	5077479	4920078	103598
私营股份有限公司	30	1	488194	461306	2119
港、澳、台商投资企业	37	7	1107531	1043502	16885
合资经营企业(港或澳、台资)	19	2	668508	652169	
合作经营企业(港或澳、台资)	1	1	10342	9142	5542
港澳台商独资经营企业	14	3	181442	175141	9751
港澳台商投资股份有限公司	2	1	143531	146800	1591
其他港澳台商投资企业	1		103709	60251	
外商投资企业	40	9	1272088	1256663	29678
中外合资经营企业	21	3	688411	680702	24015
中外合作经营企业	3		315575	310440	
外资企业	14	6	248963	246517	5406
其他外商投资企业	2		19139	19004	257
二、在总计中					
亏损企业	185	185	4836789	4700330	60966
国有控股企业	179	32	20911188	20614396	156902
按企业规模:大型企业	26	1	13913407	13732905	55988
中型企业	111	26	8682322	8467487	179690
小型企业	810	146	10076097	9783342	179692
微型企业	43	12	244098	236067	3439

以上独立核算工业企业主要经济指标

单位：万元、万人

年初存货	产成品	资产总计	流动资产合计	应收账款	存货	产成品
6182657	**1457034**	**54034731**	**26100091**	**4402520**	**7575900**	**1756346**
5836103	1332811	50602791	24526494	4047231	7156094	1620903
260846	199828	6629639	2182934	141404	933766	308344
210661	185373	6227048	1926086	99008	898422	295186
50185	14455	402591	256848	42396	35344	13159
4525	2418	58361	36251	8882	4686	2109
625	434	11366	4694	1177	699	394
3278862	494126	23208800	10546990	1956349	3441235	543387
181718	56128	7645892	2412480	352688	204120	66289
3097144	437998	15562908	8134510	1603661	3237115	477098
1728563	399363	16317460	8993819	1187986	2094603	500548
562682	236641	4377165	2761806	751433	681106	266121
11380	4801	106079	82891	15538	16938	5049
67		4850	4641	2833	739	
501305	212827	3821391	2390129	645302	600208	236130
49930	19014	444846	284145	87761	63220	24943
196559	59279	1756142	846087	170170	228173	87630
65221	18951	1090067	465221	67851	84951	27071
6293	4970	20404	13541	7913	4509	3042
49541	11925	327212	152994	40233	50345	16302
69912	19407	274239	173061	47648	77347	33121
5592	4026	44219	41270	6525	11023	8095
149994	64944	1675798	727510	185119	191633	47813
98365	47052	1080434	510506	154833	124789	26571
14884	4027	225701	72495	3909	36427	10692
33272	12143	351420	133316	25430	26890	8709
3473	1722	18244	11193	948	3527	1842
602440	241095	9826691	3730074	529189	1234695	272409
4615222	868102	40096567	17584424	2618520	5755103	1089409
4030254	520549	24945965	13032335	1814819	4327904	572203
1005737	481801	16504642	6761625	952330	1863917	636624
1132735	446761	11859573	6103531	1559566	1361029	542721
13931	7923	724551	202600	75806	23050	4798

10–2 续表 1

（2017年）

指　　标	企业单位数(个)	亏损企业	工业总产值(当年价格)	工业销售产值(当年价格)	出口交货值
三、按国民经济行业分(GB/T4754-2011)					
煤炭开采和洗选业	9	3	99904	98993	
有色金属矿采选业	17	5	241158	238445	
非金属矿采选业	22	4	648999	644514	
农副食品加工业	122	13	1699913	1627013	36078
食品制造业	38	4	830336	809250	79551
酒、饮料和精制茶制造业	31	8	457041	450778	4037
烟草制品业	4		3893811	3911951	15625
纺织业	4		28019	27117	
纺织服装、服饰业	3		24221	23226	
皮革、毛皮、羽毛及其制品和制鞋业	1		7364	6725	
木材加工和木、竹、藤、棕、草制品业	9	2	63952	63364	138
家具制造业	3		11127	10666	
造纸和纸制品业	20	4	168206	161395	
印刷和记录媒介复制业	35	5	347527	337550	3889
文教、工美、体育和娱乐用品制造业	8		35761	34401	
石油加工、炼焦和核燃料加工业	7	1	2111635	1985723	
化学原料和化学制品制造业	111	28	3697799	3631019	85984
医药制造业	46	9	1908834	1811707	15516
化学纤维制造业	2		148930	139813	
橡胶和塑料制品业	47	12	385390	379179	
非金属矿物制品业	108	12	1345355	1328758	790
黑色金属冶炼和压延加工业	16	1	1837503	1895376	22743
有色金属冶炼和压延加工业	42	12	5896907	5891228	16077
金属制品业	66	14	734069	726734	20229
通用设备制造业	27	10	268533	290271	6425
专用设备制造业	33	9	262768	253635	35730
汽车制造业	11	3	931099	744125	927
铁路、船舶、航空航天和其他运输设备制造业	4		182358	167436	
电气机械和器材制造业	55	11	931998	899852	9889
计算机、通信和其他电子设备制造业	8	3	133117	84878	14842

单位：万元、万人

年初存货	产成品	资产总计	流动资产合计	应收账款	存货	产成品
6921	2138	201874	133971	29022	12252	2341
6862	2494	403324	107939	14181	11632	3305
236027	43829	2091764	954428	258373	277741	42928
126052	50225	995103	504826	108289	147559	58049
100200	48970	764418	353865	58459	108806	53651
73726	24108	628387	213657	30654	72379	23194
2439406	347285	6558994	4039742	319351	2534665	402365
4131	3179	22479	8472	4308	3216	2509
7771	1315	90669	65598	3761	7912	4809
815	496	3082	1675	456	664	626
11698	9405	65279	28501	4354	13674	7647
3024	1572	10291	7011	1970	3558	1831
15784	6519	133037	76630	19930	22830	9585
47473	19901	490379	299022	59532	59480	25930
8669	5061	35515	24615	4404	7845	4438
14412	1080	3227679	1014762	38517	612387	44618
489891	179484	4708621	2579978	654890	539893	166987
384615	92555	4338563	2924619	482493	414509	121879
13772	2746	89346	71740	1889	19884	8735
55212	29906	419770	260852	89972	59982	29601
107756	49621	1732615	923341	270264	137437	53958
394729	89714	3082183	1415898	36444	471118	91395
766530	160974	6528594	3575921	317670	1087826	239289
123729	54729	933304	640978	307481	106557	56144
113776	39189	542165	340306	94737	127064	48525
91053	39726	527076	370508	125603	99546	35980
168529	63061	1331675	833159	221348	156611	92455
94585	593	669788	438919	124146	125394	15924
157565	72675	924523	667590	226134	182601	90815
28658	5625	356688	224114	58177	64327	7572

10-2 续表 2

（2017年）

指　　标	企业单位数(个)	亏损企业	工业总产值(当年价格)	工业销售产值(当年价格)	出口交货值
仪器仪表制造业	17		207036	184216	50341
其他制造业	2		8677	8671	
废弃资源综合利用业	5	1	42887	41358	
电力、热力生产和供应业	41	7	2467526	2454868	
燃气生产和供应业	9	2	636938	636340	
水的生产和供应业	7	2	219229	219229	
四、按国民经济行业分(GB/T4754-2017)					
煤炭开采和洗选业	9	3	99904	98993	
有色金属矿采选业	17	5	241158	238445	
非金属矿采选业	22	4	648999	644514	
农副食品加工业	122	13	1699913	1627013	36078
食品制造业	38	4	830336	809250	79551
酒、饮料和精制茶制造业	31	8	457041	450778	4037
烟草制品业	4		3893811	3911951	15625
纺织业	4		28019	27117	
纺织服装、服饰业	3		24221	23226	
皮革、毛皮、羽毛及其制品和制鞋业	1		7364	6725	
木材加工和木、竹、藤、棕、草制品业	9	2	63952	63364	138
家具制造业	3		11127	10666	
造纸和纸制品业	20	4	168206	161395	
印刷和记录媒介复制业	35	5	347527	337550	3889
文教、工美、体育和娱乐用品制造业	8		35761	34401	
石油、煤炭及其他燃料加工业	8	1	2116862	1990950	
化学原料和化学制品制造业	110	27	3693553	3626817	85984
医药制造业	46	9	1908834	1811707	15516
化学纤维制造业	2		148930	139813	
橡胶和塑料制品业	48	13	389636	383381	
非金属矿物制品业	108	12	1345355	1328758	790
黑色金属冶炼和压延加工业	12	1	1826449	1884558	22743
有色金属冶炼和压延加工业	42	12	5896907	5891228	16077
金属制品业	70	14	745123	737552	20229
通用设备制造业	28	10	309676	311367	6688

单位：万元、万人

年初存货		资产总计				
	产成品		流动资产合计			
				应收账款	存货	
						产成品
29345	4807	214750	165278	77826	35101	4621
2976	33	8662	7206	2286	2914	17
2520	1727	45192	29198	19461	5206	1914
13654		5126966	902704	182403	11185	
37674	1970	5122139	1510463	123937	29210	2710
3117	324	1609834	382607	29801	2937	
6921	2138	201874	133971	29022	12252	2341
6862	2494	403324	107939	14181	11632	3305
236027	43829	2091764	954428	258373	277741	42928
126052	50225	995103	504826	108289	147559	58049
100200	48970	764418	353865	58459	108806	53651
73726	24108	628387	213657	30654	72379	23194
2439406	347285	6558994	4039742	319351	2534665	402365
4131	3179	22479	8472	4308	3216	2509
7771	1315	90669	65598	3761	7912	4809
815	496	3082	1675	456	664	626
11698	9405	65279	28501	4354	13674	7647
3024	1572	10291	7011	1970	3558	1831
15784	6519	133037	76630	19930	22830	9585
47473	19901	490379	299022	59532	59480	25930
8669	5061	35515	24615	4404	7845	4438
14581	1080	3228845	1015811	39182	612493	44618
487710	177693	4705653	2577181	654531	537817	165089
384615	92555	4338563	2924619	482493	414509	121879
13772	2746	89346	71740	1889	19884	8735
57392	31697	422739	263650	90330	62057	31499
107756	49621	1732615	923341	270264	137437	53958
393936	89351	3071611	1407598	34673	469764	91189
766530	160974	6528594	3575921	317670	1087826	239289
124522	55091	943876	649278	309252	107912	56350
113830	39189	555503	353363	98038	127435	48525

10-2 续表 3

（2017年）

指标	企业单位数(个)	亏损企业	工业总产值(当年价格)	工业销售产值(当年价格)	出口交货值
专用设备制造业	32	8	259334	250203	35730
汽车制造业	11	3	931099	744125	927
铁路、船舶、航空航天和其他运输设备制造业	4		182358	167436	
电气机械和器材制造业	55	11	931998	899852	9889
计算机、通信和其他电子设备制造业	9	4	136551	88310	14842
仪器仪表制造业	16		165893	163120	50077
其他制造业	1		3450	3444	
废弃资源综合利用业	5	1	42887	41358	
电力、热力生产和供应业	41	7	2467526	2454868	
燃气生产和供应业	9	2	636938	636340	
水的生产和供应业	7	2	219229	219229	
五、按隶属关系分					
中央属企业	55	7	14033281	13873284	90622
省属企业	91	15	5605926	5647545	64896
市(直)属企业	65	14	1680181	1615536	43104
县级及以下	45	15	730252	710405	2904
其他企业	734	134	10866284	10373029	217284
六、按企业所在地分					
五华区	78	10	8035824	7913978	71742
盘龙区	31	8	927792	893729	7495
官渡区	126	19	5654095	5434497	57754
西山区	63	16	1514823	1561478	27270
东川区	35	9	896435	886997	
呈贡区	126	28	4334343	4267683	37414
晋宁区	97	20	1334478	1269385	22201
富民县	53	10	703567	645862	16619
宜良县	85	11	1299716	1274487	2429
石林县	42	5	387204	377973	
嵩明县	84	11	1187974	1175343	49768
禄劝县	26	6	193506	188172	
寻甸县	42	13	444985	427582	44100
安宁市	102	19	6001181	5902635	82017

单位：万元、万人

年初存货	产成品	资产总计	流动资产合计	应收账款	存货	产成品
91053	39726	519561	363466	120762	98371	35980
168529	63061	1331675	833159	221348	156611	92455
94585	593	669788	438919	124146	125394	15924
157565	72675	924523	667590	226134	182601	90815
28658	5625	364203	231156	63018	65502	7572
29291	4807	201412	152222	74525	34730	4621
2807	33	7496	6158	1621	2808	17
2520	1727	45192	29198	19461	5206	1914
13654		5126966	902704	182403	11185	
37674	1970	5122139	1510463	123937	29210	2710
3117	324	1609834	382607	29801	2937	
3407597	414991	22970199	9269992	852850	4419601	564502
1231445	435067	15579491	8403650	1435736	1319773	452042
203027	72109	3766856	1694787	318963	245385	115947
66079	32602	597256	280108	44398	85244	35336
1274510	502266	11120929	6451554	1750574	1505898	588518
2931615	259516	11701012	6729384	859364	3216308	318152
183335	39759	2385189	1369486	142801	243773	80558
711432	335579	11125895	4575432	1053133	842889	449049
224669	94245	2761434	1325223	341267	229018	58469
64181	22775	804493	344048	62976	81190	22916
637757	270468	6988200	4182726	717255	745327	317067
342908	83168	2025949	919816	195095	371366	95514
63245	28514	757562	334811	63607	79503	30351
90413	34904	1062346	438722	77394	105919	37378
32711	17106	692091	240469	62018	39705	14170
156211	68031	1114717	642540	305862	156860	78164
16620	7606	947159	259221	40781	17627	9442
99797	32692	1166288	416093	69778	114533	38219
627765	162671	10502396	4322121	411190	1331880	206898

10-2 续表 4

（2017年）

指标	资产			
	固定资产合计	固定资产原价		
			房屋和构筑物	机器设备
总　计	**16599211**	**25493927**	**5813109**	**7707954**
一、按登记注册类型分组:				
内资企业	15467648	23373796	5413729	6850927
国有企业	3291214	5042261	236692	292534
中央企业	3195620	4851763	144163	237015
地方企业	95593	190499	92528	55519
集体企业	14823	27399	3391	11633
股份合作企业	3578	5230	3582	1514
有限责任公司	7783838	11750363	3181577	4159169
国有独资公司	4084187	4987570	646209	1177969
其他有限责任公司	3699651	6762793	2535368	2981200
股份有限公司	3283964	4952885	1478861	1846158
私营企业	1090230	1595657	509627	539919
私营独资企业	11018	18900	5086	3928
私营合伙企业	127	336	126	172
私营有限责任公司	992744	1458426	461611	501656
私营股份有限公司	86341	117995	42805	34164
港、澳、台商投资企业	701127	1127906	184389	284333
合资经营企业(港或澳、台资)	508967	815191	112972	158873
合作经营企业(港或澳、台资)	3061	6394	3739	2340
港澳台商独资经营企业	126624	201554	28007	63042
港澳台商投资股份有限公司	61481	103085	39672	59281
其他港澳台商投资企业	994	1682		796
外商投资企业	430437	992225	214991	572695
中外合资经营企业	203826	564552	109707	373360
中外合作经营企业	79599	147227	50154	93371
外资企业	141164	266744	50687	97625
其他外商投资企业	5848	13702	4443	8338
二、在总计中				
亏损企业	4264335	5663990	1315486	1432974
国有控股企业	13300141	20202394	4191576	5474352
按企业规模:大型企业	5311618	9596016	2104213	3241353
中型企业	7359886	9574182	1611590	2454676
小型企业	3673414	5868321	1935876	1867474
微型企业	254293	455408	161430	144452

单位：万元、万人

总计						
运输工具	累计折旧	本年折旧	负债合计	流动负债合计	应付账款	非流动负债合计
2765058	**9257778**	**1172980**	**29638063**	**23041655**	**6429154**	**6595450**
2734981	8229984	1069821	27786753	21657238	5991625	6128557
10006	1647288	193711	4518349	2534726	1084577	1983623
2232	1541984	188398	4307815	2356837	1029889	1950978
7775	105305	5313	210534	177889	54687	32645
1135	13762	1997	31158	28336	3611	2822
110	2994	144	7837	7109	2847	728
2626085	4082010	551494	10907315	8458339	2428890	2448586
2509375	1176150	210521	3412707	2388198	504053	1024509
116710	2905860	340973	7494608	6070141	1924837	1424077
36601	1927520	222387	10004067	8426885	1843398	1577181
61044	556410	100088	2318027	2201843	628303	115617
2003	9103	950	49840	49840	16462	
38	209	28	4603	4526	2670	77
51208	509234	90351	2096680	1990271	573281	105842
7795	37864	8758	166904	157206	35890	9698
17733	480922	46076	929073	670228	174623	258845
9245	357945	29837	530367	351604	107913	178763
287	3333	349	10331	10331	2941	
6196	77350	10348	181669	140016	30522	41653
1900	41605	5401	184736	147244	29994	37492
105	689	142	21971	21033	3254	938
12344	546873	57084	922237	714189	262905	208048
8074	348230	29014	609021	428258	183527	180763
2470	64203	10219	157876	155952	39523	1924
1457	126586	17203	151519	126158	38152	25361
343	7854	648	3821	3821	1704	
49969	1515954	234126	7436300	5443029	1622820	1992703
2627818	7114316	858307	21686712	15899084	4438316	5787628
96036	4506077	445028	13628162	10801662	2830133	2826500
2551184	2550963	391690	8500373	6241642	2152161	2258731
114628	2141547	320078	6970964	5642137	1375919	1328826
3209	59192	16184	538563	356213	70941	181393

10-2 续表 5

（2017年）

指　　标	资产			
	固定资产合计	固定资产原价		
			房屋和构筑物	机器设备
三、按国民经济行业分(GB/T4754-2011)				
煤炭开采和洗选业	30606	79447	24882	29068
有色金属矿采选业	202539	299078	163236	57776
非金属矿采选业	491011	839387	342548	278130
农副食品加工业	302279	391676	138482	99654
食品制造业	244836	400687	143319	169280
酒、饮料和精制茶制造业	308180	469415	138433	193278
烟草制品业	581501	1494706	484285	914441
纺织业	10113	10659	7711	799
纺织服装、服饰业	23537	25237	19107	4881
皮革、毛皮、羽毛及其制品和制鞋业	771	969	423	462
木材加工和木、竹、藤、棕、草制品业	25963	43314	14398	16703
家具制造业	2757	3471	1266	230
造纸和纸制品业	47831	68330	11497	23819
印刷和记录媒介复制业	119568	268707	40935	135077
文教、工美、体育和娱乐用品制造业	8020	11396	1563	4928
石油加工、炼焦和核燃料加工业	1882994	1961071	10576	24673
化学原料和化学制品制造业	1430548	2782488	713078	1635797
医药制造业	663035	846358	506792	297035
化学纤维制造业	13557	63646	13423	35069
橡胶和塑料制品业	108378	173157	42195	68315
非金属矿物制品业	571158	892739	208703	275063
黑色金属冶炼和压延加工业	1026777	1676690	429916	591752
有色金属冶炼和压延加工业	643835	1307746	439563	769398
金属制品业	132839	265278	122395	105099
通用设备制造业	111380	189824	58406	103521
专用设备制造业	53778	96519	44370	32508
汽车制造业	304776	366084	152527	206785
铁路、船舶、航空航天和其他运输设备制造业	139541	147387	27958	8296
电气机械和器材制造业	150249	218775	73476	94149
计算机、通信和其他电子设备制造业	29038	50583	32908	15773

单位：万元、万人

总计						
运输工具	累计折旧	本年折旧	负债合计	流动负债合计	应付账款	非流动负债合计
14815	51789	3860	113996	111549	11443	2447
11836	121739	16344	224490	212720	15689	11770
43293	352296	44959	1354988	921466	200152	433521
8136	122220	19530	509985	476845	86080	32573
6831	155697	27427	329117	304666	84495	24451
4466	192514	28104	328930	311522	101654	17408
15304	892636	56668	1406040	1399584	902939	6456
418	893	394	14700	9595	4118	5105
331	6854	1098	43633	39613	4712	4020
84	198	84	647	647	214	
226	9403	6570	32273	26071	13561	6202
26	500	146	5397	5397	1744	
1641	22136	4868	82936	78036	23545	4901
4408	137376	12718	219773	202606	49400	17166
307	3575	415	8819	8623	2086	197
227	85531	52389	1460546	949887	710442	510659
45213	1376421	164864	3458083	2931889	870439	526194
10813	253719	41234	2270256	1934507	531563	335749
662	50231	1645	5859	5859	3820	
3116	60760	10508	243290	207601	55982	35690
30140	358002	45822	1121010	1041249	300840	79371
4322	647188	55991	2626415	2459894	554712	166521
14617	682673	76368	4153520	3375612	504019	777908
7882	82467	16119	575921	523243	190050	52678
5789	83965	10267	391340	349718	87311	41623
6894	45423	4876	343998	323960	121989	20038
3992	62123	20413	748227	599294	199762	148933
1038	53652	5277	120845	117548	74308	3297
10153	90050	12115	470634	461438	133124	9196
1812	20305	2406	159927	153731	57298	6196

10-2 续表 6

（2017年）

指　　标	资产			
	固定资产合计	固定资产原价	房屋和构筑物	机器设备
仪器仪表制造业	14561	24221	5950	6890
其他制造业	1456	5012	1554	3072
废弃资源综合利用业	8916	10384	2562	1636
电力、热力生产和供应业	2934359	5716637	1123888	1108938
燃气生产和供应业	2990356	3125074	105325	291338
水的生产和供应业	988169	1167778	165462	104325
四、按国民经济行业分(GB/T4754-2017)				
煤炭开采和洗选业	30606	79447	24882	29068
有色金属矿采选业	202539	299078	163236	57776
非金属矿采选业	491011	839387	342548	278130
农副食品加工业	302279	391676	138482	99654
食品制造业	244836	400687	143319	169280
酒、饮料和精制茶制造业	308180	469415	138433	193278
烟草制品业	581501	1494706	484285	914441
纺织业	10113	10659	7711	799
纺织服装、服饰业	23537	25237	19107	4881
皮革、毛皮、羽毛及其制品和制鞋业	771	969	423	462
木材加工和木、竹、藤、棕、草制品业	25963	43314	14398	16703
家具制造业	2757	3471	1266	230
造纸和纸制品业	47831	68330	11497	23819
印刷和记录媒介复制业	119568	268707	40935	135077
文教、工美、体育和娱乐用品制造业	8020	11396	1563	4928
石油、煤炭及其他燃料加工业	1883112	1962133	10779	25516
化学原料和化学制品制造业	1430432	2782100	713078	1635797
医药制造业	663035	846358	506792	297035
化学纤维制造业	13557	63646	13423	35069
橡胶和塑料制品业	108495	173545	42195	68315
非金属矿物制品业	571158	892739	208703	275063
黑色金属冶炼和压延加工业	1026062	1672309	429444	590741
有色金属冶炼和压延加工业	643835	1307746	439563	769398
金属制品业	133554	269658	122867	106109
通用设备制造业	111645	191215	58406	104667

单位：万元、万人

总计						
运输工具	累计折旧	本年折旧	负债合计	流动负债合计	应付账款	非流动负债合计
1163	10318	1137	133172	127933	88953	5239
124	3555	152	3214	3214	1965	
116	2725	1470	39250	36764	7336	2487
7539	2467471	274810	4496692	1995417	243722	2501275
2493481	458215	106253	1045066	972133	166368	72933
3843	293159	45683	1095075	361827	23321	733248
14815	51789	3860	113996	111549	11443	2447
11836	121739	16344	224490	212720	15689	11770
43293	352296	44959	1354988	921466	200152	433521
8136	122220	19530	509985	476845	86080	32573
6831	155697	27427	329117	304666	84495	24451
4466	192514	28104	328930	311522	101654	17408
15304	892636	56668	1406040	1399584	902939	6456
418	893	394	14700	9595	4118	5105
331	6854	1098	43633	39613	4712	4020
84	198	84	647	647	214	
226	9403	6570	32273	26071	13561	6202
26	500	146	5397	5397	1744	
1641	22136	4868	82936	78036	23545	4901
4408	137376	12718	219773	202606	49400	17166
307	3575	415	8819	8623	2086	197
238	86476	52405	1461596	950937	711130	510659
45213	1376150	164844	3457082	2930902	870421	526180
10813	253719	41234	2270256	1934507	531563	335749
662	50231	1645	5859	5859	3820	
3116	61031	10528	244292	208587	56000	35704
30140	358002	45822	1121010	1041249	300840	79371
4118	646177	55746	2621181	2454960	554056	166221
14617	682673	76368	4153520	3375612	504019	777908
8086	83477	16364	581155	528177	190706	52978
5900	85091	10390	401355	359732	94498	41623

10-2 续表 7

（2017年）

指　　标	资产			
	固定资产合计	固定资产原价	房屋和构筑物	机器设备
专用设备制造业	53778	96041	44370	32030
汽车制造业	304776	366084	152527	206785
铁路、船舶、航空航天和其他运输设备制造业	139541	147387	27958	8296
电气机械和器材制造业	150249	218775	73476	94149
计算机、通信和其他电子设备制造业	29038	51061	32908	16250
仪器仪表制造业	14296	22830	5950	5743
其他制造业	1339	3950	1351	2229
废弃资源综合利用业	8916	10384	2562	1636
电力、热力生产和供应业	2934359	5716637	1123888	1108938
燃气生产和供应业	2990356	3125074	105325	291338
水的生产和供应业	988169	1167778	165462	104325
五、按隶属关系分				
中央属企业	8931192	12927406	1802824	2713314
省属企业	2849429	5353995	1909867	2427016
市(直)属企业	1570610	1926630	358041	409662
县级及以下	225278	405395	98664	222018
其他企业	3022703	4880501	1643713	1935944
六、按企业所在地分				
五华区	1473522	3201381	1199895	1663832
盘龙区	438117	697013	171158	183791
官渡区	5118583	7112330	450408	734876
西山区	726410	1339072	369591	650560
东川区	335650	522715	221255	162289
呈贡区	1413917	2015560	707977	747971
晋宁区	613915	932959	418080	349679
富民县	265763	444867	114965	93980
宜良县	482536	898293	254157	477239
石林县	305750	437579	36802	51676
嵩明县	325362	466826	185799	174366
禄劝县	593816	775636	548100	154036
寻甸县	499474	908478	169043	426879
安宁市	4006394	5741218	965879	1836782

单位：万元、万人

总计						
运输工具	累计折旧	本年折旧	负债合计	流动负债合计	应付账款	非流动负债合计
6894	45415	4867	336420	316382	115684	20038
3992	62123	20413	748227	599294	199762	148933
1038	53652	5277	120845	117548	74308	3297
10153	90050	12115	470634	461438	133124	9196
1812	20313	2414	167506	161310	63603	6196
1051	9191	1013	123157	117919	81766	5239
113	2611	136	2164	2164	1277	
116	2725	1470	39250	36764	7336	2487
7539	2467471	274810	4496692	1995417	243722	2501275
2493481	458215	106253	1045066	972133	166368	72933
3843	293159	45683	1095075	361827	23321	733248
2501392	4105644	525163	11655532	8382187	2788853	3273344
119410	2441630	273662	9287463	7365272	1837864	1922192
18280	588457	90071	2387327	1554900	249836	832426
5069	176221	26257	369450	340573	97942	28877
120908	1945826	257826	5938291	5398723	1454660	538611
38249	1799177	141094	4299553	3787176	1199968	512377
16609	310230	27179	1499802	1068982	135361	430820
2502942	2304989	295368	5008458	3360775	945378	1647683
17931	624118	81434	1765715	1202779	371124	562935
14584	191498	25452	396803	339074	63971	57729
31427	702872	92895	4248349	3326987	866965	921362
43209	316056	52463	1440448	1129251	277341	311198
5099	135070	35138	520248	414265	97381	105983
15894	421468	53390	673461	571792	139766	101670
1884	94739	18496	461818	303962	28894	157289
10059	181874	32495	600405	564941	227426	35464
2469	173006	30336	867543	492958	64854	374195
15221	351063	57063	1216460	1078873	217212	137588
49481	1651618	230178	6639000	5399843	1793512	1239157

10-2 续表 8

（2017年）

指　　标	所有者权益合计	实收资本	国家资本	集体资本
总　计	**24393781**	**12193104**	**6906640**	**224976**
一、按登记注册类型分组:				
内资企业	22813150	11000298	6647374	220313
国有企业	2111290	442344	438216	
中央企业	1919233	351658	347530	
地方企业	192057	90686	90686	
集体企业	27203	6539	155	4771
股份合作企业	3528	2209		1237
有限责任公司	12298722	7418961	5428805	65951
国有独资公司	4233184	4250941	3997392	1650
其他有限责任公司	8065537	3168020	1431413	64301
股份有限公司	6313394	2086349	774980	138621
私营企业	2059014	1043897	5218	9734
私营独资企业	56239	5724		
私营合伙企业	247	50		
私营有限责任公司	1724587	894291	5218	9234
私营股份有限公司	277941	143832		500
港、澳、台商投资企业	827069	569042	139643	4663
合资经营企业(港或澳、台资)	559700	426526	139643	3660
合作经营企业(港或澳、台资)	10073	3500		
港澳台商独资经营企业	145544	95384		1003
港澳台商投资股份有限公司	89503	39730		
其他港澳台商投资企业	22248	3902		
外商投资企业	753562	623765	119623	
中外合资经营企业	471413	396741	119623	
中外合作经营企业	67825	46740		
外资企业	199901	153241		
其他外商投资企业	14423	27044		
二、在总计中				
亏损企业	2390267	2077112	1313165	35428
国有控股企业	18409854	9181622	6810426	162450
按企业规模:大型企业	11317803	3585712	2188162	102898
中型企业	8004269	5487497	4029445	48877
小型企业	4888609	2963108	631801	73201
微型企业	183100	156787	57232	

单位：万元、万人

法人资本	个人资本	港澳台资本	外商资本	营业收入	主营业务收入	营业成本
3120108	**1220730**	**330670**	**389981**	**38732261**	**37299864**	**31587436**
2840470	1178806	92755	20580	36045151	34881450	29498902
4128				4610349	4579684	3816458
4128				4271585	4262437	3527044
				338764	317248	289414
218	1396			50366	50061	37595
	971			4756	4403	3944
1655933	268206		67	11732377	11134591	8074715
250999	900			2791571	2688613	2513618
1404934	267306		67	8940806	8445979	5561097
751560	309220	91455	20513	13968855	13527050	12618503
428631	599014	1300		5678447	5585661	4947687
2278	3446			123709	123709	107459
	50			11307	11307	10370
386084	492455	1300		5071257	4979890	4449265
40269	103063			472175	470755	380594
110109	27363	149767	137497	1085866	1059473	751087
92882	16001	45387	128953	694475	680739	515959
3500				9850	9556	9141
2968	6720	76149	8544	176724	165897	142102
10760	740	28231		139778	138413	69455
	3902			65040	64869	14429
169529	14560	88148	231905	1601244	1358941	1337447
145274	5920	88148	37775	993209	754284	852759
356	8640		37743	302234	300483	269746
			153241	286199	284612	200750
23899			3145	19602	19562	14192
526739	144661	24621	32498	4955254	4807698	4310430
1803302	164760	103855	136829	26614237	25639171	21770510
831891	239629	78690	144442	18408028	17763632	14561130
1025477	182438	119592	81668	9260727	8664019	7406070
1214893	769634	109707	163871	10832439	10643221	9435507
47846	29029	22680		231067	228992	184730

10-2 续表 9

（2017年）

指　　标	所有者权益合计	实收资本	国家资本	集体资本
三、按国民经济行业分(GB/T4754-2011)				
煤炭开采和洗选业	87877	30509	26557	37
有色金属矿采选业	178834	61960	17443	1000
非金属矿采选业	736777	504568	220233	
农副食品加工业	484994	240676	6920	2238
食品制造业	435302	244993	22165	15143
酒、饮料和精制茶制造业	299457	228063	3892	
烟草制品业	5152955	1031750	675786	
纺织业	7780	6030		30
纺织服装、服饰业	47036	26000	6000	
皮革、毛皮、羽毛及其制品和制鞋业	2435	2100		
木材加工和木、竹、藤、棕、草制品业	33007	22020		
家具制造业	4894	3300		
造纸和纸制品业	50100	31139	5000	
印刷和记录媒介复制业	270607	133485	17785	2580
文教、工美、体育和娱乐用品制造业	26696	11661		
石油加工、炼焦和核燃料加工业	1767133	403322	398992	
化学原料和化学制品制造业	1250538	1067601	343835	13969
医药制造业	2068307	453214	53345	3491
化学纤维制造业	83487	41715		
橡胶和塑料制品业	176480	105831		2091
非金属矿物制品业	608842	410613	55858	2668
黑色金属冶炼和压延加工业	455768	283779	1357	672
有色金属冶炼和压延加工业	2375075	918376	485032	28181
金属制品业	357383	229822	120699	12286
通用设备制造业	150825	86239	4801	946
专用设备制造业	183078	96192	43921	128
汽车制造业	583448	143156	24703	96983
铁路、船舶、航空航天和其他运输设备制造业	548943	182116	124798	
电气机械和器材制造业	453889	309979	37481	8920
计算机、通信和其他电子设备制造业	196761	55169	24661	

单位：万元、万人

法人资本	个人资本	港澳台资本	外商资本	营业收入	主营业务收入	营业成本
	3916			92848	87587	74841
3610	9226		30681	258669	234762	204458
197579	20456	66300		907773	665393	650191
113180	107335	2399	8604	1650123	1645663	1462028
145541	38908	21048	2190	805097	794762	613339
59269	45133	7953	111817	537253	525245	404840
355964				4231084	3857252	1913048
2000	4000			27696	27642	25248
20000				27124	25686	17052
2100				6725	6725	6066
300	21720			58252	58252	52305
2060	1240			10672	10666	9362
10787	7318	8034		164751	160276	149853
66390	33339	9051	4340	340513	329337	258355
4148	4368		3145	34505	34443	26571
730	3600			1991458	1986132	1464341
521614	141512	3387	43284	4011614	3878201	3349458
192380	146555	36930	20513	1808410	1751460	796185
28641	800	12275		139813	139813	95504
58911	34825		10004	368514	366209	333108
202271	93468	4763	51586	1300865	1286443	1080586
242798	38952			2664078	2590930	2446460
235828	169335			10322743	10092358	10042865
54240	42384		214	744635	738759	642353
23838	29188	2730	24737	292224	287283	253741
15936	34571	1636		273431	265307	221073
10497	4000	6974		742493	695169	660718
4128		53190		173759	171821	141353
102153	161426			903031	893419	808876
26068	4440			232085	231699	202182

10-2 续表 10

（2017年）

指　　标	所有者权益合计	实收资本		
			国家资本	集体资本
仪器仪表制造业	81578	35837	12138	679
其他制造业	5448	1660	1080	
废弃资源综合利用业	5942	5995		3475
电力、热力生产和供应业	630274	718877	273157	29459
燃气生产和供应业	4077073	3779099	3727909	
水的生产和供应业	514759	286254	171093	
四、按国民经济行业分(GB/T4754-2017)				
煤炭开采和洗选业	87877	30509	26557	37
有色金属矿采选业	178834	61960	17443	1000
非金属矿采选业	736777	504568	220233	
农副食品加工业	484994	240676	6920	2238
食品制造业	435302	244993	22165	15143
酒、饮料和精制茶制造业	299457	228063	3892	
烟草制品业	5152955	1031750	675786	
纺织业	7780	6030		30
纺织服装、服饰业	47036	26000	6000	
皮革、毛皮、羽毛及其制品和制鞋业	2435	2100		
木材加工和木、竹、藤、棕、草制品业	33007	22020		
家具制造业	4894	3300		
造纸和纸制品业	50100	31139	5000	
印刷和记录媒介复制业	270607	133485	17785	2580
文教、工美、体育和娱乐用品制造业	26696	11661		
石油、煤炭及其他燃料加工业	1767249	403902	398992	
化学原料和化学制品制造业	1248571	1067320	343835	13969
医药制造业	2068307	453214	53345	3491
化学纤维制造业	83487	41715		
橡胶和塑料制品业	178447	106113		2091
非金属矿物制品业	608842	410613	55858	2668
黑色金属冶炼和压延加工业	450431	280258	1357	672
有色金属冶炼和压延加工业	2375075	918376	485032	28181
金属制品业	362721	233343	120699	12286
通用设备制造业	154148	89239	6301	946

单位：万元、万人

法人资本	个人资本	港澳台资本	外商资本	营业收入	主营业务收入	营业成本
4770	16750		1500	184314	183578	160065
580				8847	8847	7990
1010	1510			40194	40188	36778
365609	456	50197		2426747	2417151	2248577
41390		9800		719524	614802	585033
3791		34002	77368	230401	196607	142633
	3916			92848	87587	74841
3610	9226		30681	258669	234762	204458
197579	20456	66300		907773	665393	650191
113180	107335	2399	8604	1650123	1645663	1462028
145541	38908	21048	2190	805097	794762	613339
59269	45133	7953	111817	537253	525245	404840
355964				4231084	3857252	1913048
2000	4000			27696	27642	25248
20000				27124	25686	17052
2100				6725	6725	6066
300	21720			58252	58252	52305
2060	1240			10672	10666	9362
10787	7318	8034		164751	160276	149853
66390	33339	9051	4340	340513	329337	258355
4148	4368		3145	34505	34443	26571
1310	3600			1996860	1991533	1469742
521375	141470	3387	43284	4006711	3873370	3344560
192380	146555	36930	20513	1808410	1751460	796185
28641	800	12275		139813	139813	95504
59150	34867		10004	373416	371040	338006
202271	93468	4763	51586	1300865	1286443	1080586
239626	38603			2654199	2581051	2437836
235828	169335			10322743	10092358	10042865
57412	42733		214	754514	748638	650977
23838	29188	2730	26237	313320	308378	273197

10–2 续表 11

（2017年）

指　　标	所有者权益合计	实收资本	国家资本	集体资本
专用设备制造业	183142	95792	43921	128
汽车制造业	583448	143156	24703	96983
铁路、船舶、航空航天和其他运输设备制造业	548943	182116	124798	
电气机械和器材制造业	453889	309979	37481	8920
计算机、通信和其他电子设备制造业	196697	55569	24661	
仪器仪表制造业	78255	32837	10638	679
其他制造业	5332	1080	1080	
废弃资源综合利用业	5942	5995		3475
电力、热力生产和供应业	630274	718877	273157	29459
燃气生产和供应业	4077073	3779099	3727909	
水的生产和供应业	514759	286254	171093	
五、按隶属关系分				
中央属企业	11314667	5027880	4077919	38517
省属企业	6292027	3693633	2396759	43777
市(直)属企业	1379529	770599	316978	20790
县级及以下	227807	121840	19726	267
其他企业	5179750	2579153	95258	121626
六、按企业所在地分				
五华区	7401459	2017608	927480	50744
盘龙区	885387	443241	209642	4493
官渡区	6117437	3995796	3341104	97868
西山区	995719	724329	176434	11380
东川区	407690	123960	31039	7981
呈贡区	2739851	1031976	257630	3594
晋宁区	585500	416154	237064	4822
富民县	237314	153083	34994	350
宜良县	388885	263611	99295	3508
石林县	230148	149518	44845	2000
嵩明县	514312	363160	75752	17589
禄劝县	76853	159765	69834	17839
寻甸县	-50172	350877	38662	4
安宁市	3863396	2000027	1362869	2806

单位：万元、万人

法人资本	个人资本	港澳台资本	外商资本	营业收入	主营业务收入	营业成本
15536	34571	1636		269998	261874	217517
10497	4000	6974		742493	695169	660718
4128		53190		173759	171821	141353
102153	161426			903031	893419	808876
26468	4440			235517	235131	205738
4770	16750			163219	162483	140609
				3445	3445	2590
1010	1510			40194	40188	36778
365609	456	50197		2426747	2417151	2248577
41390		9800		719524	614802	585033
3791		34002	77368	230401	196607	142633
781172	64808	65465		16387265	15966396	12928492
874911	193957	97619	86611	9091561	8505471	7596097
190808	98174	66266	77582	1674871	1568278	1285175
53315	42983		5550	692768	688578	604015
1219903	820808	101320	220239	10885796	10571141	9173656
698285	185523	42947	112629	10037263	9449032	7051553
119560	16673	15505	77368	1657638	1623126	1443822
340269	117290	78161	21105	5525555	5369046	4619726
373808	57180	99927	5600	1849294	1562543	1532498
23950	30310		30681	918153	892164	798583
373958	321226	39611	35958	6462253	6322486	5681165
70450	78492	1087	24240	1465648	1443958	1288872
49049	53825	1500	13366	685513	684279	580573
97142	58243	2279	3145	1291723	1278182	1152560
80712	17699	4263		343750	343364	271727
190185	67161	7953	4521	1131384	1119322	981114
22653	28060	21380		181105	179637	145455
248644	48930	14637		389637	380821	333815
431442	140121	1420	61370	6793343	6651905	5705972

10-2 续表 12

（2017年）

指　　标	营业成本	税金及附加		其他业务收入
	主营业务成本		主营业务税金及附加	
总　计	**30374263**	**2382868**	**2347268**	**1432397**
一、按登记注册类型分组:				
内资企业	28534854	2333276	2298446	1163702
国有企业	3791252	504724	502642	30664
中央企业	3516956	502374	500436	9148
地方企业	274296	2350	2206	21516
集体企业	37595	1017	1017	306
股份合作企业	3806	17	17	354
有限责任公司	7585385	1738569	1709183	597786
国有独资公司	2460751	14902	13500	102958
其他有限责任公司	5124634	1723668	1695683	494828
股份有限公司	12260910	60591	57934	441805
私营企业	4855905	28358	27653	92786
私营独资企业	107459	742	742	
私营合伙企业	10370	24	24	
私营有限责任公司	4358687	23018	22367	91367
私营股份有限公司	379390	4574	4520	1420
港、澳、台商投资企业	732509	39564	38800	26393
合资经营企业(港或澳、台资)	508099	29680	29380	13736
合作经营企业(港或澳、台资)	9062	37	37	294
港澳台商独资经营企业	134557	5655	5646	10827
港澳台商投资股份有限公司	66363	2421	1966	1364
其他港澳台商投资企业	14428	1771	1771	171
外商投资企业	1106899	10029	10022	242303
中外合资经营企业	623528	5540	5533	238925
中外合作经营企业	269096	666	666	1751
外资企业	200084	3689	3689	1587
其他外商投资企业	14192	135	135	40
二、在总计中				
亏损企业	4223270	513180	509388	147556
国有控股企业	20980806	2292625	2259713	975067
按企业规模:大型企业	14061778	1767322	1739041	644396
中型企业	6852847	554401	550416	596708
小型企业	9276402	59470	56144	189218
微型企业	183236	1675	1667	2075

单位：万元、万人

其他业务利润	销售费用	管理费用	财务费用			营业利润
				利息收入	利息支出	
170141	**1540575**	**1410616**	**475004**	**127095**	**590872**	**1639675**
161339	1281000	1259739	450742	121031	565440	1523427
1824	102756	184013	20565	5401	25238	46893
-994	89613	161003	19950	4465	23944	32216
2818	13142	23010	615	937	1295	14677
306	4117	3657	-91	184	82	4016
216	269	697	44		44	-215
121736	399717	557207	194041	52879	257687	899538
3283	49305	91669	56989	12697	88151	68358
118453	350412	465538	137052	40182	169535	831180
34317	567671	291841	196886	58461	243229	324655
2940	206470	222324	39297	4107	39161	248539
	1371	2126	486	15	475	11525
	410	487	26	3	29	-9
2939	188680	194686	34962	3858	32179	185556
0	16010	25025	3824	231	6478	51467
7456	114892	87358	11271	3031	10435	80581
6616	37620	45545	2195	2675	4738	64472
	123	633	524	1	322	-597
669	3330	9899	3352	215	3687	12324
	46884	24233	5259	77	1685	-10535
171	26935	7048	-59	64	5	14916
1346	144683	63518	12992	3033	14997	35668
124	81960	36450	11614	2072	12153	7411
558	15003	4947	258	169	909	11680
624	46333	20492	1084	767	1887	14358
40	1387	1630	36	24	49	2220
10427	120222	265757	141091	7505	156082	-408804
153325	535124	839434	364319	108339	472794	1057965
130112	685947	527036	195069	61742	254240	921471
20619	506199	457036	121187	51008	172857	232647
19410	342965	420095	142113	14252	148220	469657
1	5464	6449	16636	93	15556	15900

10-2 续表 13

（2017年）

指　　标	营业成本 主营业务成本	税金及附加	主营业务税金及附加	其他业务收入
三、按国民经济行业分(GB/T4754-2011)				
煤炭开采和洗选业	69149	3487	3422	5260
有色金属矿采选业	182496	11378	11378	23907
非金属矿采选业	422219	32758	32578	242380
农副食品加工业	1459298	3270	3262	4460
食品制造业	605609	4261	4184	10334
酒、饮料和精制茶制造业	394778	14068	13746	12009
烟草制品业	1564779	1663350	1638096	373832
纺织业	21421	124	124	54
纺织服装、服饰业	16273	183	179	1437
皮革、毛皮、羽毛及其制品和制鞋业	6066	11	11	
木材加工和木、竹、藤、棕、草制品业	52305	376	375	
家具制造业	9362	115	115	6
造纸和纸制品业	148444	640	640	4476
印刷和记录媒介复制业	248649	2839	2707	11177
文教、工美、体育和娱乐用品制造业	26571	153	153	62
石油加工、炼焦和核燃料加工业	1461027	488816	486882	5326
化学原料和化学制品制造业	3235083	19075	17931	133413
医药制造业	749032	25765	25042	56950
化学纤维制造业	95504	706	706	
橡胶和塑料制品业	331117	1446	1446	2304
非金属矿物制品业	1064744	10065	9336	14422
黑色金属冶炼和压延加工业	2381144	10260	10190	73148
有色金属冶炼和压延加工业	9832903	15290	15204	230385
金属制品业	640784	4837	4330	5877
通用设备制造业	248760	1608	1393	4941
专用设备制造业	217706	2668	2457	8124
汽车制造业	617195	4365	4364	47324
铁路、船舶、航空航天和其他运输设备制造业	140555	3082	3078	1938
电气机械和器材制造业	803277	3644	3317	9612
计算机、通信和其他电子设备制造业	202182	832	832	386

单位：万元、万人

其他业务利润	销售费用	管理费用	财务费用	利息收入	利息支出	营业利润
-432	1763	7242	430	101	531	5114
884	2474	18499	2878	352	3186	19057
917	60430	64250	41245	8650	49274	63621
1057	58901	50699	9746	640	13306	72281
1003	97854	39560	5780	1252	6178	46889
1496	69050	26906	4029	1131	5346	18708
102809	60958	211089	-19147	22301	3085	504945
	382	956	357	2	357	660
382	883	5525	478	26	494	2958
	264	212	40	4	43	132
	1398	2820	1134	1	1134	2414
6	367	427	28	0	28	374
9	4977	5325	1068	55	1100	2898
1250	9573	32360	1501	896	2309	35934
	1458	2801	420	9	407	3148
439	9994	75352	17351	2080	19242	-64262
5860	246017	177945	70931	5874	72777	153532
8414	608987	145482	13573	8109	20384	256520
	895	7373	-431	511	81	36411
187	10275	16261	5338	84	5232	2182
1652	46197	57698	24674	4269	25411	80955
6257	59778	30737	65467	11617	77062	48635
12882	52497	90459	96993	29274	121951	62582
3050	18666	35162	5333	738	5170	34753
214	16054	32804	9685	343	5915	-23477
4371	9775	31324	4254	658	4421	4481
701	22238	40830	6669	4644	8199	10815
1093	4361	31479	1716	2484	3577	9032
430	26274	38459	6442	608	6377	28244
	5442	14494	2138	893	3062	8288

10-2 续表 14

（2017年）

指　　标	营业成本	税金及附加		其他业务收入
	主营业务成本		主营业务税金及附加	
仪器仪表制造业	159675	792	792	736
其他制造业	7990	22	22	
废弃资源综合利用业	36124	150	150	6
电力、热力生产和供应业	2247365	16508	15848	9596
燃气生产和供应业	551738	6477	4009	104722
水的生产和供应业	122942	29450	28973	33794
四、按国民经济行业分(GB/T4754-2017)				
煤炭开采和洗选业	69149	3487	3422	5260
有色金属矿采选业	182496	11378	11378	23907
非金属矿采选业	422219	32758	32578	242380
农副食品加工业	1459298	3270	3262	4460
食品制造业	605609	4261	4184	10334
酒、饮料和精制茶制造业	394778	14068	13746	12009
烟草制品业	1564779	1663350	1638096	373832
纺织业	21421	124	124	54
纺织服装、服饰业	16273	183	179	1437
皮革、毛皮、羽毛及其制品和制鞋业	6066	11	11	
木材加工和木、竹、藤、棕、草制品业	52305	376	375	
家具制造业	9362	115	115	6
造纸和纸制品业	148444	640	640	4476
印刷和记录媒介复制业	248649	2839	2707	11177
文教、工美、体育和娱乐用品制造业	26571	153	153	62
石油、煤炭及其他燃料加工业	1466428	488837	486903	5326
化学原料和化学制品制造业	3230239	19068	17924	133341
医药制造业	749032	25765	25042	56950
化学纤维制造业	95504	706	706	
橡胶和塑料制品业	335961	1453	1453	2376
非金属矿物制品业	1064744	10065	9336	14422
黑色金属冶炼和压延加工业	2372521	10203	10134	73148
有色金属冶炼和压延加工业	9832903	15290	15204	230385
金属制品业	649407	4894	4387	5877
通用设备制造业	268216	1671	1455	4941

单位：万元、万人

其他业务利润	销售费用	管理费用	财务费用			营业利润
				利息收入	利息支出	
39	4261	13762	353	283	356	4857
	20	989	16		17	-190
	692	418	502	292	792	1656
2885	5524	55079	87296	811	83855	93411
123	11681	25912	-2444	12690	15734	93049
12165	10217	19929	9166	5416	24482	19070
-432	1763	7242	430	101	531	5114
884	2474	18499	2878	352	3186	19057
917	60430	64250	41245	8650	49274	63621
1057	58901	50699	9746	640	13306	72281
1003	97854	39560	5780	1252	6178	46889
1496	69050	26906	4029	1131	5346	18708
102809	60958	211089	-19147	22301	3085	504945
	382	956	357	2	357	660
382	883	5525	478	26	494	2958
	264	212	40	4	43	132
	1398	2820	1134	1	1134	2414
6	367	427	28	0	28	374
9	4977	5325	1068	55	1100	2898
1250	9573	32360	1501	896	2309	35934
	1458	2801	420	9	407	3148
439	9994	75394	17367	2080	19259	-64340
5860	245955	177896	70874	5873	72725	153759
8414	608987	145482	13573	8109	20384	256520
	895	7373	-431	511	81	36411
187	10338	16310	5394	84	5284	1955
1652	46197	57698	24674	4269	25411	80955
6257	59576	30069	65387	11613	76981	48441
12882	52497	90459	96993	29274	121951	62582
3050	18867	35830	5413	741	5251	34947
214	16317	34026	9681	347	5915	-23231

10-2 续表 15

（2017年）

指　　标	营业成本	税金及附加		其他业务收入
	主营业务成本		主营业务税金及附加	
专用设备制造业	214150	2668	2457	8124
汽车制造业	617195	4365	4364	47324
铁路、船舶、航空航天和其他运输设备制造业	140555	3082	3078	1938
电气机械和器材制造业	803277	3644	3317	9612
计算机、通信和其他电子设备制造业	205738	832	832	386
仪器仪表制造业	140219	730	729	736
其他制造业	2590	1	1	
废弃资源综合利用业	36124	150	150	6
电力、热力生产和供应业	2247365	16508	15848	9596
燃气生产和供应业	551738	6477	4009	104722
水的生产和供应业	122942	29450	28973	33794
五、按隶属关系分				
中央属企业	12552519	2184574	2156912	420869
省属企业	7101253	81486	78814	586090
市(直)属企业	1233621	41656	38600	106593
县级及以下	602275	3852	3830	4190
其他企业	8884596	71301	69113	314655
六、按企业所在地分				
五华区	6512836	1648773	1622681	588231
盘龙区	1422246	63117	62441	34512
官渡区	4514457	43273	40185	156509
西山区	1268078	13765	13099	286750
东川区	776571	12754	12754	25989
呈贡区	5548119	26759	25861	139767
晋宁区	1274892	22553	22400	21690
富民县	579881	5175	5064	1234
宜良县	1144823	6473	5928	13541
石林县	270799	2837	2835	386
嵩明县	971624	13559	13467	12063
禄劝县	145450	1597	1589	1469
寻甸县	323890	5120	5026	8816
安宁市	5620597	517113	513941	141439

单位：万元、万人

其他业务利润	销售费用	管理费用	财务费用	利息收入	利息支出	营业利润
4371	9733	31212	4254	658	4421	4758
701	22238	40830	6669	4644	8199	10815
1093	4361	31479	1716	2484	3577	9032
430	26274	38459	6442	608	6377	28244
	5483	14606	2137	893	3062	8011
39	3998	12541	357	279	356	4610
	20	947	0			-113
	692	418	502	292	792	1656
2885	5524	55079	87296	811	83855	93411
123	11681	25912	-2444	12690	15734	93049
12165	10217	19929	9166	5416	24482	19070
115384	250933	446503	195991	34175	225246	592187
25807	562079	393583	144445	68156	209291	358180
12583	150039	95550	32300	7715	46304	75286
1402	38707	26195	4281	262	4323	16500
14965	538818	448785	97988	16788	105710	597521
118068	401491	384976	51806	29721	77454	661204
10970	22755	62513	14728	25134	35759	52590
5656	259250	239511	19999	20367	36669	435036
10187	126108	95101	41199	7448	40374	57642
1995	21768	34610	6458	1361	7264	39299
9818	378298	153319	50262	11563	71293	203561
-64	40040	57483	37633	8519	45885	24197
83	22011	30311	11259	500	11011	37826
2127	35139	38999	19671	2732	21708	39672
142	12187	12250	13845	141	11912	30845
1429	39289	44773	8553	253	8152	41379
	2449	6028	30959	68	30480	-7308
245	17077	40717	31681	291	34924	-40767
9483	162715	210026	136951	18997	157989	64499

10-2 续表 16

（2017年）

指　　标	资产减值损失	公允价值变动收益	投资收益	其他收益
总　计	**67655**	**-672**	**251495**	**59258**
一、按登记注册类型分组:				
内资企业	61872	-672	248650	54342
国有企业	-3301	-8	206	76
中央企业	1068		185	14
地方企业	-4369	-8	21	62
集体企业	56		0	
股份合作企业				
有限责任公司	17297	193	117923	30591
国有独资公司	3603	166	5889	818
其他有限责任公司	13694	27	112035	29773
股份有限公司	50169	-864	122779	19546
私营企业	-2350	7	7742	4129
私营独资企业				
私营合伙企业				
私营有限责任公司	-2660		1130	1119
私营股份有限公司	311	7	6612	3010
港、澳、台商投资企业	4769		2977	678
合资经营企业(港或澳、台资)	2585		2915	666
合作经营企业(港或澳、台资)				12
港澳台商独资经营企业	72		11	
港澳台商投资股份有限公司	2112		51	
其他港澳台商投资企业	2			
外商投资企业	1013		-132	4239
中外合资经营企业	1141		-387	4053
中外合作经营企业	84			150
外资企业	-214		255	36
其他外商投资企业	2			
二、在总计中				
亏损企业	19652	166	4787	1322
国有控股企业	52053	-699	190747	46258
按企业规模:大型企业	36007	527	207232	16709
中型企业	25910	-1495	28519	15699
小型企业	5394	296	15742	26723
微型企业	343		3	127

单位：万元、万人

营业外收入	营业外支出	利润总额	所得税费用	亏损企业 亏损总额	利税总额	应交税金 及附加
207269	**58297**	**1767460**	**301065**	**398072**	**5400139**	**3933744**
181169	55666	1627743	267775	341461	5126456	3766488
19441	4169	40978	7754	81576	739601	706377
17693	3253	25470	5119	76551	713313	692962
1748	917	15508	2635	5025	26288	13415
49	497	3568	858	1478	7786	5076
7	2	-210		306	-29	181
105781	24208	981111	183498	172002	3361399	2563785
61468	7770	122056	15526	49160	187947	81417
44313	16438	859055	167972	122842	3173452	2482369
37821	15990	346487	40550	64822	627538	321601
18070	10801	255808	35115	21278	390161	169467
125	123	11528	245	109	14591	3308
35	16	10	6		232	228
16550	4543	197562	28631	21154	311673	142742
1360	6119	46708	6233	15	63665	23189
13295	1302	92573	22838	29752	186942	117207
9702	767	73407	16284	7087	128757	71634
13	10	-595		595	-204	391
392	271	12445	2035	1292	25992	15582
2865	88	-7757	2258	20778	6697	16712
324	166	15073	2261		25700	12887
12805	1329	47144	10452	26859	86741	50049
2451	796	9066	6707	24387	36076	33717
868	69	12478	1374		13480	2375
9405	417	23346	2251	2472	34208	13114
82	47	2254	119		2978	843
25703	14971	-398072	-13447	398072	232886	617511
147422	31449	1152752	203135	220334	4344040	3394423
84190	16313	968161	155934	12645	3509006	2696778
57812	24731	265727	62534	296973	1108630	905437
62966	16870	515753	81461	84657	772489	338197
2302	383	17819	1136	3797	10014	-6669

10-2 续表 17

（2017年）

指　　标	资产减值损失	公允价值变动收益	投资收益	其他收益
三、按国民经济行业分(GB/T4754-2011)				
煤炭开采和洗选业	-28			
有色金属矿采选业	-30		43	
非金属矿采选业	652		1847	3527
农副食品加工业	601		6572	832
食品制造业	-3		143	2441
酒、饮料和精制茶制造业	21		368	
烟草制品业	-159		103000	
纺织业			30	
纺织服装、服饰业	44			
皮革、毛皮、羽毛及其制品和制鞋业				
木材加工和木、竹、藤、棕、草制品业	-2194			
家具制造业				
造纸和纸制品业	1		12	
印刷和记录媒介复制业	108		6	151
文教、工美、体育和娱乐用品制造业			46	
石油加工、炼焦和核燃料加工业	12			147
化学原料和化学制品制造业	6561	14	10167	1725
医药制造业	14366		46820	5647
化学纤维制造业			645	
橡胶和塑料制品业	24		120	
非金属矿物制品业	2148		-360	1818
黑色金属冶炼和压延加工业	8877		1597	4537
有色金属冶炼和压延加工业	24163	-697	52247	10556
金属制品业	4309		699	79
通用设备制造业	2759		932	18
专用设备制造业	282		-60	486
汽车制造业	-1428			1714
铁路、船舶、航空航天和其他运输设备制造业	947		16323	1889
电气机械和器材制造业	-272	20	5426	3191
计算机、通信和其他电子设备制造业	1554		2262	582

单位：万元、万人

营业外收入	营业外支出	利润总额	所得税费用	亏损企业亏损总额	利税总额	应交税金及附加
2894	310	7697	70	1660	18902	11274
594	1235	18416	2886	6001	52832	37302
5487	6771	62336	15146	4463	157277	110087
7011	623	78669	6452	3530	92374	20156
3309	1538	48660	8673	888	70855	30869
10706	679	28735	5336	8660	59180	35781
6649	11350	500244	104133		2595765	2199654
46		706	3		1021	318
213	75	3096	230		4088	1222
		132			176	44
1106	31	3489	156	360	5834	2501
35		409	7		619	218
1557	91	4365	347	579	9717	5699
2477	202	38210	4095	1074	54849	20734
80	55	3173	414		4108	1348
842	192	-63613	-12313	76551	506405	557705
47710	3509	197734	42332	93433	291552	136150
10580	11610	255490	41015	57666	427429	212954
254	14	36651	8525		42964	14837
1365	287	3259	1830	8258	8892	7463
4464	1106	84313	13420	8925	142247	71353
1097	271	49461	204	3	101602	52345
11196	2857	70921	12183	7022	124485	65747
2031	774	36010	5554	6096	57207	26751
4958	616	-19135	770	29056	-11354	8551
4128	1121	7488	1783	5733	18848	13143
16469	633	26650	384	6827	39873	13607
333	277	9088	-758		13620	3774
3010	400	30854	4341	6320	46765	20251
678	263	8703	660	296	13668	5626

10-2 续表 18

（2017年）

指　　标	资产减值损失	公允价值变动收益	投资收益	其他收益
仪器仪表制造业	573		102	246
其他制造业	-1			
废弃资源综合利用业				
电力、热力生产和供应业	2250		917	19495
燃气生产和供应业	41		50	175
水的生产和供应业	1475	-8	1543	3
四、按国民经济行业分(GB/T4754-2017)				
煤炭开采和洗选业	-28			
有色金属矿采选业	-30		43	
非金属矿采选业	652		1847	3527
农副食品加工业	601		6572	832
食品制造业	-3		143	2441
酒、饮料和精制茶制造业	21		368	
烟草制品业	-159		103000	
纺织业			30	
纺织服装、服饰业	44			
皮革、毛皮、羽毛及其制品和制鞋业				
木材加工和木、竹、藤、棕、草制品业	-2194			
家具制造业				
造纸和纸制品业	1		12	
印刷和记录媒介复制业	108		6	151
文教、工美、体育和娱乐用品制造业			46	
石油、煤炭及其他燃料加工业	12			147
化学原料和化学制品制造业	6504	14	10167	1725
医药制造业	14366		46820	5647
化学纤维制造业			645	
橡胶和塑料制品业	81		120	
非金属矿物制品业	2148		-360	1818
黑色金属冶炼和压延加工业	8820		1597	4537
有色金属冶炼和压延加工业	24163	-697	52247	10556
金属制品业	4365		699	79
通用设备制造业	2801		932	210

单位：万元、万人

营业外收入	营业外支出	利润总额	所得税费用	亏损企业亏损总额	利税总额	应交税金及附加
1831	62	6626	771		12960	7105
249	1	58	0		170	112
71	11	1715		182	2350	635
20439	3223	89440	17757	41442	213748	142066
11845	6368	98526	9708	12946	132749	43931
21558	1746	38883	4953	10101	86361	52431
2894	310	7697	70	1660	18902	11274
594	1235	18416	2886	6001	52832	37302
5487	6771	62336	15146	4463	157277	110087
7011	623	78669	6452	3530	92374	20156
3309	1538	48660	8673	888	70855	30869
10706	679	28735	5336	8660	59180	35781
6649	11350	500244	104133		2595765	2199654
46		706	3		1021	318
213	75	3096	230		4088	1222
		132			176	44
1106	31	3489	156	360	5834	2501
35		409	7		619	218
1557	91	4365	347	579	9717	5699
2477	202	38210	4095	1074	54849	20734
80	55	3173	414		4108	1348
945	193	-63587	-12313	76551	506541	557815
47710	3509	197961	42332	93206	291699	136070
10580	11610	255490	41015	57666	427429	212954
254	14	36651	8525		42964	14837
1365	287	3032	1830	8485	8746	7544
4464	1106	84313	13420	8925	142247	71353
1091	269	49264	149	3	101134	52019
11196	2857	70921	12183	7022	124485	65747
2036	776	36207	5608	6096	57675	27076
4958	616	-18889	815	29056	-10590	9114

10–2 续表 19

（2017年）

指　　标	资产减值损失	公允价值变动收益	投资收益	其他收益
专用设备制造业	282		-60	486
汽车制造业	-1428			1714
铁路、船舶、航空航天和其他运输设备制造业	947		16323	1889
电气机械和器材制造业	-272	20	5426	3191
计算机、通信和其他电子设备制造业	1554		2262	582
仪器仪表制造业	531		102	54
其他制造业	-1			
废弃资源综合利用业				
电力、热力生产和供应业	2250		917	19495
燃气生产和供应业	41		50	175
水的生产和供应业	1475	-8	1543	3
五、按隶属关系分				
中央属企业	26902	540	166327	9964
省属企业	28555	2934	51542	18388
市(直)属企业	6889	33	9921	2069
县级及以下	428	-8	622	596
其他企业	4880	-4171	23083	28242
六、按企业所在地分				
五华区	23319	-3465	163566	25757
盘龙区	10997	2767	4581	5536
官渡区	1423		25428	5749
西山区	-3361		10024	3635
东川区	5321		194	446
呈贡区	10797	33	36530	5344
晋宁区	-343		1355	3432
富民县	-1573		55	13
宜良县	140		69	862
石林县	52	-8		
嵩明县	3726		314	694
禄劝县	2105		178	2
寻甸县	2982		468	518
安宁市	12071		8732	7271

单位：万元、万人

营业外收入	营业外支出	利润总额	所得税费用	亏损企业亏损总额	利税总额	应交税金及附加
4128	1121	7765	1783	5456	19206	13224
16469	633	26650	384	6827	39873	13607
333	277	9088	-758		13620	3774
3010	400	30854	4341	6320	46765	20251
678	263	8426	660	573	13311	5545
1831	62	6379	726		12195	6542
146	0	33	0		34	2
71	11	1715		182	2350	635
20439	3223	89440	17757	41442	213748	142066
11845	6368	98526	9708	12946	132749	43931
21558	1746	38883	4953	10101	86361	52431
55649	17993	608656	99595	121604	3455562	2946501
60006	12337	405849	81855	102960	739620	415626
29476	3787	100975	15767	33331	203803	118596
2716	639	18578	3229	8957	29310	13961
59422	23541	633402	100619	131219	971843	439060
30773	21879	670098	133970	64790	2834354	2298226
8903	1840	59653	15008	25579	145314	100669
53791	11961	455679	53966	11327	748742	347028
15903	3134	70410	13568	38586	128172	71330
1778	1655	39422	7141	13432	78155	45874
20115	3568	220108	33586	25906	367721	181199
12260	1570	34888	5885	4429	94390	65387
3880	444	41262	5088	1643	64284	28110
6269	1313	44629	5207	15677	78117	38695
798	470	31172	2231	708	34811	5870
3475	662	44192	7779	7722	81188	44775
373	140	-7074	726	19278	4895	12695
4618	947	-37096	2214	60133	-33863	5447
44333	8714	100118	14697	108863	773859	688439

10-2 续表 20

（2017年）

指　　标	本年应付职工薪酬	本年应交增值税	从业人员平均人数	从业人员期末人数
总　计	**1852220**	**1249811**	**20.40**	**20.67**
一、按登记注册类型分组:				
内资企业	1649788	1165438	18.29	18.59
国有企业	179669	193899	1.03	1.03
中央企业	150874	185468	0.63	0.63
地方企业	28795	8431	0.40	0.40
集体企业	3460	3201	0.09	0.09
股份合作企业	1075	164	0.03	0.03
有限责任公司	688515	641719	7.44	7.52
国有独资公司	122055	50989	1.38	1.36
其他有限责任公司	566460	590730	6.06	6.16
股份有限公司	481909	220461	4.20	4.29
私营企业	295160	105995	5.50	5.63
私营独资企业	5452	2321	0.12	0.12
私营合伙企业	1373	199	0.03	0.03
私营有限责任公司	265923	91093	4.93	5.05
私营股份有限公司	22411	12383	0.42	0.43
港、澳、台商投资企业	106749	54805	1.07	1.05
合资经营企业(港或澳、台资)	56317	25669	0.52	0.52
合作经营企业(港或澳、台资)	1469	355	0.02	0.02
港澳台商独资经营企业	11850	7892	0.16	0.16
港澳台商投资股份有限公司	26528	12033	0.29	0.28
其他港澳台商投资企业	10586	8856	0.08	0.07
外商投资企业	95682	29568	1.04	1.03
中外合资经营企业	54456	21470	0.62	0.61
中外合作经营企业	8056	336	0.09	0.09
外资企业	30368	7174	0.28	0.28
其他外商投资企业	2803	589	0.05	0.05
二、在总计中				
亏损企业	234714	117778	3.42	3.50
国有控股企业	1059305	898663	8.81	8.90
按企业规模:大型企业	760044	773523	6.09	6.19
中型企业	589029	288501	6.36	6.46
小型企业	498418	197266	7.90	7.97
微型企业	4729	-9480	0.05	0.05

单位：万元、万人

平均用工人数	期末用工人数	主营业务收入利润率(%)	产品销售率(%)	资产负债率(%)	总资产贡献率(%)	流动资产周转率(次/年)
21.08	**21.18**	**4.74**	**97.89**	**54.85**	**10.85**	**1.48**
19.00	19.12	4.67	97.98	54.91	11.01	1.47
1.27	1.27	0.89	97.85	68.15	11.46	2.11
0.82	0.83	0.60	97.67	69.18	11.77	2.22
0.45	0.44	4.89	100.48	52.29	6.62	1.32
0.09	0.09	7.13	98.69	53.39	13.17	1.39
0.03	0.03	-4.76	96.19	68.96	0.13	1.01
7.71	7.65	8.81	98.82	47.00	15.37	1.11
1.42	1.37	4.54	100.56	44.63	3.45	1.16
6.29	6.28	10.17	98.30	48.16	21.22	1.10
4.39	4.47	2.56	97.83	61.31	4.98	1.55
5.51	5.61	4.58	96.66	52.96	9.71	2.06
0.12	0.12	9.32	94.67	46.98	14.19	1.49
0.03	0.03	0.09	108.81	94.90	5.33	2.44
4.94	5.04	3.97	96.90	54.87	8.90	2.12
0.42	0.42	9.92	94.49	37.52	15.72	1.66
1.05	1.05	8.74	94.22	52.90	11.07	1.28
0.52	0.52	10.78	97.56	48.65	12.00	1.49
0.02	0.02	-6.22	88.39	50.63	0.57	0.73
0.16	0.16	7.50	96.53	55.52	9.00	1.16
0.27	0.28	-5.60	102.28	67.36	3.03	0.81
0.08	0.07	23.24	58.10	49.69	57.98	1.58
1.03	1.01	3.47	98.79	55.03	5.89	2.20
0.61	0.60	1.20	98.88	56.37	4.27	1.95
0.09	0.08	4.15	98.37	69.95	6.30	4.17
0.28	0.28	8.20	99.02	43.12	10.05	2.15
0.05	0.05	11.52	99.30	20.94	16.46	1.75
3.40	3.49	-8.28	97.18	75.67	3.88	1.33
9.43	9.40	4.50	98.58	54.09	11.74	1.51
6.29	6.26	5.45	98.70	54.63	14.84	1.41
6.65	6.75	3.07	97.53	51.50	7.46	1.37
8.03	8.07	4.85	97.09	58.78	7.64	1.77
0.11	0.10	7.78	96.71	74.33	3.52	1.14

10-2 续表 21

（2017年）

指　　标	本年应付职工薪酬	本年应交增值税	从业人员平均人数	从业人员期末人数
三、按国民经济行业分(GB/T4754-2011)				
煤炭开采和洗选业	13991	7718	0.20	0.20
有色金属矿采选业	57085	23038	0.76	0.87
非金属矿采选业	58795	62183	0.91	0.90
农副食品加工业	67855	10434	1.07	1.10
食品制造业	78394	17935	1.02	1.01
酒、饮料和精制茶制造业	51759	16378	0.70	0.69
烟草制品业	194507	432171	0.88	0.90
纺织业	802	191	0.03	0.03
纺织服装、服饰业	2611	809	0.14	0.15
皮革、毛皮、羽毛及其制品和制鞋业	235	33	0.01	0.01
木材加工和木、竹、藤、棕、草制品业	4920	1969	0.08	0.08
家具制造业	609	95	0.02	0.02
造纸和纸制品业	9551	4713	0.22	0.23
印刷和记录媒介复制业	43712	13800	0.57	0.57
文教、工美、体育和娱乐用品制造业	3430	782	0.08	0.08
石油加工、炼焦和核燃料加工业	30009	81202	0.19	0.19
化学原料和化学制品制造业	187026	74744	2.45	2.47
医药制造业	180936	146174	1.72	1.75
化学纤维制造业	6200	5606	0.04	0.04
橡胶和塑料制品业	25580	4187	0.54	0.54
非金属矿物制品业	84925	47869	1.32	1.34
黑色金属冶炼和压延加工业	102457	41881	0.94	0.95
有色金属冶炼和压延加工业	162590	38274	1.28	1.31
金属制品业	47644	16361	0.81	0.81
通用设备制造业	32315	6173	0.59	0.59
专用设备制造业	36563	8692	0.50	0.48
汽车制造业	49593	8858	0.42	0.43
铁路、船舶、航空航天和其他运输设备制造业	29985	1450	0.23	0.23
电气机械和器材制造业	50812	12266	0.82	0.82
计算机、通信和其他电子设备制造业	13273	4134	0.11	0.13

单位：万元、万人

平均用工人数	期末用工人数	主营业务收入利润率(%)	产品销售率(%)	资产负债率(%)	总资产贡献率(%)	流动资产周转率(次/年)
0.21	0.20	8.79	99.09	56.47	9.58	0.69
0.75	0.85	7.84	98.87	55.66	13.80	2.40
0.92	0.89	9.37	99.31	64.78	9.46	0.95
1.05	1.08	4.78	95.71	51.25	10.56	3.27
1.05	1.04	6.12	97.46	43.05	9.91	2.28
0.72	0.70	5.47	98.63	52.35	10.09	2.51
1.09	1.10	12.97	100.47	21.44	39.28	1.05
0.03	0.03	2.55	96.78	65.39	6.12	3.27
0.14	0.15	12.05	95.89	48.12	5.02	0.41
0.01	0.01	1.96	91.32	20.99	7.00	4.02
0.08	0.08	5.99	99.08	49.44	10.67	2.04
0.02	0.02	3.83	95.86	52.45	6.29	1.52
0.22	0.23	2.72	95.95	62.34	8.09	2.15
0.59	0.59	11.60	97.13	44.82	11.47	1.14
0.08	0.08	9.21	96.20	24.83	12.69	1.40
0.19	0.19	-3.20	94.04	45.25	16.22	1.96
2.52	2.44	5.10	98.19	73.44	7.61	1.55
1.76	1.78	14.59	94.91	52.33	10.13	0.62
0.04	0.04	26.21	93.88	6.56	47.61	1.95
0.54	0.55	0.89	98.39	57.96	3.34	1.41
1.41	1.41	6.55	98.77	64.70	9.43	1.41
0.94	0.94	1.91	103.15	85.21	5.42	1.88
1.36	1.40	0.70	99.90	63.62	3.33	2.89
0.85	0.85	4.87	99.00	61.71	6.60	1.16
0.58	0.60	-6.66	108.10	72.18	-1.07	0.86
0.50	0.49	2.82	96.52	65.27	4.29	0.74
0.45	0.44	3.83	79.92	56.19	3.26	0.89
0.28	0.28	5.29	91.82	18.04	2.20	0.40
0.81	0.81	3.45	96.55	50.91	5.68	1.35
0.15	0.17	3.76	63.76	44.84	4.44	1.04

10-2 续表 22

（2017年）

指　　标	本年应付职工薪酬	本年应交增值税	从业人员平均人数	从业人员期末人数
仪器仪表制造业	17003	5542	0.24	0.24
其他制造业	1937	90	0.02	0.02
废弃资源综合利用业	1158	485	0.03	0.03
电力、热力生产和供应业	134752	107801	0.83	0.82
燃气生产和供应业	40550	27746	0.41	0.42
水的生产和供应业	28656	18029	0.23	0.22
四、按国民经济行业分(GB/T4754-2017)				
煤炭开采和洗选业	13991	7718	0.20	0.20
有色金属矿采选业	57085	23038	0.76	0.87
非金属矿采选业	58795	62183	0.91	0.90
农副食品加工业	67855	10434	1.07	1.10
食品制造业	78394	17935	1.02	1.01
酒、饮料和精制茶制造业	51759	16378	0.70	0.69
烟草制品业	194507	432171	0.88	0.90
纺织业	802	191	0.03	0.03
纺织服装、服饰业	2611	809	0.14	0.15
皮革、毛皮、羽毛及其制品和制鞋业	235	33	0.01	0.01
木材加工和木、竹、藤、棕、草制品业	4920	1969	0.08	0.08
家具制造业	609	95	0.02	0.02
造纸和纸制品业	9551	4713	0.22	0.23
印刷和记录媒介复制业	43712	13800	0.57	0.57
文教、工美、体育和娱乐用品制造业	3430	782	0.08	0.08
石油、煤炭及其他燃料加工业	30191	81291	0.20	0.20
化学原料和化学制品制造业	186788	74671	2.44	2.46
医药制造业	180936	146174	1.72	1.75
化学纤维制造业	6200	5606	0.04	0.04
橡胶和塑料制品业	25818	4260	0.54	0.55
非金属矿物制品业	84925	47869	1.32	1.34
黑色金属冶炼和压延加工业	100406	41667	0.88	0.88
有色金属冶炼和压延加工业	162590	38274	1.28	1.31
金属制品业	49695	16575	0.87	0.87
通用设备制造业	33633	6628	0.60	0.60

单位：万元、万人

平均用工人数	期末用工人数	主营业务收入利润率(%)	产品销售率(%)	资产负债率(%)	总资产贡献率(%)	流动资产周转率(次/年)
0.24	0.24	3.61	88.98	62.01	6.07	1.12
0.02	0.02	0.66	99.93	37.10	2.16	1.23
0.03	0.03	4.27	96.44	86.85	6.31	1.38
0.87	0.87	3.70	99.49	87.71	5.79	2.69
0.37	0.37	16.03	99.91	20.40	2.65	0.48
0.23	0.22	19.78	100.00	68.02	6.55	0.60
0.21	0.20	8.79	99.09	56.47	9.58	0.69
0.75	0.85	7.84	98.87	55.66	13.80	2.40
0.92	0.89	9.37	99.31	64.78	9.46	0.95
1.05	1.08	4.78	95.71	51.25	10.56	3.27
1.05	1.04	6.12	97.46	43.05	9.91	2.28
0.72	0.70	5.47	98.63	52.35	10.09	2.51
1.09	1.10	12.97	100.47	21.44	39.28	1.05
0.03	0.03	2.55	96.78	65.39	6.12	3.27
0.14	0.15	12.05	95.89	48.12	5.02	0.41
0.01	0.01	1.96	91.32	20.99	7.00	4.02
0.08	0.08	5.99	99.08	49.44	10.67	2.04
0.02	0.02	3.83	95.86	52.45	6.29	1.52
0.22	0.23	2.72	95.95	62.34	8.09	2.15
0.59	0.59	11.60	97.13	44.82	11.47	1.14
0.08	0.08	9.21	96.20	24.83	12.69	1.40
0.20	0.20	-3.19	94.05	45.27	16.22	1.97
2.52	2.44	5.11	98.19	73.47	7.62	1.55
1.76	1.78	14.59	94.91	52.33	10.13	0.62
0.04	0.04	26.21	93.88	6.56	47.61	1.95
0.54	0.55	0.82	98.39	57.79	3.30	1.42
1.41	1.41	6.55	98.77	64.70	9.43	1.41
0.88	0.88	1.91	103.18	85.34	5.42	1.89
1.36	1.40	0.70	99.90	63.62	3.33	2.89
0.91	0.92	4.84	98.98	61.57	6.59	1.16
0.59	0.60	-6.13	100.55	72.25	-0.90	0.89

10-2 续表 23

（2017年）

指　　标	本年应付职工薪酬	本年应交增值税	从业人员平均人数	从业人员期末人数
专用设备制造业	36445	8773	0.49	0.47
汽车制造业	49593	8858	0.42	0.43
铁路、船舶、航空航天和其他运输设备制造业	29985	1450	0.23	0.23
电气机械和器材制造业	50812	12266	0.82	0.82
计算机、通信和其他电子设备制造业	13391	4053	0.12	0.14
仪器仪表制造业	15685	5087	0.23	0.23
其他制造业	1755	0	0.02	0.02
废弃资源综合利用业	1158	485	0.03	0.03
电力、热力生产和供应业	134752	107801	0.83	0.82
燃气生产和供应业	40550	27746	0.41	0.42
水的生产和供应业	28656	18029	0.23	0.22
五、按隶属关系分				
中央属企业	557529	662332	3.42	3.44
省属企业	495470	252285	5.11	5.12
市(直)属企业	142290	61173	1.71	1.70
县级及以下	45194	6880	0.68	0.70
其他企业	611738	267141	9.48	9.71
六、按企业所在地分				
五华区	407824	515483	2.95	2.96
盘龙区	80077	22544	0.70	0.71
官渡区	333499	249789	3.26	3.33
西山区	103222	43997	1.25	1.27
东川区	80695	25979	1.11	1.25
呈贡区	226851	120854	2.83	2.80
晋宁区	88858	36949	1.37	1.37
富民县	44364	17847	0.65	0.71
宜良县	79820	27015	1.07	1.06
石林县	23161	803	0.46	0.47
嵩明县	70032	23437	1.09	1.10
禄劝县	14079	10372	0.19	0.19
寻甸县	43964	-1886	0.67	0.67
安宁市	255775	156629	2.80	2.79

单位：万元、万人

平均用工人数	期末用工人数	主营业务收入利润率(%)	产品销售率(%)	资产负债率(%)	总资产贡献率(%)	流动资产周转率(次/年)
0.50	0.48	2.97	96.48	64.75	4.42	0.74
0.45	0.44	3.83	79.92	56.19	3.26	0.89
0.28	0.28	5.29	91.82	18.04	2.20	0.40
0.81	0.81	3.45	96.55	50.91	5.68	1.35
0.16	0.18	3.58	64.67	45.99	4.25	1.02
0.23	0.23	3.93	98.33	61.15	6.09	1.07
0.02	0.02	0.95	99.81	28.87	0.46	0.56
0.03	0.03	4.27	96.44	86.85	6.31	1.38
0.87	0.87	3.70	99.49	87.71	5.79	2.69
0.37	0.37	16.03	99.91	20.40	2.65	0.48
0.23	0.22	19.78	100.00	68.02	6.55	0.60
3.73	3.73	3.81	98.86	50.74	15.88	1.77
5.38	5.38	4.77	100.74	59.61	5.65	1.08
1.68	1.66	6.44	96.15	63.38	6.43	0.99
0.67	0.69	2.70	97.28	61.86	5.59	2.47
9.62	9.73	5.99	95.46	53.40	9.54	1.69
3.12	3.09	7.09	98.48	36.75	24.63	1.49
0.72	0.74	3.68	96.33	62.88	6.54	1.21
3.60	3.59	8.49	96.12	45.02	6.88	1.21
1.25	1.28	4.51	103.08	63.94	5.83	1.40
1.09	1.23	4.42	98.95	49.32	10.45	2.67
2.89	2.85	3.48	98.46	60.79	6.12	1.54
1.36	1.36	2.42	95.12	71.10	6.50	1.59
0.66	0.71	6.03	91.80	68.67	9.87	2.05
1.08	1.07	3.49	98.06	63.39	9.14	2.94
0.46	0.46	9.08	97.62	66.73	6.73	1.43
1.12	1.12	3.95	98.94	53.86	7.99	1.76
0.20	0.19	-3.94	97.24	91.59	3.73	0.70
0.67	0.67	-9.74	96.09	104.30	0.07	0.94
2.87	2.83	1.51	98.36	63.21	8.69	1.57

10-3 全市主要工业产品产量

（2017年）

指　　标	单位	2017年	2016年	2017年比2016年增长(%)
铁矿石原矿	吨	1642082	2205104	-25.5
铁矿石成品矿	吨	248344	858832	-71.1
铜金属含量	吨	62091	71381	-13.0
石灰石	吨	1927003	1886829	2.1
建筑用天然石料	立方米	934871	787667	18.7
磷矿石(折含五氧化二磷30%)	吨	26573461	24615501	8.0
原盐	吨	1484879	1060774	40.0
小麦粉	吨	144358	64869	122.5
饲料	吨	2328790	2231813	4.3
精制食用植物油	吨	218729	209025	4.6
鲜、冷藏肉	吨	175594	152842	14.9
冻肉	吨	8478	7244	17.0
熟肉制品	吨	53601	45321	18.3
冷冻蔬菜	吨	43996	42481	3.6
膨化食品	吨	64273	59650	7.8
焙烤松脆食品	吨	876	608	44.1
糖果	吨	6	29	-79.8
速冻食品	吨	2622	2899	-9.6
方便面	吨	37599	44494	-15.5
乳制品	吨	221963	217503	2.0
罐头	吨	7414	8944	-17.1
味精(谷氨酸钠)	吨	49	53	-8.3
酱油	吨	24660	27479	-10.3
营养、保健食品	吨	224	252	-11.1
冷冻饮品	吨	3182	3484	-8.7
食品添加剂	吨	23059	22563	2.2
饲料添加剂	吨	917340	695654	31.9
饮料酒	千升	410034	497415	-17.6
软饮料	吨	2560637	2537644	0.9
精制茶	吨	5665	5544	2.2
复烤烟叶	吨	356967	374544	-4.7
卷烟	万支	8126415	8460433	-4.0
蚕丝	吨	225	313	-28.1
蚕丝被	万条	48	63	-24.3
服装	万件	410	438	-6.5
手提包(袋)、背包	万个	79	81	-2.2
鞋	万双	632	394	60.6
人造板	立方米	772411	680283	13.5

10-3 续表 1

（2017年）

指　　标	单位	2017年	2016年	2017年比2016年增长(%)
人造板表面装饰板	平方米	5491608	4730738	16.1
实木木地板	平方米	69147		100.0
复合木地板	平方米	59176	179193	-67.0
家具	件	149460	151861	-1.6
机制纸及纸板(外购原纸加工除外)	吨	341693	306479	11.5
纸制品	吨	251861	249670	0.9
单色印刷品	令	1784057	1644949	8.5
多色印刷品	对开色令	6638355	6228478	6.6
硫酸(折100%)	吨	9350825	8198828	14.1
盐酸(氯化氢，含量31%)	吨	75829	135694	-44.1
磷酸(含量85%)	吨	2386474	2090515	14.2
烧碱(折100%)	吨	132033	200354	-34.1
碳化钙(电石，折300升/千克)	吨	64380	141495	-54.5
精甲醇	吨		177370	-100.0
黄磷	吨	100764	131312	-23.3
合成氨(无水氨)	吨	653332	591014	10.5
农用氮、磷、钾化学肥料(折纯)	吨	1345375	1316146	2.2
磷酸一铵(实物量)	吨	1438152	1601558	-10.2
磷酸二铵(实物量)	吨	4270063	4387367	-2.7
涂料	吨	32568	25727	26.6
初级形态塑料	吨	127760	181646	-29.7
合成橡胶	吨	187583	200154	-6.3
化学试剂	吨	90806	48477	87.3
表面活性剂	吨	32635	32662	-0.1
合成洗涤剂	吨	159626	119282	33.8
化学药品原药	吨	159	182	-12.4
中成药	吨	29044	31203	-6.9
化学纤维	吨	62982	48511	29.8
橡胶轮胎外胎	条	33811	98020	-65.5
塑料制品	吨	237043	218707	8.4
硅酸盐水泥熟料	吨	13560100	13472449	0.7
水泥	吨	19371214	19292598	0.4
商品混凝土	立方米	19595498	17189648	14.0
水泥混凝土排水管	千米	13	14	-6.1
水泥混凝土压力管	千米	19	24	-20.3
水泥混凝土电杆	根	1400	802	74.6
预应力混凝土桩	米	2031379	1723793	17.8
石膏板	万平方米	1578	1485	6.3
砖	万块	149746	179973	-16.8

10–3 续表 2

（2017年）

指　　标	单位	2017年	2016年	2017年比2016年增长(%)
瓦	万片	854	562	52.0
天然大理石建筑板材	平方米	4865271	4962444	-2.0
沥青和改性沥青防水卷材	平方米	10270520	6655337	54.3
平板玻璃	重量箱	2562582	23321	10888.3
钢化玻璃	平方米	635900	904582	-29.7
夹层玻璃	平方米	80227	102732	-21.9
中空玻璃	平方米	384751	372322	3.3
日用玻璃制品	吨	20684	16550	25.0
纤维增强塑料制品	吨	5899	5354	10.2
耐火材料制品	吨	210126	191988	9.4
石墨及炭素制品	吨	270728	272519	-0.7
生铁	吨	3930369	3900141	0.8
粗钢	吨	4044163	3917602	3.2
铸铁件	吨	23320	28725	-18.8
铸钢件	吨	4430	5810	-23.8
钢材	吨	4499244	4425913	1.7
用外购国产钢材再加工生产钢材	吨	395650	429051	-7.8
用外购钢材再加工生产钢材	吨	395650	429051	-7.8
铁合金	吨	1914	2694	-28.9
十种有色金属	吨	914489	856651	6.8
黄金	千克	18641	19780	-5.8
白银(银锭)	千克	534053	581479	-8.2
单一稀土金属	千克	244884	207079	18.3
铝合金	吨	420	498	-15.7
铜材	吨	202643	171221	18.4
铝材	吨	326359	340441	-4.1
钢结构	吨	400788	356894	12.3
金属门窗及类似制品	吨	195432	192105	1.7
金属切削工具	万件	10	9	7.5
金属包装容器	吨	5061	5802	-12.8
钢丝绳	吨	3681	3254	13.1
不锈钢日用制品	吨	815	906	-10.0
锻件	吨	1267	15	8346.7
发动机	千瓦	33230218	28209520	17.8
金属切削机床	台	14937	10911	36.9
铸造机械	台	543		100.0
起重机	吨	12466	12679	-1.7
电梯、自动扶梯及升降机	台	135	448	-69.9
泵	台	4407	4301	2.5

10-3 续表 3

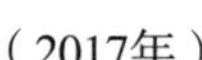
（2017年）

指　　标	单位	2017年	2016年	2017年比2016年增长(%)
液压元件	件	3700	3569	3.7
风机	台	6319	5855	7.9
工商用制冷、空调设备	台(套)	3		100.0
衡器(秤)	台	7724	9010	-14.3
包装专用设备	台	147	88	67.0
减速机	台	3	1	200.0
矿山专用设备	吨	9821	11777	-16.6
建筑工程用机械	台	90	84	7.1
混凝土机械	台	977	958	2.0
金属冶炼设备	吨	267	640	-58.3
金属轧制设备	吨	697	550	26.7
炼油、化工生产专用设备	吨	1269	1553	-18.2
模具	套	750	1106	-32.2
农产品初加工机械	台	106548	88349	20.6
饲料生产专用设备	台	83533	53036	57.5
小型拖拉机	台	11958	16109	-25.8
医疗仪器设备及器械	台	201	175	14.9
汽车	辆	3950	2917	35.4
改装汽车	辆	486	172	182.6
发电机组(发电设备)	千瓦	541670	591920	-8.5
电动机	千瓦	798298	758413	5.3
变压器	千伏安	11775612	13818969	-14.8
高压开关板	面	1072	1467	-26.9
低压开关板	面	73755	204334	-63.9
高压开关设备(11万伏以上)	台	565	642	-12.0
安全、自动化监控设备	台(套)	27218	35634	-23.6
电力电缆	千米	250042	231547	8.0
绝缘制品	吨	17137	5750	198.0
锂电子电池	只(自然只)	19	276	-93.1
家用燃气灶具	台	36000	30000	20.0
太阳能热水器	平方米	244828	315032	-22.3
灯具及照明装置	套(台、个)	552043	529500	4.3
打印机	台	47878	53586	-10.7
移动通信手持机(手机)	台	3455870		100.0
工业自动调节仪表与控制系统	台(套)	237	112	111.6
电工仪器仪表	台	8311	7458	11.4
光学仪器	台(个)	2289212	2516247	-9.0
自来水生产量	万立方米	36063	34107	5.7

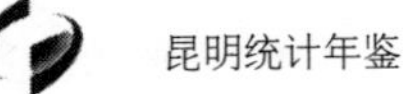

10-4 年主营业务收入2000万元及以上

（2017年）

能源名称	单位	年初库存量	购进量	购自省外
原煤	吨	684816.40	9509092.99	1877035.53
无烟煤	吨	164170.43	2271886.61	765401.18
炼焦烟煤	吨	3292.38	100189.90	27544.00
一般烟煤	吨	327132.41	4407522.88	1084090.35
褐煤	吨	190221.18	2729493.60	
洗精煤(用于炼焦)	吨	77047.41	1459563.16	48268.00
其他洗煤	吨	2748.62	80489.57	2371.46
煤制品	吨	72.23	141.00	131.00
焦炭	吨	69612.05	1947364.24	429182.96
其他焦化产品	吨	367.56	2684.56	
焦炉煤气	万立方米		19340.51	
高炉煤气	万立方米		399860.36	
转炉煤气	万立方米		5183.84	
天然气	万立方米	1.71	32930.33	
液化天然气	吨	0.38	1053.45	
原油	吨		4400648.20	4400648.20
汽油	吨	170.91	12716.58	
煤油	吨	16.75	149.69	
柴油	吨	5506.09	112119.34	
燃料油	吨	167.58	2392.84	1297.64
液化石油气	吨	11.77	843.53	
炼厂干气	吨			
润滑油	吨	173.86	2032.85	445.82
石蜡	吨		9.20	
溶剂油	吨	206.26	3131.30	2053.30
石油焦	吨	13794.41	330586.76	330586.76
石油沥青	吨	4611.32	63995.73	19861.44
其他石油制品	吨	62.00	321.00	14.00
热力	百万千焦		5269360.60	133904.84
电力	万千瓦时		1816891.36	
城市生活垃圾(用于燃料)	吨			
生物燃料	吨标准煤	1182.26	33228.27	
余热余压	百万千焦		1421783.90	
工业废料(用于燃料)	吨	470.00	3044.50	
其他燃料	吨标准煤	159.13	7937.33	

独立核算工业企业能源购进、消费与库存

能源消费量	工业生产消费量				
		用于原材料	加工转换投入		
				火力发电	供热
9525495.31	9522379.64	824868.18	3853599.78	2739664.66	246088.50
2240161.44	2240124.94	824868.18			
102063.00	102063.00		101400.00		
4425945.57	4424187.96		1629085.50	674809.88	187829.00
2757325.30	2756003.74		2123114.28	2064854.78	58259.50
1491335.31	1491335.31		1491335.31		
71646.99	71646.99	4274.54			
136.30	136.30				
1939345.16	1939324.66	90941.13			
3003.79	3003.79				
39313.87	39313.87				
798606.83	798606.83		351385.16	351385.16	
42012.09	42012.09		5118.83	5118.83	
32916.71	32901.44	7269.84			
1053.61	1048.66				
4019327.29	4019327.29		4019327.29		
12532.74	8246.81	41.62			
148.35	147.04	107.81			
112112.24	107250.76	822.99	734.00	719.00	15.00
2550.35	2550.35				
854.47	802.92				
110697.88	110697.88				
2014.09	2013.58	477.42			
9.20	9.20				
3281.46	3281.46	3260.46			
313965.02	313965.02	298787.88			
57806.46	57806.46	57081.46			
297.00	297.00	297.00			
5269360.60	5269360.60				
2065097.66	2055396.43				
1410087.57	1410087.57		1410087.57	1410087.57	
34421.17	33365.60		6111.95		6111.95
12091852.87	12091852.87		12091852.87	12091852.87	
2962.50	2962.50				
7933.22	7930.30				

10-4 续表

（2017年）

能源名称	单位	能源		
		工业生产消费量		
		加工转换投入		
		原煤入洗	炼焦	炼油及煤制油
原煤	吨	766446.62	101400.00	
无烟煤	吨			
炼焦烟煤	吨		101400.00	
一般烟煤	吨	766446.62		
褐煤	吨			
洗精煤(用于炼焦)	吨		1491335.31	
其他洗煤	吨			
煤制品	吨			
焦炭	吨			
其他焦化产品	吨			
焦炉煤气	万立方米			
高炉煤气	万立方米			
转炉煤气	万立方米			
天然气	万立方米			
液化天然气	吨			
原油	吨			4019327.29
汽油	吨			
煤油	吨			
柴油	吨			
燃料油	吨			
液化石油气	吨			
炼厂干气	吨			
润滑油	吨			
石蜡	吨			
溶剂油	吨			
石油焦	吨			
石油沥青	吨			
其他石油制品	吨			
热力	百万千焦			
电力	万千瓦时			
城市生活垃圾(用于燃料)	吨			
生物燃料	吨标准煤			
余热余压	百万千焦			
工业废料(用于燃料)	吨			
其他燃料	吨标准煤			

消费量		期末库存量	能源加工转换产出	回收利用
非工业生产消费量	合计中：运输工具消费量			
3115.67		655943.76		
36.50		194281.14		
		1419.28		
1757.61		311707.62		
1321.56		148535.72		
		45275.26	383569.42	
		11591.20	240524.84	
		76.93		
20.50		74784.95	1189711.00	
		48.32	63350.06	
			40554.00	
				656228.89
				44619.74
15.27	0.22	15.33		
4.95		0.02		
		376121.00		
4285.93	12005.56	353.75	1037609.11	
1.31		19.09	218388.98	
4861.48	51947.45	5591.07	1562265.72	
		10.07	75727.08	
51.55	87.00	10.33	148455.66	
			110697.88	
0.51		192.45		
		8.10		
		30416.15		
		10800.59	10621.26	
		86.00	233388.32	
			4636373.51	
9701.23			645413.08	
1055.56		490.19		
				12254079.99
		552.00		
2.92		37.66		

10-5 年主营业务收入2000万元及以上独立核算

（2017年）

指　　标	原煤(吨)	无烟煤(吨)	炼焦烟煤(吨)	一般烟煤(吨)
全部工业企业	**9525495.31**	**2240161.44**	**102063.00**	**4425945.57**
一、按轻重工业分				
轻工业	367537.69	41301.37	663.00	256846.22
重工业	9157957.62	2198860.07	101400.00	4169099.35
二、按国民经济工业行业分(GB/T4754-2011)				
采矿业	**1167893.19**	**4191.34**		**1145318.22**
煤炭开采和洗选业	769919.60			768672.62
石油和天然气开采业				
黑色金属矿采选业	44239.47			27102.82
有色金属矿采选业	4191.34	4191.34		
非金属矿采选业	349542.78			349542.78
开采辅助活动				
其他采矿业				
制造业	**5941795.85**	**2235970.10**	**102063.00**	**2701100.08**
农副食品加工业	26542.00	4959.72	663.00	20624.58
食品制造业	77968.30	3861.81		68894.49
酒、饮料和精制茶制造业	28942.62			17539.72
烟草制品业	41202.81			41202.81
纺织业	20.00	20.00		
纺织服装、服饰业	660.86			660.86
皮革、毛皮、羽毛及其制品和制鞋业				
木材加工和木、竹、藤、棕、草制品业	2033.02	1738.00		295.02
家具制造业				
造纸和纸制品业	73954.50			30556.00
印刷和记录媒介复制业	2698.78			2698.78
文教、工美、体育和娱乐用品制造业				
石油加工、炼焦和核燃料加工业	101400.00		101400.00	
化学原料和化学制品制造业	2276989.29	1261470.05		353938.51
医药制造业	36256.56	30721.84		5534.72
化学纤维制造业	46694.61			46694.61
橡胶和塑料制品业	32441.67	4817.69		17667.98
非金属矿物制品业	2105014.84	2342.32		2057779.13
黑色金属冶炼和压延加工业	898313.20	898175.40		137.80
有色金属冶炼和压延加工业	178895.50	27657.32		32190.73
金属制品业	4165.00	197.00		3968.00
通用设备制造业	329.24			329.24
专用设备制造业	51.05	8.95		42.10
汽车制造业				
铁路、船舶、航空航天和其他运输设备制造业				
电气机械和器材制造业	345.00			345.00
计算机、通信和其他电子设备制造业				
仪器仪表制造业				
其他制造业	6877.00			
废弃资源综合利用业				
金属制品、机械和设备修理业				
电力、热力、燃气及水生产和供应业	**2415806.27**			**579527.27**
电力、热力生产和供应业	2415806.27			579527.27
燃气生产和供应业				
水的生产和供应业				

工业企业分行业、分品种能源消费量

褐煤 (吨)	洗精煤 (用于炼焦) (吨)	其它洗煤 (吨)	煤制品 (吨)	焦炭 (吨)	其它焦化产品 (吨)	焦炉煤气 (万立方米)	高炉煤气 (万立方米)
2757325.30	**1491335.31**	**71646.99**	**136.30**	**1939345.16**	**3003.79**	**39313.87**	**798606.83**
68727.10		7657.24		460.50	62.35	1.28	
2688598.20	1491335.31	63989.75	136.30	1938884.66	2941.44	39312.59	798606.83
18383.63				**3253.59**		**8940.86**	**389199.20**
1246.98							
17136.65						8940.86	389199.20
				3253.59			
902662.67	**1491335.31**	**71646.99**	**136.30**	**1936091.57**	**3003.79**	**30373.01**	**409407.63**
294.70				10.50	62.35		
5212.00							
11402.90						1.28	
		6751.86					
43398.50							
		905.38					
	1491335.31					19973.36	997.80
661580.73				244886.33	1738.26		
9956.00							
44893.39		59583.81		19407.84		992.70	9515.61
				1592496.29		9023.30	398746.47
119047.45		4274.54		76725.71	1203.18		
				15.10		382.37	147.75
			136.30	1972.50			
		131.40		20.50			
				106.80			
				450.00			
6877.00							
1836279.00							
1836279.00							

10-5 续表 1

（2017年）

指　　标	转炉煤气(万立方米)	天然气(万立方米)	液化天然气(吨)	原油(吨)
全部工业企业	**42012.09**	**32916.71**	**1053.61**	**4019327.29**
一、按轻重工业分				
轻工业		3384.67	962.73	
重工业	42012.09	29532.04	90.88	4019327.29
二、按国民经济工业行业分(GB/T4754-2011)				
采矿业	**5118.83**			
煤炭开采和洗选业				
石油和天然气开采业				
黑色金属矿采选业	5118.83			
有色金属矿采选业				
非金属矿采选业				
开采辅助活动				
其他采矿业				
制造业	**36893.26**	**32915.87**	**1053.61**	**4019327.29**
农副食品加工业		280.45	3.74	
食品制造业		852.37		
酒、饮料和精制茶制造业		1078.81		
烟草制品业		245.58		
纺织业				
纺织服装、服饰业				
皮革、毛皮、羽毛及其制品和制鞋业				
木材加工和木、竹、藤、棕、草制品业				
家具制造业				
造纸和纸制品业				
印刷和记录媒介复制业		102.77		
文教、工美、体育和娱乐用品制造业				
石油加工、炼焦和核燃料加工业		19325.85		4019327.29
化学原料和化学制品制造业		237.09	955.87	
医药制造业		744.69	3.12	
化学纤维制造业				
橡胶和塑料制品业		82.47		
非金属矿物制品业		2265.53		
黑色金属冶炼和压延加工业	36893.26			
有色金属冶炼和压延加工业		7075.86	1.21	
金属制品业		180.34	89.67	
通用设备制造业				
专用设备制造业		24.42		
汽车制造业		279.00		
铁路、船舶、航空航天和其他运输设备制造业		0.57		
电气机械和器材制造业		36.48		
计算机、通信和其他电子设备制造业				
仪器仪表制造业				
其他制造业				
废弃资源综合利用业		103.59		
金属制品、机械和设备修理业				
电力、热力、燃气及水生产和供应业		**0.84**		
电力、热力生产和供应业				
燃气生产和供应业		0.84		
水的生产和供应业				

汽油 (吨)	煤油 (吨)	柴油 (吨)	燃料油 (吨)	液化 石油气 (吨)	炼厂干气 (吨)	润滑油 (吨)	石蜡 (吨)
12532.74	**148.35**	**112112.24**	**2550.35**	**854.47**	**110697.88**	**2014.09**	**9.20**
4418.93	3.08	12162.87	183.73	372.53		31.58	9.20
8113.81	145.27	99949.37	2366.62	481.94	110697.88	1982.51	
543.84	**1.68**	**53477.35**				**23.72**	
161.73		6768.77					
0.56		472.03				10.84	
28.63		1426.59					
352.92	1.68	44809.96				12.88	
10219.76	**146.67**	**57084.98**	**2550.35**	**853.90**	**110697.88**	**1818.77**	**9.20**
1087.81		903.11	145.83	133.80		3.50	9.20
415.66		5764.55		46.37			
240.14		1226.54		0.55			
469.98		622.38		185.47		10.00	
10.58		0.07					
52.34		34.49					
6.84							
41.62		545.77					
9.06		11.60					
280.80		1074.48				4.60	
672.42	3.08	555.39		6.34		12.63	
164.31		40.42					
43.86		226.90			110697.88		
977.22	10.66	9327.65	471.00	10.90			
441.96		1368.57	37.90				
12.25							
427.24	11.39	1708.96				14.84	
687.84		25484.55				42.29	
58.82	6.61	958.69				120.73	
387.43	8.16	2738.57	1445.22			885.10	
992.94		853.66		147.26			
296.35	8.57	102.54				16.34	
720.33	6.34	196.18				45.61	
116.05	91.86	2226.45				500.54	
92.18		332.23				139.00	
1327.79		659.96		323.21		23.59	
81.71							
69.78		16.90					
9.20		2.68					
25.25		101.69	450.40				
1769.14		**1549.91**		**0.57**		**171.60**	
844.07		1435.27				171.60	
717.43		84.84		0.57			
207.64		29.80					

10-5 续表 2

(2017年)

指标	溶剂油(吨)	石油焦(吨)	石油沥青(吨)	其它石油制品(吨)
全部工业企业	**3281.46**	**313965.02**	**57806.46**	**297.00**
一、按轻重工业分				
轻工业	3281.46			297.00
重工业		313965.02	57806.46	
二、按国民经济工业行业分(GB/T4754-2011)				
采矿业				
煤炭开采和洗选业				
石油和天然气开采业				
黑色金属矿采选业				
有色金属矿采选业				
非金属矿采选业				
开采辅助活动				
其他采矿业				
制造业	**3281.46**	**313965.02**	**57806.46**	**297.00**
农副食品加工业	21.00			
食品制造业				
酒、饮料和精制茶制造业				
烟草制品业				
纺织业				
纺织服装、服饰业				
皮革、毛皮、羽毛及其制品和制鞋业				
木材加工和木、竹、藤、棕、草制品业				
家具制造业				
造纸和纸制品业				
印刷和记录媒介复制业				
文教、工美、体育和娱乐用品制造业				
石油加工、炼焦和核燃料加工业				
化学原料和化学制品制造业	3260.46	85284.20		297.00
医药制造业				
化学纤维制造业				
橡胶和塑料制品业				
非金属矿物制品业			18815.35	
黑色金属冶炼和压延加工业				
有色金属冶炼和压延加工业		228680.82	38991.11	
金属制品业				
通用设备制造业				
专用设备制造业				
汽车制造业				
铁路、船舶、航空航天和其他运输设备制造业				
电气机械和器材制造业				
计算机、通信和其他电子设备制造业				
仪器仪表制造业				
其他制造业				
废弃资源综合利用业				
金属制品、机械和设备修理业				
电力、热力、燃气及水生产和供应业				
电力、热力生产和供应业				
燃气生产和供应业				
水的生产和供应业				

热力 (百万千焦)	电力 (万千瓦时)	城市生活垃圾 (用于燃料) (吨)	生物燃料 (吨标准煤)	余热余压 (百万千焦)	工业废料 (用于燃料) (吨)	其他燃料 (吨标准煤)
5269360.60	**2065097.66**	**1410087.57**	**34421.17**	**12091852.87**	**2962.50**	**7933.22**
1133599.61	129155.74		24818.83	171573.95	2890.00	6320.33
4135760.99	1935941.92	1410087.57	9602.34	11920278.92	72.50	1612.89
	114938.30					
	1228.81					
	32334.78					
	27742.37					
	53632.34					
5269360.60	**1647619.81**		**28309.22**	**12091852.87**	**2962.50**	**7933.22**
21696.88	13341.75		5567.30			1989.37
105317.31	21851.62		3178.53	91859.94		
	12858.26					
824448.13	20589.29		5882.35			
	734.96					
3308.30	499.03		55.67			
	474.75					
	6306.57		1944.00		2962.50	
	50.56					
	14923.88		609.60			
3956.25	7122.43		537.08			1.51
	777.96					
3203328.05	61391.09			994782.99		
785016.08	445348.10		651.20	6142540.00		4329.45
174872.74	15999.98		8337.10			
	5116.76			79714.01		
	19496.79					
80012.86	203045.43		1444.59	4297020.45		1611.00
	179107.07					
67404.00	568187.10			485935.48		
	13150.06		101.80			
	5723.94					1.89
	3463.78					
	13658.33					
	1284.95					
	10749.23					
	573.09					
	397.44					
	164.56					
	1231.05					
	302539.55	**1410087.57**	**6111.95**			
	262707.49	1410087.57	6111.95			
	8293.30					
	31538.76					

10-6 年主营业务收入2000万元及以上独立核算工业企业用水情况

（2017年）

指　　标	单位	取水量	外供水量
合计	**立方米**	**624365264.88**	**474291635.54**
地表淡水	立方米	549520002.53	9985390.00
地下淡水	立方米	28826363.37	1260343.00
自来水	立方米	40170969.77	459816702.00
矿井水	立方米	3054144.20	
雨水	立方米	778846.79	
再生水(中水)	立方米	149017.45	
其他水	立方米	1865920.77	3229200.54

注：重复用水量：263306.30万立方米；外排水量：47138.25万立方米；直流冷却水量(河湖水)：5234.93万立方米；污水处理企业污水处理量：45230.50万立方米。

主要统计指标解释

工业　指从事自然资源的开采，对采掘品和农产品进行加工和再加工的物质生产部门。具体包括：(1)对自然资源的开采，如采矿、晒盐、森林采伐等(但不包括禽兽捕猎和水产捕捞)；(2)对农副产品的加工、再加工，如粮油加工、食品加工、轧花、缫丝、纺织、制革等；(3)对采掘品的加工、再加工，如炼铁、炼钢、化工生产、石油加工、机器制造、木材加工等，以及电力、自来水、煤气的生产和供应等；(4)对工业品的修理、翻新，如机器设备的修理、交通运输工具(包括小卧车)的修理等。

国有企业　是指企业全部资产归国家所有，并按《中华人民共和国企业法人登记管理条例》规定登记注册的非公司制的经济组织。包括国有企业、国有独资公司和国有联营企业，不包括有限责任公司中的国有独资公司。

集体企业　指企业资产归集体所有，并按《中华人民共和国企业法人登记管理条例》规定登记注册的经济组织。是社会主义公有制经济的组成部分。包括城乡所有使用集体投资举办的企业，以及部分个人通过集资自愿放弃所有权并依法经工商行政管理机关认定为集体所有制的企业。

股份有限公司　指根据《中华人民共和国公司登记管理条例》规定登记注册，其全部注册资本由等额股份构成并通过发行股票筹集资本，股东以其认购的股份对公司承担有限责任，公司以其全部资产对其债务承担责任的经济组织。

港、澳、台商投资企业　指企业注册登记类型中的港、澳、台资合资、合作、独资经营企业和股份有限公司、其他港、澳、台商投资企业之和。

外商投资企业　指企业注册登记类型中的中外合资、合作经营企业、外资企业和外商投资股份有限公司、其他外商投资企业之和。

其他　指除国有企业、集体企业、股份有限公司、港、澳、台投资企业及外商投资企业以外的其他企业。

工业总产值　是以货币形式表现的，工业企业在一定时期内生产的工业最终产品和提供工业劳务活动的总价值量。工业总产值包括三个部分：即生产的成品价值、对外加工费收入、自制半成品在制品期末期初差额价值。工业总产值计算应遵循的原则:（1）工业生产的原则。即凡是企业在报告期内生产的最终产品和提供的劳务，均应包括在内。其中的最终产品，不管是否在报告期内销售，只要是报告期内生产的，就应包括在内。凡不是工业生产的产品，均不得计入工业总产值。（2）最终产品的原则。即企业生产的成品价值必须是本企业生产的，经检验合格不需再进行任何加工的最终产品。企业对外销售的半成品也应视为最终产品计入工业总产值。而在本企业内各车间转移的半成品和在制品只能计算其期末期初差额价值。（3）“工厂法”原则。即以法人工业企业作为一个整体计算工业总产值，是其报告期内生产的最终产品和提供劳务的总价值量。

工业销售产值　指以货币形式表现的，工业企业在报告期内销售的本企业生产的工业产品或提供工业性劳务价值的总价值量。

出口交货值　指工业企业自营（委托）出口（包括销往香港、澳门、台湾地区）或交给外贸部门出口的产品价值，以及外商来样、来料加工、来件装配和补偿贸易等生产的产品价值。

资产合计　指企业过去的交易或者事项形成的、由企业拥有或者控制的、预期会给企业带来经济利益的资源。资产一般按流动性（资产的变现或耗用时间长短）分为流动资产和非流动资产。其中流动资产可分为货币资金、交易性金融资产、应收票据、应收账款、预付款项、其他应收款、存货等；非流动资产可分为长期股权投资、固定资产、无形资产及其他非流动资产等。

固定资产合计　指企业为生产商品、提供劳务、出租或经营管理而持有的，使用寿命超过一个会计年度的有形资产。包括使用期限超过一年的房屋、建筑物、机器、机械、运输工具以及其他与生产、经营有关的设备、器具、工具等。

固定资产原价　指固定资产的成本，包括企业在购置、自行建造、安装、改建、扩建、技术改造某项固定资产时所发生的全部支出总额。

流动资产　资产满足以下条件之一应归为流动资产：（1）预计在一个正常营业周期中变现、出售或耗用，主要包括存货、应收账款等；（2）主要为交易目的而持有；（3）预计在资产负债表日起一年内（含一年）变现；（4）自资产负债日起一年内，交换其他资产或清偿负债的能力不受限制的现金或现金等价物。包括货币资金、应收票据、应收账款、存货等项目。

负债合计　指企业过去的交易或者事项形成的，预期会导致经济利益流出企业的现时义务。负债一般按偿还期长短分为流动负债和非流动负债。

所有者权益　指企业资产扣除负债后由所有者享有的剩余权益。公司的所有者权益又称股东权益。包括实收资本、资本公积、盈余公积、未分配利润等。

营业收入　指企业经营主要业务和其他业务所确认的收入总额。营业收入包括“主营业务收入”和“其他业务收入”。

主营业务收入　指企业确认的销售商品、提供劳务等主营业务的收入。

营业成本　指企业经营主要业务和其他业务所发生的成本总额。

主营业务成本　指企业经营主要业务所发生的成本总额。

税金及附加　指企业因从事生产经营活动按税法规定应缴纳的消费税、城市维护建设税、资源税、教育费附加及房产税、土地使用税、车船使用税、印花税等相关税费。

主营业务税金及附加　指企业经营主要业务应负担的消费税、城市维护建设税、资源税、教育费附加及房产税、土地使用税、车船使用税、印花税等相关税费。

营业利润　指企业从事生产经营活动所取得的利润。执行《企业会计准则》或《小企业会计准则》的企业，营业利润为营业收入减去营业成本、税金及附加、销售费用、管理费用、财务费用、资产减值损失，再加上公允价值变动收益、投资收益和其他收益后的金额；执行其他企业会计制度的企业，营业利润为营业收入减去营业成本、税金及附加、销售费用、管理费用、财务费用，再加上投资收益后的金额。

利润总额 指企业在一定会计期间的经营成果，是生产经营过程中各种收入扣除各种耗费后的盈余，反映企业在报告期内实现的盈亏总额。利润总额为营业利润加上营业外收入，减去营业外支出后的金额。

资产负债率 该指标既反映企业经营风险的大小，也反映企业利用债权人提供的资金从事经营活动的能力。计算公式为：

$$资产负债率(\%)=\frac{负债总额}{资产总额}\times 100\%$$

产品销售率 指报告期工业销售产值与同期全部工业总产值之比，反映工业产品已实现销售的程度，分析工业产销衔接情况，研究工业产品满足社会需求程度的指标。计算公式为：

$$产品销售率(\%)=\frac{工业销售产值}{工业总产值}\times 100\%$$

期末用工人数 指报告期末最后一日 24 时企业实际拥有的、参与本企业生产经营活动的人员数，无论是否从本企业领取劳动报酬均视为用工人数，包括企业的正式人员、劳务派遣人员和其他临时人员。该指标为时点指标，不包括最后一日当天及以前已经不再参与本企业生产经营活动的人员。

能源库存量 指能源使用企业（单位）在报告期的某时间点所拥有的、用于企业（单位）消费的或转卖（不包括本企业自生产的）的各种能源的库存量。

能源购进量 指能源使用企业（单位）在报告期购进的各种能源数量。

工业企业能源消费量 指工业企业在工业生产活动和非工业生产活动中消费的能源，包括工业生产活动中作为燃料、动力、原料、辅助材料使用的能源，生产工艺中使用的能源，用于能源加工转换的能源；非工业生产活动中使用的能源。

工业生产能源消费量 指工业企业为进行工业生产活动所消费的能源。

用于原材料的能源消费量 指能源产品不作能源使用，即不作燃料、动力使用，而作为生产另外一种产品（非能源产品）的原料或作为辅助材料使用，作原料使用时通常构成这种产品的实体。

非工业生产能源消费量 指在工业企业能源消费中，非工业生产用能和工业企业附属的不从事工业生产活动的非独立核算单位用能。

运输工具能源消费量 指在厂区内、外进行交通运输活动的交通运输工具所消费的能源。

能源加工转换投入 能源加工转换，指为了特定的用途，将一种能源（一般为一次能源），经过一定的工艺，加工或转换成另外一种能源（二次能源）。

火力发电的加工转换投入 指火力发电企业为发电而投入发电锅炉燃烧室的燃料数量。

供热的加工转换投入 指热力生产企业为生产热力而投入供热锅炉燃烧室的燃料数量，以及热电联产机组按照热电产出比例分摊的用于供热的燃料投入量。

原煤入洗的加工转换投入　指洗煤企业为生产洗煤而投入煤炭洗选生产装置的原煤数量。

炼焦的加工转换投入　指焦化企业为生产焦化产品而投入炼焦生产设备的煤炭（原煤、洗煤）数量。

炼油及煤制油的加工转换投入　指炼油厂为生产成品油和其他石油制品而投入炼油生产装置的原油或其他原料油数量。煤制油加工转换投入是指煤化工企业以生产成品油为目的而投入煤制油化工生产装置的煤炭（原煤、洗煤）数量。

制气的加工转换投入　指煤气生产企业为生产煤气而投入煤气生产装置的煤炭、焦炭、燃料油等能源产品数量。

能源加工转换产出量　指一次能源经过加工转换产出的二次能源产品（包括不作能源使用的其他副产品和联产品）的数量。

工业企业回收能利用　指企业将废气、废液、废渣及其余热，产品和工艺生产介质余热，工艺温差、压差，以及其他非直接投入的能量形态和能量物质，作为能源进行使用的数量。

取水量　指企业从各种水源直接提取或者从市场购买的用于厂区、办公区内工业生产活动的水量，以实际获得的新水量为准。

外供水量　指企业外供给其他单位的水或水产品的量，以离厂水量为准。

地表淡水　指陆地表面形成的径流及地表贮存的淡水。

地下淡水　指地下径流或埋藏于地下的，经过提取可被利用的淡水。

自来水　指自来水厂将地表淡水、地下淡水经过“混凝、沉淀、过滤、消毒”等净水工序，达到国家饮用水标准，通过城镇自来水管网供给工业生产、居民生活使用的水。

矿井水　指在采矿过程中，由于矿床开采破坏了地下水原始赋存状态而产生导水裂隙，使周围水沿着原有的和新的裂隙渗入井下采掘空间进而形成的矿井涌水。

雨水　指通过集雨工程积蓄处理后被工业利用的雨水。

再生水（中水）　指以污（废）水为水源，经再生工艺净化处理后水质达到再利用标准的水。

其他水　指上述水资源品种没有涵盖的，或者界定不清的水及水的产品。

重复用水量　指在确定的用水单元或系统内，所有未经处理和处理后又重复使用的水量总和。

外排水量　指完成生产过程和生产活动之后，经过企业厂区、办公区所有排水口排到企业外部的水量。

直流冷却水量　指企业取自河流、水库、湖泊、海洋，经一次使用后，直接排放回河流、水库、湖泊、海洋的冷却水量，多见于火（核）电企业。

污水处理企业污水处理量　指污水处理企业取自企业外部并实际处理的污（废）水量。

11

交通运输

JIAOTONGYUNSHU

11-1 主要年份客运量

单位：万人次

年　份	全市	铁路	公路	水路	民航
1978	641	512	92	30	7
1980	821	595	181	35	10
1985	2010	659	1289	43	19
1990	1872	436	1347	58	31
1995	2920	520	2210	21	169
1996	3173	455	2499	17	202
1997	3354	482	2636	14	222
1998	6073	511	5299	16	247
1999	5604	736	4464	18	386
2000	6276	768	5211	14	283
2001	6437	764	5329	16	328
2002	6602	738	5480	15	369
2003	5125	656	4081	12	376
2004	5316	754	4083	15	464
2005	8229	826	6907	1	495
2006	9227	961	7372	295	599
2007	9515	1101	7512	230	672
2008	10059	1127	8085	248	599
2009	9346	1399	7159	67	721
2010	10107	1274	7996	83	754
2011	10804	1445	8516	85	758
2012	11742	1432	9341	120	849
2013	10881	1590	8169	122	1000
2014	11119	1671	8173	170	1105
2015	11190	1817	8025	138	1210
2016	10559	1818	7376	182	1183
2017	9150	2348	5461	148	1193

注：公路数据2013年以后按云南省交通厅新方案统计。

11-2 主要年份货运量

单位：万吨

年　份	全市	铁路	公路	水路	民航
1978	1179	628	527	24	0.13
1980	1401	670	714	17	0.17
1985	2329	568	1743	18	0.34
1990	11626	1014	10585	27	0.40
1995	11441	1217	10215	7	2.11
1996	14798	1249	13539	7	2.78
1997	14898	1265	13624	5	3.88
1998	18048	1399	16637	7	4.78
1999	12042	1474	10555	7	5.88
2000	12655	1563	11086		5.94
2001	12084	1692	10385		6.78
2002	11108	1912	9188		8.25
2003	12334	2076	10252		6.00
2004	11646	2105	9534		7.46
2005	11225	2196	9021		7.93
2006	12146	2370	9717	50	8.60
2007	12854	2576	10201	68	8.70
2008	12782	2727	9928	119	7.60
2009	13660	2046	11606		7.70
2010	14691	2272	12410		8.70
2011	15787	2337	13443		6.80
2012	16725	2300	14418		7.00
2013	27224	2361	24817	37	8.80
2014	27677	2141	25467	60	9.37
2015	28491	1903	26528	51	9.20
2016	28504	1893	26065	37	9.03
2017	28269	1876	26352	33	8

11-3 全市运输情况

指　　　标	单位	2016年	2017年	2017年比2016年±%
全市机动车拥有量	**辆**	**2268010**	**2499073**	**10.2**
#汽车	辆	1937726	2134639	10.2
摩托车	辆	327672	361683	10.4
货物运输量	**万吨**	**28003.93**	**28269.37**	**0.9**
#铁路	万吨	1893	1876	-0.9
公路	万吨	26065	26352	1.1
水运	万吨	36.90	32.94	-10.7
民航	万吨	9.03	8.43	-6.6
旅客运输量	**万人次**	**10559.20**	**9149.78**	**-13.3**
#铁路	万人次	1818	2348	29.2
公路	万人次	7376	5461	-26.0
水运	万人次	182.20	147.78	-18.9
民航	万人次	1183	1193	0.8
货物周转量	**万吨公里**	**3137561.15**	**3507690.87**	**11.8**
#铁路	万吨公里	1518790	1683617	10.9
公路	万吨公里	1603701	1809380	12.8
水运	万吨公里	74.15	65.87	-11.2
民航	万吨公里	14996	14628	-2.5
旅客周转量	**万人公里**	**2651523.01**	**2631746.10**	**-0.7**
#铁路	万人公里	394707	517376	31.1
公路	万人公里	736898	576898	-21.7
水运	万人公里	645.01	841.10	30.4
民航	万人公里	1519273	1536631	1.1

11-4 民用车辆拥有量

（2017年）　　单位：辆

指　　标	总计				总计中			报废
		营运	非营运	校车	进口	个人	新注册	
合　计	**2499073**	**164629**	**2334359**	**85**	**141108**	**2299674**	**281921**	**42816**
一、汽车	**2134639**	**160316**	**1974238**	**85**	**139552**	**1938315**	**263802**	**27524**
1.载客汽车	1972075	32882	1939108	85	139018	1810558	245187	21721
#大型	11835	9359	2427	49	78	100	1339	1706
中型	5079	1650	3393	36	299	1003	291	755
小型	1928563	21871	1906692		136071	1785283	242842	15120
微型	26598	2	26596		2570	24172	715	4140
#轿车	1155568	20553	1135015		53120	1077947	126169	10358
2.载货汽车	153609	126603	27006		464	124370	17655	5594
#重型	24240	23081	1159		173	14120	1633	994
中型	11303	10832	471		4	9757	167	904
轻型	118006	92670	25336		287	100461	15854	3675
微型	60	20	40			32	1	21
#普通载货	41947	21754	20193		277	33276	5757	1718
3.其它汽车	8955	831	8124		70	3387	960	209
#三轮汽车	8	2	6			8		18
低速货车	13	12	1			13		16
二、摩托车	**361683**	**1643**	**360040**		**1555**	**360508**	**17819**	**15211**
1.普通	355682	1643	354039		1555	354513	17664	14781
2.轻便	6001		6001			5995	155	430
三、挂车	**2748**	**2670**	**78**		**1**	**851**	**300**	**81**
四、其它类型车	**3**		**3**					
补充资料：								
机动车驾驶员(人)	2958312							
#汽车驾驶员(人)	2762970							

主要统计指标解释

货（客）运量　指在一定时期内，各种运输工具实际运送的货物（旅客）数量。是反映运输业为国民经济和人民生活服务的数量指标，也是制定和检查运输生产计划，研究运输发展规模和速度的重要指标。货运按吨计算，客运按人计算。货物不论运输距离长短，货物类别，均按实际重量统计；旅客不论行程远近或票价多少，均按一人一次作为客运量统计。半价票、小孩票也按一人统计。

货物（旅客）周转量　指在一定时期内，由各种运输工具运送的货物（旅客）数量与其相应运输距离的乘积之总和，是反映运输业生产总成果的重要指标，也是编制和检查运输生产计划，计算运输效率、劳动生产率以及核算运输单位成本的主要基础资料。通常以吨公里和人公里为计算单位。计算货物周转量通常按发出站与到达站之间的最短距离，也就是计费距离计算。

12

建筑业

JIANZHUYE

12-1 主要年份建筑业总产值

单位：万元

年 份	总计	国有经济	集体经济	其他经济
1991	191846	173793	18053	
1992	256427	225755	30672	
1993	440651	367940	72711	
1994	611703	502497	109206	
1995	676470	563473	112997	
1996	962300	676166	278833	7801
1997	1184765	792648	351993	40124
1998	1351242	830942	374028	146272
1999	1826106	1068424	504051	253631
2000	1852377	1028066	504161	320150
2001	1917808	1013703	421465	452640
2002	1993642	959679	385784	648179
2003	2334370	1127688	322777	883905
2004	2651715	1521902	307522	822291
2005	3490749	1839412	265472	1385865
2006	4418535	1720165	302053	2396317
2007	5044571	1891376	273849	2879346
2008	6005685	2938703	373262	2693720
2009	8310772	4315608	319765	3675399
2010	11209189	5271482	348480	5589227
2011	11999411	5996579	298543	5704289
2012	15069574	6637097	639714	7792763
2013	18464728	8585617	1454718	8424393
2014	18853152	8770379	1406053	8676720
2015	20719305	11185469	1428249	8105587
2016	24464438	14366312	1327720	8770406
2017	29661983	17886610	1148725	10626648

12-2 主要年份建筑施工企业数

单位：个

年 份	总计	国有经济	集体经济	其他经济
1991	90	45	45	
1992	96	45	51	
1993	170	63	107	
1994	181	61	120	
1995	150	51	99	
1996	254	54	195	5
1997	397	67	296	34
1998	388	68	275	45
1999	477	99	283	95
2000	489	90	257	142
2001	514	84	222	208
2002	455	66	158	231
2003	465	65	124	276
2004	733	89	120	524
2005	713	77	105	531
2006	877	85	107	685
2007	940	68	107	765
2008	1062	108	102	852
2009	2031	110	118	1803
2010	2048	121	92	1835
2011	1031	75	66	890
2012	1107	80	65	962
2013	1182	85	86	1011
2014	1209	86	81	1042
2015	1254	89	82	1083
2016	1370	97	78	1195
2017	1376	103	72	1201

12-3 主要年份建筑施工企业平均人数

单位：人

年 份	总计	国有经济	集体经济	其他经济
1991	127800	114700	13100	
1992	243100	122600	120500	
1993	153916	126501	27415	
1994	151692	119447	32245	
1995	149974	116791	33183	
1996	192157	114820	72507	4830
1997	223282	111543	98155	13584
1998	235164	123991	84493	26680
1999	271156	132790	94791	43575
2000	244497	116111	80435	47951
2001	254919	110227	76768	67924
2002	235553	95258	66513	73782
2003	292859	131027	52822	109010
2004	240184	114170	41083	84931
2005	290663	116181	36778	137704
2006	341410	93012	38941	209457
2007	376285	106130	27880	242275
2008	354805	130330	31029	193446
2009	446778	190660	64470	191648
2010	479754	175415	20794	283545
2011	542880	114203	17672	411005
2012	569519	229816	29632	310071
2013	609493	230948	61165	317380
2014	623873	205307	56351	362215
2015	681588	228365	61265	391958
2016	772152	336442	53867	381843
2017	851946	371333	49823	430790

12-4 总承包和专业承包

（2017年）

指标	建筑业企业数(个)	合同情况(千元)			承包工程
		签订合同额	上年结转合同额	本年新签合同额	直接从建设单位承揽工程完成的产值
总计	**1304**	**788363863**	**344946854**	**443417009**	**292333475**
其中：国有及国有控股企业	103	603644464	277953238	325691226	181393092
一、按登记注册类型分组					
内资企业	1303	788358863	344943854	443415009	292333475
国有企业	31	51468738	23778365	27690373	27173222
集体企业	46	7327784	1185057	6142727	6158398
股份合作企业	1	26839	1172	25667	26463
联营企业	1	1	1		650
国有联营企业					
集体联营企业	1	1	1		650
有限责任公司	264	448480015	176665953	271814062	142553060
国有独资公司	22	227594724	122467412	105127312	58554288
其他有限责任公司	242	220885291	54198541	166686750	83998772
股份有限公司	50	164968212	99187661	65780551	45160354
私营企业	910	116087274	44125645	71961629	71261328
私营有限责任公司	866	112191515	43131305	69060210	68418566
私营股份有限公司	44	3895759	994340	2901419	2842762
港、澳、台商投资企业					
外商投资企业	1	5000	3000	2000	
中外合资经营企业	1	5000	3000	2000	
二、按国民经济行业分组					
房屋建筑业	458	395335983	192964489	202371494	162419024
土木工程建筑业	310	358664180	142806910	215857270	107742815
铁路、道路、隧道和桥梁工程建筑	168	232720437	70680705	162039732	69965977
铁路工程建筑	20	28939153	14936948	14002205	7640481
公路工程建筑	62	154284336	31580784	122703552	47387499
市政道路工程建筑	73	20097804	7818461	12279343	8636012
其他道路、隧道和桥梁工程建筑	13	29399144	16344512	13054632	6301985
水利和内河港口工程建筑	36	18091402	7461333	10630069	6634997
水源及供水设施工程建筑	32	17777643	7287635	10490008	6496786
河湖治理及防洪设施工程建筑	3	122620	4559	118061	77211
港口及航运设施工程建筑	1	191139	169139	22000	61000

企业生产完成情况

完成情况(千元)			建筑业总产值(千元)			按构成分	
自行完成施工产值	分包出去工程的产值	从建设单位以外承揽工程完成的产值		装饰装修产值	在外省完成的产值	建筑工程产值	安装工程产值
283865844	**8467631**	**9075422**	**292941266**	**10885173**	**35528870**	**258391159**	**20328751**
174090229	7302863	4775869	178866098	1022442	31535659	161137176	8691493
283865844	8467631	9072025	292937869	10885173	35528395	258391159	20325354
27173222		285393	27458615	4580	7971742	20731761	2228352
6139981	18417	73858	6213839	278786		5612734	190624
26463			26463			26463	
650			650				650
650			650				650
135225356	7327704	4247287	139472643	2140889	11338362	128482244	5802368
51940938	6613350	1626949	53567887	795712	5634815	50416415	1186517
83284418	714354	2620338	85904756	1345177	5703547	78065829	4615851
45051478	108876	1235260	46286738	923349	14204311	42031018	3596066
70248694	1012634	3230227	73478921	7537569	2013980	61506939	8507294
67424492	994074	3089891	70514383	7455194	2013980	58877050	8240391
2824202	18560	140336	2964538	82375		2629889	266903
		3397	3397		475		3397
		3397	3397		475		3397
154661228	7757796	4230419	158891647	5980046	15512711	144087020	3759498
107516348	226467	3461551	110977899	679518	18334535	104113775	5252602
69820733	145244	2939931	72760664	473299	5494434	71774873	548339
7640481		20761	7661242	150	1058018	7575548	41000
47366824	20675	1322067	48688891	257199	782777	48534155	74270
8511564	124448	902863	9414427	215950	78790	8707667	419085
6301864	121	694240	6996104		3574849	6957503	13984
6630647	4350	281051	6911698	96510	584173	6839596	51922
6492436	4350	281051	6773487	96510	584173	6701385	51922
77211			77211			77211	
61000			61000			61000	

12-4 续表 1

（2017年）

指　　标	建筑业企业数(个)	合同情况(千元)			承包工程
		签订合同额	上年结转合同额	本年新签合同额	直接从建设单位承揽工程完成的产值
海洋工程建筑					
工矿工程建筑	22	98613330	61472249	37141081	25265799
架线和管道工程建筑	49	6200492	1756571	4443921	4167402
架线及设备工程建筑	47	5907856	1696528	4211328	3998257
管道工程建筑	2	292636	60043	232593	169145
其他土木工程建筑	35	3038519	1436052	1602467	1708640
建筑安装业	263	22333254	6468797	15864457	13468792
电气安装	108	13138132	3799853	9338279	7396238
管道和设备安装	27	1665013	508711	1156302	933618
其他建筑安装业	128	7530109	2160233	5369876	5138936
建筑装饰和其他建筑业	273	12030446	2706658	9323788	8702844
建筑装饰业	212	7213571	1617624	5595947	5227074
工程准备活动	26	3129726	583603	2546123	2479633
建筑物拆除活动	6	106868	10278	96590	64398
其他工程准备活动	20	3022858	573325	2449533	2415235
提供施工设备服务	4	155948	6219	149729	140564
其他未列明建筑业	31	1531201	499212	1031989	855573
三、按隶属关系分组					
中央	12	204378076	131663388	72714688	41691899
省、自治区、直辖市	85	388938601	137408661	251529940	137145736
地区	68	25135009	10134766	15000243	10420422
县及县级以下	44	8796142	915486	7880656	8233651
其他	1095	161116035	64824553	96291482	94841767
地方	1292	583985787	213283466	370702321	250641576
四、按企业资质等级分组					
施工总承包	690	735472756	335091466	400381290	265715558
特级	6	255889637	135434243	120455394	72393931
一级	67	335407169	141901241	193505928	115696812
二级	226	92984723	41203052	51781671	45392173
三级及以下	391	51191227	16552930	34638297	32232642
专业承包	614	52891107	9855388	43035719	26617917
一级	81	19686020	4492083	15193937	11805181
二级	256	8303403	2246408	6056995	6065669
三级及以下	277	24901684	3116897	21784787	8747067
劳务分包					
施工或专业承包	1304	788363863	344946854	443417009	292333475
无资质					

完成情况(千元)			建筑业总产值(千元)				
		从建设单位以外承揽工程完成的产值		装饰装修产值	在外省完成的产值	按构成分	
自行完成施工产值	分包出去工程的产值					建筑工程产值	安装工程产值
25216025	49774	139750	25355775		12048719	22654993	2049175
4159189	8213	28703	4187892	106018	110415	1251835	2528858
3990044	8213	28703	4018747	106018	110415	1251835	2359713
169145			169145				169145
1689754	18886	72116	1761870	3691	96794	1592478	74308
13204385	264407	980565	14184950	290270	1104688	3136151	10077438
7334976	61262	646573	7981549	50025	748532	806896	6760293
831049	102569	177268	1008317	8907	15816	200644	794086
5038360	100576	156724	5195084	231338	340340	2128611	2523059
8483883	218961	402887	8886770	3935339	576936	7054213	1239213
5016373	210701	326372	5342745	3912675	310307	3919803	1090749
2479633		53025	2532658	6428	201229	2387398	1080
64398		2466	66864	6428		62970	
2415235		50559	2465794		201229	2324428	1080
140564			140564			28228	
847313	8260	23490	870803	16236	65400	718784	147384
41642125	49774		41642125	635529	17619476	39206166	234724
129995856	7149880	4749551	134745407	442571	14701063	120390459	7392321
10287853	132569	935583	11223436	81083	812115	10172483	952427
8146132	87519	75719	8221851	280085	591	7212279	674658
93793878	1047889	3314569	97108447	9445905	2395625	81409772	11074621
242223719	8417857	9075422	251299141	10249644	17909394	219184993	20094027
257584633	8130925	6861112	264445745	6605373	32518536	241182705	10445890
65215127	7178804	1252370	66467497	43610	15132214	63462220	621044
115696812		2635728	118332540	1237431	12047658	107216967	4966668
45157926	234247	1988919	47146845	2691452	5007033	42106743	3062791
31514768	717874	984095	32498863	2632880	331631	28396775	1795387
26281211	336706	2214310	28495521	4279800	3010334	17208454	9882861
11793144	12037	1357233	13150377	2184170	2658139	7769167	4610118
5927564	138105	410423	6337987	1763382	184256	3757523	2207055
8560503	186564	446654	9007157	332248	167939	5681764	3065688
283865844	8467631	9075422	292941266	10885173	35528870	258391159	20328751

12-4 续表 2

（2017年）

指标	建筑业企业数(个)	合同情况(千元) 签订合同额	上年结转合同额	本年新签合同额	承包工程 直接从建设单位承揽工程完成的产值
五、按地区分组					
五华区	316	109891632	42121266	67770366	56251687
盘龙区	260	63863967	21445147	42418820	39003644
官渡区	251	298079433	171250927	126828506	93576642
西山区	174	118575319	25632088	92943231	28246482
东川区	24	6684640	903905	5780735	6321823
呈贡区	56	158084416	76819346	81265070	41830141
晋宁区	31	1703940	325818	1378122	1380799
富民县	32	6185221	1531051	4654170	5270588
宜良县	30	6909907	994264	5915643	6088518
石林彝族自治县	15	3359406	191506	3167900	3299616
嵩明县	30	6511881	1412836	5099045	3661547
禄劝彝族苗族自治县	16	2393179	515104	1878075	2122818
寻甸回族彝族自治县	27	1502049	386958	1115091	1200519
安宁市	42	4618873	1416638	3202235	4078651
六、按营业状态分					
营业	1295	786985805	344717817	442267988	291170488
停业(歇业)	4	276506	92039	184467	215089
筹建					
当年关闭	3	819422	61162	758260	728972
当年破产					
其他	2	282130	75836	206294	218926
七、按控股情况分					
国有控股	103	603644464	277953238	325691226	181393092
集体控股	72	16791452	4395541	12395911	11430679
私人控股	1079	157695404	59001583	98693821	93288751
港澳台商控股					
外商控股	1	5000	3000	2000	
其他	49	10227543	3593492	6634051	6220953

完成情况(千元)			建筑业总产值(千元)				
		从建设单位以外承揽工程完成的产值		装饰装修产值	在外省完成的产值	按构成分	
自行完成施工产值	分包出去工程的产值					建筑工程产值	安装工程产值
55942243	309444	2214689	58156932	2645284	7078600	45268461	7938193
38317887	685757	1173548	39491435	4225228	1572624	30571593	5349233
93319956	256686	3347125	96667081	1571781	22799477	91601259	2210199
28130172	116310	277375	28407547	836211	87206	26826134	1112959
6095948	225875	100654	6196602	12000		5064683	494825
35216681	6613460	1066067	36282748	126994	2303500	35375613	535382
1380799		80152	1460951	15201	65696	1133721	122274
5258588	12000	242614	5501202	184100		5178445	306793
6088518			6088518	510510		5944721	142797
3299616			3299616	396213		2810088	267287
3643247	18300	152766	3796013	118089	1611406	2417901	1212438
2073071	49747	171695	2244766	140862		1428242	298841
1061136	139383	229840	1290976	57900		919353	228991
4037982	40669	18897	4056879	44800	10361	3850945	108539
282703257	8467231	9067422	291770679	10864173	35528870	257272414	20281909
215089			215089			215089	
728572	400	8000	736572	21000		721572	10000
218926			218926			182084	36842
174090229	7302863	4775869	178866098	1022442	31535659	161137176	8691493
11412262	18417	74988	11487250	278786	9503	10387169	673770
92157844	1130907	4193446	96351290	9483026	3885877	81939738	10382428
		3397	3397		475		3397
6205509	15444	27722	6233231	100919	97356	4927076	577663

12-4 续表 3

（2017年）

指　　标	建筑业总产值(千元) 其他产值	竣工产值(千元)	房屋建筑施工面积(平方米)	本年新开工面积	从业人 从事建筑业活动的平均人数
总计	**14221356**	**116906999**	**100339085**	**40624045**	**823650**
其中：国有及国有控股企业	9037429	48076767	61673974	16900090	371333
一、按登记注册类型分组					
内资企业	14221356	116903602	100339085	40624045	823630
国有企业	4498502	9681280	15867838	2819461	47506
集体企业	410481	5054199	2177224	1644313	24430
股份合作企业		8972	8876	6354	355
联营企业					20
国有联营企业					
集体联营企业					20
有限责任公司	5188031	50596175	52745906	19952628	364336
国有独资公司	1964955	11480610	17458871	3337239	81094
其他有限责任公司	3223076	39115565	35287035	16615389	283242
股份有限公司	659654	7526865	3200895	1464234	94693
私营企业	3464688	44036111	26338346	14737055	292290
私营有限责任公司	3396942	42192141	25569014	14456010	281110
私营股份有限公司	67746	1843970	769332	281045	11180
港、澳、台商投资企业					
外商投资企业		3397			20
中外合资经营企业		3397			20
二、按国民经济行业分组					
房屋建筑业	11045129	72426084	98080492	39570979	478052
土木工程建筑业	1611522	29760036	1559672	721719	261550
铁路、道路、隧道和桥梁工程建筑	437452	22653164	1153105	550860	190008
铁路工程建筑	44694	3233946	301500		15875
公路工程建筑	80466	14156307	387496	249777	128807
市政道路工程建筑	287675	4185711	455778	301083	33107
其他道路、隧道和桥梁工程建筑	24617	1077200	8331		12219
水利和内河港口工程建筑	20180	2111369	141072	32194	20969
水源及供水设施工程建筑	20180	2049169	141072	32194	20148
河湖治理及防洪设施工程建筑		62200			296
港口及航运设施工程建筑					525

员情况(人)			房屋建筑竣工面积(平方米)				
建筑业企业期末人数	工程技术人员	现场施工人员		住宅房屋	商业及服务用房屋	办公用房屋	科研、教育、医疗用房屋
920983	**107135**	**329961**	**32726655**	**20947138**	**2909292**	**2390239**	**2530383**
228962	51644	141941	12353075	8338805	826002	260303	1393870
920963	107126	329953	32726655	20947138	2909292	2390239	2530383
15992	4171	10512	3027293	1958825	404392	208873	145658
26159	5375	15644	1426632	892372	353079	778	74995
359	63	153	6901	6901			
2	2						
2	2						
531329	33093	152340	12724051	8880889	640648	243439	1369273
65284	6274	45132	2625540	1806135	323514		166415
466045	26819	107208	10098511	7074754	317134	243439	1202858
95135	28834	50347	1236200	387627	68648	181935	155590
251987	35588	100957	14305578	8820524	1442525	1755214	784867
240500	33210	94429	13810947	8636186	1378245	1633877	757934
11487	2378	6528	494631	184338	64280	121337	26933
20	9	8					
20	9	8					
639556	43949	172649	30388289	20195421	2427604	2226268	2200359
214039	49094	130625	856475	238185	145586	51501	127809
151619	40588	92727	731841	168001	138249	50687	122303
13791	2511	8938					
104611	31492	62718	300990	119590	22109	2000	73355
24002	4677	14714	422520	48411	116140	40356	48948
9215	1908	6357	8331			8331	
12292	2408	5745	2787				2787
11509	2165	5149	2787				2787
263	78	186					
520	165	410					

12-4 续表 4

（2017年）

指标	建筑业总产值(千元) 其他产值	竣工产值(千元)	房屋建筑施工面积(平方米)	本年新开工面积	从业人 从事建筑业活动的平均人数
海洋工程建筑					
工矿工程建筑	651607	1445353	119019	54758	34137
架线和管道工程建筑	407199	3109509	116504	76316	11368
架线及设备工程建筑	407199	2984653	116504	76316	10647
管道工程建筑		124856			721
其他土木工程建筑	95084	440641	29972	7591	5068
建筑安装业	971361	9160661	461302	278032	49696
电气安装	414360	5385026	207076	46050	25169
管道和设备安装	13587	685289	121563	121563	4319
其他建筑安装业	543414	3090346	132663	110419	20208
建筑装饰和其他建筑业	593344	5560218	237619	53315	34352
建筑装饰业	332193	3145904	102848	1289	23046
工程准备活动	144180	1651652	3410	3410	8194
建筑物拆除活动	3894	13368			385
其他工程准备活动	140286	1638284	3410	3410	7809
提供施工设备服务	112336	12699	33000		481
其他未列明建筑业	4635	749963	98361	48616	2631
三、按隶属关系分组					
中央	2201235	4324086	8202983	4051207	44707
省、自治区、直辖市	6962627	42115691	52434834	13205137	319939
地区	98526	7150137	2680107	1590187	37900
县及县级以下	334914	6749852	3221364	2886139	34024
其他	4624054	56567233	33799797	18891375	387080
地方	12020121	112582913	92136102	36572838	778943
四、按企业资质等级分组					
施工总承包	12817150	98496457	98501817	39660535	717165
特级	2384233	15107401	24493679	5509916	115652
一级	6148905	37980278	49676563	18150640	318973
二级	1977311	25209509	14884636	9755189	142784
三级及以下	2306701	20199269	9446939	6244790	139756
专业承包	1404206	18410542	1837268	963510	106485
一级	771092	9039139	511933	389493	40493
二级	373409	3949816	1105894	403146	32680
三级及以下	259705	5421587	219441	170871	33312
劳务分包					
施工或专业承包	14221356	116906999	100339085	40624045	823650
无资质					

员情况(人)			房屋建筑竣工面积(平方米)				
建筑业企业期末人数	工程技术人员	现场施工人员		住宅房屋	商业及服务用房屋	办公用房屋	科研、教育、医疗用房屋
32072	3767	22725	52144	45000			883
13977	1607	7444	48631	15190			500
13251	1373	6794	48631	15190			500
726	234	650					
4079	724	1984	21072	9994	7337	814	1336
39970	8369	14234	276452	62360	86687	1060	200
16722	4590	5411	82813	57286	2627		
4232	263	1775					
19016	3516	7048	193639	5074	84060	1060	200
27418	5723	12453	1205439	451172	249415	111410	202015
18442	3027	10084	100480	10	15	410	100015
6006	1577	963	2700		2700		
344	89	184					
5662	1488	779	2700		2700		
447	95	340					
2523	1024	1066	1102259	451162	246700	111000	102000
35442	7283	20578	48927	4927			
182798	43571	115618	12472513	8456319	881101	353285	1348238
33647	3579	24643	896612	737173	77820	9825	44320
35390	5984	19814	2550945	1552275	305618	72000	124240
633706	46718	149308	16757658	10196444	1644753	1955129	1013585
885541	99852	309383	32677728	20942211	2909292	2390239	2530383
842244	92246	295077	30957631	20312651	2474860	2277291	2327278
81012	8136	69129	5459891	3578758	265908	242388	864899
210312	46828	113014	11210031	7692706	880158	665828	690578
425406	20627	63617	8600740	5736941	933910	604643	451571
125514	16655	49317	5686969	3304246	394884	764432	320230
78739	14889	34884	1769024	634487	434432	112948	203105
33111	6117	12353	188466		4013		100000
23529	4930	11767	1543522	628613	429612	111010	102515
22099	3842	10764	37036	5874	807	1938	590
920983	107135	329961	32726655	20947138	2909292	2390239	2530383

12-4 续表 5

（2017年）

指标	建筑业总产值(千元)	竣工产值(千元)	房屋建筑施工面积(平方米)		从业人
	其他产值			本年新开工面积	从事建筑业活动的平均人数
五、按地区分组					
五华区	4950278	28974639	23421188	9441309	221038
盘龙区	3570609	20573845	13273044	8393120	135213
官渡区	2855623	17670376	29444821	9051611	136452
西山区	468454	16124417	5222445	2716866	123159
东川区	637094	3122532	2199405	1581857	28031
呈贡区	371753	10976448	18168286	3438588	77240
晋宁区	204956	1220750	491398	209876	5354
富民县	15964	3419045	2121963	1426359	20454
宜良县	1000	5806608	2032184	1966921	26609
石林彝族自治县	222241	2222688	692241	631181	7989
嵩明县	165674	1405092	737590	298821	14248
禄劝彝族苗族自治县	517683	1760444	1014857	720604	7628
寻甸回族彝族自治县	142632	875498	367139	170545	6790
安宁市	97395	2754617	1152524	576387	13445
六、按营业状态分					
营业	14216356	115761948	99999959	40411557	815497
停业(歇业)		244120	44800	35100	289
筹建					
当年关闭	5000	712072	154261	154261	6673
当年破产					
其他		188859	140065	23127	1191
七、按控股情况分					
国有控股	9037429	48076767	61673974	16900090	371333
集体控股	426311	7510266	3122012	2495522	49823
私人控股	4029124	58424282	33228482	19712980	379890
港澳台商控股					
外商控股		3397			20
其他	728492	2892287	2314617	1515453	22584

员情况(人)			房屋建筑竣工面积(平方米)				
建筑业企业期末人数	工程技术人员	现场施工人员		住宅房屋	商业及服务用房屋	办公用房屋	科研、教育、医疗用房屋
172658	37263	43207	7689523	4952461	662494	329803	852079
85380	12527	36849	6250265	4019862	614843	673375	387457
112432	20417	64569	5381721	3921536	397264	350152	272283
101057	13213	79134	1667728	897761	60050	461328	121867
25187	1182	3788	1191567	1003210	70273	7100	1233
64949	4532	46824	3374018	2367198	332511	11256	335110
5327	1267	2051	1256347	508067	294443	130925	134609
275737	2751	8333	1516945	771703	44524	66160	80509
29444	6044	18296	1803030	994061	324158	135000	57819
7247	611	2834	410458	297453			55255
14777	2348	11757	515281	336034	33369	74392	27362
6421	1583	3465	751883	268251	6705	116861	119968
6139	464	2175	227445	52500	12694	33620	54034
14228	2933	6679	690444	557041	55964	267	30798
917155	106780	329597	32466220	20803638	2909292	2273304	2530383
338	17	64	20100	20100			
2766	338	300	123400	123400			
724			116935			116935	
228962	51644	141941	12353075	8338805	826002	260303	1393870
45291	6984	24058	1862018	1214753	353079	778	130250
625602	45362	150693	17814829	10890253	1707846	2125338	1003448
20	9	8					
21108	3136	13261	696733	503327	22365	3820	2815

12–4 续表 6

（2017年）

指　　标	房屋建筑竣工面积(平方米)				竣工房屋价值(千元)
	文化、体育和娱乐用房	厂房及建筑物	仓库	其他未列明的房屋建筑物	
总计	**500559**	**2268915**	**133228**	**1046901**	**54731759**
其中：国有及国有控股企业	101094	1153106	34132	245763	22438356
一、按登记注册类型分组					
内资企业	500559	2268915	133228	1046901	54731759
国有企业		297137	12408		5430969
集体企业	12417	28064		64927	2851827
股份合作企业					8972
联营企业					
国有联营企业					
集体联营企业					
有限责任公司	200372	960320	18585	410525	22692796
国有独资公司	101094	194982	13000	20400	4640853
其他有限责任公司	99278	765338	5585	390125	18051943
股份有限公司		359389	7744	75267	2012993
私营企业	287770	624005	94491	496182	21734202
私营有限责任公司	280146	566059	94491	464009	20497003
私营股份有限公司	7624	57946		32173	1237199
港、澳、台商投资企业					
外商投资企业					
中外合资经营企业					
二、按国民经济行业分组					
房屋建筑业	396300	1903703	120057	918577	53137140
土木工程建筑业	46239	138115	6473	102567	942178
铁路、道路、隧道和桥梁工程建筑	45520	99633	4941	102507	813890
铁路工程建筑					
公路工程建筑	500	83436			297407
市政道路工程建筑	45020	16197	4941	102507	498155
其他道路、隧道和桥梁工程建筑					18328
水利和内河港口工程建筑					7020
水源及供水设施工程建筑					7020
河湖治理及防洪设施工程建筑					
港口及航运设施工程建筑					

住宅房屋	商业及服务用房屋	办公用房屋	科研、教育、医疗用房屋	文化、体育和娱乐用房	厂房及建筑物	仓库	其他未列明的房屋建筑物
35956356	**3803215**	**3318817**	**4852505**	**831546**	**3738578**	**357750**	**1872992**
15228642	886750	485685	2771272	330680	2035053	133989	566285
35956356	3803215	3318817	4852505	831546	3738578	357750	1872992
3725085	209848	380211	322157		715011	78657	
1787737	669367	1025	141391	21959	72585		157763
8972							
15617734	1057959	410863	2643913	539422	1531250	32365	859290
3114068	488098		316991	330680	290630	29900	70486
12503666	569861	410863	2326922	208742	1240620	2465	788804
791535	120539	209564	274356		463427	25172	128400
14025293	1745502	2317154	1470688	270165	956305	221556	727539
13413857	1668065	2181556	1216495	257967	856668	221556	680839
611436	77437	135598	254193	12198	99637		46700
35551832	3562182	3212375	4530456	796021	3415527	336215	1732532
228657	145231	91912	157433	30743	158723	14901	114578
200994	125581	90869	144171	30524	94906	12327	114518
143000	40139	6000	45686	1500	61082		
57994	85442	66541	98485	29024	33824	12327	114518
		18328					
			7020				
			7020				

12-4 续表 7

（2017年）

指标	房屋建筑竣工面积(平方米)				竣工房屋价值(千元)
	文化、体育和娱乐用房	厂房及建筑物	仓库	其他未列明的房屋建筑物	
海洋工程建筑					
工矿工程建筑		6261			26577
架线和管道工程建筑		31709	1232		54930
架线及设备工程建筑		31709	1232		54930
管道工程建筑					
其他土木工程建筑	719	512	300	60	39761
建筑安装业	10	118442	6693	1000	357863
电气安装		18300	4600		167715
管道和设备安装					
其他建筑安装业	10	100142	2093	1000	190148
建筑装饰和其他建筑业	58010	108655	5	24757	294578
建筑装饰业	10	10	5	5	150160
工程准备活动					7600
建筑物拆除活动					
其他工程准备活动					7600
提供施工设备服务					
其他未列明建筑业	58000	108645		24752	136818
三、按隶属关系分组					
中央		44000			112520
省、自治区、直辖市	101094	1061305	25408	245763	22139856
地区	8055	18314		1105	1403455
县及县级以下	94968	184757		217087	4807172
其他	296442	960539	107820	582946	26268756
地方	500559	2224915	133228	1046901	54619239
四、按企业资质等级分组					
施工总承包	401299	2016938	126230	1021084	53948087
特级	101094	361036	25408	20400	10562641
一级	100395	871326	83677	225363	19629476
二级	112163	574245	8712	178555	14442747
三级及以下	87647	210331	8433	596766	9313223
专业承包	99260	251977	6998	25817	783672
一级		84453			242710
二级	98850	167312	4605	1005	493163
三级及以下	410	212	2393	24812	47799
劳务分包					
施工或专业承包	500559	2268915	133228	1046901	54731759
无资质					

住宅房屋	商业及服务用房屋	办公用房屋	科研、教育、医疗用房屋	文化、体育和娱乐用房	厂房及建筑物	仓库	其他未列明的房屋建筑物
907			4300		21370		
9881			326		42259	2464	
9881			326		42259	2464	
16875	19650	1043	1616	219	188	110	60
140752	66115	4568	5348	248	133883	6629	320
135559	919				29037	2200	
5193	65196	4568	5348	248	104846	4429	320
35115	29687	9962	159268	4534	30445	5	25562
10	15	90	150015	10	10	5	5
	7600						
	7600						
35105	22072	9872	9253	4524	30435		25557
12520					100000		
15064178	957978	593264	2642754	330680	1876160	108557	566285
1091207	139036	17255	97925	21460	26927		9645
2905075	592569	146000	235353	195219	312326		420630
16883376	2113632	2562298	1876473	284187	1423165	249193	876432
35943836	3803215	3318817	4852505	831546	3638578	357750	1872992
35740162	3656264	3304071	4687498	805048	3556988	351006	1847050
6786611	409870	437441	1776821	330680	642175	108557	70486
13708572	953489	921383	1446511	197016	1700703	206003	495799
9491374	1670648	965484	842039	148940	937822	21994	364446
5753605	622257	979763	622127	128412	276288	14452	916319
216194	146951	14746	165007	26498	181590	6744	25942
	4034		150000		88676		
210946	141541	9882	9594	26140	92530	2205	325
5248	1376	4864	5413	358	384	4539	25617
35956356	3803215	3318817	4852505	831546	3738578	357750	1872992

12-4 续表 8

（2017年）

指标	房屋建筑竣工面积(平方米)				竣工房屋价值(千元)
	文化、体育和娱乐用房	厂房及建筑物	仓库	其他未列明的房屋建筑物	
五、按地区分组					
五华区	41750	720842	6505	123589	13067924
盘龙区	65822	403866	84738	302	10521551
官渡区	620	199835	14408	225623	9450593
西山区		76611	7744	42367	2838862
东川区	47350	3736		58665	2074192
呈贡区	101094	193449	13000	20400	5273845
晋宁区	76746	101645	912	9000	430945
富民县	25610	407988	4941	115510	2694849
宜良县	88852	20850		182290	3330776
石林彝族自治县		33150		24600	890324
嵩明县	24392	19276		456	818070
禄劝彝族苗族自治县	9416	31550		199132	1110965
寻甸回族彝族自治县	16436	15594		42567	386057
安宁市	2471	40523	980	2400	1842806
六、按营业状态分					
营业	500559	2268915	133228	1046901	54320642
停业(歇业)					49320
筹建					
当年关闭					209780
当年破产					
其他					152017
七、按控股情况分					
国有控股	101094	1153106	34132	245763	22438356
集体控股	12417	61214		89527	3591005
私人控股	387038	1028361	99091	573454	27428541
港澳台商控股					
外商控股					
其他	10	26234	5	138157	1273857

住宅房屋	商业及服务用房屋	办公用房屋	科研、教育、医疗用房屋	文化、体育和娱乐用房	厂房及建筑物	仓库	其他未列明的房屋建筑物
8979560	563814	310037	1642408	22126	1299642	3566	246771
6701692	936381	1016024	853675	82090	726166	205254	269
6842759	559528	568287	591408	1410	310400	80657	496144
1671804	132080	601633	221561		162612	25172	24000
1662837	172237	11090	5100	59960	17590		145378
3439646	506257	17580	612730	330680	266566	29900	70486
172138	56815	25425	45523	27962	39088	614	63380
1343508	105399	160353	241640	16308	639343	12327	175971
1920653	616123	197547	116115	180838	60350		239150
663814			103120		65800		57590
463234	52650	172541	54047	50922	23764		912
340609	17660	176069	210425	24126	55875		286201
101000	27675	61163	85954	29615	17650		63000
1653102	56596	1068	68799	5509	53732	260	3740
35697256	3803215	3166800	4852505	831546	3738578	357750	1872992
49320							
209780							
		152017					
15228642	886750	485685	2771272	330680	2035053	133989	566285
2300405	669367	1025	244511	21959	138385		215353
17463161	2190444	2828787	1834181	478897	1541211	223756	868104
964148	56654	3320	2541	10	23929	5	223250

12-5 总承包和专业

（2017年）

指标	年初存货(千元)	年末			
		流动资产合计	应收工程款	存货	固定资产合计
总计	**29075671**	**322817132**	**129699423**	**33999384**	**21725222**
其中：国有及国有控股企业	18955974	240503553	104156461	21930603	11497106
一、按登记注册类型分组					
内资企业	29075070	322792628	129689066	33998744	21720337
国有企业	1100592	33681153	18049452	874000	1028597
集体企业	255972	2079243	1569437	136731	550031
股份合作企业	4872	22357	8310	7426	5719
联营企业		2330	202		64
国有联营企业					
集体联营企业		2330	202		64
有限责任公司	12634228	183153897	78704230	16527444	9116774
国有独资公司	5533995	87243303	27164888	7435951	3530106
其他有限责任公司	7100233	95910594	51539342	9091493	5586668
股份有限公司	9807135	55956578	17453352	9730778	4826481
私营企业	5272271	47897070	13904083	6722365	6192671
私营有限责任公司	4868389	43095229	12494913	6126840	5862730
私营股份有限公司	403882	4801841	1409170	595525	329941
港、澳、台商投资企业					
外商投资企业	601	24504	10357	640	4885
中外合资经营企业	601	24504	10357	640	4885
二、按国民经济行业分组					
房屋建筑业	9784950	172735559	75035716	10582255	8573877
土木工程建筑业	16561415	128947223	48073147	20009240	9151308
铁路、道路、隧道和桥梁工程建筑	8831310	88667843	33454614	11593472	4258824
铁路工程建筑	162399	8641454	2330064	1238416	714728
公路工程建筑	6797437	65534901	26287720	7805399	1769161
市政道路工程建筑	729953	7948595	2461156	1227343	860969
其他道路、隧道和桥梁工程建筑	1141521	6542893	2375674	1322314	913966
水利和内河港口工程建筑	2131525	11739870	6233169	2233439	771732
水源及供水设施工程建筑	2129871	11619937	6173683	2222970	654805
河湖治理及防洪设施工程建筑	512	66983	31254	6701	68528
港口及航运设施工程建筑	1142	52950	28232	3768	48399

承包企业财务情况

产负债(千元)

固定资产减值准备	固定资产原价	累计折旧	本年折旧	在建工程	资产合计	流动负债合计	应付账款
158648	**31300695**	**13816823**	**1595062**	**2476116**	**434508113**	**271549139**	**115034898**
14205	15759644	5970874	475945	998678	328905992	216830182	96029952
158648	31297920	13814747	1594896	2471930	434470718	271531763	115019312
	1570277	619996	69614	21372	39661835	32680049	15099814
46693	846413	347411	32663	1784	2846896	839780	279825
	15759	10040	489		31523	7251	3845
	658	595			7046	4233	202
	658	595			7046	4233	202
64593	10427385	3272691	547927	1314553	249694404	164416362	70694772
	3014248	627955	174719	733261	137184641	83958102	26303584
64593	7413137	2644736	373208	581292	112509763	80458260	44391188
1542	9743356	5343534	280417	108340	82537074	45425437	18170830
45820	8694072	4220480	663786	1025881	59691940	28158651	10770024
41584	8159893	3999546	638062	1014488	54090386	24351273	7755928
4236	534179	220934	25724	11393	5601554	3807378	3014096
	2775	2076	166	4186	37395	17376	15586
	2775	2076	166	4186	37395	17376	15586
104266	10671588	4208545	654729	1431567	238597230	158893719	64310073
43249	15511964	7854022	620411	691317	168733599	98588031	46081600
25713	7470509	3899920	424519	333799	105365086	64985059	31603420
2212	1176839	531107	84581	30346	10019868	7588715	3836507
7268	3085760	1596757	184193	65481	78605524	47507467	23420839
16233	933686	397057	47477	223690	9138405	5204518	2796762
	2274224	1374999	108268	14282	7601289	4684359	1549312
1014	615248	278401	41399	199060	14852811	7290481	4570745
1014	557920	267452	40926	128512	14603445	7201774	4554185
	10883	3063	473	60708	140875	15762	2778
	46445	7886		9840	108491	72945	13782

12-5 续表 1

（2017年）

指　　标	年初存货(千元)	年末			
		流动资产合计	应收工程款	存货	固定资产合计
海洋工程建筑					
工矿工程建筑	3302817	19413732	6256937	3699516	2939826
架线和管道工程建筑	781134	5489349	1279433	796618	986965
架线及设备工程建筑	521574	4808576	1144516	539546	793903
管道工程建筑	259560	680773	134917	257072	193062
其他土木工程建筑	1514629	3636429	848994	1686195	193961
建筑安装业	1647515	13293280	4610905	2282412	3259773
电气安装	529061	5951738	2508274	837030	536252
管道和设备安装	465046	1958617	267923	559275	1887772
其他建筑安装业	653408	5382925	1834708	886107	835749
建筑装饰和其他建筑业	1081791	7841070	1979655	1125477	740264
建筑装饰业	766730	5402170	1014704	786961	290601
工程准备活动	168578	1361398	621548	168151	262244
建筑物拆除活动	4973	66499	13101	57	19147
其他工程准备活动	163605	1294899	608447	168094	243097
提供施工设备服务	1580	72922	14183	2869	15777
其他未列明建筑业	144903	1004580	329220	167496	171642
三、按隶属关系分组					
中央	4428434	37479096	10898807	6674158	3640490
省、自治区、直辖市	9421043	189344847	89135384	9989823	5961645
地区	2018550	12481799	2413722	3083993	3561247
县及县级以下	460831	3008534	2044456	416856	426597
其他	12746813	80502856	25207054	13834554	8135243
地方	24647237	285338036	118800616	27325226	18084732
四、按企业资质等级分组					
施工总承包	26653027	294228840	121158646	30818192	19079179
特级	4374590	96685240	36901256	5357155	5638375
一级	12941256	136404481	63620377	15166920	4710770
二级	3978700	33436147	11269733	3713221	4286118
三级及以下	5358481	27702972	9367280	6580896	4443916
专业承包	2422644	28588292	8540777	3181192	2646043
一级	968582	10464420	4449186	1632560	1003785
二级	819155	7184872	2230126	718966	739014
三级及以下	634907	10939000	1861465	829666	903244
劳务分包					
施工或专业承包	29075671	322817132	129699423	33999384	21725222
无资质					

产负债(千元)

固定资产减值准备	固定资产原价	累计折旧		在建工程	资产合计	流动负债合计	
			本年折旧				应付账款
13116	5826219	2932943	47624	41419	35691099	18621569	7857305
2271	1190199	520415	70881	113465	8060825	4463572	1253517
2271	1169116	509851	69411	113465	7186489	3914144	1155238
	21083	10564	1470		874336	549428	98279
1135	409789	222343	35988	3574	4763778	3227350	796613
6433	3788910	1028018	160560	260867	17727538	9108056	3265817
6133	860974	456039	58299	26370	6866131	4350974	1570671
	1854117	84084	38920	71450	3976995	701943	162269
300	1073819	487895	63341	163047	6884412	4055139	1532877
4700	1328233	726238	159362	92365	9449746	4959333	1377408
4700	406873	212839	33348	60009	6356872	3417883	740139
	601942	340592	95477	437	1684976	850259	391076
	44249	25539	1059	437	107148	34257	300
	557693	315053	94418		1577828	816002	390776
	30463	14687	3405		111010	59976	25361
	288955	158120	27132	31919	1296888	631215	220832
5364	7073366	3526663	66057	80401	57390983	37197012	16980208
3600	7213804	2682741	443095	902648	252459538	170254935	76027499
39177	4529702	1528267	171448	191385	19034274	9959148	2474229
9239	815422	404048	70655	5894	3672341	1407703	419682
101268	11668401	5675104	843807	1295788	101950977	52730341	19133280
153284	24227329	10290160	1529005	2395715	377117130	234352127	98054690
130624	27183832	11687281	1198474	2116335	398684570	249779907	106941163
	9055369	4012848	206597	594802	160038502	98034568	35415728
10038	6952947	3722791	470929	687061	158494926	112940498	58346779
29736	6255171	2687820	269713	389869	44323651	24064989	7744123
90850	4920345	1263822	251235	444603	35827491	14739852	5434533
28024	4116863	2129542	396588	359781	35823543	21769232	8093735
2598	1427847	679772	169625	155803	11915965	7450862	3109933
18570	1333757	798510	116022	117728	8678249	5216320	1631084
6856	1355259	651260	110941	86250	15229329	9102050	3352718
158648	31300695	13816823	1595062	2476116	434508113	271549139	115034898

12-5 续表 2

（2017年）

指标	年初存货(千元)	年末			
		流动资产合计	应收工程款	存货	固定资产合计
五、按地区分组					
五华区	4741793	67024486	30595642	4069136	2811469
盘龙区	2906187	28052104	10213228	3762131	4255051
官渡区	12391906	86525161	33439890	15763391	7250667
西山区	4601926	48029765	21812614	5894016	1595324
东川区	290893	1668302	769284	350327	175120
呈贡区	898619	73484435	27018027	687614	2979232
晋宁区	170220	1263876	455046	65366	282243
富民县	321568	1851399	582629	170249	500645
宜良县	214482	1933002	1383449	239925	475792
石林彝族自治县	146772	1034418	514295	215445	213195
嵩明县	346849	3908795	1460842	269476	361940
禄劝彝族苗族自治县	58396	672288	245037	176248	103964
寻甸回族彝族自治县	58544	635773	268617	74784	225853
安宁市	1927516	6733328	940823	2261276	494727
六、按营业状态分					
营业	29058507	322470128	129577237	33944575	21634231
停业(歇业)	9100	98344	66516	31220	49053
筹建					
当年关闭	6622	62752	28426	21462	21639
当年破产					
其他	1442	185908	27244	2127	20299
七、按控股情况分					
国有控股	18955974	240503553	104156461	21930603	11497106
集体控股	762003	5706541	2908274	876023	1118388
私人控股	8880408	67264435	19274263	10582614	8480112
港澳台商控股					
外商控股	601	24504	10357	640	4885
其他	476685	9318099	3350068	609504	624731

产负债(千元)

固定资产减值准备	固定资产原价	累计折旧	本年折旧	在建工程	资产合计	流动负债合计	应付账款
26790	3650271	1682197	269426	277003	79578602	52879769	24836390
42149	5357401	1878099	245308	406793	34313321	18592423	8691885
10399	13023291	6679331	450242	502980	115386107	74134827	34947830
19214	2448202	1188690	186278	278777	57252569	36818570	18220323
2645	203972	72717	8889	32347	1878515	752877	108171
	2950878	705672	155652	687309	122446603	76395316	24831558
32648	401270	215688	23510	6837	1701034	793079	252311
913	572725	237725	50089	79183	3048688	791543	175624
6510	826045	386022	49303	47	2628666	957180	269163
9012	273564	91106	10085	10690	1467120	533112	224645
875	547483	264663	28281	62126	4667529	2215019	919684
2153	126838	50746	18002	9362	913997	490929	68460
	266402	80425	23721	22911	910777	298253	122617
5340	652353	283742	76276	99751	8314585	5896242	1366237
158188	31186065	13786399	1590767	2476116	433980560	271395304	114986632
	49370	4937	1302		236408	39371	35842
460	31696	12222	2839		84576	19827	6627
	33564	13265	154		206569	94637	5797
14205	15759644	5970874	475945	998678	328905992	216830182	96029952
46693	1665789	729794	83541	112684	7956799	3999303	1477096
81338	13057441	6743950	990369	1226075	86711131	43212009	14462277
	2775	2076	166	4186	37395	17376	15586
16412	815046	370129	45041	134493	10896796	7490269	3049987

12-5 续表 3

（2017年）

指 标	年末资产负债(千元)				损益
	非流动负债合计	负债合计	所有者权益合计	实收资本	营业收入
总计	**34575078**	**309783398**	**124715913**	**70711133**	**267275733**
其中：国有及国有控股企业	30986268	248377774	80528218	46120618	171064498
一、按登记注册类型分组					
内资企业	34575078	309766022	124695894	70691133	267272119
国有企业	771162	33710589	5951246	2703348	25928857
集体企业	300236	1211537	1635359	561851	4648881
股份合作企业		7251	24272	20095	31756
联营企业		6546	500	500	631
国有联营企业					
集体联营企业		6546	500	500	631
有限责任公司	11960715	177241794	72452610	44904032	131838294
国有独资公司	8586671	92573658	44610983	30928450	51779724
其他有限责任公司	3374044	84668136	27841627	13975582	80058570
股份有限公司	19468659	64907765	17629309	5926878	45335592
私营企业	2074306	32680540	27002598	16574429	59488108
私营有限责任公司	1976496	28623941	25457643	15490230	57698862
私营股份有限公司	97810	4056599	1544955	1084199	1789246
港、澳、台商投资企业					
外商投资企业		17376	20019	20000	3614
中外合资经营企业		17376	20019	20000	3614
二、按国民经济行业分组					
房屋建筑业	10442346	171637022	66960208	43830815	138362686
土木工程建筑业	23290747	122463820	46269779	20002039	105836401
铁路、道路、隧道和桥梁工程建筑	13962421	79299233	26065853	13416404	67108859
铁路工程建筑	102298	7939741	2080127	1375566	7200698
公路工程建筑	12671502	60221479	18384045	9062259	45417647
市政道路工程建筑	812126	6063626	3074779	2028445	9047968
其他道路、隧道和桥梁工程建筑	376495	5074387	2526902	950134	5442546
水利和内河港口工程建筑	1113059	8466260	6386551	1436320	6580229
水源及供水设施工程建筑	1108597	8373091	6230354	1289236	6458804
河湖治理及防洪设施工程建筑		15762	125113	116000	76132
港口及航运设施工程建筑	4462	77407	31084	31084	45293

及分配 (千元)

主营业务收入	营业成本	主营业务成本	税金及附加	主营业务税金及附加	其他业务利润	销售费用	管理费用
261892858	**241775335**	**236650794**	**2618089**	**2291594**	**293759**	**1131336**	**8443592**
167269734	156963607	155401947	726908	596572	150123	147408	4754680
261889461	241772273	236647739	2618018	2291523	293542	1131335	8442837
25628890	24685823	24171764	85317	48178	95718	22458	650876
4604495	3845055	3825131	259103	241776	38386	95444	161684
31223	29131	27053	252	248		388	1077
631	625	625	1	1		145	
631	625	625	1	1		145	
128375113	120018015	118567833	823430	696667	77252	269424	3549819
50102136	46181763	45745429	182096	173619	8642	139	1341676
78272977	73836252	72822404	641334	523048	68610	269285	2208143
45103638	41223063	40917433	343904	328933	27268	104842	1705092
58145471	51970561	49137900	1106011	975720	54918	638634	2374289
56361394	50388938	47558435	1080338	950081	49809	617911	2310222
1784077	1581623	1579465	25673	25639	5109	20723	64067
3397	3062	3055	71	71	217	1	755
3397	3062	3055	71	71	217	1	755
135940922	126088358	123973492	1497059	1316026	169609	621180	3531435
103253797	95398721	93679054	936552	799555	89584	222225	3492726
64909881	60791531	59351827	738033	621676	34599	105313	1388678
6983283	6831873	6321576	44313	42525	14945	9512	196271
43841352	40858464	40291207	488114	436317	18067	46354	741076
8645223	8018774	7657094	167949	105195	1581	22906	308230
5440023	5082420	5081950	37657	37639	6	26541	143101
6567304	6075131	6068037	68013	63352	371	5830	191839
6445879	5970253	5963159	66589	61928	371	5829	181282
76132	65762	65762	1200	1200		1	5669
45293	39116	39116	224	224			4888

12-5 续表 4

（2017年）

指　　标	年末资产负债(千元)				损益
	非流动负债合计	负债合计	所有者权益合计	实收资本	营业收入
海洋工程建筑					
工矿工程建筑	7714042	26349402	9341697	2754731	25516630
架线和管道工程建筑	344672	4819342	3241483	1818018	4809844
架线及设备工程建筑	244672	4169914	3016575	1678018	4423878
管道工程建筑	100000	649428	224908	140000	385966
其他土木工程建筑	156553	3529583	1234195	576566	1820839
建筑安装业	655934	9873790	7844946	4359921	14422365
电气安装	74749	4470954	2395177	1570493	7882387
管道和设备安装	406319	1132182	2844813	960450	860206
其他建筑安装业	174866	4270654	2604956	1828978	5679772
建筑装饰和其他建筑业	186051	5808766	3640980	2518358	8654281
建筑装饰业	82135	4124886	2231986	1571269	5119916
工程准备活动	81831	932090	752886	448214	2390019
建筑物拆除活动	10000	44257	62891	66055	49256
其他工程准备活动	71831	887833	689995	382159	2340763
提供施工设备服务		59976	51034	31075	139726
其他未列明建筑业	22085	691814	605074	467800	1004620
三、按隶属关系分组					
中央	8355287	45552300	11838683	4969080	40636175
省、自治区、直辖市	20807708	191366779	61092759	40163131	130174195
地区	1041843	11302577	7731697	3385082	9724561
县及县级以下	260300	2153006	1519335	551051	6415462
其他	4109940	59408736	42533439	21642789	80325340
地方	26219791	264231098	112877230	65742053	226639558
四、按企业资质等级分组					
施工总承包	33694307	286281955	112402615	62050344	238847495
特级	14990904	113300559	46737943	31238095	67849755
一级	15311327	129065783	29429143	13751935	106374784
二级	1770387	26646457	17677194	9330154	35979057
三级及以下	1621689	17269156	18558335	7730160	28643899
专业承包	880771	23501443	12313298	8660789	28428238
一级	217862	8236184	3679781	2179280	12619106
二级	51226	5410312	3267937	2453925	6017723
三级及以下	611683	9854947	5365580	4027584	9791409
劳务分包					
施工或专业承包	34575078	309783398	124715913	70711133	267275733
无资质					

及分配 (千元)

主营业务收入	营业成本	主营业务成本	税金及附加	主营业务税金及附加	其他业务利润	销售费用	管理费用
25412117	22900513	22820618	70161	62354	-4990	1429	1311943
4564029	4136195	3950369	43223	37033	59604	61082	460189
4283030	3818837	3727469	40388	35043	49940	53026	415150
280999	317358	222900	2835	1990	9664	8056	45039
1800466	1495351	1488203	17122	15140		48571	140077
14266275	12827787	12292613	89230	85922	33448	169022	906091
7774348	7103054	6836893	41734	38913	26298	65378	426777
859968	651585	651578	21139	21003	-2441	32396	106465
5631959	5073148	4804142	26357	26006	9591	71248	372849
8431864	7460469	6705635	95248	90091	1118	118909	513340
4980923	4437764	4256430	52540	52001	1159	47314	255775
2385983	1997801	1515030	34039	29436	353	58484	168981
49256	36730	36730	657	657		36	6656
2336727	1961071	1478300	33382	28779	353	58448	162325
139726	122973	122973	1032	1022			8773
925232	901931	811202	7637	7632	-394	13111	79811
40399756	36937755	36865979	108991	96719	7975	30681	1632337
126920998	120178700	119276892	663069	556751	114234	78520	2897389
9546041	8618884	7704957	119855	74207	26826	45909	414776
6396571	5391778	5374588	298462	281131	318	137614	229796
78629492	70648218	67428378	1427712	1282786	144406	838612	3269294
221493102	204837580	199784815	2509098	2194875	285784	1100655	6811255
234152279	216836869	213151364	2418558	2102983	254080	769412	6742555
66204376	61425488	60970284	203198	174917	1766	2825	2200597
104399531	98452603	97426542	922554	761804	117166	106623	2160562
35271389	32153350	30892434	691986	650057	69825	246339	1233108
28276983	24805428	23862104	600820	516205	65323	413625	1148288
27740579	24938466	23499430	199531	188611	39679	361924	1701037
12598090	11364031	10677287	78903	74281	6806	95792	534072
5738413	5234545	4889911	52330	50800	16325	84336	516703
9404076	8339890	7932232	68298	63530	16548	181796	650262
261892858	241775335	236650794	2618089	2291594	293759	1131336	8443592

12-5 续表 5

（2017年）

指　　标	年末资产负债(千元)				损益
	非流动负债合计	负债合计	所有者权益合计	实收资本	营业收入
五、按地区分组					
五华区	10575058	64236003	15342599	8463589	51858355
盘龙区	1477258	20785698	13518821	7215501	35468646
官渡区	11637016	86139018	29247089	13723771	89366260
西山区	2124835	39811929	17440640	7012132	30045404
东川区	19144	1388384	490131	308009	1819454
呈贡区	7472261	83870446	38576157	29395487	38369862
晋宁区	50220	868361	832673	457792	1139303
富民县	57190	858543	2190145	669455	3621208
宜良县	250300	1224667	1403999	447614	6133819
石林彝族自治县	51872	588767	878353	241235	1844260
嵩明县	551730	2835462	1832067	1175543	3313863
禄劝彝族苗族自治县	8772	534887	379110	239617	1188022
寻甸回族彝族自治县	36405	419408	491369	358495	651574
安宁市	263017	6221825	2092760	1002893	2455703
六、按营业状态分					
营业	34569345	309610039	124361719	70498654	266140262
停业(歇业)		53162	183246	67100	190462
筹建					
当年关闭	65	19892	64684	41280	709620
当年破产					
其他	5668	100305	106264	104099	235389
七、按控股情况分					
国有控股	30986268	248377774	80528218	46120618	171064498
集体控股	365657	4871306	3085493	1329513	9362933
私人控股	2812234	48605803	38096526	21303155	81545631
港澳台商控股					
外商控股		17376	20019	20000	3614
其他	410919	7911139	2985657	1937847	5299057

及分配 (千元)

主营业务收入	营业成本	主营业务成本	税金及附加	主营业务税金及附加	其他业务利润	销售费用	管理费用
51397340	48034719	46074723	525492	470118	89153	319834	1459875
34690442	32247384	31004747	411469	316070	35262	152468	1214296
88916261	82000794	81724189	450917	393642	62363	211215	2963533
28326357	26870078	26143509	309116	256337	30548	79318	762106
1784292	1608151	1596717	55129	55108	4945	10382	96060
36753296	34059105	33637529	183841	172718	3593	34203	1252496
990245	971978	838067	18405	17574	37649	15932	56224
3617878	2704684	2558581	168379	157779		54310	115166
6127125	5266079	5262075	270087	269940	6694	151075	186086
1827115	1434278	1428375	90935	73572	4755	49103	66960
3307191	3008843	3004334	51579	32846	1064	23219	86329
1184887	1038097	971063	25852	24020		6125	35261
643430	518629	508329	18150	18090	46	12057	33634
2326999	2012516	1898556	38738	33780	17687	12095	115566
260776301	240795369	235672828	2571859	2247769	290136	1127810	8414801
181548	136425	136425	6032	6021	2623	731	1576
699620	635496	633496	34361	31989	1000	2551	12462
235389	208045	208045	5837	5815		244	14753
167269734	156963607	155401947	726908	596572	150123	147408	4754680
9218256	8246276	8151433	337637	319510	63785	113294	377777
80121306	71863864	68420361	1470274	1329141	68244	802737	3044361
3397	3062	3055	71	71	217	1	755
5280165	4698526	4673998	83199	46300	11390	67896	266019

12-5 续表 6

（2017年）

指标	损益				
	财务费用	利息收入	利息支出	资产减值损失	公允价值变动收益
总计	**3449027**	**547487**	**3617301**	**533333**	**28004**
其中：国有及国有控股企业	2686718	469246	2851388	487305	24462
一、按登记注册类型分组					
内资企业	3449025	547486	3617301	533333	28004
国有企业	246099	244969	451558	34598	7241
集体企业	45037	568	42236		
股份合作企业	128	32	156		
联营企业	-7	-7			
国有联营企业					
集体联营企业	-7	-7			
有限责任公司	1790707	200401	1736447	82896	20504
国有独资公司	1419530	62763	1323693	29650	
其他有限责任公司	371177	137638	412754	53246	20504
股份有限公司	1044660	94161	946854	405567	
私营企业	322401	7362	440050	10272	259
私营有限责任公司	306210	7511	431481	10158	259
私营股份有限公司	16191	-149	8569	114	
港、澳、台商投资企业					
外商投资企业	2	1			
中外合资经营企业	2	1			
二、按国民经济行业分组					
房屋建筑业	1973786	333325	2304463	67840	7490
土木工程建筑业	1340738	209708	1218236	411654	897
铁路、道路、隧道和桥梁工程建筑	792426	70826	680953	25399	
铁路工程建筑	49460	13401	45133	3325	
公路工程建筑	528164	38347	448653	16351	
市政道路工程建筑	69665	10122	50598	2654	
其他道路、隧道和桥梁工程建筑	145137	8956	136569	3069	
水利和内河港口工程建筑	35647	3023	33988	1205	897
水源及供水设施工程建筑	34220	3013	33454	1630	897
河湖治理及防洪设施工程建筑	531	10	534		
港口及航运设施工程建筑	896			-425	

及分配 (千元)							建筑业企业在境外完成的营业收入(千元)
投资收益	营业利润	营业外收入	营业外支出	利润总额	应交所得税	应付职工薪酬(本年贷方累计发生额)	
627009	**9810312**	**332080**	**187263**	**9972380**	**1973263**	**16736245**	**9073980**
449856	5798627	219681	116484	5901799	1149267	8115127	8658788
627009	9810589	332080	187263	9972657	1973200	16735860	9073980
103087	325332	32651	13050	344908	85042	1170038	102759
	242588	366	3044	239910	62806	756479	
	780	227		1007	624	9360	
	-133			-133		80	
	-133			-133		80	
363230	5754063	165908	98918	5820820	1022199	6504019	3524586
220613	2845480	36132	37412	2844200	563695	1823876	3450699
142617	2908583	129776	61506	2976620	458504	4680143	73887
126404	641020	60326	34806	666160	262941	3241452	5171393
34288	2846939	72602	37445	2899985	539588	5054432	275242
24986	2756003	38946	35490	2777348	510751	4891600	275242
9302	90936	33656	1955	122637	28837	162832	
	-277			-277	63	385	
	-277			-277	63	385	
326249	4971529	143084	91320	5023188	1027529	8151963	3687627
271743	4080912	151117	77942	4157567	792148	6691501	5251451
117602	3137704	65962	32714	3177232	506922	3389277	219983
20542	86486	17992	9020	95458	13053	404900	50459
73365	2813629	42588	15564	2840635	435201	1975190	
17029	226302	3717	5952	224289	51293	453690	
6666	11287	1665	2178	16850	7375	555497	169524
2631	205551	13146	7519	211153	42592	521602	2453
2631	201988	13108	7039	208032	41694	508522	2453
	2969		31	2938	834	5876	
	594	38	449	183	64	7204	

12-5 续表 7

（2017年）

指标	损益				
	财务费用	利息收入	利息支出	资产减值损失	公允价值变动收益
海洋工程建筑					
工矿工程建筑	366552	85125	394427	52621	
架线和管道工程建筑	30842	48719	7717	37805	
架线及设备工程建筑	25851	48719	7717	44571	
管道工程建筑	4991			-6766	
其他土木工程建筑	115271	2015	101151	294624	
建筑安装业	105744	1047	71752	17193	19607
电气安装	49654	18	41601	14543	2386
管道和设备安装	7993	1014	4304	-85	
其他建筑安装业	48097	15	25847	2735	17221
建筑装饰和其他建筑业	28759	3407	22850	36646	10
建筑装饰业	22413	796	12165	6316	10
工程准备活动	4984	3012	9216	27886	
建筑物拆除活动	1886	13	1901		
其他工程准备活动	3098	2999	7315	27886	
提供施工设备服务	110	-82	34		
其他未列明建筑业	1252	-319	1435	2444	
三、按隶属关系分组					
中央	533865	125740	587044	108087	
省、自治区、直辖市	2033399	322861	2135584	73005	7241
地区	218180	20064	133060	-2866	897
县及县级以下	37515	572	34984	1111	
其他	626068	78250	726629	353996	19866
地方	2915162	421747	3030257	425246	28004
四、按企业资质等级分组					
施工总承包	3267792	508481	3435533	488610	7290
特级	1717667	113737	1618218	68537	
一级	1069166	281480	1397401	54565	7241
二级	262858	107790	233745	58825	5
三级及以下	218101	5474	186169	306683	44
专业承包	181235	39006	181768	44723	20714
一级	54973	15188	51274	38610	
二级	29009	8208	21489	5468	19607
三级及以下	97253	15610	109005	645	1107
劳务分包					
施工或专业承包	3449027	547487	3617301	533333	28004
无资质					

及分配 (千元)							建筑业企业在境外完成的营业收入(千元)
投资收益	营业利润	营业外收入	营业外支出	利润总额	应交所得税	应付职工薪酬(本年贷方累计发生额)	
62512	883235	40630	19597	904268	183718	1808909	4929064
91266	144073	27609	11714	159575	26043	796832	83468
91266	129620	27522	11688	145061	24953	760708	83468
	14453	87	26	14514	1090	36124	
-2268	-289651	3770	6398	-294661	32873	174881	16483
22465	355832	29656	9180	390071	83694	1316043	68888
633	188277	4585	2993	206178	47268	740302	52107
9856	50303	636	764	50175	9810	146143	5641
11976	117252	24435	5423	133718	26616	429598	11140
6552	402039	8223	8821	401554	69892	576738	66014
993	298330	3893	7359	294864	40435	319987	64027
23	92752	2172	1115	93922	22733	148345	
23	3315		1	3314	607	8781	
	89437	2172	1114	90608	22126	139564	
50	6888		18	6870	2643	5160	
5486	4069	2158	329	5898	4081	103246	1987
74397	1375833	43148	24950	1394031	187599	2257566	6291224
371013	4638472	145171	80561	4703082	937685	5417492	2418023
73848	384898	8689	9370	384001	45203	906892	68839
427	321238	1065	864	321041	91063	952134	
107324	3089871	134007	71518	3170225	711713	7202161	295894
552612	8434479	288932	162313	8578349	1785664	14478679	2782756
608898	8757839	273914	158782	8870514	1811289	14821028	8964868
266305	2503107	35514	53865	2484756	563085	3041397	7162885
191189	3861764	178103	64047	3975820	706747	6360546	1659382
135908	1484522	33944	17115	1501352	257268	3171705	114031
15496	908446	26353	23755	908586	284189	2247380	28570
18111	1052473	58166	28481	1101866	161974	1915217	109112
-876	450760	7782	11723	446819	71592	649910	1868
14482	133331	34635	9283	158658	34484	575918	54007
4505	468382	15749	7475	496389	55898	689389	53237
627009	9810312	332080	187263	9972380	1973263	16736245	9073980

12-5 续表 8

（2017年）

指标	损益				
	财务费用	利息收入	利息支出	资产减值损失	公允价值变动收益
五、按地区分组					
五华区	514991	237964	625811	35581	9637
盘龙区	118344	23034	87620	24686	5
官渡区	1173636	158272	1359860	430860	18118
西山区	157267	61771	174739	28067	
东川区	1794	1319	2316	902	1
呈贡区	1283533	48525	1184342	5741	
晋宁区	10413	250	4548	701	
富民县	25368	541	16563	400	
宜良县	49798	51	49316	2751	
石林彝族自治县	7121	34	7206		
嵩明县	30646	12922	36173	2375	
禄劝彝族苗族自治县	11823	1343	7954	100	200
寻甸回族彝族自治县	7469	116	7085		8
安宁市	56824	1345	53768	1169	35
六、按营业状态分					
营业	3446093	547458	3614698	532773	28004
停业(歇业)	504	5	492		
筹建					
当年关闭	2130	6	2111	560	
当年破产					
其他	300	18			
七、按控股情况分					
国有控股	2686718	469246	2851388	487305	24462
集体控股	54775	14552	63126	2532	
私人控股	656470	15421	656262	25465	3542
港澳台商控股					
外商控股	2	1			
其他	51062	48267	46525	18031	

及分配 (千元)							建筑业企业在境外完成的营业收入(千元)
投资收益	营业利润	营业外收入	营业外支出	利润总额	应交所得税	应付职工薪酬(本年贷方累计发生额)	
72728	1063761	64462	31893	1112916	244902	2827226	263689
30867	1332031	18587	18059	1332559	182374	2519807	117677
264944	2430518	96743	65736	2461522	610467	5809256	6485238
31454	1925372	82285	13262	1994618	264291	1660399	2860
20	48641	957	1553	47665	14580	335726	
198537	1746740	51595	33332	1762734	389698	1137720	2200038
1692	66666	1561	4000	69895	12331	143556	
2507	304946	111	1577	303480	49727	411948	1440
1315	209260	390	49	209601	81769	1003021	1841
	195893	6080	97	201876	43702	213383	
2466	115748	410	621	115537	26438	236017	
375	67071	274	534	66811	12830	83466	
	53507	1427	2601	52315	9965	75316	1197
20104	250158	7198	13949	240851	30189	279404	
627009	9736846	331113	186462	9898748	1961930	16557751	9073980
	45196			45196	3900	21132	
	22060	600	800	21860	4393	84908	
	6210	367	1	6576	3040	72454	
449856	5798627	219681	116484	5901799	1149267	8115127	8658788
54519	287265	3027	5450	284842	75553	1197344	1841
80395	3514739	90942	57954	3565003	686792	7052475	411634
	-277			-277	63	385	
42239	209958	18430	7375	221013	61588	370914	1717

12-6 劳务分包企业

（2017年）

指　　　标	企业数(个)	建筑业总产值(千元)		从业
			装饰装修产值	从事建筑业活动的平均人数
总计	**72**	**3678562**	**110296**	**28296**
其中:国有及国有控股企业				
一、按登记注册类型分组				
内资企业	72	3678562	110296	28296
国有企业				
集体企业				
股份合作企业				
联营企业				
有限责任公司	12	368212	55891	6358
其他有限责任公司	12	368212	55891	6358
股份有限公司				
私营企业	60	3310350	54405	21938
私营有限责任公司	60	3310350	54405	21938
其他企业				
港、澳、台商投资企业				
外商投资企业				
二、按国民经济行业分组				
房屋建筑业	12	237887	1568	1403
土木工程建筑业	8	728995		13158
铁路、道路、隧道和桥梁工程建筑	8	728995		13158
公路工程建筑	2	28141		343
市政道路工程建筑	4	404124		7426
其他道路、隧道和桥梁工程建筑	2	296730		5389
建筑安装业	2	2103		75
电气安装	1			
其他建筑安装业	1	2103		75
建筑装饰和其他建筑业	50	2709577	108728	13660
建筑装饰业	18	199724	41469	2168
工程准备活动				
提供施工设备服务	1	526	508	40
其他未列明建筑业	31	2509327	66751	11452
三、按隶属关系分组				
中央				
省、自治区、直辖市	2	30106		23
地区	5	102407	780	837
县及县级以下	1	10750		71
其他	64	3535299	109516	27365
地方	72	3678562	110296	28296

生产经营情况

人员(人)			资产负债(千元)				
建筑业企业期末人数	工程技术人员	现场施工工人	固定资产原价	本年折旧	资产总计	负债合计	实收资本
26347	**1504**	**19747**	**106687**	**22081**	**1088900**	**653354**	**266824**
26347	1504	19747	106687	22081	1088900	653354	266824
2173	115	2002	40372	2715	206406	82011	63014
2173	115	2002	40372	2715	206406	82011	63014
24174	1389	17745	66315	19366	882494	571343	203810
24174	1389	17745	66315	19366	882494	571343	203810
1192	89	697	42205	491	93605	14178	27080
10147	226	9858	31600	2853	305148	232906	60357
10147	226	9858	31600	2853	305148	232906	60357
344	30	314	6891	501	24208	12601	10500
3199	61	3141	736	9	35580	17160	11187
6604	135	6403	23973	2343	245360	203145	38670
75	13	38	2144	2144	60123	48654	5227
75	13	38	2144	2144	60123	48654	5227
14933	1176	9154	30738	16593	630024	357616	174160
2213	554	1588	548	95	100298	37327	32058
40	20		107	58	3583	3583	
12680	602	7566	30083	16440	526143	316706	142102
23		1	1532	148	25811	3726	22000
775	68	676	37981	2487	127433	48939	29227
71	2	69	20	7	20640	3000	10000
25478	1434	19001	67154	19439	915016	597689	205597
26347	1504	19747	106687	22081	1088900	653354	266824

12-6 续表 1

（2017年）

指　　标	企业数(个)	建筑业总产值(千元)		从业
			装饰装修产值	从事建筑业活动的平均人数
四、按企业资质等级分组				
施工总承包	72			
专业承包	72			
劳务分包	72	3678562	110296	28296
一级	3	57532	780	812
二级	29	920981	96178	8315
三级及以下	40	2700049	13338	19169
施工或专业承包	72			
无资质				
五、按地区分组				
五华区	17	1160701	55111	12861
盘龙区	12	1605294	11640	4413
官渡区	6	379684	38339	6380
西山区	29	480213	5206	3403
东川区				
呈贡区	1			
晋宁区				
富民县				
宜良县				
石林彝族自治县				
嵩明县	1	3705		488
禄劝彝族苗族自治县				
寻甸回族彝族自治县	1	6200		32
安宁市	5	42765		719
六、按营业状态分				
营业	71	3676546	109516	28292
停业(歇业)	1	2016	780	4
筹建				
当年关闭				
当年破产				
其他				
七、按控股情况分				
国有控股				
集体控股				
私人控股	68	3415781	110296	23481
港澳台商控股				
外商控股				
其他	4	262781		4815

人员(人)			资产负债(千元)				
建筑业企业期末人数	工程技术人员	现场施工工人	固定资产原价	本年折旧	资产总计	负债合计	实收资本
26347	1504	19747	106687	22081	1088900	653354	266824
834	73	754	35946	147	53003	403	11000
8294	788	6450	22996	14931	206688	88871	76166
17219	643	12543	47745	7003	829209	564080	179658
8398	262	7761	2616	199	160211	74970	53263
4369	142	163	22767	15435	285850	220452	19920
7618	544	6997	61879	4488	420425	270204	77297
4709	387	3812	9738	904	150919	54691	81636
576	127	449	139	28	6216	5678	300
32	5	27	2000	50	2820	1213	500
645	37	538	7548	977	62459	26146	33908
26343	1504	19746	71473	21992	1042308	653354	261824
4		1	35214	89	46592		5000
25732	1449	19209	105467	21817	1047405	634837	244637
615	55	538	1220	264	41495	18517	22187

12-6 续表 2

（2017年）

指　　标	损益				
	营业收入	主营业务收入(工程结算收入)	营业成本	主营业务成本(工程结算成本)	税金及附加
总计	**3807756**	**3724197**	**3658653**	**3569811**	**96818**
其中:国有及国有控股企业					
一、按登记注册类型分组					
内资企业	3807756	3724197	3658653	3569811	96818
国有企业					
集体企业					
股份合作企业					
联营企业					
有限责任公司	373998	373998	338271	338271	1597
其他有限责任公司	373998	373998	338271	338271	1597
股份有限公司					
私营企业	3433758	3350199	3320382	3231540	95221
私营有限责任公司	3433758	3350199	3320382	3231540	95221
其他企业					
港、澳、台商投资企业					
外商投资企业					
二、按国民经济行业分组					
房屋建筑业	333973	250581	311577	228898	6181
土木工程建筑业	744001	743834	712213	712085	2782
铁路、道路、隧道和桥梁工程建筑	744001	743834	712213	712085	2782
公路工程建筑	28141	28141	27067	27067	584
市政道路工程建筑	423465	423465	401190	401190	1320
其他道路、隧道和桥梁工程建筑	292395	292228	283956	283828	878
建筑安装业	2103	2103	1903	1903	23
电气安装					
其他建筑安装业	2103	2103	1903	1903	23
建筑装饰和其他建筑业	2727679	2727679	2632960	2626925	87832
建筑装饰业	130037	130037	101171	101124	2336
工程准备活动					
提供施工设备服务	15762	15762	15485	15485	61
其他未列明建筑业	2581880	2581880	2516304	2510316	85435
三、按隶属关系分组					
中央					
省、自治区、直辖市	30106	30106	28712	28712	161
地区	142441	142441	114200	114200	652
县及县级以下	18040	18040	16890	16890	153
其他	3617169	3533610	3498851	3410009	95852
地方	3807756	3724197	3658653	3569811	96818

及分配(千元)						应付职工薪酬(千元)	应交增值税(千元)
主营业务税金及附加(工程结算税金及附加)	销售费用	管理费用	财务费用	营业利润	利润总额		
93256	**4326**	**84052**	**1168**	**43469**	**41150**	**719013**	**63083**
93256	4326	84052	1168	43469	41150	719013	63083
1588	1406	28310	93	4825	4822	33633	12235
1588	1406	28310	93	4825	4822	33633	12235
91668	2920	55742	1075	38644	36328	685380	50848
91668	2920	55742	1075	38644	36328	685380	50848
2628	46	8911	159	9837	9193	67874	4597
2782	1394	22238	669	4759	3816	287679	19734
2782	1394	22238	669	4759	3816	287679	19734
584		266	-2	280	280	12334	278
1320	1394	17039	-2	2524	1971	13716	11192
878		4933	673	1955	1565	261629	8264
14		154		23	23	2160	25
14		154		23	23	2160	25
87832	2886	52749	340	28850	28118	361300	38727
2336	1601	5903	85	19748	19451	88917	4164
61		209	1	70	70	185	508
85435	1285	46637	254	9032	8597	272198	34055
161	176	1057	13	-13	-13	964	591
643	35	23664	81	4314	4297	24359	1877
153		680	7	310	310	2986	1152
92299	4115	58651	1067	38858	36556	690704	59463
93256	4326	84052	1168	43469	41150	719013	63083

12-6 续表 3

（2017年）

指标	损益				
	营业收入	主营业务收入(工程结算收入)	营业成本	主营业务成本(工程结算成本)	税金及附加
四、按企业资质等级分组					
施工总承包					
专业承包					
劳务分包	3807756	3724197	3658653	3569811	96818
一级	57196	57196	48552	48552	290
二级	969218	885914	925849	837214	84211
三级及以下	2781342	2781087	2684252	2684045	12317
施工或专业承包					
无资质					
五、按地区分组					
五华区	1293174	1209870	1250299	1167699	8158
盘龙区	1659631	1659631	1625988	1625988	81740
官渡区	375013	375013	344410	344410	2606
西山区	407884	407796	366375	360261	3644
东川区					
呈贡区					
晋宁区					
富民县					
宜良县					
石林彝族自治县					
嵩明县	23089	23089	22786	22786	11
禄劝彝族苗族自治县					
寻甸回族彝族自治县	6200	6200	5520	5520	512
安宁市	42765	42598	43275	43147	147
六、按营业状态分					
营业	3806076	3722517	3657309	3568467	96728
停业(歇业)	1680	1680	1344	1344	90
筹建					
当年关闭					
当年破产					
其他					
七、按控股情况分					
国有控股					
集体控股					
私人控股	3546143	3462584	3422482	3333640	95836
港澳台商控股					
外商控股					
其他	261613	261613	236171	236171	982

及分配(千元)						应付职工薪酬(千元)	应交增值税(千元)
主营业务税金及附加(工程结算税金及附加)	销售费用	管理费用	财务费用	营业利润	利润总额		
93256	4326	84052	1168	43469	41150	719013	63083
290	35	4132	80	4110	4107	32608	1720
80658	1680	11761	47	24594	23907	184151	9982
12308	2611	68159	1041	14765	13136	502254	51381
4605	1702	25954	-11	9841	9266	82903	18372
81740	648	18748	223	8817	8474	41034	24417
2597	211	5156	751	21882	21494	320409	10399
3644	1676	33184	207	4169	3161	224663	9028
11	89	260	-1	-56	-56	20538	111
512		192	3	27	27		
147		558	-4	-1211	-1216	29466	756
93166	4291	83987	1095	43393	41077	718873	63028
90	35	65	73	76	73	140	55
92274	3353	60802	1167	42733	40414	693565	54464
982	973	23250	1	736	736	25448	8619

主要统计指标解释

建筑施工企业　是指从事：1.各种房屋、建筑物和构筑物的建造；2.各种线路、管道和机械设备的安装；3.原有房屋、建筑物的修理；4.部分非标准设备的制造；5.原有房屋、建筑和构筑物的装饰装修等。建筑施工企业同时还应具备下述条件：①依法成立、有自己的名称、组织机构和场所，能够独立承担民事责任；②独立拥有和使用(或授权使用)资产，承担负债，有权与其他单位签订合同；③会计上独立核算，能够编制资产负债表；④具有新的建筑业资质等级的总承包、专业承包、劳务分包的建筑业企业(包括各地区建设行政主管部门按照新的建筑业资质管理规定自行批准的资质企业)。

国有企业　指企业全部资产归国家所有，并按《中华人民共和国企业法人登记管理条例》规定登记注册的非公司制的经济组织。不包括有限责任公司中的国有独资公司。

集体企业　指企业资产归集体所有，并按《中华人民共和国企业法人登记管理条例》规定登记注册的经济组织。

股份合作企业　指以合作制为基础，由企业职工共同出资入股，吸收一定比例的社会资产投资组建，实行自主经营，自负盈亏，共同劳动，民主管理，按劳分配与按股分红相结合的一种集体经济组织。

联营企业　指两个及两个以上相同或不同所有制性质的企业法人或事业单位法人，按自愿、平等、互利的原则，共同投资组成的经济组织。联营企业包括国有联营企业、集体联营企业、国有与集体联营企业和其他联营企业。

国有联营企业　指所有联营单位均为国有。

集体联营企业　指所有联营单位均为集体。

国有与集体联营企业　指联营单位既有国有也有集体。

其他联营企业　指上述三种联营企业之外的其他联营形式的企业。

有限责任公司　指根据《中华人民共和国公司登记管理条例》规定登记注册，由两个以上，五十个以下的股东共同出资，每个股东以其所认缴的出资额对公司承担有限责任，公司以其全部资产对其债务承担责任的经济组织。有限责任公司包括国有独资公司以及其他有限责任公司。

国有独资公司　指国家授权的投资机构或者国家授权的部门单独投资设立的有限责任公司。

其他有限责任公司　指国有独资公司以外的其他有限责任公司。

股份有限公司　指根据《中华人民共和国公司登记管理条例》规定登记注册，其全部注册资本由等额股份构成并通过发行股票筹集资本，股东以其认购的股份对公司承担有限责任，公司以其全部资产对其债务承担责任的经济组织。

私营企业　指由自然人投资设立或由自然人控股，以雇佣劳动为基础的营利性经济组织。包括按照《公司法》、《合伙企业法》、《私营企业暂行条例》以及《个人独资企业法》规定登记注册的私营独资企业、私营有限责任公司、私营股份有限公司、私营合伙企业和个人独资企业。

私营独资企业　指按《私营企业暂行条例》的规定，由一名自然人投资经营，以雇佣劳动为基础，投资者对企业债务承担无限责任的企业。

私营有限责任公司　指按《公司法》、《私营企业暂行条例》的规定，由两个以上自然人投资或由单个自然人控股的有限责任公司。

私营股份有限公司　指按《公司法》的规定，由五个以上自然人投资，或由单个自然人控股的股份有限公司。

私营合伙企业　指按《合伙企业法》或《私营企业暂行条例》的规定，由两个以上自然人按照协议共同投资、共同经营、共负盈亏，以雇佣劳动为基础，对债务承担无限责任的企业。

个人独资企业　指按《个人独资企业法》、《个人独资企业登记管理办法》的规定，由一个自然人投资，财产为投资人个人所有，投资人以其个人财产对企业债务承担无限责任的经营实体。个人独资企业填表时归入私营独资企业。

其他内资企业　指上述第（1）条至第（7）条之外的其他内资经济组织。

与港澳台商合资经营企业　指港澳台地区投资者与内地的企业依照《中华人民共和国中外合资经营企业法》及有关法律的规定，按合同规定的比例投资设立，分享利润和分担风险的企业。

与港澳台商合作经营企业　指港澳台地区投资者与内地企业依照《中华人民共和国中外合作经营企业法》及有关法律的规定，依照合作合同的约定进行投资或提供条件设立，分配利润、分担风险和亏损的企业。

港澳台商独资经营企业　指依照《中华人民共和国外资企业法》及有关法律的规定，在内地由港澳台地区投资者全额投资设立的企业。

港澳台商投资股份有限公司　指根据国家有关规定，经商务部（原外经贸部）批准设立，并且其中港、澳、台商的股本占公司注册资本的比例达25%以上的股份有限公司。凡其中港、澳、台商的股本占公司注册资本的比例小于25%的，属于内资中的股份有限公司。

其他港、澳、台商投资企业　指在中国境内参照《外国企业或个人在中国境内设立合伙企业管理办法》和《外商投资合伙企业登记管理规定》，依法设立的港、澳、台商投资合伙企业。

中外合资经营企业　指外国企业或外国人与中国内地企业依照《中华人民共和国中外合资经营企业法》及有关法律的规定，按合同规定的比例投资设立，分享利润和分担风险的企业。

中外合作经营企业　指外国企业或外国人与中国内地企业依照《中华人民共和国中外合作经营企业法》及有关法律的规定，依照合作合同的约定进行投资或提供条件设立，分配利润、分担风险和亏损的企业。

外资企业　指依照《中华人民共和国外资企业法》及有关法律的规定，在中国内地由外国投资者全额投资设立的企业。

外商投资股份有限公司 指根据国家有关规定，经商务部（原外经贸部）批准设立，并且其中外资的股本占公司注册资本的比例达25%以上的股份有限公司。凡其中外资股本占公司注册资本的比例小于25%的，属于内资中的股份有限公司。

其他外商投资企业 指在中国境内依照《外国企业或个人在中国境内设立合伙企业管理办法》和《外商投资合伙企业登记管理规定》，依法设立的外商投资合伙企业。

1-本季平均人数 季报基层表中应填报的平均人数是“1-本季平均人数”，以年初至报告季内各月平均人数之和除以报告季内月数求得。计算公式为：

$$一季度：1\text{-}本季平均人数=\frac{1月平均人数+2月平均人数+3月平均人数}{3}$$

$$二季度：1\text{-}本季平均人数=\frac{1月平均人数+\ldots+6月平均人数}{6}$$

$$三季度：1\text{-}本季平均人数=\frac{1月平均人数+\ldots+9月平均人数}{9}$$

或（用本季平均人数计算）

一季度：1-本季平均人数=1季度本季平均人数

$$二季度：1\text{-}本季平均人数=\frac{1季度本季平均人数+2季度本季平均人数}{2}$$

三季度：1-本季平均人数

$$=\frac{1季度本季平均人数+2季度本季平均人数+3季度本季平均人数}{3}$$

本季平均人数以报告季内三个月的平均人数之和除以3求得。计算公式为：

$$本季平均人数=\frac{报告季内3个月平均人数之和}{3}$$

年平均人数 是以12个月的平均人数相加之和除以12求得，或以4个季度的平均人数之和除以4求得。计算公式为：

$$年平均人数=\frac{报告年内12个月平均人数之和}{12}$$

或：

$$年平均人数=\frac{报告年内4个季度平均人数之和}{4}$$

在年内新成立的单位年平均人数计算方法为：从实际开工之月起到年底的月平均人数相加除以12个月。

资产总计 指企业过去的交易或者事项形成的、由企业拥有或者控制的、预期会给企业带来经济利益的资源。资产一般按流动性分为流动资产和非流动资产。其中流动资产可分为货币资金、交易性金融资产、应收票据、应收账款、预付款项、其他应收款、存货等；非流动资产可分为长期股权投资、固

定资产、无形资产及其他非流动资产等。根据会计“资产负债表”中“资产总计”项目的期末余额数填报。

营业利润 指企业从事生产经营活动所取得的利润。执行2006年《企业会计准则》的企业，营业利润为营业收入减去营业成本、营业税金及附加、销售费用、管理费用、财务费用、资产减值损失，再加上公允价值变动收益和投资收益。未执行2006年《企业会计准则》的企业，营业利润为主营业务收入减去主营业务成本、主营业务税金及附加，加上其他业务利润后，再减去销售费用、管理费用、财务费用后的金额。根据会计“利润表”中“营业利润”项目的本期金额数填报。

利润总额 指企业在一定会计期间的经营成果，是生产经营过程中各种收入扣除各种耗费后的盈余，反映企业在报告期内实现的亏盈总额。根据会计“利润表”中“利润总额”项目的本期金额数填报。执行2006年《企业会计准则》的企业，利润总额为营业利润加上营业外收入，减去营业外支出后的金额；未执行2006年《企业会计准则》的企业，利润总额为营业利润加上投资收益、补贴收入、营业外收入，再减去营业外支出后的金额。

建筑业总产值 建筑业总产值是以货币表现的建筑业企业在一定时期内生产的建筑业产品和服务的总和。建筑业总产值包括建筑工程产值、安装工程产值和其他产值三部分内容。

劳务分包企业建筑业总产值指劳务分包企业与总承包企业或专业承包企业签定劳务分包合同后，从事建筑安装工程取得的所有劳务收入。

装饰装修产值 包括装饰、装修两部分产值。装修装饰指对新旧房屋及建筑物进行的内外装修装饰；对新建房屋及建筑物经过施工后，尚未完全达到使用标准，而进行的二次装修装饰；以及对原有房屋经使用若干年后进行的二次内外装饰。包括抹灰、门窗、玻璃、吊顶、隔断、饰面板(砖)、涂料、裱糊、刷浆、花饰等。

在外省完成的产值 指建筑业企业在其他省份施工所完成的建筑业产值。

房屋施工面积 指报告期内施过工的全部房屋建筑面积，它包括本期新开工的面积、上期跨入本期继续施工的房屋面积、上期停缓建在本期恢复施工的房屋面积、本期竣工的房屋面积以及本期施工后又停缓建的房屋面积。

房屋新开工面积 指在报告期内新开工的各个房屋单位工程的建筑面积之和。它不包括在上期开工跨入报告期继续施工的房屋建筑面积和上期停缓建而在本期复工的建筑面积。新开工面积用于反映报告期内投入施工的房屋建筑规模，为科学组织施工提供依据。

房屋竣工面积 指在报告期内房屋建筑按照设计要求已全部完工，达到了使用条件，经检查验收鉴定合格的房屋建筑面积。计算房屋竣工面积，必须严格执行房屋竣工验收标准。对民用建筑来讲，一般应按设计要求在土建工程和房屋本身附属的水、卫、气、暖等工程已经完工，通风、电梯等设备已安装完毕，做到水通、灯亮、经验收鉴定合格，并正式交付给使用单位后，才能计算竣工面积。对于工业及科研等生产性房屋建筑：一般应按设计要求在土建工程(包括水、暖、电、卫、通风)及属于房屋组成部分的生活间、操作间等已经完成，经验收合格后才计算竣工面积。只差安装工艺设备、管线工程的亦可以计算竣工面积。

房屋竣工价值　指在报告期内按规定已经上报竣工的房屋本身的建造价值。一般按房屋设计和预算规定的内容计算。可按“竣工结算价”或“中标价”填报。

13

国内贸易

GUONEIMAOYI

13-1 主要年份按经营单位所在地分社会消费品零售总额

单位：万元

年 份	全市总计	按经营单位所在地分	
		城 镇	乡 村
1978	71986	52899	19087
1980	99672	76970	22702
1985	217923	170927	46996
1990	422370	331990	90380
1995	1262560	1054386	208174
1996	1404006	1166152	237854
1997	1696451	1344511	351940
1998	1918559	1544734	373825
1999	2174606	1871049	303557
2000	2395307	2082940	312367
2001	2652760	2317259	335501
2002	2929955	2570436	359519
2003	3284109	2883317	400792
2004	3704629	3259611	445018
2005	4154883	3660443	494440
2006	4842035	4275157	566878
2007	5694232	5030913	663319
2008	7007415	6148691	858724
2009	8646103	8030068	616035
2010	10601922	10071408	530514
2011	12717298	12203291	514007
2012	14937990	14347657	590333
2013	17022979	16328885	694094
2014	19058927	18306373	752554
2015	20616550	19783845	832705
2016	23100867	22014246	1086621
2017	25909538	24591326	1318212

13-2 分县(市)区社会消费品零售总额

(2017年)

地　区	社会消费品零售总额(万元)	2017年比2016年增长(±%)
昆明市	**25909538**	**12.2**
五华区	5432155	9.4
盘龙区	4992346	12.5
官渡区	5016997	12.7
西山区	6007412	12.8
东川区	257644	14.1
呈贡区	504682	14.0
晋宁区	413847	13.6
富民县	190860	13.5
宜良县	487320	14.2
石林县	452241	14.2
嵩明县	343327	13.6
禄劝县	361982	13.4
寻甸县	358969	13.8
安宁市	1089756	13.7

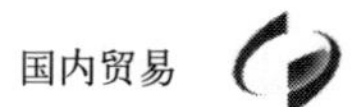

13-3 限额以上商品零售额分类情况

指　　标	单位	2017年
总计	**万元**	**11729341**
#粮油、食品类	万元	935455
饮料类	万元	86925
烟酒类	万元	122163
服装、鞋帽、针纺织品类	万元	626345
化妆品类	万元	221290
金银珠宝类	万元	528927
日用品类	万元	579079
家用电器和音像器材类	万元	406983
中西药品类	万元	1091500
家具类	万元	113488
通讯器材类	万元	201955
石油及制品类	万元	2075042
建筑及装潢材料类	万元	375321
汽车类	万元	4029361

13-4 限额以上批发和零售业法

指标	法人企业数(个)	从业人员期末人数(人)	商品购进额	进口	商品销售额	通过公共网络实现的销售额
总计	**811**	**87803**	**47661554**	**1390874**	**54898153**	**8504288**
一、批发业	**375**	**26488**	**38557103**	**1174119**	**42073084**	**8050037**
1.按国民经济批发业行业分(GB/T4757-2011)						
农、林、牧产品批发	**14**	**508**	**57216**		**72856**	**1223**
谷物、豆及薯类批发	4	136	13151		16288	
种子批发	1	87	21174		22263	
饲料批发	3	31	11833		14270	
棉、麻批发						
林业产品批发	2	43	2706		5567	829
牲畜批发	2	66	4056		7549	
其他农牧产品批发	2	145	4296		6919	394
食品、饮料及烟草制品批发	**47**	**2866**	**2674915**	**5500**	**3599587**	**1296250**
米、面制品及食用油批发	15	902	304116		288522	317
糕点、糖果及糖批发	5	229	1105104	5455	1142030	174819
果品、蔬菜批发	10	521	98938	45	118247	3403
肉、禽、蛋、奶及水产品批发						
盐及调味品批发	1	73	10034		10601	
营养和保健品批发	2	171	65994		52673	
酒、饮料及茶叶批发	7	451	67981		75762	83
烟草制品批发	2	329	937644		1821850	1117628
其他食品批发	5	190	85106		89902	
纺织、服装及家庭用品批发	**18**	**1370**	**670208**	**921**	**1077779**	**32**
纺织品、针织品及原料批发	1	16	2096		2178	
服装批发	2	52	17030		18805	
鞋帽批发	1	25	6870		7531	
化妆品及卫生用品批发	5	266	23075	921	378635	
厨房、卫生间用具及日用杂货批发						
灯具、装饰物品批发						
家用电器批发	8	964	616680		665497	32
其他家庭用品批发	1	47	4456		5133	
文化、体育用品及器材批发	**16**	**856**	**491691**		**502424**	**101537**
文具用品批发	5	169	94132		95070	236
体育用品及器材批发	1	29	4521		5525	
图书批发	4	533	316481		321025	101301
报刊批发						
音像制品及电子出版物批发						
首饰、工艺品及收藏品批发	1	33	6721		8713	
其他文化用品批发	5	92	69835		72092	
医药及医疗器材批发	**81**	**11266**	**4108149**		**4298792**	**1746897**
西药批发	60	9678	3930648		4033538	1729310
中药批发	16	1306	143884		188675	17586
医疗用品及器材批发	5	282	33617		76579	

人企业商品购进、销售和库存

单位：万元

通过非自营平台实现的商品销售额	使用银行卡支付的商品销售额	批发额	出口	零售额	通过公共网络实现的零售额	通过非自营平台实现的零售额	期末商品库存额	年末零售营业面积(平方米)
592684	**3741824**	**42128093**	**903799**	**12770059**	**447501**	**87452**	**3294155**	**3859026**
510671	**2067186**	**39915627**	**902168**	**2157457**	**21766**	**11667**	**2074208**	**421816**
394	**6340**	**70080**	**1101**	**2775**			**7474**	**153017**
		13969	890	2319			3086	1700
		22263					891	1324
		14270					782	
	3065	5200		367			1024	133379
		7500		49			808	15260
394	3275	6879	211	41			883	1354
163699	**38174**	**3553785**	**190831**	**45802**	**83**		**457318**	**34139**
	1961	273229		15293			300433	25179
161272	893	1142030					29562	200
2427	3604	92218	16094	26029			1923	2410
		10601					1266	
		52673					16816	
	3068	71691	1248	4072	83		36190	2350
		1821850	173488				64562	
	28647	89494		408			6567	4000
	22513	**1069453**	**6357**	**8326**			**91483**	**1000**
		1887		291			238	380
		16284		2520			787	120
		7326		205			648	60
	8416	374038	6357	4597			3510	200
	14097	664784		713			84719	240
		5133					1582	
101301	**8913**	**495522**		**6902**	**151**		**87233**	**3820**
	200	94493		576	151		15780	410
		5525					621	
101301		317833		3192			58386	2960
	8713	6675		2038			4096	300
		70995		1096			8350	150
42735	**62452**	**4064074**		**234718**	**20798**	**11667**	**385909**	**135687**
31054	13323	3821594		211944	9117		364678	119224
11681	18208	176414		12261	11681	11667	11710	10387
	30920	66066		10513			9522	6076

13-4 续表 1

指标	法人企业数(个)	从业人员期末人数(人)	商品购进额	进口	商品销售额	通过公共网络实现的销售额
矿产品、建材及化工产品批发	**148**	**6220**	**24705524**	**696573**	**26216764**	**3531216**
煤炭及制品批发	8	266	114303		172600	
石油及制品批发	13	1003	1877745		2022296	
非金属矿及制品批发	4	216	29507		29232	
金属及金属矿批发	59	1985	16257086	653737	16531148	1499116
建材批发	19	636	2352859		2421275	
化肥批发	17	1131	2026422		2935879	872731
农药批发	2	209	9977		67149	
农用薄膜批发						
其他化工产品批发	26	774	2037625	42836	2037185	1159369
机械设备、五金产品及电子产品批发	**42**	**2447**	**766137**	**27723**	**864594**	**1009**
农业机械批发	1	286	42445		62019	
汽车批发	1	64	70453		81052	
汽车零配件批发	4	85	15548		15509	
摩托车及零配件批发	3	121	97963		98236	
五金产品批发	2	73	8686		13501	
电气设备批发	1	21	3491		3666	
计算机、软件及辅助设备批发	7	183	69653		76263	
通讯及广播电视设备批发	1	74	69875		71343	
其他机械设备及电子产品批发	22	1540	388023	27723	443005	1009
贸易经纪与代理	**2**	**175**	**3096381**	**440066**	**3219048**	
贸易代理	2	175	3096381	440066	3219048	
拍卖						
其他贸易经纪与代理						
其他批发业	**7**	**780**	**1986883**	**3336**	**2221241**	**1371874**
再生物资回收与批发						
其他未列明批发业	7	780	1986883	3336	2221241	1371874
2.按国民经济批发业行业分(GB/T4757-2017)						
农、林、牧、渔产品批发	**14**	**508**	**57216**		**72856**	**1223**
谷物、豆及薯类批发	4	136	13151		16288	
种子批发	1	87	21174		22263	
畜牧渔业饲料批发	3	31	11833		14270	
棉、麻批发						
林业产品批发	2	43	2706		5567	829
牲畜批发	2	66	4056		7549	
渔业产品批发						
其他农牧产品批发	2	145	4296		6919	394
食品、饮料及烟草制品批发	**47**	**2866**	**2674915**	**5500**	**3599587**	**1296250**
米、面制品及食用油批发	15	902	304116		288522	317
糕点、糖果及糖批发	5	229	1105104	5455	1142030	174819
果品、蔬菜批发	10	521	98938	45	118247	3403
肉、禽、蛋、奶及水产品批发						
盐及调味品批发	1	73	10034		10601	
营养和保健品批发	2	171	65994		52673	
酒、饮料及茶叶批发	7	451	67981		75762	83
烟草制品批发	2	329	937644		1821850	1117628
其他食品批发	5	190	85106		89902	

单位：万元

通过非自营平台实现的商品销售额	使用银行卡支付的商品销售额	批发额	出口	零售额	通过公共网络实现的零售额	通过非自营平台实现的零售额	期末商品库存额	年末零售营业面积(平方米)
202543	**1801744**	**24429178**	**123930**	**1787586**	**734**		**648998**	**73595**
	16112	160260		12340			9102	1152
	1700769	331357		1690939			33644	6111
		27419		1814			7025	350
202543	9715	16469564	40782	61585	734		335846	27509
	30792	2408456		12818			39298	6415
	29940	2933445	49447	2434			127949	15258
		64806		2344			7495	450
	14415	2033872	33702	3313			88639	16350
	97491	**822308**	**15113**	**42286**			**90952**	**17358**
		49615		12404			3182	178
		81052					9403	
		15509					1929	
	37491	97572		664			20252	300
		12622	412	879			130	
		2976		689			88	400
		69840	1671	6424			8740	476
		71343					1503	
	60000	421779	13031	21226			45725	16004
		3219048	**340233**				**180719**	
		3219048	340233				180719	
	29560	**2192180**	**224603**	**29060**			**124123**	**3200**
	29560	2192180	224603	29060			124123	3200
394	**6340**	**70080**	**1101**	**2775**			**7474**	**153017**
		13969	890	2319			3086	1700
		22263					891	1324
		14270					782	
	3065	5200		367			1024	133379
		7500		49			808	15260
394	3275	6879	211	41			883	1354
163699	**38174**	**3553785**	**190831**	**45802**	**83**		**457318**	**34139**
	1961	273229		15293			300433	25179
161272	893	1142030					29562	200
2427	3604	92218	16094	26029			1923	2410
		10601					1266	
		52673					16816	
	3068	71691	1248	4072	83		36190	2350
		1821850	173488				64562	
	28647	89494		408			6567	4000

13-4 续表 2

指 标	法人企业数(个)	从业人员期末人数(人)	商品购进额	进口	商品销售额	通过公共网络实现的销售额
纺织、服装及家庭用品批发	**18**	**1370**	**670208**	**921**	**1077779**	**32**
纺织品、针织品及原料批发	1	16	2096		2178	
服装批发	2	52	17030		18805	
鞋帽批发	1	25	6870		7531	
化妆品及卫生用品批发	5	266	23075	921	378635	
厨具卫具及日用杂品批发						
灯具、装饰物品批发						
家用视听设备批发	5	841	52679		91224	32
日用家电批发	3	123	564002		574273	
其他家庭用品批发	1	47	4456		5133	
文化、体育用品及器材批发	**15**	**823**	**484970**		**493711**	**101537**
文具用品批发	5	169	94132		95070	236
体育用品及器材批发	1	29	4521		5525	
图书批发	4	533	316481		321025	101301
报刊批发						
音像制品、电子和数字出版物批发						
首饰、工艺品及收藏品批发						
乐器批发						
其他文化用品批发	5	92	69835		72092	
医药及医疗器材批发	**81**	**11266**	**4108149**		**4298792**	**1746897**
西药批发	61	9354	3649766		3787882	1458650
中药批发	15	1652	414454		453155	288246
动物用药品批发	1	86	12286		13024	
医疗用品及器材批发	4	174	31643		44731	
矿产品、建材及化工产品批发	**149**	**6252**	**24712642**	**696573**	**26224510**	**3531216**
煤炭及制品批发	8	266	114303		172600	
石油及制品批发	13	1003	1877745		2022296	
非金属矿及制品批发	4	216	29507		29232	
金属及金属矿批发	60	2017	16264203	653737	16538894	1499116
建材批发	19	636	2352859		2421275	
化肥批发	17	1131	2026422		2935879	872731
农药批发	2	209	9977		67149	
农用薄膜批发						
其他化工产品批发	26	774	2037625	42836	2037185	1159369
机械设备、五金产品及电子产品批发	**41**	**2426**	**762497**	**27723**	**860973**	**1009**
农业机械批发	1	286	42445		62019	
汽车及零配件批发	4	110	80959		91803	
摩托车及零配件批发	4	160	103006		102994	
五金产品批发	1	55	8686		8795	
电气设备批发	1	18			4707	
计算机、软件及辅助设备批发	6	182	67827		74636	
通讯设备批发	1	1	1677		1671	
广播影视设备批发	1	74	69875		71343	
其他机械设备及电子产品批发	22	1540	388023	27723	443005	1009

单位：万元

通过非自营平台实现的商品销售额	使用银行卡支付的商品销售额	批发额	出口	零售额	通过公共网络实现的零售额	通过非自营平台实现的零售额	期末商品库存额	年末零售营业面积(平方米)
	22513	**1069453**	**6357**	**8326**			**91483**	**1000**
		1887		291			238	380
		16284		2520			787	120
		7326		205			648	60
	8416	374038	6357	4597			3510	200
	14097	90511		713			19273	240
		574273					65447	
		5133					1582	
101301	**200**	**488847**		**4864**	**151**		**83137**	**3520**
	200	94493		576	151		15780	410
		5525					621	
101301		317833		3192			58386	2960
		70995		1096			8350	150
42735	**62452**	**4064074**		**234718**	**20798**	**11667**	**385909**	**135687**
31054	16823	3583425		204457	1630		331356	111194
11681	14708	433407		19748	19168	11667	46115	18417
		13024					2893	
	30920	34218		10513			5545	6076
202543	**1801744**	**24436924**	**123930**	**1787586**	**734**		**649431**	**73595**
	16112	160260		12340			9102	1152
	1700769	331357		1690939			33644	6111
		27419		1814			7025	350
202543	9715	16477310	40782	61585	734		336279	27509
	30792	2408456		12818			39298	6415
	29940	2933445	49447	2434			127949	15258
		64806		2344			7495	450
	14415	2033872	33702	3313			88639	16350
	97491	**819773**	**15113**	**41200**			**90646**	**17218**
		49615		12404			3182	178
		91803					11048	
	37491	102330		664			20536	300
		7915		879			1	
		4707	412				130	
		68610		6026			8522	736
		1671	1671					
		71343					1503	
	60000	421779	13031	21226			45725	16004

13-4 续表 3

指　　标	法人企业数(个)	从业人员期末人数(人)	商品购进额	进口	商品销售额	通过公共网络实现的销售额
贸易经纪与代理	**2**	**175**	**3096381**	**440066**	**3219048**	
贸易代理	2	175	3096381	440066	3219048	
一般物品拍卖						
艺术品、收藏品拍卖						
艺术品代理						
其他贸易经纪与代理						
其他批发业	**6**	**748**	**1979765**	**3336**	**2213495**	**1371874**
再生物资回收与批发						
宠物食品用品批发						
互联网批发						
其他未列明批发业	6	748	1979765	3336	2213495	1371874
3.按登记注册类型分						
内资企业	**370**	**25567**	**38020725**	**1168664**	**41508882**	**7899100**
国有企业	13	745	1669094	45	2590394	1117628
集体企业	2	28	12299		12760	
股份合作企业						
联营企业						
国有联营企业						
集体联营企业						
国有与集体联营企业						
其他联营企业						
有限责任公司	145	11557	30090106	1152416	32178030	6644508
国有独资公司	18	2019	11161192	372271	11397177	1728148
其他有限责任公司	127	9538	18928914	780144	20780854	4916361
股份有限公司	26	3054	2736078	2514	2939180	101727
私营企业	182	10133	3454615	13690	3722560	35134
私营独资企业						
私营合伙企业						
私营有限责任公司	178	9485	3252844	13690	3521753	35134
私营股份有限公司	4	648	201771		200807	
其他企业	2	50	58534		65958	102
港、澳、台商投资企业	**3**	**589**	**417448**	**5455**	**439492**	**150937**
与港澳台商合资经营企业	1	430	43670		44921	
与港澳台商合作经营企业						
港澳台商独资企业	1	127	373138	5455	392878	150937
港澳台商投资股份有限公司						
其他港澳台投资企业	1	32	640		1694	
外商投资企业	**2**	**332**	**118930**		**124710**	
中外合资经营企业						
中外合作经营企业						
外资企业	2	332	118930		124710	
外商投资股份有限公司						
其他外商投资企业						

单位：万元

通过非自营平台实现的商品销售额	使用银行卡支付的商品销售额	批发额	出口	零售额	通过公共网络实现的零售额	通过非自营平台实现的零售额	期末商品库存额	年末零售营业面积(平方米)
		3219048	**340233**				**180719**	
		3219048	340233				180719	
	29560	**2184434**	**224603**	**29060**			**123690**	**3200**
	29560	2184434	224603	29060			123690	3200
359734	**2067186**	**39375315**	**901668**	**2133567**	**21766**	**11667**	**2062976**	**407185**
	1961	2588313	21163	2082			314426	3244
		11948		812			387	11400
233596	247219	31982392	814090	195639	8304		1237850	76443
25443	137	11380533	460180	16644	83		361504	5814
208154	247082	20601859	353911	178995	8220		876347	70629
101695	1687384	1264262	40616	1674918			165347	14392
24443	130622	3482023	25799	240536	13462	11667	344945	301106
24443	130622	3284252	25799	237501	13462	11667	323346	284966
		197772		3035			21599	16140
		46377		19581			20	600
150937		**415602**	**500**	**23890**			**5776**	**2531**
		21031		23890			186	2331
150937		392878					5455	
		1694	500	0			135	200
		124710					**5457**	**12100**
		124710					5457	12100

13-4 续表 4

指　　标	法人企业数（个）	从业人员期末人数（人）	商品购进额	进口	商品销售额	通过公共网络实现的销售额
4.按控股情况分						
国有控股	79	8722	31144195	1152461	33874411	7592778
集体控股	9	686	406293	2514	465497	270660
私人控股	241	14121	4472302	13690	4898155	35560
港澳台商控股	2	557	416808	5455	437799	150937
外商控股	3	332	156541		160839	
其他	41	2070	1960964		2236384	102
5.按经营形式分						
独立门店	173	12363	14166349	352180	14723110	2376988
连锁总店	5	996	120182		991092	872731
连锁直营店	1	548	140326		169094	
连锁加盟店						
其他	196	12581	24130246	821939	26189787	4800318
6.按单位规模分						
大型	20	8290	12673815	8444	13567561	2928853
中型	181	14764	20510023	1160667	22703399	4506626
小型	157	3312	5018913	1644	5446177	613549
微型	17	122	354352	3364	355948	1009
二、零售业	**436**	**61315**	**9104451**	**216755**	**12825069**	**454251**
1.按国民经济零售业行业分（GB/T4757-2011）						
综合零售	**76**	**16194**	**1264013**	**478**	**1498866**	**3154**
百货零售	40	4256	538551	3	661735	1381
超级市场零售	27	11107	712432	476	820649	
其他综合零售	9	831	13031		16482	1773
食品、饮料及烟草制品专门零售	**47**	**2305**	**248017**	**4770**	**993731**	**59157**
粮油零售	10	348	108472	60	788839	2241
糕点、面包零售	1	35	262		564	490
果品、蔬菜零售	8	751	36811		63359	
肉、禽、蛋、奶及水产品零售	5	118	22943		24264	
营养和保健品零售	3	249	33101	130	46863	32082
酒、饮料及茶叶零售	10	376	18738		34620	12997
烟草制品零售	2	164	9709		14482	
其他食品零售	8	264	17981	4579	20741	11347
纺织、服装及日用品专门零售	**26**	**3932**	**245502**	**7617**	**344849**	**6391**
纺织品及针织品零售						
服装零售	15	2527	205921		278034	6352
鞋帽零售	3	1034	20570		39053	39
化妆品及卫生用品零售	2	99	7968	7617	13952	
钟表、眼镜零售	2	165	1495		1989	
箱、包零售						
厨房用具及日用杂品零售	2	51	4784		6721	
自行车零售						
其他日用品零售	2	56	4764		5100	

单位：万元

通过非自营平台实现的商品销售额	使用银行卡支付的商品销售额	批发额	出口	零售额	通过公共网络实现的零售额	通过非自营平台实现的零售额	期末商品库存额	年末零售营业面积(平方米)
334897	1693264	32099952	826258	1774459	817		1402102	45892
		457193	38460	8303	7487		62366	20684
24837	345274	4617131	33607	281024	13462	11667	480990	323226
150937		413909		23890			5641	2331
		160839					8359	12200
	28647	2166603	3843	69781			114751	17483
127152	1918527	12819837	59463	1903274	9282		961077	160236
		959899		31193			10969	11991
		73130		95965			15216	43000
383519	148659	26062762	842705	127026	12484	11667	1086946	206589
112968		13315380	6046	252181	20783	11667	505871	129001
386975	1978668	20865545	821180	1837854	831		1315488	65130
10728	78703	5379096	72885	67081	151		247365	224535
	9815	355607	2057	341			5485	3150
82014	**1674638**	**2212466**	**1631**	**10612602**	**425735**	**75785**	**1219947**	**3437210**
225	**417157**	**8543**		**1490322**	**1381**	**225**	**172209**	**738987**
225	108581	2777		658958	1381	225	75734	376650
	308575	834		819815			93522	353873
	1	4933		11549			2953	8464
3352	**15730**	**43008**	**6**	**950723**	**51887**	**3152**	**23626**	**109655**
978	649	7294	6	781546	1468	778	3201	9510
290	30	60		504	430	290	14	375
	1918	9691		53667			2031	53936
	36	1662		22601			550	1658
	7980	4180		42683	30756		1774	20736
110	5117	17430		17191	9726	110	9298	7941
				14482			2658	2038
1975		2692		18049	9507	1975	4100	13461
4960	**55341**	**95585**		**249263**	**6391**	**4960**	**68980**	**73313**
4921	38068	91126		186909	6352	4921	52685	61589
39	16575			39053	39	39	13352	2690
	100			13952			1890	1503
				1989			260	175
				6721			418	4158
	598	4460		640			376	3198

13-4 续表 5

指　　标	法人企业数(个)	从业人员期末人数(人)	商品购进额	进口	商品销售额	通过公共网络实现的销售额
文化、体育用品及器材专门零售	**32**	**1971**	**1314861**		**1402185**	**7167**
文具用品零售	5	113	7922		9460	3120
体育用品及器材零售	1	12	34		634	166
图书、报刊零售	10	1294	115182		113129	
音像制品及电子出版物零售						
珠宝首饰零售	11	453	1180459		1268193	8
工艺美术品及收藏品零售	2	30	2780		1532	302
乐器零售						
照相器材零售						
其他文化用品零售	3	69	8483		9237	3571
医药及医疗器材专门零售	**27**	**17718**	**678631**	**3233**	**953590**	**17323**
药品零售	22	17552	662497	580	933021	17323
医疗用品及器材零售	5	166	16134	2653	20569	
汽车、摩托车、燃料及零配件专门零售	**156**	**14886**	**4865073**	**200347**	**6942993**	**247755**
汽车零售	111	9101	3396438	200347	3773914	243585
汽车零配件零售	12	1733	268047		351396	4170
摩托车及零配件零售	4	53	9886		10401	
机动车燃料零售	29	3999	1190702		2807282	
家用电器及电子产品专门零售	**39**	**3228**	**407358**		**591155**	**92680**
家用视听设备零售	11	2023	243418		415379	78577
日用家电设备零售	9	157	11569		12049	2
计算机、软件及辅助设备零售	14	566	64729		70160	14100
通信设备零售	2	248	60585		66210	
其他电子产品零售	3	234	27058		27357	
五金、家具及室内装饰材料专门零售	**21**	**769**	**52713**	**311**	**59984**	**2081**
五金零售	3	78	2333		2732	1125
灯具零售	4	135	5550		7008	
家具零售	3	73	1751		2864	
涂料零售						
卫生洁具零售	2	97	12645		12658	
木质装饰材料零售						
陶瓷、石材装饰材料零售	8	336	20909	311	24262	956
其他室内装饰材料零售	1	50	9525		10461	
货摊、无店铺及其他零售业	**12**	**312**	**28284**		**37716**	**18544**
货摊食品零售						
货摊纺织、服装及鞋零售						
货摊日用品零售						
互联网零售	6	158	13414		17640	17628
邮购及电视、电话零售						
旧货零售						
生活用燃料零售	3	85	12221		17360	
其他未列明零售业	3	69	2649		2715	916

单位：万元

通过非自营平台实现的商品销售额	使用银行卡支付的商品销售额	批发额	出口	零售额	通过公共网络实现的零售额	通过非自营平台实现的零售额	期末商品库存额	年末零售营业面积(平方米)
3458	**19962**	**1171693**	**1625**	**230492**	**5867**	**3458**	**66624**	**150277**
3118	102	1359		8101	3120	3118	1856	2131
166	197	34		600	166	166	589	800
	7406	21950	46	91179			29237	120317
8	8411	1141124		127068	8	8	32723	25128
	78	1431	972	102	2		2054	180
166	3768	5795	607	3442	2571	165	164	1721
1311	**39088**	**65142**		**888448**	**17323**	**1311**	**116544**	**504315**
1311	39088	50666		882356	17323	1311	115447	503390
		14476		6093			1097	925
53617	**1097023**	**737973**		**6205020**	**236901**	**52371**	**704429**	**1615514**
52324	970436	19793		3754121	232731	52324	654376	432780
1293	34	646		350750	4170	47	32840	35123
	2441			10401			1314	1641
	124113	717534		2089748			15899	1145970
8131	**23771**	**69556**		**521600**	**92680**	**8131**	**50198**	**209025**
8131	19430	12465		402915	78577	8131	19370	186184
	611	2250		9799	2		2173	5720
		23261		46899	14100		16758	6609
	3605	31081		35129			11654	6860
	125	498		26859			244	3652
	4944	**15695**		**44289**	**1591**		**15540**	**29931**
		384		2348	1125		796	585
	1320			7008			1834	6033
	325	8		2856			375	3165
		6595		6063			4517	4107
	3300	8709		15553	467		6864	9041
				10461			1154	7000
6959	**1622**	**5271**		**32445**	**11715**	**2176**	**1798**	**6193**
6959	1622	5041		12599	11715	2176	1410	1474
				17360			159	3187
		230		2485			230	1532

13-4 续表 6

指标	法人企业数(个)	从业人员期末人数(人)	商品购进额	进口	商品销售额	通过公共网络实现的销售额
2.按国民经济零售业行业分(GB/T4757-2017)						
综合零售	**76**	**16214**	**1264021**	**478**	**1498760**	**3154**
百货零售	41	4277	539818	3	662957	1381
超级市场零售	28	11155	713372	476	821518	
便利店零售						
其他综合零售	7	782	10831		14286	1773
食品、饮料及烟草制品专门零售	**49**	**2344**	**250000**	**4770**	**995636**	**59157**
粮油零售	10	348	108472	60	788839	2241
糕点、面包零售	1	35	262		564	490
果品、蔬菜零售	9	762	37861		64289	
肉、禽、蛋、奶及水产品零售	5	118	22943		24264	
营养和保健品零售	3	249	33101	130	46863	32082
酒、饮料及茶叶零售	10	376	18738		34620	12997
烟草制品零售	3	192	10642		15457	
其他食品零售	8	264	17981	4579	20741	11347
纺织、服装及日用品专门零售	**26**	**3932**	**245502**	**7617**	**344849**	**6391**
纺织品及针织品零售						
服装零售	15	2527	205921		278034	6352
鞋帽零售	2	1011	19429		37796	39
化妆品及卫生用品零售	2	99	7968	7617	13952	
厨具卫具及日用杂品零售	3	156	5079		7159	
钟表、眼镜零售	1	60	1200		1550	
箱包零售	1	23	1142		1257	
自行车等代步设备零售						
其他日用品零售	2	56	4764		5100	
文化、体育用品及器材专门零售	**32**	**1971**	**1314861**		**1402185**	**7167**
文具用品零售	5	113	7922		9460	3120
体育用品及器材零售	1	12	34		634	166
图书、报刊零售	10	1294	115182		113129	
音像制品、电子和数字出版物零售						
珠宝首饰零售	11	453	1180459		1268193	8
工艺美术品及收藏品零售	2	30	2780		1532	302
乐器零售						
照相器材零售						
其他文化用品零售	3	69	8483		9237	3571
医药及医疗器材专门零售	**27**	**17718**	**678631**	**3233**	**953590**	**17323**
西药零售	16	13431	521213		726016	6539
中药零售	6	4121	141284	580	207005	10784
动物用药品零售						
医疗用品及器材零售	5	166	16134	2653	20569	
保健辅助治疗器材零售						
汽车、摩托车、零配件和燃料及其他动力销售	**156**	**14886**	**4865073**	**200347**	**6942993**	**247755**
汽车新车零售	99	7849	2896183	185849	3292160	190491
汽车旧车零售	15	1438	518781	14498	504423	55639
汽车零配件零售	9	1547	249521		328727	1626

单位：万元

通过非自营平台实现的商品销售额	使用银行卡支付的商品销售额	批发额	出口	零售额	通过公共网络实现的零售额	通过非自营平台实现的零售额	期末商品库存额	年末零售营业面积(平方米)
225	**417157**	**8543**		**1490217**	**1381**	**225**	**172156**	**739982**
225	108581	2777		660180	1381	225	75970	377430
	308575	834		820684			93572	355073
	1	4933		9353			2615	7479
3352	**15730**	**43238**	**6**	**952398**	**51887**	**3152**	**23878**	**110060**
978	649	7294	6	781546	1468	778	3201	9510
290	30	60		504	430	290	14	375
	1918	9921		54367			2181	54136
	36	1662		22601			550	1658
	7980	4180		42683	30756		1774	20736
110	5117	17430		17191	9726	110	9298	7941
				15457			2760	2243
1975		2692		18049	9507	1975	4100	13461
4960	**55341**	**95585**		**249263**	**6391**	**4960**	**68980**	**73313**
4921	38068	91126		186909	6352	4921	52685	61589
39	16575			37796	39	39	13172	2420
	100			13952			1890	1503
				7159			648	4268
				1550			29	65
				1257			180	270
	598	4460		640			376	3198
3458	**19962**	**1171693**	**1625**	**230492**	**5867**	**3458**	**66624**	**150277**
3118	102	1359		8101	3120	3118	1856	2131
166	197	34		600	166	166	589	800
	7406	21950	46	91179			29237	120317
8	8411	1141124		127068	8	8	32723	25128
	78	1431	972	102	2		2054	180
166	3768	5795	607	3442	2571	165	164	1721
1311	**39088**	**65142**		**888448**	**17323**	**1311**	**116544**	**504315**
1311	30254	49630		676387	6539	1311	107166	355008
	8833	1036		205969	10784		8281	148382
		14476		6093			1097	925
53617	**1097023**	**737973**		**6205020**	**236901**	**52371**	**704429**	**1615514**
51274	962610	19793		3272367	179637	51274	427852	385052
1097	7826			504423	55639	1097	227057	50294
1246	34	646		328081	1626		32307	32557

13-4 续表 7

指　　标	法人企业数(个)	从业人员期末人数(人)	商品购进额	进口	商品销售额	通过公共网络实现的销售额
摩托车及零配件零售	7	641	217178		275305	
机动车燃油零售	24	3373	977903		2536732	
机动车燃气零售	2	38	5507		5647	
机动车充电销售						
家用电器及电子产品专门零售	**39**	**3228**	**407358**		**591155**	**92680**
家用视听设备零售	11	2023	243418		415379	78577
日用家电零售	9	157	11569		12049	2
计算机、软件及辅助设备零售	14	566	64729		70160	14100
通信设备零售	2	248	60585		66210	
其他电子产品零售	3	234	27058		27357	
五金、家具及室内装饰材料专门零售	**21**	**769**	**52713**	**311**	**59984**	**2081**
五金零售	3	78	2333		2732	1125
灯具零售	4	135	5550		7008	
家具零售	3	73	1751		2864	
涂料零售						
卫生洁具零售	2	97	12645		12658	
木质装饰材料零售						
陶瓷、石材装饰材料零售	8	336	20909	311	24262	956
其他室内装饰材料零售	1	50	9525		10461	
货摊、无店铺及其他零售业	**10**	**253**	**26294**		**35917**	**18544**
流动货摊零售						
互联网零售	6	158	13414		17640	17628
邮购及电视、电话零售						
自动售货机零售						
旧货零售						
生活用燃料零售	2	53	4643		5870	
宠物食品用品零售	1	32	7578		11490	
其他未列明零售业	1	10	659		916	916
3.按登记注册类型分						
内资企业	**408**	**47234**	**7306326**	**178259**	**10680089**	**389128**
国有企业	5	119	21773		27958	
集体企业	10	213	38846		39949	
股份合作企业	1	40	8130		8123	
联营企业						
国有联营企业						
集体联营企业						
国有与集体联营企业						
其他联营企业						
有限责任公司	154	20512	4270609	123902	6386709	185106
国有独资公司	5	1733	1957267		1983077	4085
其他有限责任公司	149	18779	2313343	123902	4403633	181021
股份有限公司	9	1155	127235		134665	52287
私营企业	224	25071	2827405	54358	4068441	151736

单位：万元

通过非自营平台实现的商品销售额	使用银行卡支付的商品销售额	批发额	出口	零售额	通过公共网络实现的零售额	通过非自营平台实现的零售额	期末商品库存额	年末零售营业面积(平方米)
	2441	81376		193929			2637	14541
	124113	636158		1900573			14390	1128027
				5647			186	5043
8131	**23771**	**69556**		**521600**	**92680**	**8131**	**50198**	**209025**
8131	19430	12465		402915	78577	8131	19370	186184
	611	2250		9799	2		2173	5720
		23261		46899	14100		16758	6609
	3605	31081		35129			11654	6860
	125	498		26859			244	3652
	4944	**15695**		**44289**	**1591**		**15540**	**29931**
		384		2348	1125		796	585
	1320			7008			1834	6033
	325	8		2856			375	3165
		6595		6063			4517	4107
	3300	8709		15553	467		6864	9041
				10461			1154	7000
6959	**1622**	**5041**		**30876**	**11715**	**2176**	**1598**	**4793**
6959	1622	5041		12599	11715	2176	1410	1474
				5870			66	1600
				11490			93	1587
				916			30	132
81917	**1053144**	**2165256**	**1631**	**8514833**	**360611**	**75689**	**810039**	**2889674**
				27958			2645	2829
	1	2402		37547			1818	15268
		593		7530			712	1400
15283	513022	1856213	972	4530496	169355	15283	283438	1818223
4085	165507	1223199		759878	4085	4085	15893	176686
11198	347515	633015	972	3770618	165270	11198	267545	1641537
1246	3300	5393		129273	50514		7616	182904
65389	536762	300655	659	3767787	140743	60406	513024	860340

13-4 续表 8

指　　标	法人企业数(个)	从业人员期末人数(人)	商品购进额	进口	商品销售额	通过公共网络实现的销售额
私营独资企业	16	393	24438	668	30923	
私营合伙企业	2	156	13346		17555	
私营有限责任公司	200	11606	2315826	53630	3343920	143883
私营股份有限公司	6	12916	473796	60	676044	7853
其他企业	5	124	12329		14243	
港、澳、台商投资企业	**16**	**4497**	**958825**	**38077**	**1201408**	**38603**
与港澳台商合资经营企业	3	597	200573		328545	
与港澳台商合作经营企业						
港澳台商独资企业	13	3900	758252	38077	872864	38603
港澳台商投资股份有限公司						
其他港澳台投资企业						
外商投资企业	**12**	**9584**	**839300**	**419**	**943572**	**26521**
中外合资经营企业	5	2509	383664		433730	
中外合作经营企业						
外资企业	6	6955	455117	419	509138	26521
外商投资股份有限公司						
其他外商投资企业	1	120	519		704	
4.按控股情况分						
国有控股	29	6739	2325479	7529	3927957	43339
集体控股	16	658	182989	13314	184190	
私人控股	332	35513	4060664	131926	5568267	195603
港澳台商控股	16	4497	958825	38077	1201408	38603
外商控股	10	9471	733439	419	819260	26521
其他	33	4437	843056	25490	1123987	150186
5.按经营形式分						
独立门店	345	38891	6622800	215177	8253061	282796
连锁总店	26	15297	1612956	1056	3482572	64001
连锁直营店	3	799	53456		70023	26521
连锁加盟店						
其他	62	6328	815239	523	1019413	80933
6.按单位规模分						
大型	21	35514	2798028	419	5056971	71249
中型	171	20118	4304182	196018	4957759	285510
小型	214	5496	1878053	20318	2005605	96236
微型	30	187	124187		804734	1256
7.按零售业态分						
有店铺零售	**407**	**60165**	**8957876**	**213580**	**12656620**	**422842**
食杂店	7	138	95705		773249	6630
便利店	9	1518	44782		58268	1902
折扣店	1	49	1084		1627	39
超市	52	2453	136257	4306	174292	2
大型超市	12	10172	654212	419	747136	469
仓储会员店						

单位：万元

通过非自营平台实现的商品销售额	使用银行卡支付的商品销售额	批发额	出口	零售额	通过公共网络实现的零售额	通过非自营平台实现的零售额	期末商品库存额	年末零售营业面积(平方米)
	838			30923			1510	15183
				17555			1020	5744
63978	498937	252876	653	3091044	133434	58995	407785	497946
1411	36988	47778	6	628266	7309	1411	102710	341467
	59			14243			786	8710
97	**319415**	**47211**		**1154198**	**38603**	**97**	**281612**	**154177**
	267147	1036		327509			19123	24461
97	52268	46175		826689	38603	97	262489	129716
	302079			**943572**	**26521**		**128296**	**393359**
	113218			433730			65492	177896
	188861			509138	26521		62766	212603
				704			38	2860
4093	200414	1751114		2176843	41566	4093	60138	1215295
	1	34077		150113			20398	20038
69693	723299	344678	1631	5223589	168860	63464	653426	1325881
97	319415	47211		1154198	38603	97	281612	154177
	321509			819260	26521		86751	311985
8131	110000	35387		1088600	150186	8131	117623	409834
59592	1239365	1442898	1579	6810163	266591	58134	962265	1722419
	367532	619488	46	2863084	64001		135968	1462020
				70023	26521		1022	20917
22422	67741	150080	6	869333	68622	17651	120692	231854
1311	479573	773637		4283334	71249	1311	264501	2011098
53852	1144845	180544	653	4777216	267286	53852	803393	1134368
26850	49232	1244438	978	761167	86733	20622	148553	275156
	989	13848		790886	467		3500	16588
72516	**1659584**	**2184806**	**1018**	**10471814**	**404351**	**71270**	**1207202**	**3384152**
	36	2259		770991	6630		1363	4033
129	12	1514		56754	129	129	4858	24379
39				1627	39	39	1012	120
	18361	19337		154955	2		19984	131042
97	314766	431		746705	469	97	81437	387907

13-4 续表 9

指标	法人企业数（个）	从业人员期末人数（人）	商品购进额	进口	商品销售额	通过公共网络实现的销售额
百货店	21	2908	481837	7529	599624	783
专业店	138	29751	4400141	22661	6888010	161542
专卖店	146	12304	3053993	178353	3301556	244879
家居建材商店	9	240	24548	311	26459	956
购物中心	5	469	58937		75147	5641
厂家直销中心	7	163	6382		11253	
无店铺零售	**29**	**1150**	**146575**	**3176**	**168449**	**31409**
电视购物	1	251	13491		13732	
邮购						
网上商店	11	295	20648	60	26198	25848
自动售货亭						
电话购物						
其他	17	604	112436	3116	128519	5561
三、批发业按地区分组	**375**	**26488**	**38557103**	**1174119**	**42073084**	**8050037**
五华区	75	7182	8853266	21050	9603204	297295
盘龙区	31	2952	5398358	46334	6442879	3649880
官渡区	106	6159	7044418	27793	7219849	159496
西山区	60	5320	8101087	761241	9349514	1371789
东川区	4	110	23636		24684	
呈贡区	24	2032	2581866		2546196	1462940
晋宁区	16	777	134883		158552	
富民县	7	234	44013	45	53869	394
宜良县	7	214	118190		129757	931
石林彝族自治县	2	56	12910		12855	
嵩明县	7	373	100538		107263	3301
禄劝彝族苗族自治县	3	57	7515		10466	
寻甸回族彝族自治县	6	138	20433		24962	317
安宁市	27	884	6115990	317656	6389033	1103695
四、零售业按地区分组	**436**	**61315**	**9104451**	**216755**	**12825069**	**454251**
五华区	77	19527	3238736	17421	3779937	129621
盘龙区	69	10752	1724130	19385	2699517	178439
官渡区	80	7795	1638990	100153	3257777	49507
西山区	70	5589	1716324	77052	2043944	82884
东川区	8	346	14286		18177	
呈贡区	12	13261	479572		682616	12083
晋宁区	16	478	28621		37316	
富民县	11	358	15600	2653	16677	
宜良县	18	458	67254	88	82317	
石林彝族自治县	16	465	32642		35337	540
嵩明县	10	886	53552		65268	
禄劝彝族苗族自治县	21	418	45017		47237	1012
寻甸回族彝族自治县	9	320	17175	3	19325	166
安宁市	19	662	32552		39625	

单位：万元

通过非自营平台实现的商品销售额	使用银行卡支付的商品销售额	批发额	出口	零售额	通过公共网络实现的零售额	通过非自营平台实现的零售额	期末商品库存额	年末零售营业面积(平方米)
	85957	384		599240	783		74154	245743
5513	453297	1971825	46	4916185	146201	5513	516417	2160843
61817	786829	130766	972	3170790	243990	60572	481590	396219
	325	8709		17750	467		6974	15359
4921		49268		25879	5641	4921	18634	13542
		314		10939			779	4965
9498	**15055**	**27660**	**613**	**140789**	**21384**	**4515**	**12744**	**53058**
				13732			2450	8500
9498	5488	6416	613	19782	17149	4515	2179	4695
	9566	21244		107274	4235		8116	39863
510671	**2067186**	**39915627**	**902168**	**2157457**	**21766**	**11667**	**2074208**	**421816**
11667	71345	9506142	231160	97062	20783	11667	320116	73428
	7315	6419001	233455	23878			264734	8749
101301	217269	7140729	23798	79120	234		605337	33912
161272	1690276	7565777	358929	1783737			489660	48521
		23468		1216			590	190
31068	7100	2502388		43808	14		182845	15332
	60732	140608	3256	17944			19296	6750
394	3275	48759	16448	5110			2428	16450
	6133	103790		25967			15214	134725
		12855					1517	
2427	3604	102020	386	5244			16678	5218
		7271		3195			2935	2030
		18706		6257			3803	44392
202543	137	6324112	34736	64921	734		149053	32119
82014	**1674638**	**2212466**	**1631**	**10612602**	**425735**	**75785**	**1219947**	**3437210**
5346	585052	1287151	46	2492786	121566	391	348576	983614
51413	401264	30373	6	2669144	174325	51413	382366	351028
10439	181184	624370		2633406	48349	9166	191948	1110171
11199	451429	204482	972	1839461	69707	11199	165874	432384
	2884	306		17871			1901	16489
3450	33926	47776	607	634840	11083	3450	104337	356654
	2383	2233		35083			3025	18712
	518	247		16430			909	13141
	233	10107		72210			4296	30275
	661	341		34995	540		1659	26375
	13326	541		64727			6908	35926
		230		47007			3053	14433
166	1561	3925		15400	166	166	3325	12840
	216	384		39241			1772	35168

13-5 限额以上批发和零售

（2017年）

指标	法人企业数(个)	年初存货	期末资			
			流动资产合计	应收帐款	存货	固定资产合计
总计	**811**	**2857560**	**19580993**	**3836265**	**3140962**	**1300445**
一、批发业	**375**	**1950184**	**15344074**	**3316894**	**2236179**	**602415**
1.按国民经济批发业行业分(GB/T4757-2011)						
农、林、牧产品批发	**14**	**11055**	**36990**	**4751**	**10237**	**11015**
谷物、豆及薯类批发	4	3551	7392	1670	3067	2381
种子批发	1	1472	5183	1337	891	1481
饲料批发	3	1820	10944	505	683	2456
棉、麻批发						
林业产品批发	2	550	3179	628	2087	437
牲畜批发	2	3127	2785	122	2626	3544
其他农牧产品批发	2	535	7507	490	883	717
食品、饮料及烟草制品批发	**47**	**548228**	**1972675**	**82552**	**609744**	**190554**
米、面制品及食用油批发	15	263685	421208	16122	303078	106166
糕点、糖果及糖批发	5	11736	338513	28966	27749	1027
果品、蔬菜批发	10	937	15208	4265	1949	28449
肉、禽、蛋、奶及水产品批发						
盐及调味品批发	1	1089	4324	1690	1266	49
营养和保健品批发	2	5921	9825	7735	1251	651
酒、饮料及茶叶批发	7	20352	69330	8752	32214	900
烟草制品批发	2	236336	1100223	10432	236060	36558
其他食品批发	5	8172	14044	4590	6177	16754
纺织、服装及家庭用品批发	**18**	**97792**	**1230310**	**28178**	**88089**	**2720**
纺织品、针织品及原料批发	1	175	743	363	238	3
服装批发	2	663	18802	7412	657	62
鞋帽批发	1	608	3640	2259	648	727
化妆品及卫生用品批发	5	2970	701007	13827	3734	639
厨房、卫生间用具及日用杂货批发						
灯具、装饰物品批发						
家用电器批发	8	91802	503868	4144	81461	1274
其他家庭用品批发	1	1573	2250	173	1352	15
文化、体育用品及器材批发	**16**	**44115**	**255134**	**82789**	**55923**	**9810**
文具用品批发	5	9490	28448	3211	13980	1863
体育用品及器材批发	1	516	962	135	531	7
图书批发	4	23267	132246	22656	28947	5537
报刊批发						
音像制品及电子出版物批发						
首饰、工艺品及收藏品批发	1	4343	8798	1870	4096	13
其他文化用品批发	5	6499	84679	54918	8369	2390
医药及医疗器材批发	**81**	**315539**	**2124539**	**977581**	**397086**	**101148**
西药批发	60	294498	1949867	917182	376018	94467
中药批发	16	15415	140464	41928	12047	2922
医疗用品及器材批发	5	5625	34207	18471	9022	3759

业法人企业财务状况

单位：万元

产负债

固定资产原价	房屋和构筑物	机器设备	运输工具	累计折旧	本年折旧	在建工程	非流动资产合计	资产总计	流动负债合计	应付账款
1901814	**734309**	**154361**	**107552**	**691168**	**131323**	**276829**	**5985036**	**26271286**	**15987738**	**3897221**
852121	**402857**	**64393**	**76381**	**312560**	**42942**	**104406**	**4635384**	**19985522**	**12448903**	**3214648**
14949	**4315**	**79**	**1309**	**4480**	**791**	**4**	**15225**	**52215**	**24095**	**2327**
3652				1271	105		2676	10068	7262	12
2380	1750	25	517	899	151		3868	9051	5744	462
2609	2364		245	210	78		2495	13439	6300	803
547			547	109	37		437	3616	1697	677
3544	200	54		491	98		4113	6898	1604	
2218				1501	322	4	1636	9143	1489	373
309394	**177889**	**27902**	**12425**	**119657**	**9962**	**24371**	**459567**	**2432383**	**958793**	**198155**
128925	69949	7382	2000	23318	3538	18465	174625	595834	370307	7630
3180		139	457	2153	71	22	93583	432096	253673	42685
33234	355	15	1	4919	296	2506	34756	50105	37523	13459
257			214	208	26		49	4373	3759	
1009	412			358	15		773	10599	8486	3117
1675	46	291	205	778	242	120	3120	72450	59513	12925
123180	92881	19535	8901	86622	5115	3257	132265	1232488	200055	98835
17935	14246	540	647	1301	661		20396	34439	25477	19505
5972	**1446**	**709**	**385**	**3359**	**373**		**10061**	**1240371**	**951485**	**460837**
67				64			37	779	14	5
144				138	10		801	19602	16899	16882
931	759	59	113	209	33		727	4367	4187	1560
2116	687	545	87	1524	201		6407	707414	436083	404786
2640		31	185	1366	130		2074	505942	492783	37604
74		74		59			16	2266	1519	
21087	**14751**	**3561**	**1885**	**11488**	**1172**	**1250**	**138830**	**393964**	**217166**	**100758**
3200	2348	232	468	1337	141		2209	30656	26503	7886
7				2			38	1001	916	255
14493	9839	2953	1335	8958	816	1042	132619	264865	104378	80989
65		65		52	17		796	9594	972	575
3321	2564	311	82	1139	199	208	3168	87848	84398	11052
125976	**35831**	**7932**	**5102**	**45186**	**9517**	**20363**	**267864**	**2392403**	**1637102**	**755381**
115971	34304	7300	3926	40222	6871	19924	256265	2206133	1522659	699351
5990	1528	535	837	3640	1965	439	5578	146042	93373	42565
4015		97	340	1324	681		6022	40228	21071	13465

13-5 续表 1

（2017年）

指　　标	法人企业数(个)	年初存货	期末资 流动资产合计	应收帐款	存货	固定资产合计
矿产品、建材及化工产品批发	**148**	**557598**	**7789290**	**1625776**	**648360**	**234424**
煤炭及制品批发	8	10528	86224	17071	8545	28371
石油及制品批发	13	23515	276652	36983	29533	5217
非金属矿及制品批发	4	6383	75719	9770	5448	34342
金属及金属矿批发	59	197134	3476570	777877	319548	115597
建材批发	19	60663	741734	387733	39852	14305
化肥批发	17	184448	2634782	277039	127441	16488
农药批发	2	1364	11303	810	2105	3545
农用薄膜批发						
其他化工产品批发	26	73563	486306	118493	115889	16560
机械设备、五金产品及电子产品批发	**42**	**82599**	**665267**	**166438**	**103294**	**13689**
农业机械批发	1	254	17305	6144	3182	1177
汽车批发	1	5607	42400	7385	7394	1103
汽车零配件批发	4	1638	10818	2039	1907	462
摩托车及零配件批发	3	18928	27889	2785	14521	4057
五金产品批发	2	1196	18615	10769	348	100
电气设备批发	1	82	580	426	88	20
计算机、软件及辅助设备批发	7	3412	38840	10752	7954	138
通讯及广播电视设备批发	1	2564	11505	6809	2124	42
其他机械设备及电子产品批发	22	48918	497316	119329	65775	6591
贸易经纪与代理	**2**	**62594**	**609846**	**72276**	**180719**	**450**
贸易代理	2	62594	609846	72276	180719	450
拍卖						
其他贸易经纪与代理						
其他批发业	**7**	**230665**	**660024**	**276553**	**142728**	**38605**
再生物资回收与批发						
其他未列明批发业	7	230665	660024	276553	142728	38605
2.按国民经济批发业行业分(GB/T4757-2017)						
农、林、牧、渔产品批发	**14**	**11055**	**36990**	**4751**	**10237**	**11015**
谷物、豆及薯类批发	4	3551	7392	1670	3067	2381
种子批发	1	1472	5183	1337	891	1481
畜牧渔业饲料批发	3	1820	10944	505	683	2456
棉、麻批发						
林业产品批发	2	550	3179	628	2087	437
牲畜批发	2	3127	2785	122	2626	3544
渔业产品批发						
其他农牧产品批发	2	535	7507	490	883	717
食品、饮料及烟草制品批发	**47**	**548228**	**1972675**	**82552**	**609744**	**190554**
米、面制品及食用油批发	15	263685	421208	16122	303078	106166
糕点、糖果及糖批发	5	11736	338513	28966	27749	1027
果品、蔬菜批发	10	937	15208	4265	1949	28449
肉、禽、蛋、奶及水产品批发						
盐及调味品批发	1	1089	4324	1690	1266	49
营养和保健品批发	2	5921	9825	7735	1251	651
酒、饮料及茶叶批发	7	20352	69330	8752	32214	900
烟草制品批发	2	236336	1100223	10432	236060	36558
其他食品批发	5	8172	14044	4590	6177	16754

单位：万元

产负债

固定资产原价	房屋和构筑物	机器设备	运输工具	累计折旧	本年折旧	在建工程	非流动资产合计	资产总计	流动负债合计	应付账款
283162	**138420**	**19002**	**21886**	**86941**	**16675**	**51775**	**3493200**	**11288412**	**7378385**	**1391610**
33666	2128	277	1465	5300	497	5108	389790	476840	413167	36150
10934	665	2030	2043	5913	2930	274	58749	335401	208632	48831
3674	614	2554	470	263	129	32697	50306	126025	62292	708
151866	95936	2946	6784	37763	6957	2975	1236150	4716178	2793453	392980
18787	4146	739	1470	5488	598	80	36130	777863	677852	160187
33947	17085	9599	6965	19000	2161	3307	1509114	4143896	2799233	618020
3546	3534			2103	2012		4510	15813	11931	7692
26741	14313	858	2689	11111	1391	7334	208451	696396	411825	127042
24191	**4143**	**924**	**3858**	**12065**	**1752**	**5486**	**114223**	**779490**	**561084**	**156776**
2367				1190	156	2020	3198	20504	20122	432
2419	1360	172	785	1316	133		23603	66002	46707	1773
417		10	356	301	63	346	463	11281	9697	1509
7017	1757	330		2960	300	2900	6957	34847	24906	13304
353				253	1		100	18715	17477	4940
160				141	1		33	613	345	189
651		16	142	515	14		3557	42397	30652	12781
91				50			207	11713	10727	104
10715	1026	397	2576	5340	1084	220	76105	573421	400451	121746
1026				**576**	**101**		**12622**	**622468**	**490628**	**5822**
1026				576	101		12622	622468	490628	5822
66365	**26062**	**4283**	**29532**	**28808**	**2598**	**1157**	**123792**	**783817**	**230166**	**142983**
66365	26062	4283	29532	28808	2598	1157	123792	783817	230166	142983
14949	**4315**	**79**	**1309**	**4480**	**791**	**4**	**15225**	**52215**	**24095**	**2327**
3652				1271	105		2676	10068	7262	12
2380	1750	25	517	899	151		3868	9051	5744	462
2609	2364		245	210	78		2495	13439	6300	803
547			547	109	37		437	3616	1697	677
3544	200	54		491	98		4113	6898	1604	
2218				1501	322	4	1636	9143	1489	373
309394	**177889**	**27902**	**12425**	**119657**	**9962**	**24371**	**459567**	**2432383**	**958793**	**198155**
128925	69949	7382	2000	23318	3538	18465	174625	595834	370307	7630
3180		139	457	2153	71	22	93583	432096	253673	42685
33234	355	15	1	4919	296	2506	34756	50105	37523	13459
257			214	208	26		49	4373	3759	
1009	412			358	15		773	10599	8486	3117
1675	46	291	205	778	242	120	3120	72450	59513	12925
123180	92881	19535	8901	86622	5115	3257	132265	1232488	200055	98835
17935	14246	540	647	1301	661		20396	34439	25477	19505

13-5 续表 2

（2017年）

指　　标	法人企业数（个）	年初存货	期末资			
			流动资产合计	应收帐款	存货	固定资产合计
纺织、服装及家庭用品批发	**18**	**97792**	**1230310**	**28178**	**88089**	**2720**
纺织品、针织品及原料批发	1	175	743	363	238	3
服装批发	2	663	18802	7412	657	62
鞋帽批发	1	608	3640	2259	648	727
化妆品及卫生用品批发	5	2970	701007	13827	3734	639
厨具卫具及日用杂品批发						
灯具、装饰物品批发						
家用视听设备批发	5	16363	26244	1852	13177	1265
日用家电批发	3	75439	477624	2292	68284	9
其他家庭用品批发	1	1573	2250	173	1352	15
文化、体育用品及器材批发	**15**	**39772**	**246336**	**80919**	**51827**	**9797**
文具用品批发	5	9490	28448	3211	13980	1863
体育用品及器材批发	1	516	962	135	531	7
图书批发	4	23267	132246	22656	28947	5537
报刊批发						
音像制品、电子和数字出版物批发						
首饰、工艺品及收藏品批发						
乐器批发						
其他文化用品批发	5	6499	84679	54918	8369	2390
医药及医疗器材批发	**81**	**315539**	**2124539**	**977581**	**397086**	**101148**
西药批发	61	273026	1868985	890895	345590	94380
中药批发	15	37329	227945	76105	43573	3118
动物用药品批发	1		8639	1464	2880	
医疗用品及器材批发	4	5184	18969	9116	5045	3650
矿产品、建材及化工产品批发	**149**	**558269**	**7806534**	**1626942**	**648792**	**234430**
煤炭及制品批发	8	10528	86224	17071	8545	28371
石油及制品批发	13	23515	276652	36983	29533	5217
非金属矿及制品批发	4	6383	75719	9770	5448	34342
金属及金属矿批发	60	197805	3493815	779043	319981	115603
建材批发	19	60663	741734	387733	39852	14305
化肥批发	17	184448	2634782	277039	127441	16488
农药批发	2	1364	11303	810	2105	3545
农用薄膜批发						
其他化工产品批发	26	73563	486306	118493	115889	16560
机械设备、五金产品及电子产品批发	**41**	**82312**	**663615**	**165985**	**103102**	**13688**
农业机械批发	1	254	17305	6144	3182	1177
汽车及零配件批发	4	6793	48165	9324	9017	1138
摩托车及零配件批发	4	19380	32942	2886	14805	4484
五金产品批发	1	1	11604	6865	1	100
电气设备批发	1	1195	7011	3904	347	
计算机、软件及辅助设备批发	6	3207	34166	8789	7850	156
通讯设备批发	1		3602	1937		
广播影视设备批发	1	2564	11505	6809	2124	42
其他机械设备及电子产品批发	22	48918	497316	119329	65775	6591

单位：万元

产负债

固定资产原价	房屋和构筑物	机器设备	运输工具	累计折旧	本年折旧	在建工程	非流动资产合计	资产总计	流动负债合计	应付账款
5972	**1446**	**709**	**385**	**3359**	**373**		**10061**	**1240371**	**951485**	**460837**
67				64			37	779	14	5
144				138	10		801	19602	16899	16882
931	759	59	113	209	33		727	4367	4187	1560
2116	687	545	87	1524	201		6407	707414	436083	404786
2524		31	185	1259	123		2065	28309	24015	1428
116				107	7		9	477633	468768	36177
74		74		59			16	2266	1519	
21022	**14751**	**3496**	**1885**	**11436**	**1156**	**1250**	**138034**	**384370**	**216194**	**100183**
3200	2348	232	468	1337	141		2209	30656	26503	7886
7				2			38	1001	916	255
14493	9839	2953	1335	8958	816	1042	132619	264865	104378	80989
3321	2564	311	82	1139	199	208	3168	87848	84398	11052
125976	**35831**	**7932**	**5102**	**45186**	**9517**	**20363**	**267864**	**2392403**	**1637102**	**755381**
115847	34304	7427	4073	40181	6853	19924	242318	2111304	1455714	671985
6247	1528	408	689	3704	2002	439	19640	247585	172131	77673
								8639		
3883		97	340	1301	662		5907	24875	9258	5723
283185	**138421**	**19005**	**21886**	**86959**	**16678**	**51775**	**3493709**	**11306166**	**7380366**	**1392568**
33666	2128	277	1465	5300	497	5108	389790	476840	413167	36150
10934	665	2030	2043	5913	2930	274	58749	335401	208632	48831
3674	614	2554	470	263	129	32697	50306	126025	62292	708
151888	95937	2948	6784	37780	6960	2975	1236660	4733932	2795433	393938
18787	4146	739	1470	5488	598	80	36130	777863	677852	160187
33947	17085	9599	6965	19000	2161	3307	1509114	4143896	2799233	618020
3546	3534			2103	2012		4510	15813	11931	7692
26741	14313	858	2689	11111	1391	7334	208451	696396	411825	127042
24062	**4143**	**924**	**3858**	**11936**	**1752**	**5486**	**114221**	**777836**	**559986**	**156105**
2367				1190	156	2020	3198	20504	20122	432
2557	1360	182	861	1418	148		23639	71804	51359	3281
7297	1757	330	280	3159	348	3246	7384	40326	29952	13304
353				253	1		100	11704	10766	3072
								7011	6711	1867
682		16	142	526	15		3588	37754	27238	9959
								3602	2661	2341
91				50			207	11713	10727	104
10715	1026	397	2576	5340	1084	220	76105	573421	400451	121746

13-5 续表 3

（2017年）

指　　标	法人企业数(个)	年初存货	期末资 流动资产合计	应收帐款	存货	固定资产合计
贸易经纪与代理	**2**	**62594**	**609846**	**72276**	**180719**	**450**
贸易代理	2	62594	609846	72276	180719	450
一般物品拍卖						
艺术品、收藏品拍卖						
艺术品代理						
其他贸易经纪与代理						
其他批发业	**6**	**229994**	**642780**	**275388**	**142295**	**38599**
再生物资回收与批发						
宠物食品用品批发						
互联网批发						
其他未列明批发业	6	229994	642780	275388	142295	38599
3.按登记注册类型分						
内资企业	**370**	**1939966**	**15196257**	**3278959**	**2223899**	**596893**
国有企业	13	437883	1673059	74006	479203	79146
集体企业	2	450	1510	391	329	907
股份合作企业						
联营企业						
国有联营企业						
集体联营企业						
国有与集体联营企业						
其他联营企业						
有限责任公司	145	1118779	10811160	2590047	1273153	301166
国有独资公司	18	381122	2180850	602912	380630	76490
其他有限责任公司	127	737657	8630310	1987135	892523	224677
股份有限公司	26	119490	1014235	253299	133843	46962
私营企业	182	263357	1695438	361173	337338	168457
私营独资企业						
私营合伙企业						
私营有限责任公司	178	253177	1662292	338041	334423	159021
私营股份有限公司	4	10179	33146	23132	2915	9436
其他企业	2	7	856	43	34	255
港、澳、台商投资企业	**3**	**2876**	**93300**	**4600**	**7616**	**2869**
合资经营企业(港或澳、台资)	1	2711	12389	75	2851	1904
合作经营企业(港或澳、台资)						
港、澳、台商独资经营企业	1		78036	2965	4663	914
港、澳、台商投资股份有限公司						
其他港澳台投资企业	1	165	2876	1560	103	51
外商投资企业	**2**	**7342**	**54517**	**33336**	**4664**	**2652**
中外合资经营企业						
中外合作经营企业						
外资企业	2	7342	54517	33336	4664	2652
外商投资股份有限公司						
其他外商投资企业						

单位：万元

产负债

固定资产原价	房屋和构筑物	机器设备	运输工具	累计折旧	本年折旧	在建工程	非流动资产合计	资产总计	流动负债合计	应付账款
1026				**576**	**101**		**12622**	**622468**	**490628**	**5822**
1026				576	101		12622	622468	490628	5822
66342	**26062**	**4281**	**29532**	**28791**	**2594**	**1157**	**123283**	**766063**	**228185**	**142025**
66342	26062	4281	29532	28791	2594	1157	123283	766063	228185	142025
842873	**402857**	**64393**	**76381**	**307927**	**40150**	**104279**	**4556687**	**19759008**	**12351263**	**3165993**
185107	102512	21718	12542	105960	7608	3664	208683	1881742	848532	196361
906	834	22	50	465	27		1096	2606	849	500
374830	168970	32306	45389	117168	16953	58844	3388619	14201318	8646048	2260221
99836	74748	8086	3351	24894	3097	18815	621943	2802793	1498102	283113
274994	94222	24220	42038	92274	13856	40029	2766676	11398526	7147946	1977109
76499	26206	6290	4303	30547	4454	15779	325532	1340808	1018299	304477
205161	103981	4041	14097	53671	11086	25969	632468	2331388	1836664	404397
194369	103369	3987	14097	52316	11029	25969	617567	2283342	1797235	388172
10792	612	54		1356	56		14901	48047	39428	16225
371	355	15	1	116	22	23	290	1145	872	36
6975				**4106**	**2333**	**127**	**75275**	**168575**	**69541**	**35483**
4193				2289	2289	104	3061	15450	3644	399
2383				1470		22	72162	150198	64706	35084
399				348	44		51	2927	1190	
2273				**527**	**459**		**3423**	**57939**	**28100**	**13173**
2273				527	459		3423	57939	28100	13173

13-5 续表 4

（2017年）

指　　标	法人企业数(个)	年初存货	期末资 流动资产合计	应收帐款	存货	固定资产合计
4.按控股情况分						
国有控股	79	1348674	11454552	2508242	1566555	295596
集体控股	9	51899	192335	44822	61903	6163
私人控股	241	420473	2376318	502444	476913	223656
港澳台商控股	2	2711	90425	3040	7513	2818
外商控股	3	17921	74657	50787	7144	2660
其他	41	108507	1155788	207559	116152	71521
5.按经营形式分						
独立门店	173	803103	4320015	1449023	899537	194618
连锁总店	5	23028	1971442	199255	13504	13002
连锁直营店	1	9864	88376	15950	15216	24942
连锁加盟店						
其他	196	1114189	8964240	1652667	1307923	369854
6.按单位规模分						
大型	20	653303	3615646	1042337	661490	109787
中型	181	1109500	8999706	1951942	1341170	334288
小型	157	173929	2554991	244812	228658	78923
微型	17	13452	173732	77804	4861	79417
二、零售业	**436**	**907376**	**4236918**	**519371**	**904783**	**698031**
1.按国民经济零售业行业分(GB/T4757-2011)						
综合零售	**76**	**115425**	**766276**	**125854**	**111143**	**148163**
百货零售	40	33909	426824	41810	34809	87978
超级市场零售	27	79465	309970	77258	74508	46750
其他综合零售	9	2051	29482	6786	1826	13435
食品、饮料及烟草制品专门零售	**47**	**62242**	**162128**	**47383**	**29195**	**33962**
粮油零售	10	40219	73621	38901	5404	12080
糕点、面包零售	1	5	389	45	15	40
果品、蔬菜零售	8	3027	12053	1786	2180	14645
肉、禽、蛋、奶及水产品零售	5	487	3288	377	308	1864
营养和保健品零售	3	4804	18404	517	3859	473
酒、饮料及茶叶零售	10	7293	36927	2630	10690	3583
烟草制品零售	2	3050	5696	224	2661	452
其他食品零售	8	3357	11750	2903	4080	826
纺织、服装及日用品专门零售	**26**	**69961**	**154353**	**22012**	**74058**	**68007**
纺织品及针织品零售						
服装零售	15	50060	120946	18140	57970	64513
鞋帽零售	3	16791	16031	1342	13367	963
化妆品及卫生用品零售	2	1556	5542	1	1690	118
钟表、眼镜零售	2	525	2251	536	346	205
箱、包零售						
厨房用具及日用杂品零售	2	436	4581	1832	262	90
自行车零售						
其他日用品零售	2	593	5003	161	423	2118

单位：万元

产负债

固定资产原价	房屋和构筑物	机器设备	运输工具	累计折旧	本年折旧	在建工程	非流动资产合计	资产总计	流动负债合计	应付账款
461502	237741	52655	54614	203945	19670	59976	3590919	15045471	8625582	2399002
12755	10204	376	1399	9159	2284	1956	27475	219810	170909	71336
282001	118999	7423	17002	78047	15004	41412	773522	3153323	2440144	524084
6576				3758	2289	127	75223	165648	68350	35483
2358		85		603	478		7771	82428	78528	15482
86930	35914	3855	3366	17047	3217	936	160474	1318842	1065390	169262
271086	62503	16906	13479	84966	13809	19143	866256	5189613	3548452	1035053
25448	5578	8398	2878	13276	4985	1318	1227459	3198902	2241681	533840
19677				7600			24942	113318	65691	28536
535911	334777	39090	60024	206718	24148	83945	2516727	11483690	6593080	1617219
218443	118225	26403	14498	126406	15370	15700	388105	4003750	2306674	843449
434372	166500	33829	50300	142206	17836	68283	3599699	12599546	7455740	1752913
110501	36101	3812	8753	34540	5186	20392	562046	3120594	2435705	575546
88805	82031	349	2830	9408	4549	31	85535	261633	250784	42740
1049693	**331452**	**89968**	**31171**	**378608**	**88381**	**172423**	**1349652**	**6285764**	**3538834**	**682573**
268833	**88999**	**59765**	**1350**	**123619**	**51159**	**1251**	**349851**	**1117290**	**431259**	**187691**
143453	84473	8831	981	56368	6703	155	169563	597537	200560	86184
111126	4412	50923	353	65389	43265	1095	78114	388083	203526	76302
14254	114	12	17	1862	1191	0	102174	131670	27174	25204
43728	**11399**	**1165**	**1098**	**11306**	**3269**	**2237**	**53298**	**215523**	**129824**	**30276**
15284	6326	581	573	3396	1559	185	15613	89234	51852	19968
60		50	10	20	5		40	429		
17910	0			4253	1110	982	14583	26733	4588	506
1911	19	10	66	210	29		1903	5191	1790	1225
928			9	455	184		3555	21959	11575	1310
5319	3655	475	315	1925	272	124	13049	49976	45195	2376
1243	774			792	61	5	767	6463	2898	290
1073	626	49	125	255	50	940	3788	15538	11927	4602
75169	**64147**	**5627**	**451**	**7621**	**2317**	**1641**	**118338**	**272691**	**148650**	**48379**
68968	61926	5339	211	4639	1944	1221	89270	210216	101180	32683
1912		3	6	950	175		1592	17622	17420	13735
118				101	15		367	5910	1420	664
749	349	259	16	544	65		205	2456	1334	970
1275				1185	57		148	4728	2667	234
2147	1871	25	219	202	62	420	26756	31759	24630	93

13-5 续表 5

（2017年）

指　　标	法人企业数(个)	年初存货	期末资			
			流动资产合计	应收帐款	存货	固定资产合计
文化、体育用品及器材专门零售	**32**	**68090**	**421314**	**81263**	**58365**	**52218**
文具用品零售	5	2097	5254	1430	2656	245
体育用品及器材零售	1		589	3	586	
图书、报刊零售	10	25356	61753	13317	27747	30420
音像制品及电子出版物零售						
珠宝首饰零售	11	38502	347314	64338	25263	21463
工艺美术品及收藏品零售	2	1956	2715	309	2004	70
乐器零售						
照相器材零售						
其他文化用品零售	3	179	3689	1866	108	20
医药及医疗器材专门零售	**27**	**110284**	**558492**	**123200**	**122553**	**47427**
药品零售	22	109455	541738	115044	121723	47121
医疗用品及器材零售	5	829	16754	8157	830	306
汽车、摩托车、燃料及零配件专门零售	**156**	**425596**	**1930337**	**73810**	**443423**	**328069**
汽车零售	111	296315	1612352	62375	330528	135469
汽车零配件零售	12	58681	97473	4230	31892	5869
摩托车及零配件零售	4	758	2135	151	1205	199
机动车燃料零售	29	69842	218378	7054	79798	186532
家用电器及电子产品专门零售	**39**	**41360**	**189984**	**37990**	**48237**	**13102**
家用视听设备零售	11	19685	104316	12151	20781	7248
日用家电设备零售	9	1789	6075	730	2054	2494
计算机、软件及辅助设备零售	14	8934	46448	13029	15126	3010
通信设备零售	2	10670	31402	11830	10030	261
其他电子产品零售	3	283	1743	250	246	90
五金、家具及室内装饰材料专门零售	**21**	**11171**	**38850**	**3500**	**14691**	**2040**
五金零售	3	425	4670	181	451	128
灯具零售	4	1460	2601	670	1664	48
家具零售	3	568	1203	197	431	48
涂料零售						
卫生洁具零售	2	1339	9285	275	4517	361
木质装饰材料零售						
陶瓷、石材装饰材料零售	8	6174	12339	2016	6475	1358
其他室内装饰材料零售	1	1205	8752	163	1154	98
货摊、无店铺及其他零售业	**12**	**3248**	**15185**	**4359**	**3119**	**5045**
货摊食品零售						
货摊纺织、服装及鞋零售						
货摊日用品零售						
互联网零售	6	1723	3912	822	1467	640
邮购及电视、电话零售						
旧货零售						
生活用燃料零售	3	1056	9991	2941	1432	4117
其他未列明零售业	3	470	1282	596	220	287

单位：万元

产负债

固定资产原价	房屋和构筑物	机器设备	运输工具	累计折旧	本年折旧	在建工程	非流动资产合计	资产总计	流动负债合计	应付账款
58529	**36631**	**2432**	**2267**	**17824**	**2731**	**14159**	**68705**	**490019**	**401708**	**62567**
733		82		488	101		293	5547	4631	1774
								589	348	
32588	18452	1821	2214	13681	1664	13614	45205	106958	70729	46211
24862	18179	352	53	3399	935	545	22759	370073	322280	13188
177		177		106	31		75	2790	271	-11
170		1		150	0		373	4062	3451	1405
74405	**39891**	**1823**	**2363**	**27525**	**5060**	**1292**	**213891**	**772383**	**339729**	**137760**
73740	39891	1792	1785	27165	5035	1292	213584	755323	328795	132437
665		31	578	360	25		307	17060	10934	5323
495822	**86149**	**17330**	**21818**	**177482**	**20191**	**145710**	**499003**	**3127142**	**1896828**	**162549**
191297	78478	14452	21134	65361	15289	17808	393764	2006120	1486036	89057
9949	31	101	372	4104	2138	443	10943	108416	105057	22527
285	8	2	2	97	40	0	493	2629	1037	121
294291	7633	2775	310	107920	2725	127460	93802	1009978	304698	50845
20102	**1880**	**363**	**1030**	**7049**	**3083**	**10**	**30674**	**220750**	**152186**	**41048**
10592		1	2	3344	2032	10	22456	126772	73138	9029
3046	497	3	53	552	32		2546	8621	6389	535
5052	1383	198	410	2091	788		4313	50852	34784	8186
976		154	357	715	36		489	31891	31281	17352
437		7	209	347	195		871	2614	6594	5947
3444	**1150**	**91**	**368**	**1407**	**182**	**2**	**3033**	**41883**	**21929**	**3887**
130		65	60	2	1		129	4799	868	312
357			37	310	17		402	3003	2568	1356
101				53	3		83	1286	512	150
625				264	40		361	9646	8319	120
1572	1150	26	271	216	55	0	1448	13788	6390	1269
660				562	67	2	609	9362	3272	679
9662	**1206**	**1373**	**426**	**4776**	**388**	**6121**	**12860**	**28084**	**16723**	**8416**
853	9	469	321	213	101		855	4767	2183	914
8530	1198	904	105	4413	238	6121	11624	21615	13940	7109
279				150	50		381	1702	600	393

13-5 续表 6

（2017年）

指　　标	法人企业数(个)	年初存货	期末资			
			流动资产合计	应收帐款	存货	固定资产合计
2.按国民经济零售业行业分(GB/T4757-2017)						
综合零售	**76**	**115358**	**766313**	**125858**	**111110**	**148389**
百货零售	41	34144	427060	41811	35044	89458
超级市场零售	28	79535	310290	77262	74578	46977
便利店零售						
其他综合零售	7	1678	28963	6785	1488	11953
食品、饮料及烟草制品专门零售	**49**	**62702**	**162551**	**47403**	**29418**	**34013**
粮油零售	10	40219	73621	38901	5404	12080
糕点、面包零售	1	5	389	45	15	40
果品、蔬菜零售	9	3350	12193	1806	2300	14695
肉、禽、蛋、奶及水产品零售	5	487	3288	377	308	1864
营养和保健品零售	3	4804	18404	517	3859	473
酒、饮料及茶叶零售	10	7293	36927	2630	10690	3583
烟草制品零售	3	3187	5980	224	2764	453
其他食品零售	8	3357	11750	2903	4080	826
纺织、服装及日用品专门零售	**26**	**69961**	**154353**	**22012**	**74058**	**68007**
纺织品及针织品零售						
服装零售	15	50060	120946	18140	57970	64513
鞋帽零售	2	16630	15606	1249	13213	959
化妆品及卫生用品零售	2	1556	5542	1	1690	118
厨具卫具及日用杂品零售	3	442	4732	1858	268	261
钟表、眼镜零售	1	520	2100	510	340	34
箱包零售	1	161	425	93	154	4
自行车等代步设备零售						
其他日用品零售	2	593	5003	161	423	2118
文化、体育用品及器材专门零售	**32**	**68090**	**421314**	**81263**	**58365**	**52218**
文具用品零售	5	2097	5254	1430	2656	245
体育用品及器材零售	1		589	3	586	
图书、报刊零售	10	25356	61753	13317	27747	30420
音像制品、电子和数字出版物零售						
珠宝首饰零售	11	38502	347314	64338	25263	21463
工艺美术品及收藏品零售	2	1956	2715	309	2004	70
乐器零售						
照相器材零售						
其他文化用品零售	3	179	3689	1866	108	20
医药及医疗器材专门零售	**27**	**110284**	**558492**	**123200**	**122553**	**47427**
西药零售	16	101009	467845	101475	114456	44375
中药零售	6	8447	73893	13569	7267	2746
动物用药品零售						
医疗用品及器材零售	5	829	16754	8157	830	306
保健辅助治疗器材零售						
汽车、摩托车、零配件和燃料及其他动力销售	**156**	**425596**	**1930337**	**73810**	**443423**	**328069**
汽车新车零售	99	258416	1347134	49019	291963	127414
汽车旧车零售	15	38624	267598	13570	39294	8200
汽车零配件零售	9	57956	95092	4015	31163	5725

单位：万元

产负债

固定资产原价	房屋和构筑物	机器设备	运输工具	累计折旧	本年折旧	在建工程	非流动资产合计	资产总计	流动负债合计	应付账款
269047	**88999**	**59762**	**1341**	**123753**	**51209**	**1251**	**350179**	**1117655**	**430846**	**187488**
145137	84473	8831	981	56572	6711	155	171043	599253	202101	86229
111353	4412	50923	353	65534	43315	1095	78444	388733	203776	76552
12558	114	9	7	1647	1183	0	100692	129669	24970	24707
43792	**11399**	**1168**	**1107**	**11322**	**3269**	**2237**	**53349**	**215997**	**130537**	**30729**
15284	6326	581	573	3396	1559	185	15613	89234	51852	19968
60		50	10	20	5		40	429		
17962	0			4258	1110	982	14634	26923	4638	506
1911	19	10	66	210	29		1903	5191	1790	1225
928			9	455	184		3555	21959	11575	1310
5319	3655	475	315	1925	272	124	13049	49976	45195	2376
1256	774	3	9	803	61	5	768	6748	3561	742
1073	626	49	125	255	50	940	3788	15538	11927	4602
75169	**64147**	**5627**	**451**	**7621**	**2317**	**1641**	**118338**	**272691**	**148650**	**48379**
68968	61926	5339	211	4639	1944	1221	89270	210216	101180	32683
1906		2		947	174		1529	17136	16750	13735
118				101	15		367	5910	1420	664
1899	349	259	16	1638	99		318	5050	2781	277
125				91	23		34	2134	1220	927
7		1	6	3	1		62	487	669	
2147	1871	25	219	202	62	420	26756	31759	24630	93
58529	**36631**	**2432**	**2267**	**17824**	**2731**	**14159**	**68705**	**490019**	**401708**	**62567**
733		82		488	101		293	5547	4631	1774
								589	348	
32588	18452	1821	2214	13681	1664	13614	45205	106958	70729	46211
24862	18179	352	53	3399	935	545	22759	370073	322280	13188
177		177		106	31		75	2790	271	-11
170		1		150	0		373	4062	3451	1405
74405	**39891**	**1823**	**2363**	**27525**	**5060**	**1292**	**213891**	**772383**	**339729**	**137760**
67297	39891	1792	1706	22928	4579	697	200049	667895	271142	121862
6443			80	4237	456	595	13535	87428	57653	10575
665		31	578	360	25		307	17060	10934	5323
495822	**86149**	**17330**	**21818**	**177482**	**20191**	**145710**	**499003**	**3127142**	**1896828**	**162549**
179232	74939	13611	19303	60023	14636	17808	375586	1722724	1305616	78010
12618	3539	841	2170	5748	687		18322	285920	181229	11396
9395	31	101	34	3693	2104	443	10799	105892	104249	22177

13-5 续表 7

（2017年）

指 标	法人企业数(个)	年初存货	期末资			
			流动资产合计	应收帐款	存货	固定资产合计
摩托车及零配件零售	7	12445	56722	2615	12544	17464
机动车燃油零售	24	58031	162808	4547	68290	167969
机动车燃气零售	2	125	983	44	169	1298
机动车充电销售						
家用电器及电子产品专门零售	**39**	**41360**	**189984**	**37990**	**48237**	**13102**
家用视听设备零售	11	19685	104316	12151	20781	7248
日用家电零售	9	1789	6075	730	2054	2494
计算机、软件及辅助设备零售	14	8934	46448	13029	15126	3010
通信设备零售	2	10670	31402	11830	10030	261
其他电子产品零售	3	283	1743	250	246	90
五金、家具及室内装饰材料专门零售	**21**	**11171**	**38850**	**3500**	**14691**	**2040**
五金零售	3	425	4670	181	451	128
灯具零售	4	1460	2601	670	1664	48
家具零售	3	568	1203	197	431	48
涂料零售						
卫生洁具零售	2	1339	9285	275	4517	361
木质装饰材料零售						
陶瓷、石材装饰材料零售	8	6174	12339	2016	6475	1358
其他室内装饰材料零售	1	1205	8752	163	1154	98
货摊、无店铺及其他零售业	**10**	**2855**	**14725**	**4335**	**2929**	**4768**
流动货摊零售						
互联网零售	6	1723	3912	822	1467	640
邮购及电视、电话零售						
自动售货机零售						
旧货零售						
生活用燃料零售	2	523	7881	2476	857	3470
宠物食品用品零售	1	534	2110	465	575	647
其他未列明零售业	1	77	822	573	30	11
3.按登记注册类型分						
内资企业	**408**	**749941**	**3177747**	**394809**	**727083**	**530821**
国有企业	5	4833	8106	777	4952	2814
集体企业	10	2068	25469	1689	1976	2201
股份合作企业	1	669	942	73	717	75
联营企业						
国有联营企业						
集体联营企业						
国有与集体联营企业						
其他联营企业						
有限责任公司	154	318966	1159721	144839	299283	300137
国有独资公司	5	10714	47166	604	13910	28369
其他有限责任公司	149	308252	1112555	144235	285373	271769
股份有限公司	9	7978	50487	10013	6424	14365
私营企业	224	414223	1929601	236113	412241	209806

单位：万元

产负债

固定资产原价	房屋和构筑物	机器设备	运输工具	累计折旧	本年折旧	在建工程	非流动资产合计	资产总计	流动负债合计	应付账款
29967	8	2	2	12513	1586	5573	58468	115190	102724	11690
263253	6802	2644	245	95445	1124	121887	34280	894886	201666	39023
1357	831	132	66	59	55		1548	2531	1345	253
20102	**1880**	**363**	**1030**	**7049**	**3083**	**10**	**30674**	**220750**	**152186**	**41048**
10592		1	2	3344	2032	10	22456	126772	73138	9029
3046	497	3	53	552	32		2546	8621	6389	535
5052	1383	198	410	2091	788		4313	50852	34784	8186
976		154	357	715	36		489	31891	31281	17352
437		7	209	347	195		871	2614	6594	5947
3444	**1150**	**91**	**368**	**1407**	**182**	**2**	**3033**	**41883**	**21929**	**3887**
130		65	60	2	1		129	4799	868	312
357			37	310	17		402	3003	2568	1356
101				53	3		83	1286	512	150
625				264	40		361	9646	8319	120
1572	1150	26	271	216	55	0	1448	13788	6390	1269
660				562	67	2	609	9362	3272	679
9383	**1206**	**1373**	**426**	**4626**	**338**	**6121**	**12479**	**27244**	**16423**	**8166**
853	9	469	321	213	101		855	4767	2183	914
5041	1198	904	105	1572	238	5921	9418	17299	11688	6821
3489				2842		200	2206	4317	2252	288
								862	300	143
783862	**228677**	**28707**	**28828**	**277534**	**35519**	**168980**	**917795**	**4794736**	**2830565**	**543192**
6096	2104	222	156	3464	445	382	6013	14119	8235	1428
3497	500	38	15	1296	106		2331	27800	24972	11058
370				296	9		380	1322	168	
455971	110244	14346	9634	161303	14684	138649	272319	2129554	1137456	231147
47531		17	219	19178	3152	30714	9134	436643	30763	6066
408440	110244	14329	9416	142125	11532	107935	263185	1692911	1106693	225081
22253	1888	118	414	8954	1647	189	109842	160330	34649	27029
293717	112596	13590	18545	101681	18493	29761	525192	2456473	1622967	270779

13-5 续表 8

（2017年）

指　　标	法人企业数(个)	年初存货	期末资 流动资产合计	应收帐款	存货	固定资产合计
私营独资企业	16	2011	4195	426	1690	1711
私营合伙企业	2	1008	1862	594	457	1791
私营有限责任公司	200	315684	1470721	134689	301845	161556
私营股份有限公司	6	95519	452822	100404	108249	44749
其他企业	5	1205	3422	1306	1491	1423
港、澳、台商投资企业	**16**	**84662**	**670846**	**44134**	**107961**	**49013**
合资经营企业(港或澳、台资)	3	15351	80220	2967	16559	7851
合作经营企业(港或澳、台资)						
港、澳、台商独资经营企业	13	69311	590626	41167	91402	41162
港、澳、台商投资股份有限公司						
其他港澳台投资企业						
外商投资企业	**12**	**72773**	**388326**	**80428**	**69739**	**118197**
中外合资经营企业	5	23902	183449	3482	21391	23439
中外合作经营企业						
外资企业	6	48833	202311	76413	48348	33205
外商投资股份有限公司						
其他外商投资企业	1	38	2566	533		61554
4.按控股情况分						
国有控股	29	85135	277538	22677	95789	197783
集体控股	16	14440	68157	14766	18700	10833
私人控股	332	533113	2476612	340102	526934	273400
港澳台商控股	16	84662	670846	44134	107961	49013
外商控股	10	77407	304472	77511	69348	102189
其他	33	112618	439294	20181	86051	64814
5.按经营形式分						
独立门店	345	584882	3009433	268736	604577	409135
连锁总店	26	173175	725839	194866	163282	214046
连锁直营店	3	881	4467	327	1044	811
连锁加盟店						
其他	62	148438	497179	55442	135881	74039
6.按单位规模分						
大型	21	330450	1281047	235786	324629	294593
中型	171	456770	2291213	184369	489701	326101
小型	214	81438	610014	59850	86211	71856
微型	30	38718	54645	39365	4242	5481
7.按零售业态分						
有店铺零售	407	888910	4148681	496628	889085	669715
食杂店	7	36152	44299	39023	1306	4048
便利店	9	3474	36501	6624	3689	11155
折扣店	1	952	1227	70	1012	22
超市	52	17225	47245	4116	17947	15552
大型超市	12	69024	276698	76768	64251	52975
仓储会员店						

单位：万元

产负债

固定资产原价	房屋和构筑物	机器设备	运输工具	累计折旧	本年折旧	在建工程	非流动资产合计	资产总计	流动负债合计	应付账款
2064	985	269	30	454	160		2199	6678	3919	969
2124	411	605	20	459	137		702	3714	2032	215
222699	71629	11040	16871	78674	13621	29060	320688	1791656	1354402	157111
66830	39571	1677	1624	22094	4575	700	201604	654426	262613	112485
1958	1345	392	63	541	135		1717	5139	2118	1751
73145	**22664**	**5949**	**1398**	**25884**	**9520**	**1271**	**252660**	**923506**	**461374**	**55404**
12704				6458	4058	541	32337	112557	87262	2898
60441	22664	5949	1398	19426	5462	731	220323	810949	374113	52506
192686	**80111**	**55312**	**945**	**75191**	**43342**	**2172**	**179197**	**567522**	**246895**	**83977**
47632	18223	5457	843	24193	2134		51476	234925	94382	23699
83167		49856	102	50664	40928	951	53238	255548	126627	54399
61888	61888			334	280	1221	74483	77049	25886	5879
309335	25229	4314	1676	112893	3984	129979	171074	1146126	301577	89355
12443	4773	659	988	2847	323		15223	83380	71650	31304
384620	150158	19860	24956	132536	24113	37723	640002	3118294	2124983	344763
73145	22664	5949	1398	25884	9520	1271	252660	923506	461374	55404
166176	65706	49987	289	64688	42697	2182	141335	445806	213612	78882
103974	62923	9201	1864	39760	7743	1267	129358	568652	365639	82865
589649	281105	30179	26040	191781	36361	32363	985652	3996442	2525858	395058
359624	20328	51842	2873	158332	42676	135204	146341	1569694	559159	174677
1042				616	100	2	1155	5622	3987	1824
99378	30019	7947	2258	27879	9244	4855	216503	714006	449831	111014
499561	56275	58007	2808	206200	55767	131346	443724	2422285	947929	301053
439942	234200	24050	24039	136187	25665	32131	743144	3035617	2005395	292875
102955	39887	7749	4118	34452	6009	8946	156858	767292	555616	68561
7235	1090	163	206	1769	939		5926	60570	29894	20084
1013969	306651	88225	30383	370963	86307	170316	1285843	6133718	3439870	670879
4988	19	10	142	952	822	1	4094	48393	22771	17737
11866	411	853	58	2220	1246	2	102265	138766	32201	28483
96		2		75	3		59	1286	2209	-21
21444	6236	1261	334	6414	1556	0	19425	67834	30291	9238
119055		49905	179	67843	43770	1972	78257	355051	193590	77507

13-5 续表 9

（2017年）

指　　标	法人企业数(个)	年初存货	期末资			
			流动资产合计	应收帐款	存货	固定资产合计
百货店	21	31748	428068	40046	32444	73874
专业店	138	369973	1405402	246548	363012	338490
专卖店	146	335952	1825046	70567	381775	102885
家居建材商店	9	5192	20157	2322	6585	1699
购物中心	5	18390	58161	8686	16568	64659
厂家直销中心	7	829	5877	1859	498	4357
无店铺零售	29	18466	88238	22743	15698	28316
电视购物	1	2690	7967	773	2450	470
邮购						
网上商店	11	2620	6913	1893	2212	703
自动售货亭						
电话购物						
其他	17	13155	73358	20076	11037	27142
三、批发业按地区分组	**375**	**1950184**	**15344074**	**3316894**	**2236179**	**602415**
五华区	75	398592	3195578	746119	353655	62477
盘龙区	31	433654	2716984	432991	449411	146686
官渡区	106	450324	3134309	560266	562062	150386
西山区	60	386628	3689973	496650	468023	98310
东川区	4	531	9810	1688	3760	2443
呈贡区	24	152440	1286243	581434	207362	46457
晋宁区	16	11754	134204	23973	21614	37757
富民县	7	3037	24874	7175	2527	2430
宜良县	7	15272	23335	3042	16301	7670
石林彝族自治县	2	1001	3395	530	1583	598
嵩明县	7	8260	28342	8633	9330	27115
禄劝彝族苗族自治县	3	3157	3183	103	2330	1373
寻甸回族彝族自治县	6	5399	11592	456	4762	7056
安宁市	27	80136	1082254	453834	133461	11658
四、零售业按地区分组	**436**	**907376**	**4236918**	**519371**	**904783**	**698031**
五华区	77	274332	1275078	242244	257856	137863
盘龙区	69	217006	1059471	89331	180851	74937
官渡区	80	187533	565975	25339	209795	244212
西山区	70	102490	781991	39572	116604	77870
东川区	8	2959	6010	902	3300	3886
呈贡区	12	95424	461610	103332	110004	45637
晋宁区	16	3111	16579	3416	3312	5421
富民县	11	675	7329	2449	1108	1507
宜良县	18	3807	10797	3462	4410	1469
石林彝族自治县	16	1393	5814	1513	1318	4441
嵩明县	10	10106	16992	2583	7917	15106
禄劝彝族苗族自治县	21	3917	10768	1090	2872	5935
寻甸回族彝族自治县	9	2801	5943	1277	3471	5673
安宁市	19	1823	12561	2861	1965	74074

单位：万元

产负债

固定资产原价	房屋和构筑物	机器设备	运输工具	累计折旧	本年折旧	在建工程	非流动资产合计	资产总计	流动负债合计	应付账款
122356	83443	8437	906	48877	5082	260	155929	583997	185240	75901
499279	85186	11085	8815	178518	18950	156496	520925	2623972	1216437	318363
159607	64098	16180	18753	61494	14007	10363	319956	2145290	1666693	127228
2708	1150	8	271	1008	134	2	2358	22514	8813	1944
66868	65640	194	561	2209	565	1221	77999	136160	77626	13634
5702	469	289	365	1353	175		4578	10454	3999	865
35724	24802	1744	788	7645	2074	2107	63809	152046	98965	11694
1618				1148	160		1414	9380	4710	3905
948	9	512	327	248	114	13	2345	9258	5396	1531
33158	24793	1232	461	6250	1800	2094	60050	133408	88859	6258
852121	**402857**	**64393**	**76381**	**312560**	**42942**	**104406**	**4635384**	**19985522**	**12448903**	**3214648**
96392	37789	8084	5456	38534	8249	10249	869026	4067184	2682327	808770
293232	218438	26127	16890	149061	12077	17439	1306250	4023233	1425257	515170
188189	106875	12546	12363	44505	11744	18718	681090	3816275	2504817	413275
128419	17035	10122	6796	43914	5603	2617	1429158	5119132	3727579	760866
3259	2503	63	694	816	117		3370	13180	9270	419
56023	3024	1803	30419	11393	2755	6209	111063	1397306	911852	471974
9336	2448	2744	1602	2715	442	44079	71224	205427	101461	3448
5050			117	2620	415	4	1595	28108	19867	4634
10811	8510	1351	949	3141	159	1798	14485	37820	28084	1445
847	251			250	15		2000	5395	2684	315
31784	1523	20	264	5139	318	2819	33957	62441	50400	18959
1734	50	2		365			1373	4557	3563	11
6720	3045	65	59	621	195		14111	25703	8132	238
20326	1366	1468	773	9488	852	476	96683	1179762	973610	215125
1049693	**331452**	**89968**	**31171**	**378608**	**88381**	**172423**	**1349652**	**6285764**	**3538834**	**682573**
242537	73173	64625	6945	118970	51625	31424	411970	1687185	934823	262958
129241	58854	8809	5456	56403	11267	927	175020	1234774	842530	98843
358505	56516	7192	9140	114897	6982	98571	213892	1097038	688563	98817
119431	25362	3858	6267	47331	9463	29685	196945	1359283	692453	76238
5272	1576	475		1386	190		4180	10190	5463	2262
67856	39591	1808	1781	22219	4612	1626	203582	665192	273934	116445
7831	1566	1360	137	2657	541	5922	11806	29627	17751	8387
2198	954	13	64	845	236		2163	9505	5182	2147
2818	564	118	30	1455	122	1	4211	15008	4220	1590
5755	3381	107	52	1318	271		5339	11154	5602	399
20476	2910	568	555	5553	1432	182	17375	34367	14890	3816
6894	2111	135	102	1171	283	10	6521	17289	8851	1495
6277				1004	524		7016	12959	3311	886
74603	64893	900	643	3399	834	4076	89631	102192	41261	8290

13-5 续表 10

（2017年）

指标	期末资					
	非流动负债合计	负债合计	所有者权益合计	实收资本		
					国家资本	集体资本
总计	**1372478**	**17848926**	**8422360**	**4133508**	**1331000**	**89067**
一、批发业	**1066258**	**13523350**	**6462172**	**2086977**	**1032406**	**55393**
1.按国民经济批发业行业分(GB/T4757-2011)						
农、林、牧产品批发	**1044**	**25139**	**27076**	**18506**	**685**	**5440**
谷物、豆及薯类批发	8	7270	2798	779	539	
种子批发	36	5780	3271	2500		
饲料批发	1000	7300	6139	6000		
棉、麻批发						
林业产品批发		1697	1920	103		
牲畜批发		1604	5294	769		
其他农牧产品批发		1489	7654	8355	146	5440
食品、饮料及烟草制品批发	**201205**	**1160836**	**1271547**	**244083**	**188806**	**668**
米、面制品及食用油批发	133012	503319	92515	65087	56370	668
糕点、糖果及糖批发	61299	314972	117124	105710	87376	
果品、蔬菜批发	6621	44982	5123	3900	60	
肉、禽、蛋、奶及水产品批发						
盐及调味品批发		3759	613	50		
营养和保健品批发		8486	2112	1550		
酒、饮料及茶叶批发	273	59787	12664	10700	5000	
烟草制品批发		200055	1032434	51577	40000	
其他食品批发		25477	8963	5510		
纺织、服装及家庭用品批发		**951256**	**289115**	**15854**		**800**
纺织品、针织品及原料批发		14	766	800		
服装批发		16899	2703	1100		
鞋帽批发		4187	181	200		
化妆品及卫生用品批发		436083	271331	4964		
厨房、卫生间用具及日用杂货批发						
灯具、装饰物品批发						
家用电器批发		492554	13388	8150		800
其他家庭用品批发		1519	747	640		
文化、体育用品及器材批发	**4076**	**221242**	**172722**	**24076**	**12549**	**500**
文具用品批发	58	26560	4096	1859	449	
体育用品及器材批发		916	84	84		
图书批发	3249	107627	157238	12099	12099	
报刊批发						
音像制品及电子出版物批发						
首饰、工艺品及收藏品批发		972	8622	7000		
其他文化用品批发	770	85168	2680	3033		500
医药及医疗器材批发	**35578**	**1680970**	**711433**	**307848**	**111898**	**500**
西药批发	32804	1562399	643734	278532	105598	
中药批发	2575	97301	48741	18766		500
医疗用品及器材批发	200	21271	18958	10550	6300	

单位：万元

产负债				损益及分配						
法人资本	个人资本	港澳台资本	外商资本	营业收入	主营业务收入	营业成本	主营业务成本	税金及附加	主营业务税金及附加	其他业务利润
1164411	**1367069**	**120195**	**61766**	**48870835**	**48394233**	**45673730**	**45386804**	**215240**	**209098**	**131218**
774542	**198825**	**21302**	**4509**	**37376135**	**37264969**	**35528220**	**35474137**	**183000**	**181660**	**53198**
6038	**6343**			**70511**	**70511**	**66296**	**66288**	**71**	**70**	**308**
	240			16288	16288	15804	15804	13	13	
	2500			22263	22263	21904	21904	50	50	308
3000	3000			12683	12683	11887	11887	2	2	
	103			5567	5567	4810	4810			
269	500			7181	7181	6224	6224	0	0	
2769				6529	6529	5666	5658	5	5	
23437	**14728**	**16444**		**3154633**	**3123227**	**2586089**	**2564190**	**138932**	**138852**	**6703**
1350	6699			278606	271306	277106	275895	193	113	3702
	1890	16444		963732	957943	946406	941759	520	520	102
2779	1060			117760	117755	105138	105138	153	153	975
45	5			9306	9114	8605	8605	8	8	192
	1550			45020	45020	42363	42363	58	58	
5200	500			66785	66543	48302	48163	260	260	72
11577				1591606	1574977	1083609	1067708	137508	137508	728
2486	3024			81820	80570	74561	74559	233	233	934
11669	**3385**			**911682**	**904696**	**754953**	**754020**	**2494**	**2490**	
800				2138	2001	2033	1986	3	3	
500	600			18805	18805	17030	17030	20	20	
200				6437	6437	6112	6112	7	7	
4000	964			310850	309820	174432	173946	2199	2195	
5550	1800			569065	563246	551549	551149	254	254	
619	21			4387	4387	3797	3797	12	12	
3094	**7105**		**828**	**361411**	**359246**	**322109**	**321210**	**751**	**502**	**1125**
1305	105			82837	82775	78402	78402	110	108	
84				4800	4800	4433	4433	5	5	
				200182	198923	170802	170036	470	223	415
	7000			7580	7447	6241	6108	108	108	
1705			828	66011	65301	62232	62232	59	59	710
131033	**60909**	**1508**	**2000**	**3711382**	**3698251**	**3292330**	**3291247**	**9934**	**9553**	**16838**
114442	54984	1508	2000	3476610	3463530	3105351	3104563	8960	8579	9651
15691	2575			168563	168563	131434	131163	756	756	7187
900	3350			66209	66158	55544	55521	217	217	

13-5 续表 11

（2017年）

指标	期末资					
	非流动负债合计	负债合计	所有者权益合计	实收资本		
					国家资本	集体资本
矿产品、建材及化工产品批发	**683337**	**8061862**	**3226550**	**1284071**	**689562**	**40685**
煤炭及制品批发	114893	528060	-51220	39089	2731	
石油及制品批发	33837	242470	92931	33237	9314	1350
非金属矿及制品批发	32400	94692	31333	17527	16000	
金属及金属矿批发	220491	3013936	1702242	664487	338831	37777
建材批发	9511	687363	90501	40130	11000	
化肥批发	266187	3065420	1078476	352054	208860	1357
农药批发		11931	3882	1386		202
农用薄膜批发						
其他化工产品批发	6019	417990	278406	136161	102827	
机械设备、五金产品及电子产品批发	**58617**	**618851**	**160639**	**55326**	**6064**	**6800**
农业机械批发		20122	382	1000		
汽车批发	3702	50409	15594	5722		
汽车零配件批发		9697	1583	1250		
摩托车及零配件批发		24906	9940	2100		
五金产品批发		17477	1238	800		
电气设备批发	33	377	236	200		
计算机、软件及辅助设备批发		30652	11745	10640		
通讯及广播电视设备批发		10727	986	500		
其他机械设备及电子产品批发	54883	454484	118937	33114	6064	6800
贸易经纪与代理	**80001**	**570629**	**51839**	**13490**		
贸易代理	80001	570629	51839	13490		
拍卖						
其他贸易经纪与代理						
其他批发业	**2400**	**232566**	**551251**	**123723**	**22843**	
再生物资回收与批发						
其他未列明批发业	2400	232566	551251	123723	22843	
2.按国民经济批发业行业分 (GB/T4757-2017)						
农、林、牧、渔产品批发	**1044**	**25139**	**27076**	**18506**	**685**	**5440**
谷物、豆及薯类批发	8	7270	2798	779	539	
种子批发	36	5780	3271	2500		
畜牧渔业饲料批发	1000	7300	6139	6000		
棉、麻批发						
林业产品批发		1697	1920	103		
牲畜批发		1604	5294	769		
渔业产品批发						
其他农牧产品批发		1489	7654	8355	146	5440
食品、饮料及烟草制品批发	**201205**	**1160836**	**1271547**	**244083**	**188806**	**668**
米、面制品及食用油批发	133012	503319	92515	65087	56370	668
糕点、糖果及糖批发	61299	314972	117124	105710	87376	
果品、蔬菜批发	6621	44982	5123	3900	60	
肉、禽、蛋、奶及水产品批发						
盐及调味品批发		3759	613	50		
营养和保健品批发		8486	2112	1550		
酒、饮料及茶叶批发	273	59787	12664	10700	5000	
烟草制品批发		200055	1032434	51577	40000	
其他食品批发		25477	8963	5510		

单位：万元

产负债				损益及分配						
法人资本	个人资本	港澳台资本	外商资本	营业收入	主营业务收入	营业成本	主营业务成本	税金及附加	主营业务税金及附加	其他业务利润
466597	**83877**	**3350**		**23378232**	**23337289**	**22982258**	**22954292**	**24097**	**23471**	**23278**
31358	5000			152911	150226	142431	142150	79	79	2409
11579	7645	3350		1739327	1737878	1712687	1712072	611	583	835
510	1017			25670	25670	19298	19298	853	853	25
248263	39617			14421045	14402506	14246349	14231338	13372	13080	12180
19430	9700			2094810	2092382	2024014	2023198	3217	3217	1600
133303	8534			2918977	2909085	2868090	2860939	4382	4076	2474
	1185			66909	66909	62053	62053	7	7	
22154	11180			1958583	1952633	1907337	1903245	1576	1576	3756
26954	**13827**		**1681**	**768068**	**765067**	**676870**	**676006**	**4241**	**4241**	**2054**
	1000			58017	57467	48041	47806	40	40	
5722				63549	62689	59438	59438	211	211	
1050	200			15146	15135	14456	14447	10	10	
	2100			85709	85709	81425	81425	75	75	371
	800			11540	11540	10295	10295	22	22	605
180	20			3133	3133	2984	2984	4	4	
4278	6362			66197	66197	63707	63707	44	44	
500				62122	62067	59981	59946	57	57	
15224	3345		1681	402655	401130	336545	335961	3779	3779	1078
12490	**1000**			**3081142**	**3070829**	**3005946**	**3005817**	**369**	**369**	
12490	1000			3081142	3070829	3005946	3005817	369	369	
93231	**7650**			**1939075**	**1935852**	**1841370**	**1841068**	**2111**	**2111**	**2893**
93231	7650			1939075	1935852	1841370	1841068	2111	2111	2893
6038	**6343**			**70511**	**70511**	**66296**	**66288**	**71**	**70**	**308**
	240			16288	16288	15804	15804	13	13	
	2500			22263	22263	21904	21904	50	50	308
3000	3000			12683	12683	11887	11887	2	2	
	103			5567	5567	4810	4810			
269	500			7181	7181	6224	6224	0	0	
2769				6529	6529	5666	5658	5	5	
23437	**14728**	**16444**		**3154633**	**3123227**	**2586089**	**2564190**	**138932**	**138852**	**6703**
1350	6699			278606	271306	277106	275895	193	113	3702
	1890	16444		963732	957943	946406	941759	520	520	102
2779	1060			117760	117755	105138	105138	153	153	975
45	5			9306	9114	8605	8605	8	8	192
	1550			45020	45020	42363	42363	58	58	
5200	500			66785	66543	48302	48163	260	260	72
11577				1591606	1574977	1083609	1067708	137508	137508	728
2486	3024			81820	80570	74561	74559	233	233	934

13–5 续表 12

（2017年）

指标	期末资					
	非流动负债合计	负债合计	所有者权益合计	实收资本		
					国家资本	集体资本
纺织、服装及家庭用品批发		**951256**	**289115**	**15854**		**800**
纺织品、针织品及原料批发		14	766	800		
服装批发		16899	2703	1100		
鞋帽批发		4187	181	200		
化妆品及卫生用品批发		436083	271331	4964		
厨具卫具及日用杂品批发						
灯具、装饰物品批发						
家用视听设备批发		23786	4523	6050		
日用家电批发		468768	8865	2100		800
其他家庭用品批发		1519	747	640		
文化、体育用品及器材批发	**4076**	**220271**	**164099**	**17076**	**12549**	**500**
文具用品批发	58	26560	4096	1859	449	
体育用品及器材批发		916	84	84		
图书批发	3249	107627	157238	12099	12099	
报刊批发						
音像制品、电子和数字出版物批发						
首饰、工艺品及收藏品批发						
乐器批发						
其他文化用品批发	770	85168	2680	3033		500
医药及医疗器材批发	**35578**	**1680970**	**711433**	**307848**	**111898**	**500**
西药批发	32693	1489760	621544	263532	107698	
中药批发	2685	174816	72768	35766		500
动物用药品批发		6936	1703	1000		
医疗用品及器材批发	200	9458	15418	7550	4200	
矿产品、建材及化工产品批发	**683337**	**8063842**	**3242324**	**1294071**	**689562**	**40685**
煤炭及制品批发	114893	528060	-51220	39089	2731	
石油及制品批发	33837	242470	92931	33237	9314	1350
非金属矿及制品批发	32400	94692	31333	17527	16000	
金属及金属矿批发	220491	3015917	1718015	674487	338831	37777
建材批发	9511	687363	90501	40130	11000	
化肥批发	266187	3065420	1078476	352054	208860	1357
农药批发		11931	3882	1386		202
农用薄膜批发						
其他化工产品批发	6019	417990	278406	136161	102827	
机械设备、五金产品及电子产品批发	**58617**	**617753**	**160083**	**54816**	**6064**	**6800**
农业机械批发		20122	382	1000		
汽车及零配件批发	3702	55060	16743	6572		
摩托车及零配件批发		29952	10374	2500		
五金产品批发		10766	938	500		
电气设备批发		6711	300	300		
计算机、软件及辅助设备批发	33	27270	10484	9330		
通讯设备批发		2661	941	1000		
广播影视设备批发		10727	986	500		
其他机械设备及电子产品批发	54883	454484	118937	33114	6064	6800

单位：万元

产负债				损益及分配						
法人资本	个人资本	港澳台资本	外商资本	营业收入	主营业务收入	营业成本	主营业务成本	税金及附加	主营业务税金及附加	其他业务利润
11669	**3385**			**911682**	**904696**	**754953**	**754020**	**2494**	**2490**	
800				2138	2001	2033	1986	3	3	
500	600			18805	18805	17030	17030	20	20	
200				6437	6437	6112	6112	7	7	
4000	964			310850	309820	174432	173946	2199	2195	
5050	1000			78132	76557	70388	69988	107	107	
500	800			490933	486689	481161	481161	147	147	
619	21			4387	4387	3797	3797	12	12	
3094	**105**		**828**	**353830**	**351799**	**315869**	**315103**	**643**	**395**	**1125**
1305	105			82837	82775	78402	78402	110	108	
84				4800	4800	4433	4433	5	5	
				200182	198923	170802	170036	470	223	415
1705			828	66011	65301	62232	62232	59	59	710
131033	**60909**	**1508**	**2000**	**3711382**	**3698251**	**3292330**	**3291247**	**9934**	**9553**	**16838**
99342	52984	1508	2000	3273051	3261897	2913536	2912748	8804	8430	8690
31691	3575			395844	393918	345338	345067	951	951	8148
	1000			3499	3499	3157	3157	7		
	3350			38988	38938	30299	30276	172	172	
476597	**83877**	**3350**		**23386006**	**23345035**	**22989614**	**22961648**	**24117**	**23491**	**23278**
31358	5000			152911	150226	142431	142150	79	79	2409
11579	7645	3350		1739327	1737878	1712687	1712072	611	583	835
510	1017			25670	25670	19298	19298	853	853	25
258263	39617			14428820	14410252	14253705	14238694	13392	13100	12180
19430	9700			2094810	2092382	2024014	2023198	3217	3217	1600
133303	8534			2918977	2909085	2868090	2860939	4382	4076	2474
	1185			66909	66909	62053	62053	7	7	
22154	11180			1958583	1952633	1907337	1903245	1576	1576	3756
26954	**13317**		**1681**	**764972**	**761972**	**673945**	**673081**	**4237**	**4237**	**2054**
	1000			58017	57467	48041	47806	40	40	
6372	200			73937	73066	69270	69260	218	218	
400	2100			90467	90467	86049	86049	77	77	371
	500			7517	7517	6900	6900	11	11	605
	300			4023	4023	3395	3395	10	10	
3458	5872			64564	64564	62088	62088	44	44	
1000				1671	1671	1677	1677	0	0	
500				62122	62067	59981	59946	57	57	
15224	3345		1681	402655	401130	336545	335961	3779	3779	1078

13-5 续表 13

（2017年）

指标	期末资					
	非流动负债合计	负债合计	所有者权益合计	实收资本		
					国家资本	集体资本
贸易经纪与代理	**80001**	**570629**	**51839**	**13490**		
贸易代理	80001	570629	51839	13490		
一般物品拍卖						
艺术品、收藏品拍卖						
艺术品代理						
其他贸易经纪与代理						
其他批发业	**2400**	**230585**	**535477**	**113723**	**22843**	
再生物资回收与批发						
宠物食品用品批发						
互联网批发						
其他未列明批发业	2400	230585	535477	113723	22843	
3.按登记注册类型分						
内资企业	**1036258**	**13395710**	**6363298**	**2037264**	**1007740**	**54043**
国有企业	49781	898313	983429	65336	39890	
集体企业	622	1471	1135	553		553
股份合作企业						
联营企业						
国有联营企业						
集体联营企业						
国有与集体联营企业						
其他联营企业						
有限责任公司	762362	9408328	4792990	1581459	912206	40046
国有独资公司	158570	1656820	1145973	387563	351937	22627
其他有限责任公司	603791	7751509	3647017	1193896	560269	17420
股份有限公司	64815	1083107	257701	130919	55644	13444
私营企业	158678	2003619	327769	258880		
私营独资企业						
私营合伙企业						
私营有限责任公司	158677	1964190	319152	251780		
私营股份有限公司	1	39430	8617	7100		
其他企业		872	274	116		
港、澳、台商投资企业	**30000**	**99541**	**69034**	**47204**	**24666**	**1350**
合资经营企业(港或澳、台资)		3644	11806	5884		1350
合作经营企业(港或澳、台资)						
港、澳、台商独资经营企业	30000	94706	55492	41110	24666	
港、澳、台商投资股份有限公司						
其他港澳台投资企业		1190	1736	210		
外商投资企业		**28100**	**29840**	**2509**		
中外合资经营企业						
中外合作经营企业						
外资企业		28100	29840	2509		
外商投资股份有限公司						
其他外商投资企业						

单位：万元

产负债				损益及分配						
法人资本	个人资本	港澳台资本	外商资本	营业收入	主营业务收入	营业成本	主营业务成本	税金及附加	主营业务税金及附加	其他业务利润
12490	**1000**			**3081142**	**3070829**	**3005946**	**3005817**	**369**	**369**	
12490	1000			3081142	3070829	3005946	3005817	369	369	
83231	**7650**			**1931300**	**1928106**	**1834014**	**1833713**	**2091**	**2091**	**2893**
83231	7650			1931300	1928106	1834014	1833713	2091	2091	2893
773358	**198615**	**1508**	**2000**	**36886072**	**36775973**	**35079247**	**35025754**	**182187**	**180846**	**51956**
25446				2223928	2202016	1738594	1720083	138000	137963	3533
				12567	12567	12278	12278	1	1	
582230	43469	1508	2000	28747361	28685510	27813836	27796299	31394	30893	20255
13000				10054499	10034966	9819462	9808439	5570	5267	4493
569230	43469	1508	2000	18692862	18650544	17994374	17987861	25823	25626	15762
46096	15736			2542555	2532756	2468660	2462088	4752	4150	7255
119471	139409			3293703	3277165	2987372	2976499	8036	7835	20913
119471	132309			3123437	3108484	2828111	2817611	7755	7554	19701
	7100			170266	168681	159261	158889	281	281	1212
116				65958	65958	58507	58507	5	5	
1184	**210**	**19794**		**383474**	**382407**	**360083**	**359493**	**462**	**462**	**476**
1184		3350		45867	44921	36474	35902	142	142	374
		16444		335913	335793	322255	322236	314	314	102
	210			1694	1694	1355	1355	6	6	
			2509	**106589**	**106589**	**88890**	**88890**	**351**	**351**	**767**
			2509	106589	106589	88890	88890	351	351	767

13-5 续表 14

（2017年）

指标	非流动负债合计	负债合计	所有者权益合计	实收资本	国家资本	集体资本
				期末资		
4.按控股情况分						
国有控股	771922	9397644	5647827	1510719	996773	27828
集体控股	835	171744	48066	33141	4481	6795
私人控股	191978	2640400	512923	367914	146	
港澳台商控股	30000	98350	67298	46994	24666	1350
外商控股		78528	3900	4509		
其他	71523	1136684	182158	123701	6340	19420
5.按经营形式分						
独立门店	128895	3685635	1503977	710795	500247	1753
连锁总店	200001	2441682	757220	149622		1350
连锁直营店	9150	74841	38477	8980		
连锁加盟店						
其他	728212	7321192	4162498	1217581	532159	52290
6.按单位规模分						
大型	46171	2352845	1650905	286996	166948	23977
中型	849720	8305361	4294185	1520134	826675	23820
小型	169389	2613383	507211	227215	38767	7597
微型	978	251762	9871	52633	16	
二、零售业	**306221**	**4325576**	**1960188**	**2046531**	**298594**	**33674**
1.按国民经济零售业行业分(GB/T4757-2011)						
综合零售	**43841**	**587702**	**529588**	**213114**	**2000**	**731**
百货零售	11350	211910	385626	142592		507
超级市场零售	11879	224163	163921	67442		3
其他综合零售	20612	151629	-19959	3080	2000	222
食品、饮料及烟草制品专门零售	**7931**	**137755**	**77767**	**44843**	**1810**	**322**
粮油零售	618	52470	36764	16159	917	222
糕点、面包零售	329	329	100	100		
果品、蔬菜零售	4281	8869	17864	5622		
肉、禽、蛋、奶及水产品零售	645	2435	2756	1353		100
营养和保健品零售		11575	10384	10150		
酒、饮料及茶叶零售	4	45199	4777	5843		
烟草制品零售		2898	3565	3215	821	
其他食品零售	2054	13981	1558	2400	72	
纺织、服装及日用品专门零售	**33246**	**181895**	**90795**	**75949**	**1020**	**2080**
纺织品及针织品零售						
服装零售	32776	133955	76260	64224		1000
鞋帽零售		17420	203	1708		
化妆品及卫生用品零售		1420	4490	2250	1020	980
钟表、眼镜零售	470	1804	651	251		100
箱、包零售						
厨房用具及日用杂品零售		2667	2062	515		
自行车零售						
其他日用品零售		24630	7130	7000		

单位：万元

产负债				损益及分配						
法人资本	个人资本	港澳台资本	外商资本	营业收入	主营业务收入	营业成本	主营业务成本	税金及附加	主营业务税金及附加	其他业务利润
477367	8751			30102468	30029380	28830932	28789525	167451	166577	17636
19981	1883			418305	415767	393517	393439	585	351	2482
186178	181591			4336196	4310033	3935835	3924242	9955	9752	23401
1184		19794		381780	380714	358728	358138	456	456	476
			4509	137470	137470	103554	103554	598	598	767
89832	6600	1508		1999916	1991606	1905655	1905239	3955	3926	8437
129692	79103			12906558	12884024	12462628	12451080	15789	15044	14595
144322	600	3350		986227	981192	961552	960927	788	788	374
	8980			144525	144525	118684	118684	1785	1785	
500528	110142	17952	4509	23338825	23255228	21985356	21943446	164639	164043	38229
66350	24691	3350	1681	11851006	11820088	11008663	10992359	146952	146613	8074
549618	102070	17952		20464602	20407573	19722787	19702173	29675	28771	33962
119789	60234		828	4756499	4733440	4511742	4494617	6001	5907	6452
38786	11830		2000	304028	303868	285028	284988	372	369	4710
389868	**1168245**	**98893**	**57257**	**11494700**	**11129264**	**10145509**	**9912666**	**32240**	**27439**	**78019**
158795	**20368**	**7970**	**23250**	**1363554**	**1313180**	**1055882**	**1053912**	**6213**	**4812**	**32706**
100228	12932	5675	23250	591015	565181	465895	464745	3577	2190	20415
57897	7247	2295		757531	733035	577307	577094	2617	2607	12291
670	189			15009	14963	12680	12072	20	15	
21466	**21146**		**100**	**964680**	**960385**	**877920**	**877017**	**1800**	**1791**	**1746**
768	14252			788275	787946	739641	739591	1212	1211	236
	100			564	564	395	395	2	2	
4156	1466			41077	41077	35723	35723	24	24	
204	1050			24573	24549	23702	23683	24	24	
9550	500		100	42657	42235	31914	31866	181	175	373
5598	245			33819	31363	19437	19086	259	258	871
	2395			14179	13497	10547	10111	62	62	
1190	1138			19537	19154	16562	16562	35	35	265
12654	**11510**	**27685**	**21000**	**329101**	**297541**	**255964**	**234233**	**1571**	**1033**	**838**
7424	7115	27685	21000	269729	238378	215591	193860	1176	637	800
300	1408			33379	33379	22944	22944	195	195	
250				14040	13951	7968	7968	150	150	
	151			1683	1683	1067	1067	34	34	
	515			5803	5803	4774	4774	5	5	
4680	2320			4468	4348	3621	3621	12	12	38

13-5 续表 15

（2017年）

指标	期末资					
	非流动负债合计	负债合计	所有者权益合计	实收资本		
					国家资本	集体资本
文化、体育用品及器材专门零售	**6606**	**408314**	**81705**	**51737**	**15114**	**1152**
文具用品零售		4631	916	838		
体育用品及器材零售		348	242	10		
图书、报刊零售	6606	77334	29624	14906	7114	
音像制品及电子出版物零售						
珠宝首饰零售		322280	47793	34416	8000	1152
工艺美术品及收藏品零售		271	2519	1100		
乐器零售						
照相器材零售						
其他文化用品零售		3451	611	467		
医药及医疗器材专门零售	**83507**	**423236**	**349147**	**75875**	**515**	**23824**
药品零售	83415	412210	343113	73175	515	23824
医疗用品及器材零售	92	11026	6035	2700		
汽车、摩托车、燃料及零配件专门零售	**127538**	**2396970**	**730173**	**1535013**	**277327**	**5545**
汽车零售	127079	1606125	399995	1232454	5055	4900
汽车零配件零售	309	105366	3050	8500		
摩托车及零配件零售	150	1187	1442	657		
机动车燃料零售		684292	325686	293403	272273	645
家用电器及电子产品专门零售	**2538**	**150036**	**70714**	**29451**		**20**
家用视听设备零售	2000	75138	51634	12832		
日用家电设备零售		6389	2232	1010		
计算机、软件及辅助设备零售	538	30634	20219	11439		20
通信设备零售		31280	611	3000		
其他电子产品零售		6594	-3981	1170		
五金、家具及室内装饰材料专门零售	**865**	**22793**	**19090**	**12758**		
五金零售	308	1176	3623	3600		
灯具零售		2568	435	764		
家具零售	200	712	575	450		
涂料零售						
卫生洁具零售		8319	1327	1460		
木质装饰材料零售						
陶瓷、石材装饰材料零售	357	6747	7041	2350		
其他室内装饰材料零售		3272	6090	4134		
货摊、无店铺及其他零售业	**150**	**16875**	**11209**	**7790**	**809**	
货摊食品零售						
货摊纺织、服装及鞋零售						
货摊日用品零售						
互联网零售		2183	2584	1131		
邮购及电视、电话零售						
旧货零售						
生活用燃料零售	150	14090	7525	5709	809	
其他未列明零售业		602	1100	950		

单位：万元

产负债				损益及分配						
法人资本	个人资本	港澳台资本	外商资本	营业收入	主营业务收入	营业成本	主营业务成本	税金及附加	主营业务税金及附加	其他业务利润
17858	**8019**	**7951**	**1643**	**1212261**	**1206707**	**1162648**	**1161200**	**1891**	**1878**	**3057**
318	520			8644	8644	7287	7287	22	22	35
10				600	600	457	457	1	1	
1281	4869		1643	106641	102043	77759	77179	711	701	3661
16000	1313	7951		1085333	1084649	1066652	1066260	1140	1140	-942
100	1000			1468	1468	1128	1128	4	4	303
150	317			9575	9304	9366	8890	13	11	
5753	**39883**	**5900**		**835310**	**820471**	**548713**	**546095**	**5600**	**5590**	**12640**
4853	38083	5900		816016	801178	533482	531089	5514	5505	10779
900	1800			19293	19293	15232	15006	85	85	1861
140775	**1054849**	**49387**	**7129**	**6144383**	**5902733**	**5695277**	**5498244**	**13539**	**10760**	**21306**
130237	1035745	49387	7129	3364341	3241494	3129462	3040184	6821	6618	14715
3460	5040			335438	328280	311797	309875	890	321	1315
637	20			10047	10042	7884	7884	44	44	
6441	14044			2434557	2322917	2246135	2140301	5784	3777	5276
25079	**4352**			**555463**	**539598**	**476707**	**469852**	**1433**	**1404**	**5439**
12232	600			397762	387808	337187	331846	1162	1162	3143
508	502			11470	11289	10273	10164	18	17	
8299	3120			63737	61832	55826	55154	133	128	1428
3000				58811	56590	52364	52364	68	52	
1040	130			23683	22080	21057	20325	53	45	869
1567	**7057**		**4134**	**54361**	**53580**	**46190**	**46186**	**142**	**127**	**288**
100	3500			2731	2731	2362	2362	14	14	
	764			6272	5990	4961	4961	21	21	282
317	133			2769	2769	1924	1924	13	13	5
500	960			11204	11204	9591	9591	19	19	
650	1700			21948	21946	19369	19369	72	58	
			4134	9437	8941	7985	7980	3	3	1
5920	**1061**			**35588**	**35069**	**26208**	**25927**	**52**	**44**	
730	401			16920	16878	12816	12816	6	6	
4800	100			15835	15487	11105	11046	26	26	
390	560			2833	2704	2288	2065	19	11	

13-5 续表 16

（2017年）

指标	期末资					
	非流动负债合计	负债合计	所有者权益合计	实收资本	国家资本	集体资本
2.按国民经济零售业行业分(GB/T4757-2017)						
综合零售	**43841**	**587289**	**530366**	**213434**	**2000**	**651**
百货零售	11350	213451	385802	142769		507
超级市场零售	11879	224413	164321	67842		3
便利店零售						
其他综合零售	20612	149425	-19757	2823	2000	142
食品、饮料及烟草制品专门零售	**7931**	**138468**	**77529**	**44973**	**1810**	**402**
粮油零售	618	52470	36764	16159	917	222
糕点、面包零售	329	329	100	100		
果品、蔬菜零售	4281	8919	18004	5672		
肉、禽、蛋、奶及水产品零售	645	2435	2756	1353		100
营养和保健品零售		11575	10384	10150		
酒、饮料及茶叶零售	4	45199	4777	5843		
烟草制品零售		3561	3187	3295	821	80
其他食品零售	2054	13981	1558	2400	72	
纺织、服装及日用品专门零售	**33246**	**181895**	**90795**	**75949**	**1020**	**2080**
纺织品及针织品零售						
服装零售	32776	133955	76260	64224		1000
鞋帽零售		16750	385	1608		
化妆品及卫生用品零售		1420	4490	2250	1020	980
厨具卫具及日用杂品零售		2781	2269	615		100
钟表、眼镜零售	470	1690	444	151		
箱包零售		669	-182	100		
自行车等代步设备零售						
其他日用品零售		24630	7130	7000		
文化、体育用品及器材专门零售	**6606**	**408314**	**81705**	**51737**	**15114**	**1152**
文具用品零售		4631	916	838		
体育用品及器材零售		348	242	10		
图书、报刊零售	6606	77334	29624	14906	7114	
音像制品、电子和数字出版物零售						
珠宝首饰零售		322280	47793	34416	8000	1152
工艺美术品及收藏品零售		271	2519	1100		
乐器零售						
照相器材零售						
其他文化用品零售		3451	611	467		
医药及医疗器材专门零售	**83507**	**423236**	**349147**	**75875**	**515**	**23824**
西药零售	83243	354384	313510	60053	115	23824
中药零售	173	57826	29602	13122	400	
动物用药品零售						
医疗用品及器材零售	92	11026	6035	2700		
保健辅助治疗器材零售						
汽车、摩托车、零配件和燃料及其他动力销售	**127538**	**2396970**	**730173**	**1535013**	**277327**	**5545**
汽车新车零售	104534	1403159	319565	1196662	4203	4900
汽车旧车零售	22545	203774	82146	37442	852	
汽车零配件零售	309	104558	1334	6850		

单位：万元

产负债				损益及分配						
法人资本	个人资本	港澳台资本	外商资本	营业收入	主营业务收入	营业成本	主营业务成本	税金及附加	主营业务税金及附加	其他业务利润
159035	**20528**	**7970**	**23250**	**1363584**	**1313210**	**1055656**	**1053685**	**6214**	**4812**	**32706**
100405	12932	5675	23250	592237	566403	466869	465719	3580	2193	20415
58137	7407	2295		758394	733899	577837	577624	2620	2610	12291
493	189			12953	12908	10950	10342	14	9	
21516	**21146**		**100**	**966440**	**962145**	**879489**	**878585**	**1817**	**1801**	**1746**
768	14252			788275	787946	739641	739591	1212	1211	236
	100			564	564	395	395	2	2	
4206	1466			42003	42003	36535	36535	39	31	
204	1050			24573	24549	23702	23683	24	24	
9550	500		100	42657	42235	31914	31866	181	175	373
5598	245			33819	31363	19437	19086	259	258	871
	2395			15012	14330	11303	10867	65	65	
1190	1138			19537	19154	16562	16562	35	35	265
12654	**11510**	**27685**	**21000**	**329101**	**297541**	**255964**	**234233**	**1571**	**1033**	**838**
7424	7115	27685	21000	269729	238378	215591	193860	1176	637	800
300	1308			32304	32304	21961	21961	194	194	
250				14040	13951	7968	7968	150	150	
	515			6221	6221	5081	5081	37	37	
	151			1265	1265	760	760	2	2	
	100			1074	1074	983	983	2	2	
4680	2320			4468	4348	3621	3621	12	12	38
17858	**8019**	**7951**	**1643**	**1212261**	**1206707**	**1162648**	**1161200**	**1891**	**1878**	**3057**
318	520			8644	8644	7287	7287	22	22	35
10				600	600	457	457	1	1	
1281	4869		1643	106641	102043	77759	77179	711	701	3661
16000	1313	7951		1085333	1084649	1066652	1066260	1140	1140	-942
100	1000			1468	1468	1128	1128	4	4	303
150	317			9575	9304	9366	8890	13	11	
5753	**39883**	**5900**		**835310**	**820471**	**548713**	**546095**	**5600**	**5590**	**12640**
603	35511			631849	622891	408491	408321	4164	4164	8769
4250	2572	5900		184168	178286	124991	122769	1350	1341	2009
900	1800			19293	19293	15232	15006	85	85	1861
140775	**1054849**	**49387**	**7129**	**6144383**	**5902733**	**5695277**	**5498244**	**13539**	**10760**	**21306**
107007	1029879	43544	7129	2949451	2830324	2748205	2661423	5085	4882	11242
24090	6656	5844		434575	430855	400321	397825	1749	1749	3473
2600	4250			315753	308595	292732	290810	877	308	1315

13–5 续表 17

（2017年）

指标	非流动负债合计	负债合计	所有者权益合计	实收资本	国家资本	集体资本
	期末资					
摩托车及零配件零售	150	102874	12316	12441		
机动车燃油零售		581260	313626	280909	272273	645
机动车燃气零售		1345	1186	710		
机动车充电销售						
家用电器及电子产品专门零售	**2538**	**150036**	**70714**	**29451**		**20**
家用视听设备零售	2000	75138	51634	12832		
日用家电零售		6389	2232	1010		
计算机、软件及辅助设备零售	538	30634	20219	11439		20
通信设备零售		31280	611	3000		
其他电子产品零售		6594	-3981	1170		
五金、家具及室内装饰材料专门零售	**865**	**22793**	**19090**	**12758**		
五金零售	308	1176	3623	3600		
灯具零售		2568	435	764		
家具零售	200	712	575	450		
涂料零售						
卫生洁具零售		8319	1327	1460		
木质装饰材料零售						
陶瓷、石材装饰材料零售	357	6747	7041	2350		
其他室内装饰材料零售		3272	6090	4134		
货摊、无店铺及其他零售业	**150**	**16575**	**10669**	**7340**	**809**	
流动货摊零售						
互联网零售		2183	2584	1131		
邮购及电视、电话零售						
自动售货机零售						
旧货零售						
生活用燃料零售		11688	5611	4900		
宠物食品用品零售	150	2402	1915	809	809	
其他未列明零售业		302	560	500		
3.按登记注册类型分						
内资企业	**241497**	**3543824**	**1250912**	**1741911**	**294746**	**33674**
国有企业	301	8536	5583	1684	1684	
集体企业	56	25028	2771	1200		717
股份合作企业	573	741	581	118		118
联营企业						
国有联营企业						
集体联营企业						
国有与集体联营企业						
其他联营企业						
有限责任公司	7931	1517990	611564	1466373	285210	8043
国有独资公司		410357	26286	11000	6000	
其他有限责任公司	7931	1107633	585278	1455373	279210	8043
股份有限公司	20185	158678	1652	11330	7302	
私营企业	211948	1830230	626243	260766	550	24696

单位：万元

产负债				损益及分配						
法人资本	个人资本	港澳台资本	外商资本	营业收入	主营业务收入	营业成本	主营业务成本	税金及附加	主营业务税金及附加	其他业务利润
647	11794			236658	236654	212801	212801	681	681	10
6221	1770			2203120	2091479	2037227	1931394	5138	3130	5266
210	500			4826	4826	3990	3990	10	10	
25079	**4352**			**555463**	**539598**	**476707**	**469852**	**1433**	**1404**	**5439**
12232	600			397762	387808	337187	331846	1162	1162	3143
508	502			11470	11289	10273	10164	18	17	
8299	3120			63737	61832	55826	55154	133	128	1428
3000				58811	56590	52364	52364	68	52	
1040	130			23683	22080	21057	20325	53	45	869
1567	**7057**		**4134**	**54361**	**53580**	**46190**	**46186**	**142**	**127**	**288**
100	3500			2731	2731	2362	2362	14	14	
	764			6272	5990	4961	4961	21	21	282
317	133			2769	2769	1924	1924	13	13	5
500	960			11204	11204	9591	9591	19	19	
650	1700			21948	21946	19369	19369	72	58	
			4134	9437	8941	7985	7980	3	3	1
5630	**901**			**33799**	**33280**	**24866**	**24585**	**34**	**34**	
730	401			16920	16878	12816	12816	6	6	
4800	100			5174	5136	4055	4031	16	16	
				10661	10352	7050	7015	10	10	
100	400			1044	915	946	723	1	1	
243946	**1164645**		**4900**	**9552064**	**9338256**	**8539844**	**8402046**	**24658**	**20964**	**49435**
				26216	25891	22154	22117	23	23	236
291	192			35519	35519	32023	32023	62	62	
				7452	7452	5971	5971	31	31	
140196	1028024		4900	5698292	5524303	5189085	5065004	14162	10961	25748
5000				1696567	1622044	1651264	1582121	1379	867	3565
135196	1028024		4900	4001725	3902259	3537820	3482883	12782	10094	22183
3050	978			126592	122885	115107	111955	419	293	887
100259	135262			3644673	3608989	3164402	3153872	9886	9519	22564

13-5 续表 18

（2017年）

指　　标	期末资					
	非流动负债合计	负债合计	所有者权益合计	实收资本		
					国家资本	集体资本
私营独资企业	58	3977	2701	1912		
私营合伙企业		2032	1682	1395		
私营有限责任公司	131048	1480765	310891	199015	550	1020
私营股份有限公司	80842	343455	310970	58444		23676
其他企业	504	2622	2517	440		100
港、澳、台商投资企业	**22545**	**483919**	**439586**	**122892**		
合资经营企业(港或澳、台资)		87262	25295	11199		
合作经营企业(港或澳、台资)						
港、澳、台商独资经营企业	22545	396657	414291	111693		
港、澳、台商投资股份有限公司						
其他港澳台投资企业						
外商投资企业	**42179**	**297832**	**269690**	**181728**	**3849**	
中外合资经营企业	1744	96126	138799	115208	3849	
中外合作经营企业						
外资企业	8812	144196	111352	45520		
外商投资股份有限公司						
其他外商投资企业	31623	57510	19539	21000		
4.按控股情况分						
国有控股	21176	806190	339936	317770	297972	1202
集体控股	629	72279	11101	8622		5035
私人控股	215394	2328702	789592	1382865	550	24742
港澳台商控股	22545	483919	439586	122892		
外商控股	41971	264341	181465	82437		
其他	4506	370144	198508	131946	72	2695
5.按经营形式分						
独立门店	268089	2791027	1205415	1604279	34158	30902
连锁总店	8278	947031	622663	334874	256138	80
连锁直营店	28	4015	1607	3605		
连锁加盟店						
其他	29826	583503	130503	103773	8299	2692
6.按单位规模分						
大型	94200	1421722	1000563	426259	256138	23676
中型	203280	2314287	721330	1483580	32171	7162
小型	8376	559307	207984	117896	10235	2768
微型	365	30259	30311	18795	51	68
7.按零售业态分						
有店铺零售	305912	4226302	1907416	2006959	292785	33574
食杂店	524	23294	25099	11200	72	
便利店	21254	157299	-18532	9720	2000	126
折扣店		2209	-923	300		
超市	4412	34703	33131	20797		605
大型超市	14369	216717	138335	59942		
仓储会员店						

单位：万元

产负债				损益及分配						
法人资本	个人资本	港澳台资本	外商资本	营业收入	主营业务收入	营业成本	主营业务成本	税金及附加	主营业务税金及附加	其他业务利润
436	1476			30178	30178	25359	25358	296	279	8
1345	50			16184	16184	13391	13391	79	79	76
97209	100237			3008919	2982249	2756739	2746378	5424	5074	13721
1269	33499			589391	580379	368913	368745	4086	4086	8759
150	190			13321	13217	11103	11103	76	76	
21120	**2100**	**98893**	**779**	**1056203**	**961406**	**901244**	**824315**	**4014**	**4014**	**7789**
1120	2100	7200	779	297393	209941	267552	191717	261	261	3741
20000		91693		758810	751465	633692	632598	3753	3753	4049
124802	**1500**		**51577**	**886434**	**829602**	**704421**	**686306**	**3568**	**2461**	**20795**
83517	1500		26343	394143	378286	325813	325764	1585	985	8945
41286			4234	469020	450612	360032	359980	1466	1460	11851
			21000	23271	704	18576	562	517	16	
15400	1552		1643	3403289	3283375	3182850	3075289	6358	4341	11206
3395	192			166774	163745	151944	151916	259	243	
192112	1159111		6350	5038442	4975010	4382537	4360050	13928	13463	26670
21120	2100	98893	779	1056203	961406	901244	824315	4014	4014	7789
57202			25234	776537	728215	603724	585657	2947	2439	11915
100640	5289		23250	1053457	1017513	923210	915441	4735	2939	20439
288154	1139552	54357	57157	7422405	7219460	6604403	6486694	20247	17898	50487
60454	9303	8900		3096329	2946492	2685627	2573134	9337	7468	26737
3500	5		100	62397	60139	48059	47844	256	250	373
37760	19386	35636		913569	903173	807420	804995	2400	1823	422
67457	46010	32980		4502089	4334475	3749087	3636264	15670	13270	33975
261888	1067241	57962	57157	4455794	4263039	4002506	3884058	12849	10679	41853
54278	42564	7951	100	1734990	1730077	1642392	1641064	2377	2147	2192
6246	12430			801828	801673	751524	751280	1345	1343	
367215	1165187	90942	57257	11342607	10979107	10021397	9789035	31841	27042	78281
150	10978			772012	771871	725009	724990	1212	1204	
3500	4094			51949	50065	42253	41478	172	172	0
300				1391	1391	1021	1021	5	5	
10759	9433			143276	142832	117336	117124	398	378	125
54468	3800	1675		687541	661485	530446	530446	2123	2123	12887

13-5 续表 19

（2017年）

指　　标	期末资					
	非流动负债合计	负债合计	所有者权益合计	实收资本		
					国家资本	集体资本
百货店	7703	192943	391054	131721	1020	980
专业店	122815	1707171	916802	1508374	278070	25926
专卖店	102700	1769393	375897	226170	11545	5715
家居建材商店	313	9125	13389	6541		
购物中心	31623	109249	26911	30200		
厂家直销中心	200	4199	6255	1994	78	222
无店铺零售	309	99274	52772	39572	5809	100
电视购物		4710	4671	4000		
邮购						
网上商店	109	5505	3752	2372		
自动售货亭						
电话购物						
其他	201	89059	44349	33199	5809	100
三、批发业按地区分组	**1066258**	**13523350**	**6462172**	**2086977**	**1032406**	**55393**
五华区	142567	2824894	1242290	447378	181323	29067
盘龙区	113243	1545349	2477884	428214	142084	
官渡区	365869	2870686	945589	518986	352416	9518
西山区	335218	4064151	1054981	358563	113006	4900
东川区	417	9687	3493	1839	314	302
呈贡区	36915	947918	449388	142440	95316	10000
晋宁区	53544	155004	50423	31322	17286	
富民县	2142	22009	6099	3776	206	
宜良县	3752	31837	5984	1839		520
石林彝族自治县	203	2887	2509	800	200	600
嵩明县	6621	57860	4581	3828		204
禄劝彝族苗族自治县		3563	994	599	339	
寻甸回族彝族自治县	2267	10399	15303	4362	2935	33
安宁市	3500	977110	202653	143030	126983	250
四、零售业按地区分组	**306221**	**4325576**	**1960188**	**2046531**	**298594**	**33674**
五华区	35377	970202	716983	293391	5595	1000
盘龙区	26409	877698	357077	1165281	13485	120
官渡区	27678	716242	380796	384875	271065	7212
西山区	90202	1261404	97879	78371	7500	573
东川区	200	5663	4527	1380	78	222
呈贡区	82287	356221	308971	60062	18	23676
晋宁区	532	18284	11343	10399		
富民县	121	5303	4203	2208		
宜良县	2816	7036	7972	3377		766
石林彝族自治县	1727	7329	3825	3690		
嵩明县	2752	17642	16725	5370	821	
禄劝彝族苗族自治县	970	9821	7468	3675		100
寻甸回族彝族自治县	267	3579	9381	1086		
安宁市	34883	69153	33039	33366	33	5

单位：万元

产负债				损益及分配						
法人资本	个人资本	港澳台资本	外商资本	营业收入	主营业务收入	营业成本	主营业务成本	税金及附加	主营业务税金及附加	其他业务利润
94070	6107	6295	23250	536281	514136	409993	409007	3738	2356	19693
111162	1079599	5844	7772	6110295	5855408	5430984	5231748	16718	13948	30604
85053	45628	77129	1100	2916475	2881621	2657823	2644983	6775	6656	14966
657	1750		4134	24575	24079	21609	21605	26	26	1
6200	3000		21000	87823	65255	76030	58016	632	131	
896	798			10989	10965	8893	8617	44	44	5
22654	3058	7951		152093	150157	124113	123631	399	397	-262
4000				12360	11737	7861	7861	98	98	623
1490	883			25792	25476	20428	20051	28	26	
17164	2175	7951		113942	112944	95824	95720	274	274	-885
774542	**198825**	**21302**	**4509**	**37376135**	**37264969**	**35528220**	**35474137**	**183000**	**181660**	**53198**
178907	54574	1508	2000	8326177	8311427	7838578	7832909	11247	10873	10007
259733	25569		828	5696708	5661524	5058057	5030389	146968	146480	14782
91968	60054	3350	1681	6414972	6381539	6161687	6150203	10235	9867	18167
186096	38118	16444		8733678	8715195	8501529	8500003	5684	5618	8453
1094	130			24174	24174	23381	23381	18	18	
30870	6254			2193981	2193386	2064419	2064372	2664	2663	977
9361	4675			141939	141454	124704	124417	1190	1190	209
2870	700			52458	52458	44107	44107	84	84	
366	953			129870	129713	118699	118661	41	41	
				12853	12853	12176	12176	96	96	
3163	461			95256	95251	88340	88340	405	405	198
5	255			9884	9884	9326	9326	11	9	
269	1125			23619	22422	21659	21657	9	9	16
9840	5957			5520566	5513690	5461558	5454197	4348	4307	391
389868	**1168245**	**98893**	**57257**	**11494700**	**11129264**	**10145509**	**9912666**	**32240**	**27439**	**78019**
198408	32333	32805	23250	3402038	3331392	2983064	2971435	8600	7349	35743
82472	1033209	29219	6777	2486026	2451683	2204772	2197852	7887	7075	19539
63342	33081	9626	550	2881769	2819247	2629637	2582734	6530	5017	8310
26441	15834	27244	779	1781370	1617461	1652389	1504053	3717	3063	3806
180	900			17378	17251	14691	14641	39	28	
1770	34598			595682	586218	373981	373436	4086	4075	9025
7580	2819			34746	34124	29030	29004	110	109	652
1148	1060			14305	14055	12453	12241	19	19	
1278	1333			60180	60180	49093	49093	103	103	
658	3032			34866	34866	30323	30323	227	227	1
1089	3460			63794	63271	58331	58294	71	71	718
1286	2290			46106	45950	42714	42573	129	120	185
386	700			17774	17773	14731	14731	55	50	42
3830	3598		25900	58669	35794	50301	32258	669	134	

13-5 续表 20

（2017年）

指　　标	损益					
	销售费用	管理费用	财务费用	利息收入	利息支出	资产减值损失
总计	**1492600**	**522086**	**266294**	**29771**	**294227**	**24251**
一、批发业	**711904**	**286579**	**219774**	**19733**	**257158**	**14765**
1.按国民经济批发业行业分(GB/T4757-2011)						
农、林、牧产品批发	**1184**	**2539**	**539**	**-77**	**490**	
谷物、豆及薯类批发	497	510	262	1	140	
种子批发	58	719	43	1	43	
饲料批发	226	183	191	1	192	
棉、麻批发						
林业产品批发	149	245	7			
牲畜批发	7	402	115		115	
其他农牧产品批发	246	481	-79	-79		
食品、饮料及烟草制品批发	**111243**	**48141**	**934**	**26948**	**24301**	**1130**
米、面制品及食用油批发	10460	11425	11903	2166	11386	28
糕点、糖果及糖批发	6874	5670	10906	1045	11575	1040
果品、蔬菜批发	2451	1158	503	0	463	11
肉、禽、蛋、奶及水产品批发						
盐及调味品批发	429	140	75	0	74	
营养和保健品批发	792	1004	513		398	
酒、饮料及茶叶批发	5766	4060	208	76	281	48
烟草制品批发	78450	24059	-23304	23582	19	4
其他食品批发	6022	626	132	79	106	0
纺织、服装及家庭用品批发	**89112**	**7717**	**250**	**1282**	**1533**	**-34**
纺织品、针织品及原料批发	57	40	0	0		
服装批发	249	103	1136	0	1136	
鞋帽批发	132	174	8	1		
化妆品及卫生用品批发	80439	2716	-26	56	25	-25
厨房、卫生间用具及日用杂货批发						
灯具、装饰物品批发						
家用电器批发	7672	4684	-867	1224	373	-12
其他家庭用品批发	564		0	0		3
文化、体育用品及器材批发	**22859**	**6573**	**-1267**	**1792**	**419**	**87**
文具用品批发	2116	1219	23	29	38	70
体育用品及器材批发	319	128	-1	1		
图书批发	17663	3601	-1365	1763	376	-121
报刊批发						
音像制品及电子出版物批发						
首饰、工艺品及收藏品批发	582	435	12	-2	5	38
其他文化用品批发	2179	1190	64	1	1	100
医药及医疗器材批发	**246368**	**64455**	**18434**	**880**	**8336**	**4622**
西药批发	214423	55965	17517	894	7933	4877
中药批发	28362	7100	398	-15	87	1
医疗用品及器材批发	3584	1391	519	1	316	-256

单位：万元

及分配								人工成本及增值税		从事批发和零售业活动的从业人员平均人数(人)
公允价值变动收益	投资收益	其他收益	营业利润	营业外收入	营业外支出	利润总额	所得税费用	应付职工薪酬(本年贷方累计发生额)	应交增值税	
662	**142616**	**20933**	**847209**	**73462**	**22379**	**931311**	**204926**	**770203**	**420457**	**93146**
632	**119974**	**20330**	**579622**	**60460**	**14423**	**640813**	**152070**	**340652**	**258605**	**28696**
			-117	**1065**	**5**	**942**	**54**	**1593**	**131**	**487**
			-798	720	3	-80		260	15	132
			-512	312	1	-202		287	132	85
			195	1		196		184	7	33
			356			356	54	126		28
			433			433		140		66
			209	31	1	239		595	-23	143
568	**44196**	**17897**	**335387**	**23466**	**1027**	**357768**	**79732**	**107653**	**82515**	**4055**
0	173	17897	-14463	15481	616	326	202	23785	249	829
509	31906		29317	208	21	29504	1122	5230	439	126
59			8405	78	-20	8527	156	4416	218	397
			50		0	50	20	178	9	60
			291	10	3	298	74	654	457	171
	34		8176	303	136	8343	1983	4499	3589	438
	12053		303334	7213	255	310292	76044	67979	76515	1854
	30		277	174	15	430	130	913	1041	180
	1244		**58433**	**283**	**116**	**58594**	**8855**	**18816**	**19725**	**1475**
			6	5		11	1	59	22	16
			266			266	29	210	47	52
			5	2	0	6	2	117	58	25
	15		51129	175	2	51302	7657	12380	17610	266
	1229		7015	101	110	7001	1162	5864	1895	1072
			12		5	8	4	186	93	44
	19419	**184**	**29901**	**1806**	**35**	**31622**	**1885**	**9950**	**1059**	**836**
		10	909	36	0	945	176	1392	329	167
			-84			-84		103	27	29
	19419	39	28590	1714	33	30270	1654	7714	425	516
		135	300	50		305	46	185	10	34
			187	6	1	186	9	556	268	90
0	**2215**	**5**	**77761**	**2877**	**1596**	**79017**	**13804**	**78428**	**88951**	**12175**
0	2005	5	71521	2792	1309	73019	13037	69803	79428	10738
	210		1030	75	280	824	143	6709	4699	1209
			5210	10	7	5175	625	1916	4824	228

13-5 续表 21

（2017年）

指　　标	损益					
	销售费用	管理费用	财务费用	利息收入	利息支出	资产减值损失
矿产品、建材及化工产品批发	**152357**	**110737**	**165989**	**-12934**	**191841**	**6339**
煤炭及制品批发	2415	4741	22288	350	22516	3618
石油及制品批发	20565	5719	-340	215	62	
非金属矿及制品批发	1605	1681	1159	135	1184	
金属及金属矿批发	49835	47330	71773	9653	64422	9254
建材批发	13550	15252	7065	2143	8060	858
化肥批发	37280	23898	59564	-26752	90341	3282
农药批发	2839	1584	30	1	31	
农用薄膜批发						
其他化工产品批发	24269	10532	4450	1322	5225	-10672
机械设备、五金产品及电子产品批发	**40393**	**22148**	**10878**	**1129**	**8854**	**327**
农业机械批发	5821	1987	83	20	77	
汽车批发	1940	1960	1021	275	1238	-49
汽车零配件批发	187	386	33		33	
摩托车及零配件批发	2075	1026	91	51		
五金产品批发	573	554	-3	3	0	
电气设备批发	108	26	1			
计算机、软件及辅助设备批发	1325	1047	253	1	25	
通讯及广播电视设备批发	1173	382	344			1
其他机械设备及电子产品批发	27190	14781	9055	780	7481	375
贸易经纪与代理	**28154**	**1644**	**23517**	**662**	**20254**	**1969**
贸易代理	28154	1644	23517	662	20254	1969
拍卖						
其他贸易经纪与代理						
其他批发业	**20235**	**22624**	**501**	**51**	**1129**	**325**
再生物资回收与批发						
其他未列明批发业	20235	22624	501	51	1129	325
2.按国民经济批发业行业分(GB/T4757-2017)						
农、林、牧、渔产品批发	**1184**	**2539**	**539**	**-77**	**490**	
谷物、豆及薯类批发	497	510	262	1	140	
种子批发	58	719	43	1	43	
畜牧渔业饲料批发	226	183	191	1	192	
棉、麻批发						
林业产品批发	149	245	7			
牲畜批发	7	402	115		115	
渔业产品批发						
其他农牧产品批发	246	481	-79	-79		
食品、饮料及烟草制品批发	**111243**	**48141**	**934**	**26948**	**24301**	**1130**
米、面制品及食用油批发	10460	11425	11903	2166	11386	28
糕点、糖果及糖批发	6874	5670	10906	1045	11575	1040
果品、蔬菜批发	2451	1158	503	0	463	11
肉、禽、蛋、奶及水产品批发						
盐及调味品批发	429	140	75	0	74	
营养和保健品批发	792	1004	513		398	
酒、饮料及茶叶批发	5766	4060	208	76	281	48
烟草制品批发	78450	24059	-23304	23582	19	4
其他食品批发	6022	626	132	79	106	0

单位：万元

及分配								人工成本及增值税		从事批发和零售业活动的从业人员平均人数(人)
公允价值变动收益	投资收益	其他收益	营业利润	营业外收入	营业外支出	利润总额	所得税费用	应付职工薪酬(本年贷方累计发生额)	应交增值税	
60	**31577**	**43**	**-29933**	**19580**	**5019**	**-635**	**23574**	**73594**	**37475**	**6499**
	11424		-11236	96	35	-11176	58	1671	674	266
	270		357	1433	120	1673	1235	7130	2566	1049
	3		1078	11	13	1157	101	1058	442	214
505	48555	4	34128	10749	1915	52223	12995	28946	15502	2172
	815		31668	924	87	32505	7774	6566	12089	642
-349	-41992	35	-119825	5814	2757	-111411	-4	20062	6	1042
			396	305	1	700	100	1022	26	209
-96	12502	5	33501	248	91	33694	1314	7140	6171	905
4	**3738**	**2156**	**19108**	**7594**	**6011**	**21246**	**3145**	**19249**	**19495**	**2414**
			2045	5	0	2050		1872	332	257
	-54		-1026	40	104	-1090	10	1715	668	63
			74			74	11	340	63	85
			1017	3	46	974	174	943	196	121
			98			98	30	250	104	72
			10	5		15	0	108	31	21
			-178	85	9	-102	29	790	1037	192
			184	7		191	52	635	86	74
4	3792	2156	16883	7449	5853	19035	2840	12596	16979	1529
	4424		**23967**	**1465**	**412**	**25020**	**6255**	**2850**	**149**	**138**
	4424		23967	1465	412	25020	6255	2850	149	138
	13162	**43**	**65115**	**2324**	**201**	**67238**	**14766**	**28520**	**9105**	**617**
	13162	43	65115	2324	201	67238	14766	28520	9105	617
			-117	**1065**	**5**	**942**	**54**	**1593**	**131**	**487**
			-798	720	3	-80		260	15	132
			-512	312	1	-202		287	132	85
			195	1		196		184	7	33
			356			356	54	126		28
			433			433		140		66
			209	31	1	239		595	-23	143
568	**44196**	**17897**	**335387**	**23466**	**1027**	**357768**	**79732**	**107653**	**82515**	**4055**
0	173	17897	-14463	15481	616	326	202	23785	249	829
509	31906		29317	208	21	29504	1122	5230	439	126
59			8405	78	-20	8527	156	4416	218	397
			50		0	50	20	178	9	60
			291	10	3	298	74	654	457	171
	34		8176	303	136	8343	1983	4499	3589	438
	12053		303334	7213	255	310292	76044	67979	76515	1854
	30		277	174	15	430	130	913	1041	180

13-5 续表 22

（2017年）

指标	损益					
	销售费用	管理费用	财务费用	利息收入	利息支出	资产减值损失
纺织、服装及家庭用品批发	**89112**	**7717**	**250**	**1282**	**1533**	**-34**
纺织品、针织品及原料批发	57	40	0	0		
服装批发	249	103	1136	0	1136	
鞋帽批发	132	174	8	1		
化妆品及卫生用品批发	80439	2716	-26	56	25	-25
厨具卫具及日用杂品批发						
灯具、装饰物品批发						
家用视听设备批发	6316	1580	11	-32	37	-12
日用家电批发	1356	3104	-878	1256	336	
其他家庭用品批发	564		0	0		3
文化、体育用品及器材批发	**22277**	**6138**	**-1279**	**1794**	**415**	**49**
文具用品批发	2116	1219	23	29	38	70
体育用品及器材批发	319	128	-1	1		
图书批发	17663	3601	-1365	1763	376	-121
报刊批发						
音像制品、电子和数字出版物批发						
首饰、工艺品及收藏品批发						
乐器批发						
其他文化用品批发	2179	1190	64	1	1	100
医药及医疗器材批发	**246368**	**64455**	**18434**	**880**	**8336**	**4622**
西药批发	206140	54484	17464	833	7823	4591
中药批发	37331	8896	475	46	197	300
动物用药品批发	171	79	88			
医疗用品及器材批发	2727	997	407	1	316	-269
矿产品、建材及化工产品批发	**152630**	**111251**	**165971**	**-12915**	**191843**	**6339**
煤炭及制品批发	2415	4741	22288	350	22516	3618
石油及制品批发	20565	5719	-340	215	62	
非金属矿及制品批发	1605	1681	1159	135	1184	
金属及金属矿批发	50108	47843	71755	9673	64424	9254
建材批发	13550	15252	7065	2143	8060	858
化肥批发	37280	23898	59564	-26752	90341	3282
农药批发	2839	1584	30	1	31	
农用薄膜批发						
其他化工产品批发	24269	10532	4450	1322	5225	-10672
机械设备、五金产品及电子产品批发	**40316**	**22066**	**10865**	**1129**	**8854**	**327**
农业机械批发	5821	1987	83	20	77	
汽车及零配件批发	2062	2304	1053	275	1269	-49
摩托车及零配件批发	2140	1068	93	51	2	
五金产品批发	283	204	-3	3	0	
电气设备批发	290	350	0			
计算机、软件及辅助设备批发	1356	930	280	1	3	
通讯设备批发		61	-39		22	
广播影视设备批发	1173	382	344			1
其他机械设备及电子产品批发	27190	14781	9055	780	7481	375

单位：万元

及分配								人工成本及增值税		从事批发和零售业活动的从业人员平均人数(人)
公允价值变动收益	投资收益	其他收益	营业利润	营业外收入	营业外支出	利润总额	所得税费用	应付职工薪酬(本年贷方累计发生额)	应交增值税	
	1244		**58433**	**283**	**116**	**58594**	**8855**	**18816**	**19725**	**1475**
			6	5		11	1	59	22	16
			266			266	29	210	47	52
			5	2	0	6	2	117	58	25
	15		51129	175	2	51302	7657	12380	17610	266
			-259	20		-239	15	5197	764	944
	1229		7273	82	110	7240	1147	667	1131	128
			12		5	8	4	186	93	44
	19419	**49**	**29601**	**1756**	**35**	**31317**	**1839**	**9765**	**1049**	**802**
		10	909	36	0	945	176	1392	329	167
			-84			-84		103	27	29
	19419	39	28590	1714	33	30270	1654	7714	425	516
			187	6	1	186	9	556	268	90
0	**2215**	**5**	**77761**	**2877**	**1596**	**79017**	**13804**	**78428**	**88951**	**12175**
0	2005	5	70036	2745	1268	71528	12738	67630	78541	10436
	210		3071	122	321	2871	591	8661	5774	1534
			-2			-2		236		85
			4656	10	7	4621	475	1901	4637	120
60	**31621**	**43**	**-30259**	**19596**	**5019**	**-944**	**23574**	**73698**	**37625**	**6566**
	11424		-11236	96	35	-11176	58	1671	674	266
	270		357	1433	120	1673	1235	7130	2566	1049
	3		1078	11	13	1157	101	1058	442	214
505	48600	4	33802	10766	1915	51914	12995	29050	15652	2239
	815		31668	924	87	32505	7774	6566	12089	642
-349	-41992	35	-119825	5814	2757	-111411	-4	20062	6	1042
			396	305	1	700	100	1022	26	209
-96	12502	5	33501	248	91	33694	1314	7140	6171	905
4	**3738**	**2156**	**19114**	**7594**	**6011**	**21252**	**3145**	**19242**	**19512**	**2393**
			2045	5	0	2050		1872	332	257
	-54		-976	40	104	-1040	14	1899	715	109
			1041	3	46	998	180	1099	212	160
			121			121	30	189	91	54
			-23			-23		61	13	18
			-133	89	6	-50	29	881	1085	189
			-29	1	3	-31		12		3
			184	7		191	52	635	86	74
4	3792	2156	16883	7449	5853	19035	2840	12596	16979	1529

13-5 续表 23

（2017年）

指标	损益					
	销售费用	管理费用	财务费用	利息收入	利息支出	资产减值损失
贸易经纪与代理	**28154**	**1644**	**23517**	**662**	**20254**	**1969**
贸易代理	28154	1644	23517	662	20254	1969
一般物品拍卖						
艺术品、收藏品拍卖						
艺术品代理						
其他贸易经纪与代理						
其他批发业	**19961**	**22111**	**519**	**31**	**1128**	**325**
再生物资回收与批发						
宠物食品用品批发						
互联网批发						
其他未列明批发业	19961	22111	519	31	1128	325
3.按登记注册类型分						
内资企业	**695746**	**277073**	**217119**	**19024**	**254615**	**14740**
国有企业	81448	29043	-14107	26160	11865	-6950
集体企业	96	168	15		10	
股份合作企业						
联营企业						
国有联营企业						
集体联营企业						
国有与集体联营企业						
其他联营企业						
有限责任公司	404912	151429	171329	-14029	188190	21295
国有独资公司	77986	39830	35031	2684	36607	212
其他有限责任公司	326926	111599	136299	-16713	151583	21083
股份有限公司	32328	21528	19490	3165	15486	35
私营企业	176903	74873	40384	3728	39058	349
私营独资企业						
私营合伙企业						
私营有限责任公司	171585	71220	39956	3664	38646	349
私营股份有限公司	5318	3654	429	63	411	
其他企业	60	32	7		7	10
港、澳、台商投资企业	**9132**	**6208**	**2423**	**111**	**2542**	**11**
合资经营企业(港或澳、台资)	3936	1523	-43	-48	6	
合作经营企业(港或澳、台资)						
港、澳、台商独资经营企业	5007	4526	2373	159	2444	11
港、澳、台商投资股份有限公司						
其他港澳台投资企业	189	159	93		93	
外商投资企业	**7026**	**3298**	**232**	**598**	**1**	**14**
中外合资经营企业						
中外合作经营企业						
外资企业	7026	3298	232	598	1	14
外商投资股份有限公司						
其他外商投资企业						

单位：万元

及分配								人工成本及增值税		从事批发和零售业活动的从业人员平均人数(人)
公允价值变动收益	投资收益	其他收益	营业利润	营业外收入	营业外支出	利润总额	所得税费用	应付职工薪酬(本年贷方累计发生额)	应交增值税	
	4424		**23967**	**1465**	**412**	**25020**	**6255**	**2850**	**149**	**138**
	4424		23967	1465	412	25020	6255	2850	149	138
	13118	**43**	**65442**	**2308**	**201**	**67548**	**14766**	**28416**	**8955**	**550**
	13118	43	65442	2308	201	67548	14766	28416	8955	550
12	**92126**	**20330**	**539222**	**56760**	**10063**	**600608**	**149868**	**328190**	**241612**	**27887**
-121	1007	11994	275341	15448	504	290210	71717	91612	77925	2291
			10	22	3	30	2	2272	3	29
-334	65383	5852	225607	28164	3997	254775	69170	153204	90592	12203
	48273	5795	130475	11396	1274	140598	23257	39095	10912	2095
-334	17111	58	95132	16768	2724	114177	45913	114109	79680	10108
609	13239	2349	11959	10265	4139	23175	4413	22064	3970	3361
-151	12497	134	18960	2807	1420	25021	4427	58634	69069	9951
-151	12497	134	17635	2776	1416	23669	4116	54430	66404	9303
			1324	31	4	1352	310	4203	2665	648
9			7345	53		7398	140	404	52	52
620	**27849**		**33623**	**128**	**22**	**33729**	**582**	**7328**	**2174**	**477**
			3835	43	4	3873	582	3359	1082	421
620	27849		29896	85	18	29964		3898	1087	24
			-108			-108		72	6	32
			6778	**3572**	**4338**	**6476**	**1620**	**5135**	**14818**	**332**
			6778	3572	4338	6476	1620	5135	14818	332

13-5 续表 24

（2017年）

指 标	损益					
	销售费用	管理费用	财务费用	利息收入	利息支出	资产减值损失
4.按控股情况分						
国有控股	386320	155841	152914	11875	202365	12771
集体控股	14082	6593	769	28	640	299
私人控股	226634	97823	45026	5616	42145	841
港澳台商控股	8943	6049	2331	111	2449	11
外商控股	32168	4190	1809	598	870	640
其他	43757	16082	16925	1505	8689	202
5.按经营形式分						
独立门店	250551	77438	40818	7183	34920	8339
连锁总店	8928	17097	54937	-27772	84331	-546
连锁直营店	12460	1638	2101			
连锁加盟店						
其他	439966	190406	121918	40322	137907	6971
6.按单位规模分						
大型	250084	63760	2121	31604	23952	8322
中型	314581	186259	168535	-16037	190201	6475
小型	120561	29381	43162	3895	40655	-659
微型	26679	7179	5957	271	2350	627
二、零售业	**780697**	**235507**	**46520**	**10039**	**37069**	**9487**
1.按国民经济零售业行业分 (GB/T4757-2011)						
综合零售	**163066**	**47104**	**1724**	**2355**	**1762**	**2185**
百货零售	53617	28413	76	1982	1436	369
超级市场零售	105827	17312	977	366	267	1792
其他综合零售	3622	1379	672	7	60	25
食品、饮料及烟草制品专门零售	**57402**	**15635**	**2454**	**163**	**1940**	**245**
粮油零售	35855	9528	664	28	653	9
糕点、面包零售	18	139				
果品、蔬菜零售	2157	388	543		449	
肉、禽、蛋、奶及水产品零售	243	380	29	0	28	
营养和保健品零售	4096	1239	586		418	
酒、饮料及茶叶零售	10793	2535	305	128	87	0
烟草制品零售	2189	868	116	6	99	215
其他食品零售	2051	558	211	1	206	21
纺织、服装及日用品专门零售	**43677**	**18192**	**1371**	**-19**	**1406**	**0**
纺织品及针织品零售						
服装零售	32299	14081	1192	-50	1262	0
鞋帽零售	7717	2775	1	2	2	
化妆品及卫生用品零售	2435	412	25	26		
钟表、眼镜零售	273	96	0	1	1	
箱、包零售						
厨房用具及日用杂品零售	443	403	141	1	130	
自行车零售						
其他日用品零售	509	426	11	2	11	

单位：万元

及分配								人工成本及增值税		从事批发和零售业活动的从业人员平均人数(人)
公允价值变动收益	投资收益	其他收益	营业利润	营业外收入	营业外支出	利润总额	所得税费用	应付职工薪酬(本年贷方累计发生额)	应交增值税	
103	70994	17866	491125	44247	3877	541272	138909	228100	152848	10725
	4		2464	4159	2598	4038	848	7326	19	687
-100	15063	277	36016	3525	1751	42455	7071	78447	80856	14274
620	27849		33730	128	22	33837	582	7256	2169	445
	53		-5438	3581	4364	-5756	1176	5135	16933	332
9	6013	2186	21725	4819	1812	24968	3484	14388	5781	2233
-150	26264	12183	90141	14553	1659	108216	16340	94251	48599	12867
-344	-47363	0	-104235	1859	124	-102501	740	9865	2046	1060
	79		7936	384	62	8258	207	2573	34569	544
1126	140993	8147	585781	43664	12578	626840	134784	233964	173391	14225
	8323	24	379453	14970	5456	389432	88422	143953	153776	10844
727	95048	20265	157194	42851	8403	201581	51590	150767	71496	14186
-146	16551	41	64685	2587	528	66862	12433	28146	30245	3386
50	53		-21710	52	36	-17062	-375	17787	3088	280
30	**22642**	**603**	**267587**	**13003**	**7956**	**290498**	**52856**	**429550**	**161851**	**64450**
22	**18248**	**6**	**105694**	**1015**	**1157**	**104660**	**16066**	**77222**	**35491**	**19301**
1	18248	6	57324	404	314	57813	8042	25197	21697	6304
1			51738	593	826	50214	8025	48350	13722	12444
21	0		-3368	19	18	-3367	0	3675	72	553
0			**7469**	**810**	**42**	**15154**	**1074**	**24765**	**14413**	**2401**
			1367	374	19	7522	383	15596	9856	338
			11	30		11	1	139		35
			258	6	1	2251		2650	44	885
			194	5		199	5	416	36	120
			4640	239	5	4874	516	1640	1524	253
0			489	56	15	-82	110	2168	2032	362
			181	17	3	196	44	1194	455	170
			329	83	1	183	15	962	466	238
0	**3435**		**11762**	**483**	**343**	**11900**	**1650**	**60542**	**7151**	**3667**
0	2625		8016	468	338	8146	871	13326	5449	2281
			-253	7	0	-247		45233	1622	1026
			3049		1	3048	759	785	7	98
			213			213	2	680	36	187
			37	2	4	34		181	32	48
	810		700	6	0	706	18	337	6	27

13-5 续表 25

（2017年）

指　　标	损益					
	销售费用	管理费用	财务费用			资产减值损失
				利息收入	利息支出	
文化、体育用品及器材专门零售	**23088**	**15979**	**5924**	**1146**	**5044**	**30**
文具用品零售	808	303	26			
体育用品及器材零售	57	49	46			
图书、报刊零售	14288	10605	337	52	360	13
音像制品及电子出版物零售						
珠宝首饰零售	7774	4872	5488	1094	4660	11
工艺美术品及收藏品零售	151	107	24		24	
乐器零售						
照相器材零售						
其他文化用品零售	10	44	4			6
医药及医疗器材专门零售	**202296**	**27575**	**6779**	**883**	**6450**	**4927**
药品零售	201267	25338	6499	880	6210	4927
医疗用品及器材零售	1029	2237	279	3	241	
汽车、摩托车、燃料及零配件专门零售	**224165**	**90848**	**25864**	**5023**	**19830**	**1805**
汽车零售	104279	62522	21410	4470	16318	442
汽车零配件零售	18612	2627	883	-8	661	-150
摩托车及零配件零售	1085	212	32			
机动车燃料零售	100189	25487	3540	562	2852	1513
家用电器及电子产品专门零售	**56126**	**15722**	**2258**	**472**	**558**	**277**
家用视听设备零售	45034	10426	698	459	411	103
日用家电设备零售	578	243	148	13	58	0
计算机、软件及辅助设备零售	4003	1967	327	0	88	174
通信设备零售	3866	2325	1022	0		
其他电子产品零售	2645	762	62	0	0	
五金、家具及室内装饰材料专门零售	**4839**	**2754**	**122**	**21**	**73**	**7**
五金零售	65	245	2			0
灯具零售	734	434	12	0		
家具零售	308	413	66	1	67	
涂料零售						
卫生洁具零售	976	749	11	16		
木质装饰材料零售						
陶瓷、石材装饰材料零售	1351	903	12	4	6	
其他室内装饰材料零售	1404	10	19			7
货摊、无店铺及其他零售业	**6037**	**1698**	**26**	**-5**	**6**	**10**
货摊食品零售						
货摊纺织、服装及鞋零售						
货摊日用品零售						
互联网零售	3443	448	7		6	10
邮购及电视、电话零售						
旧货零售						
生活用燃料零售	2271	1145	2	-5		
其他未列明零售业	323	106	18			

单位：万元

及分配								人工成本及增值税		从事批发和零售业活动的从业人员平均人数(人)
公允价值变动收益	投资收益	其他收益	营业利润	营业外收入	营业外支出	利润总额	所得税费用	应付职工薪酬(本年贷方累计发生额)	应交增值税	
13	**344**	**344**	**3401**	**3219**	**307**	**6266**	**1303**	**20943**	**1342**	**2733**
			199	5		238	4	373	56	113
			-10			-10		48	1	18
	229	339	3495	820	300	4016	849	15931	443	1987
12	114	5	-472	2294	2	1769	443	4205	771	483
			55	97		120	6	98	36	30
1			134	3	5	132	1	288	34	102
8	**149**	**25**	**39602**	**1571**	**673**	**40663**	**6563**	**118192**	**15606**	**17665**
8	149	25	39171	1546	666	40215	6494	117092	14861	17494
			431	24	7	448	70	1100	745	171
-14	**423**		**94831**	**4931**	**5087**	**106273**	**24921**	**101333**	**74941**	**14538**
-14	-82		39334	4295	3002	51711	14232	65751	49821	8963
0	-1799		-1020	366	328	-982	15	3077	305	1631
			790	7	5	793	8	193	69	55
	2304		55727	262	1752	54751	10666	32313	24747	3889
1	**42**	**225**	**2961**	**781**	**197**	**3543**	**1056**	**19054**	**12052**	**3108**
0	239	225	3616	365	38	3904	799	13940	10598	1961
0			210	1	0	210	47	516	43	151
	3		1063	142	21	1221	205	2563	832	520
			-833	24	22	-830		970	239	242
	-200		-1095	249	116	-961	5	1064	340	234
0		**3**	**309**	**28**	**11**	**390**	**48**	**5932**	**677**	**716**
0			43			48	9	267	29	63
			110			110	10	408	181	129
		3	48		0	53		298	100	73
			-143	9		-134	12	214	79	66
			240	18	1	311	17	4531	289	335
			10	2	9	3		212		50
	2		**1559**	**165**	**138**	**1651**	**176**	**1568**	**180**	**321**
	2		192	147	7	319	1	763	4	163
			1286	18	11	1293	175	605	158	88
			80		120	39		200	18	70

13-5 续表 26

（2017年）

指标	损益					
	销售费用	管理费用	财务费用			资产减值损失
				利息收入	利息支出	
2.按国民经济零售业行业分（GB/T4757-2017）						
综合零售	**163259**	**47076**	**1714**	**2355**	**1746**	**2185**
百货零售	53758	28499	74	1984	1436	369
超级市场零售	106137	17325	984	366	267	1792
便利店零售						
其他综合零售	3364	1251	657	5	44	25
食品、饮料及烟草制品专门零售	**57529**	**15688**	**2479**	**163**	**1956**	**245**
粮油零售	35855	9528	664	28	653	9
糕点、面包零售	18	139				
果品、蔬菜零售	2167	400	551		449	
肉、禽、蛋、奶及水产品零售	243	380	29	0	28	
营养和保健品零售	4096	1239	586		418	
酒、饮料及茶叶零售	10793	2535	305	128	87	0
烟草制品零售	2307	909	133	6	114	215
其他食品零售	2051	558	211	1	206	21
纺织、服装及日用品专门零售	**43677**	**18192**	**1371**	**-19**	**1406**	**0**
纺织品及针织品零售						
服装零售	32299	14081	1192	-50	1262	0
鞋帽零售	7639	2701	1	2	2	
化妆品及卫生用品零售	2435	412	25	26		
厨具卫具及日用杂品零售	486	423	141	2	130	
钟表、眼镜零售	230	76	1	0	1	
箱包零售	78	73	0	0		
自行车等代步设备零售						
其他日用品零售	509	426	11	2	11	
文化、体育用品及器材专门零售	**23088**	**15979**	**5924**	**1146**	**5044**	**30**
文具用品零售	808	303	26			
体育用品及器材零售	57	49	46			
图书、报刊零售	14288	10605	337	52	360	13
音像制品、电子和数字出版物零售						
珠宝首饰零售	7774	4872	5488	1094	4660	11
工艺美术品及收藏品零售	151	107	24		24	
乐器零售						
照相器材零售						
其他文化用品零售	10	44	4			6
医药及医疗器材专门零售	**202296**	**27575**	**6779**	**883**	**6450**	**4927**
西药零售	153652	23057	5801	824	5837	4942
中药零售	47615	2281	698	56	373	-15
动物用药品零售						
医疗用品及器材零售	1029	2237	279	3	241	
保健辅助治疗器材零售						
汽车、摩托车、零配件和燃料及其他动力销售	**224165**	**90848**	**25864**	**5023**	**19830**	**1805**
汽车新车零售	91952	56399	17774	2270	12501	442
汽车旧车零售	12599	6428	3636	2199	3817	
汽车零配件零售	18340	2322	882	-8	661	-150

单位：万元

及分配								人工成本及增值税		从事批发和零售业活动的从业人员平均人数(人)
公允价值变动收益	投资收益	其他收益	营业利润	营业外收入	营业外支出	利润总额	所得税费用	应付职工薪酬(本年贷方累计发生额)	应交增值税	
22	**18248**	**6**	**105795**	**1015**	**1157**	**104761**	**16066**	**77231**	**35475**	**19321**
1	18248	6	57344	410	314	57840	8042	25261	21723	6325
1			51738	593	826	50214	8025	48460	13728	12492
21	0		-3287	12	17	-3292	0	3510	25	504
0			**7437**	**810**	**43**	**15121**	**1074**	**24906**	**14435**	**2441**
			1367	374	19	7522	383	15596	9856	338
			11	30		11	1	139		35
			326	6	1	2320		2690	44	897
			194	5		199	5	416	36	120
			4640	239	5	4874	516	1640	1524	253
0			489	56	15	-82	110	2168	2032	362
			80	17	3	94	44	1295	476	198
			329	83	1	183	15	962	466	238
0	**3435**		**11762**	**483**	**343**	**11900**	**1650**	**60542**	**7151**	**3667**
0	2625		8016	468	338	8146	871	13326	5449	2281
			-191	7	0	-185		45129	1608	1005
			3049		1	3048	759	785	7	98
			53	2	4	50	2	681	45	153
			196			196		180	23	82
			-62			-62		104	14	21
	810		700	6	0	706	18	337	6	27
13	**344**	**344**	**3401**	**3219**	**307**	**6266**	**1303**	**20943**	**1342**	**2733**
			199	5		238	4	373	56	113
			-10			-10		48	1	18
	229	339	3495	820	300	4016	849	15931	443	1987
12	114	5	-472	2294	2	1769	443	4205	771	483
			55	97		120	6	98	36	30
1			134	3	5	132	1	288	34	102
8	**149**	**25**	**39602**	**1571**	**673**	**40663**	**6563**	**118192**	**15606**	**17665**
8	149	25	31924	1107	418	32610	5834	93783	6464	13423
			7247	439	248	7605	660	23308	8397	4071
			431	24	7	448	70	1100	745	171
-14	**423**		**94831**	**4931**	**5087**	**106273**	**24921**	**101333**	**74941**	**14538**
-14	-84		29520	4037	2783	31513	9212	55550	42705	7719
	2		9843	259	219	20228	5021	10734	7237	1430
0	-1799		-1050	366	328	-1011	13	2544	183	1445

13-5 续表 27

（2017年）

指标	损益					
	销售费用	管理费用	财务费用	利息收入	利息支出	资产减值损失
摩托车及零配件零售	11380	3292	909	93	783	
机动车燃油零售	89820	22185	2628	468	2034	1513
机动车燃气零售	74	222	35		35	
机动车充电销售						
家用电器及电子产品专门零售	**56126**	**15722**	**2258**	**472**	**558**	**277**
家用视听设备零售	45034	10426	698	459	411	103
日用家电零售	578	243	148	13	58	0
计算机、软件及辅助设备零售	4003	1967	327	0	88	174
通信设备零售	3866	2325	1022	0		
其他电子产品零售	2645	762	62	0	0	
五金、家具及室内装饰材料专门零售	**4839**	**2754**	**122**	**21**	**73**	**7**
五金零售	65	245	2			0
灯具零售	734	434	12	0		
家具零售	308	413	66	1	67	
涂料零售						
卫生洁具零售	976	749	11	16		
木质装饰材料零售						
陶瓷、石材装饰材料零售	1351	903	12	4	6	
其他室内装饰材料零售	1404	10	19			7
货摊、无店铺及其他零售业	**5717**	**1673**	**11**	**-5**	**6**	**10**
流动货摊零售						
互联网零售	3443	448	7		6	10
邮购及电视、电话零售						
自动售货机零售						
旧货零售						
生活用燃料零售	556	251	-5	-5		
宠物食品用品零售	1715	894	7			
其他未列明零售业	3	81	2			
3.按登记注册类型分						
内资企业	**610744**	**185474**	**40257**	**5582**	**32593**	**8617**
国有企业	2163	1274	156	14	143	
集体企业	2200	435	74	4	16	3
股份合作企业	801	566	57		57	
联营企业						
国有联营企业						
集体联营企业						
国有与集体联营企业						
其他联营企业						
有限责任公司	300593	87515	14430	3098	10897	3041
国有独资公司	24922	2653	1527	110	1631	5
其他有限责任公司	275671	84862	12904	2988	9266	3036
股份有限公司	9384	2442	1154	27	536	24
私营企业	294960	92733	24295	2439	20855	5549

单位：万元

及分配								人工成本及增值税		从事批发和零售业活动的从业人员平均人数(人)
公允价值变动收益	投资收益	其他收益	营业利润	营业外收入	营业外支出	利润总额	所得税费用	应付职工薪酬(本年贷方累计发生额)	应交增值税	
	507		8103	28	61	8070	8	3502	297	615
	1797		47919	242	1696	46979	10568	28854	24470	3291
			495			495	98	150	49	38
1	**42**	**225**	**2961**	**781**	**197**	**3543**	**1056**	**19054**	**12052**	**3108**
0	239	225	3616	365	38	3904	799	13940	10598	1961
0			210	1	0	210	47	516	43	151
	3		1063	142	21	1221	205	2563	832	520
			-833	24	22	-830		970	239	242
	-200		-1095	249	116	-961	5	1064	340	234
0		**3**	**309**	**28**	**11**	**390**	**48**	**5932**	**677**	**716**
0			43			48	9	267	29	63
			110			110	10	408	181	129
		3	48		0	53		298	100	73
			-143	9		-134	12	214	79	66
			240	18	1	311	17	4531	289	335
			10	2	9	3		212		50
	2		**1490**	**165**	**138**	**1582**	**176**	**1418**	**174**	**261**
	2		192	147	7	319	1	763	4	163
			302	0	11	291	53	433	128	54
			985	18		1002	121	172	31	34
			11		120	-30		51	12	10
30	**20512**	**565**	**163148**	**9942**	**5563**	**176396**	**32163**	**348734**	**127472**	**50383**
			445	173	1	1377	213	773	132	114
0			723	18	292	450	106	1029	171	203
			27			27		116	6	40
11	1087	488	92565	5746	3535	94518	20943	165574	86709	21732
	689		15506	262	620	15148	1598	7794	5845	1651
11	398	488	77058	5484	2915	79370	19346	157781	80864	20081
20			-1918	35	64	-1947	772	5804	1820	860
-1	19425	77	70409	3966	1669	81019	10084	175019	38467	27260

13-5 续表 28

（2017年）

指标	损益					
	销售费用	管理费用	财务费用			资产减值损失
				利息收入	利息支出	
私营独资企业	1065	942	114	1	76	
私营合伙企业	900	173	16	1	17	
私营有限责任公司	140983	70113	18511	1603	14993	611
私营股份有限公司	152013	21505	5654	834	5769	4938
其他企业	644	509	91	0	90	
港、澳、台商投资企业	**67742**	**31466**	**4483**	**3831**	**3454**	**14**
合资经营企业(港或澳、台资)	9455	11976	2139	7	586	
合作经营企业(港或澳、台资)						
港、澳、台商独资经营企业	58286	19490	2344	3824	2868	14
港、澳、台商投资股份有限公司						
其他港澳台投资企业						
外商投资企业	**102211**	**18567**	**1780**	**626**	**1022**	**856**
中外合资经营企业	32495	6463	598	615	443	32
中外合作经营企业						
外资企业	69710	8868	632	15	26	824
外商投资股份有限公司						
其他外商投资企业	6	3236	549	-4	554	0
4.按控股情况分						
国有控股	130943	30860	2899	604	2207	2638
集体控股	7811	4330	1245	3	106	3
私人控股	404339	125123	31300	3027	25697	6001
港澳台商控股	67742	31466	4483	3831	3454	14
外商控股	97330	16958	1875	306	1111	860
其他	72533	26771	4719	2270	4494	-30
5.按经营形式分						
独立门店	467532	156461	37408	6400	29629	7527
连锁总店	240683	55891	2828	2324	2702	1989
连锁直营店	9532	395	256	4	51	-9
连锁加盟店						
其他	62950	22759	6028	1311	4687	-20
6.按单位规模分						
大型	473507	82012	9004	3297	9663	6811
中型	227592	116800	28634	6890	21415	2159
小型	42566	27843	8833	-152	5963	517
微型	37032	8852	49	4	28	0
7.按零售业态分						
有店铺零售	766189	228345	45666	9980	36559	9412
食杂店	35012	7900	100	0	91	21
便利店	11328	2019	963	12	274	16
折扣店	507	4	1	0		
超市	11695	5171	480	18	300	45
大型超市	101019	12794	1042	368	421	1751
仓储会员店						

单位：万元

及分配								人工成本及增值税		从事批发和零售业活动的从业人员平均人数(人)
公允价值变动收益	投资收益	其他收益	营业利润	营业外收入	营业外支出	利润总额	所得税费用	应付职工薪酬(本年贷方累计发生额)	应交增值税	
			2411	40	10	2696	262	1104	207	407
			1626			1626	31	597	1317	156
-1	19278	52	33920	2830	1549	43219	4106	81595	31088	13789
	146	24	32453	1096	110	33478	5686	91723	5855	12908
			898	4	2	953	44	418	169	174
	1954		**49194**	**2337**	**1815**	**59971**	**12089**	**33210**	**20559**	**4324**
			6009	685	275	6330	1451	4884	1509	601
	1954		43185	1652	1540	53642	10638	28326	19050	3723
0	**176**	**38**	**55245**	**724**	**577**	**54131**	**8604**	**47607**	**13820**	**9743**
	176	38	27370	275	115	27530	4958	15036	6455	2545
			27488	210	381	26056	3646	31349	7275	7114
0			387	240	81	545		1222	90	84
32	2016	295	50565	1055	2200	49349	12610	53107	28443	6254
0			1183	48	308	923	318	3028	-230	641
-2	19559	83	92946	7817	2218	106795	14652	267945	81704	37315
	1954		49194	2337	1815	59971	12089	33210	20559	4324
0			52843	656	504	51750	7789	45979	16976	9581
	-887	225	20856	1090	910	21711	5398	26282	14400	6335
3	19927	127	148698	7532	4833	167432	31778	255857	99665	41884
1	939	251	102678	4023	2155	104692	17416	141319	51245	16085
			3908	27	6	3929	240	3346	2048	785
26	1776	225	12304	1421	962	14444	3423	29029	8895	5696
	2666	275	168468	2850	3166	170067	27511	261224	65171	35375
6	1092	270	66593	8378	4320	79783	22496	128357	79097	23381
24	18884	58	29499	1639	468	32584	2377	24608	7396	5443
			3027	136	3	8064	473	15361	10188	251
30	21657	603	261389	12379	7919	283865	51530	422356	159723	63258
			2760	5	1	7764	388	14475	9852	141
20			-4781	74	22	-4448	22	6311	1336	1213
			-146			-146		209	33	49
1	0		8192	145	151	7017	229	7096	2105	3835
0			38367	450	626	38191	6568	45635	11111	10160

13-5 续表 29

（2017年）

指标	损益					
	销售费用	管理费用	财务费用	利息收入	利息支出	资产减值损失
百货店	45146	28192	-395	1981	1005	374
专业店	416452	106431	20268	2668	13883	6382
专卖店	137449	60120	21472	4926	18889	816
家居建材商店	2196	723	72	1	39	7
购物中心	4535	4312	1519	5	1517	0
厂家直销中心	852	679	144	1	140	
无店铺零售	14507	7162	854	58	510	75
电视购物	3279	1024	6	-2		
邮购						
网上商店	4204	761	53	10	48	25
自动售货亭						
电话购物						
其他	7024	5377	796	50	462	50
三、批发业按地区分组	**711904**	**286579**	**219774**	**19733**	**257158**	**14765**
五华区	263276	73126	56677	4063	52378	1773
盘龙区	121563	71042	222	27155	22259	14132
官渡区	93983	68542	43276	11400	47004	-11025
西山区	139872	44076	91264	-25127	117132	6322
东川区	570	657	250	1	251	
呈贡区	55176	10899	5644	657	421	3056
晋宁区	8514	3739	1151	-58	1150	
富民县	5924	1620	76	1	47	
宜良县	1027	990	1141	1062	74	10
石林彝族自治县	303	283	152	1	48	
嵩明县	4732	997	506	2	501	26
禄劝彝族苗族自治县	244	268	166			5
寻甸回族彝族自治县	408	891	229	20	243	
安宁市	16312	9449	19022	555	15649	466
四、零售业按地区分组	**780697**	**235507**	**46520**	**10039**	**37069**	**9487**
五华区	240820	67712	8047	3159	5724	528
盘龙区	165130	53574	9325	3648	7783	795
官渡区	139022	49178	7763	1994	5978	2134
西山区	66290	29211	13317	369	9843	1032
东川区	893	723	206	0	131	
呈贡区	153833	22319	5680	832	5792	4935
晋宁区	2615	1003	21	-7	21	
富民县	722	710	87	1	87	
宜良县	4225	1940	100	2	85	3
石林彝族自治县	1819	1568	182	12	166	38
嵩明县	2265	1302	596	14	493	3
禄劝彝族苗族自治县	1013	735	260	15	134	18
寻甸回族彝族自治县	830	869	156	3	66	1
安宁市	1222	4663	782	-3	767	0

单位：万元

及分配								人工成本及增值税		从事批发和零售业活动的从业人员平均人数(人)
公允价值变动收益	投资收益	其他收益	营业利润	营业外收入	营业外支出	利润总额	所得税费用	应付职工薪酬(本年贷方累计发生额)	应交增值税	
	18248	6	67487	353	360	67479	10048	21467	21180	4927
1	629	364	113302	6839	3974	128156	23688	204259	62020	30308
7	2780	230	35093	4013	2680	38350	10554	118325	51010	11795
			-59	15	13	-58	4	716	96	219
0			795	253	84	949	15	3158	681	444
		3	379	234	8	611	14	705	300	167
1	985		6198	623	37	6633	1327	7194	2129	1192
	173		265	87	4	349	52	1717	590	262
1	2		525	179	17	485	1	1338	397	328
	810		5407	357	16	5799	1274	4139	1142	602
632	**119974**	**20330**	**579622**	**60460**	**14423**	**640813**	**152070**	**340652**	**258605**	**28696**
-165	40363	263	127236	4340	1344	130112	29370	75774	57482	7280
558	63554	13	348850	18069	4184	372230	85522	107272	88339	4674
	29604	7967	85820	28246	7384	112275	18188	71029	36086	6248
277	-14619	12009	-57403	3990	814	-54346	7540	45893	48944	4970
			-701	755	4	50	1	396	90	100
	538	43	52705	2805	282	55481	8670	23392	17096	2853
	130		2771	342	19	3093	609	2968	1205	763
	7		653	123	2	778	115	870	736	224
9			7970	75	3	8042	276	972	97	203
	4		-153	208	0	55	2	161		56
-46	201	35	442	12	-20	690		3913	2471	268
-5	1		-141	512	2	369	3	53	8	56
			424	644	23	1045	22	2656	29	138
4	192		11149	340	383	10942	1755	5305	6021	863
30	**22642**	**603**	**267587**	**13003**	**7956**	**290498**	**52856**	**429550**	**161851**	**64450**
1	-942	257	92557	4938	1459	95437	15301	99842	46330	21994
12	20970	271	65795	1153	1229	79424	12580	127643	49634	10663
-15	2397	1	51403	2617	2219	52865	12185	59763	42735	7527
20	31	50	15326	2368	2383	16565	6271	33482	13422	5097
			827	243	10	1059	7	751	100	387
1	146	24	31278	1283	137	32165	5695	93760	6255	14712
	16		1984	7	13	1978	71	1760	1434	472
			315	18	9	262	23	1015	145	357
0	21		4737	5	0	4742	421	1263	165	453
1			710	6	8	763	31	1235	334	459
			-760	55	52	1989	0	3184	338	978
10	3		1249		2	1247	173	1313	104	413
0	0		1133	45	134	1004	9	1128	83	334
0			1032	266	301	997	90	3413	774	604

13-6 限额以上住宿和

（2017年）

指　　标	法人企业数(个)	从业人员期末人数(人)	营业额	使用银行卡支付的营业额	客房收入	通过公共网络实现的客房收入
总计	**339**	**38839**	**716319**	**115542**	**218725**	**22138**
一、住宿业	**168**	**20274**	**379031**	**81036**	**209369**	**22052**
1.按国民经济住宿业行业分(GB/T4757-2011)						
旅游饭店	124	17301	334573	70092	175965	19403
一般旅馆	39	2554	39006	10264	29859	2123
其他住宿业	5	419	5452	680	3545	527
2.按国民经济住宿业行业分(GB/T4757-2017)						
旅游饭店	123	17281	334429	70047	175847	19363
旅游饭店	123	17281	334429	70047	175847	19363
一般旅馆	41	2797	41597	10274	31432	2382
经济型连锁酒店	6	320	3931	2155	2990	352
其他一般旅馆	35	2477	37666	8118	28442	2030
民宿服务						
露营地服务						
其他住宿业	4	196	3006	715	2090	308
其他住宿业	4	196	3006	715	2090	308
3.按登记注册类型分						
内资企业	**160**	**18368**	**333946**	**73597**	**183476**	**17864**
国有企业	21	2886	49207	5284	19827	1587
集体企业	4	307	4104	1170	2629	93
股份合作企业						
联营企业	1	105	1610		911	29
国有联营企业	1	105	1610		911	29
集体联营企业						
国有与集体联营企业						
其他联营企业						
有限责任公司	66	10074	207482	51385	110884	11442
国有独资公司	7	1509	29802	748	9486	117
其他有限责任公司	59	8565	177681	50637	101398	11324
股份有限公司	6	594	9998	3571	6911	1176
私营企业	62	4402	61546	12187	42314	3539
私营独资企业	7	300	4302	671	2484	80
私营合伙企业						
私营有限责任公司	53	3980	56240	11305	38972	3157
私营股份有限公司	2	122	1004	211	859	302
其他企业						

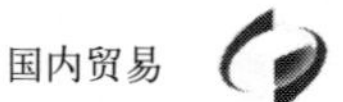

餐饮业法人企业经营情况

单位：万元

通过非自营平台实现的客房收入	餐费收入	通过公共网络实现的餐费收入	通过非自营平台实现的餐费收入	商品销售额收入	其他收入	客房数(间)	床位数(个)	餐位数(位)	年末餐饮营业面积(平方米)
6227	**411256**	**20885**	**2054**	**33813**	**52526**	**34819**	**56717**	**208599**	**735386**
6227	**116747**	**4808**	**737**	**14565**	**38350**	**33151**	**53988**	**82432**	**341022**
4776	109104	4607	725	14111	35393	25170	41707	69941	258738
1125	6260	166	12	438	2449	7121	10747	10611	72163
327	1383	36		16	508	860	1534	1880	10121
4776	109078	4607	725	14111	35393	25044	41503	69891	249722
4776	109078	4607	725	14111	35393	25044	41503	69891	249722
1188	6996	173	12	438	2731	7626	11678	11461	73085
193	892	2		24	24	853	1419	1389	5216
995	6104	171	12	413	2707	6773	10259	10072	67869
263	674	29		16	226	481	807	1080	18215
263	674	29		16	226	481	807	1080	18215
4745	**101752**	**4052**	**191**	**13009**	**35708**	**30659**	**50148**	**76894**	**324975**
502	13051	19	1	4878	11451	3771	6672	11010	53325
	1114				360	511	910	2020	6188
	571				128	156	303	280	960
	571				128	156	303	280	960
2326	71371	3729	129	7085	18142	15578	25312	38114	163080
12	10744			3759	5812	1228	2113	4880	9336
2313	60627	3729	129	3326	12330	14350	23199	33234	153744
456	1851	21	21	135	1101	941	1537	1400	2968
1461	13794	284	40	911	4526	9702	15414	24070	98454
	1382	144		297	139	785	1201	1555	14650
1249	12278	63	28	614	4375	8509	13533	22225	78794
212	133	76	12		12	408	680	290	5010

13-6 续表 1

（2017年）

指　　标	法人企业数(个)	从业人员期末人数(人)	营业额	使用银行卡支付的营业额	客房收入	通过公共网络实现的客房收入
港、澳、台商投资企业	**7**	**1700**	**41219**	**7439**	**24449**	**3967**
与港澳台商合资经营企业	3	669	16705	7439	9488	3581
与港澳台商合作经营企业	1	221	6905		3692	
港澳台商独资企业	2	518	10717		6624	386
港澳台商投资股份有限公司						
其他港澳台投资企业	1	292	6891		4645	
外商投资企业	**1**	**206**	**3866**		**1444**	**221**
中外合资经营企业	1	206	3866		1444	221
中外合作经营企业						
外资企业						
外商投资股份有限公司						
其他外商投资企业						
4.按控股情况分						
国有控股	45	7921	149869	17434	70046	4578
集体控股	4	307	4104	1170	2629	93
私人控股	91	6999	113441	25555	75838	5654
港澳台商控股	3	810	17609		11269	386
外商控股	1	206	3866		1444	221
其他	23	3918	84978	36876	46816	11095
5.按经营形式分						
独立门店	153	19180	355723	79205	189054	21000
连锁总店	1	381	9870		9202	
连锁直营店	2	161	5101		4843	
连锁加盟店	6	111	2996	1170	2837	875
其他	6	441	5341	660	3434	177
6.按单位规模分						
大型	3	1433	42028	10011	22599	1930
中型	47	11425	234699	48345	118611	11749
小型	115	7376	101685	22653	67712	8371
微型	3	40	619	27	448	2
7.按星级分						
五星	10	3001	71516	19898	39751	6590
四星	23	4567	89252	22879	41706	6551
三星	21	2145	39764	9297	25977	1671
二星	7	619	9256	1281	4313	432
一星						
其他	107	9942	169243	27680	97622	6808

单位：万元

通过非自营平台实现的客房收入	餐费收入	通过公共网络实现的餐费收入	通过非自营平台实现的餐费收入	商品销售额收入	其他收入	客房数(间)	床位数(个)	餐位数(位)	年末餐饮营业面积(平方米)
1483	**14081**	**748**	**546**	**139**	**2550**	**2255**	**3475**	**4218**	**14972**
1483	5700	683	546		1517	1067	1799	2180	10590
	2559			139	516	317	529	720	2317
	3758	65			335	574	842	1268	2010
	2064				183	297	305	50	55
	914	**8**		**1417**	**91**	**237**	**365**	**1320**	**1075**
	914	8		1417	91	237	365	1320	1075
2471	49486	798	618	8889	21448	9611	16275	23158	112659
	1114				360	511	910	2020	6188
2638	26730	313	40	2417	8456	15928	24565	36557	150458
	5822	65			518	871	1147	1318	2065
	914	8		1417	91	237	365	1320	1075
1091	31360	3625	80	1766	5034	5767	10252	16459	65806
5604	114989	4771	737	14252	37427	27932	46799	78869	325025
	42			140	487	2680	3267	978	1938
	241			10	7	1104	1614	185	780
624	70	1		27	62	667	901	450	6776
	1405	37		136	367	768	1407	1950	6503
	17074	142			2356	2296	3450	3245	11934
3075	74837	3364	676	12383	28869	15778	24928	46289	142159
3152	24728	1303	61	2143	7102	14757	25089	32618	183629
	109			39	23	320	521	280	3300
103	24636	243	35	1726	5404	3866	5642	17064	31645
2842	28275	3142	641	5419	13852	5186	8752	15941	53305
582	7064	58	21	1910	4813	5852	8701	8928	24273
	3129			573	1240	992	1790	3950	21486
2700	53643	1365	40	4937	13041	17255	29103	36549	210313

13-6 续表 2

（2017年）

指　　标	法人企业数(个)	从业人员期末人数(人)	营业额	使用银行卡支付的营业额	客房收入	通过公共网络实现的客房收入
二、餐饮业	**171**	**18565**	**337288**	**34506**	**9355**	**86**
1.按国民经济餐饮行业分(GB/T4757-2011)						
正餐服务	**163**	**13078**	**231453**	**34506**	**9355**	**86**
快餐服务	**4**	**4549**	**85405**			
饮料及冷饮服务						
茶馆服务						
咖啡馆服务						
酒吧服务						
其他饮料及冷饮服务						
其他餐饮业	**4**	**938**	**20430**			
小吃服务						
餐饮配送服务	3	910	19714			
其他未列明餐饮业	1	28	716			
2.按国民经济餐饮行业分(GB/T4757-2017)						
正餐服务	**163**	**13078**	**231453**	**34506**	**9355**	**86**
正餐服务	163	13078	231453	34506	9355	86
快餐服务	**4**	**4549**	**85405**			
快餐服务	4	4549	85405			
饮料及冷饮服务						
茶馆服务						
咖啡馆服务						
酒吧服务						
其他饮料及冷饮服务						
餐饮配送及外卖送餐服务	**3**	**910**	**19714**			
餐饮配送服务	3	910	19714			
外卖送餐服务						
其他餐饮业	**1**	**28**	**716**			
小吃服务						
其他未列明餐饮业	1	28	716			
3.按登记注册类型分						
内资企业	**166**	**13697**	**250863**	**34506**	**9355**	**86**
国有企业	2	93	1555			
集体企业						
股份合作企业						
联营企业						
国有联营企业						
集体联营企业						
国有与集体联营企业						
其他联营企业						

单位：万元

通过非自营平台实现的客房收入	餐费收入	通过公共网络实现的餐费收入	通过非自营平台实现的餐费收入	商品销售额收入	其他收入	客房数(间)	床位数(个)	餐位数(位)	年末餐饮营业面积(平方米)
	294509	16076	1317	19248	14176	1668	2729	126167	394364
	194971	12011	1317	18865	8262	1668	2729	111986	353033
	82139	4066		381	2885			13387	35261
	17399			2	3029			794	6070
	16683			2	3029			194	5070
	716							600	1000
	194971	12011	1317	18865	8262	1668	2729	111986	353033
	194971	12011	1317	18865	8262	1668	2729	111986	353033
	82139	4066		381	2885			13387	35261
	82139	4066		381	2885			13387	35261
	16683			2	3029			194	5070
	16683			2	3029			194	5070
	716							600	1000
	716							600	1000
	213998	16076	1317	19248	8262	1668	2729	116680	359618
	1489				66			900	1800

13-6 续表 3

（2017年）

指　　标	法人企业数(个)	从业人员期末人数(人)	营业额	使用银行卡支付的营业额	客房收入	通过公共网络实现的客房收入
有限责任公司	54	6461	132451	14594	752	22
国有独资公司						
其他有限责任公司	54	6461	132451	14594	752	22
股份有限公司	2	585	8972	4533		
私营企业	107	6543	107162	15220	8603	63
私营独资企业	12	428	5412	85	236	
私营合伙企业						
私营有限责任公司	92	5755	98412	14620	8367	63
私营股份有限公司	3	360	3339	516		
其他企业	1	15	723	158		
港、澳、台商投资企业	**2**	**995**	**27187**			
与港澳台商合资经营企业	1	829	18862			
与港澳台商合作经营企业						
港澳台商独资企业	1	166	8325			
港澳台商投资股份有限公司						
其他港澳台投资企业						
外商投资企业	**3**	**3873**	**59239**			
中外合资经营企业						
中外合作经营企业						
外资企业	3	3873	59239			
外商投资股份有限公司						
其他外商投资企业						
4.按控股情况分						
国有控股	7	1978	44418		36	3
集体控股	1	72	752			
私人控股	147	10199	172433	25109	9319	83
港澳台商控股	1	166	8325			
外商控股	3	3873	59239			
其他	12	2277	52122	9397		
5.按经营形式分						
独立门店	152	11058	198965	29453	9355	86
连锁总店	7	5237	94494	4207		
连锁直营店	1	50	974	471		
连锁加盟店	1	18	340	70		
其他	10	2202	42515	305		

单位：万元

通过非自营平台实现的客房收入	餐费收入	通过公共网络实现的餐费收入	通过非自营平台实现的餐费收入	商品销售额收入	其他收入	客房数(间)	床位数(个)	餐位数(位)	年末餐饮营业面积(平方米)
	112559	10420	402	16258	2882	234	547	62857	166974
	112559	10420	402	16258	2882	234	547	62857	166974
	8972							5036	8819
	90255	5656	915	2990	5315	1434	2182	46987	181025
	4659	4		472	45	92	175	3940	13692
	82257	5653	915	2518	5270	1342	2007	39323	156037
	3339							3724	11296
	723							900	1000
	24158				**3029**			**680**	**9000**
	15833				3029				4500
	8325							680	4500
	56353				**2885**			**8807**	**25746**
	56353				2885			8807	25746
	27308	62		12162	4913	30	66	8450	35092
	752							200	3000
	150981	10728	915	6670	5463	1638	2663	88793	285191
	8325							680	4500
	56353				2885			8807	25746
	50790	5286	402	417	915			19237	40835
	174837	11971	1298	7038	7735	1668	2729	100245	321799
	91126	4106	19	468	2900			19062	44617
	974							146	696
	340							134	270
	27232			11742	3540			6580	26982

13-6 续表 4

（2017年）

指　　标	法人企业数(个)	从业人员期末人数(人)	营业额	使用银行卡支付的营业额	客房收入	通过公共网络实现的客房收入
6.按单位规模分						
大型	6	7538	149079	5274		
中型	13	3090	73103	14906	6585	13
小型	141	7808	112804	14051	2758	72
微型	11	129	2303	275	13	
三、住宿业按地区分组	**168**	**20274**	**379031**	**81036**	**209369**	**22052**
五华区	22	4210	78926	12400	49333	4924
盘龙区	24	3543	70004	6647	32966	1054
官渡区	49	5336	103677	35591	57466	9746
西山区	24	2771	68508	13338	36506	4329
东川区	2	213	1798	95	1191	
呈贡区	11	900	13630	3226	8303	1014
晋宁区	2	94	1218	327	711	5
富民县	2	263	2908	1956	1513	88
宜良县	3	149	3153	637	2978	6
石林彝族自治县	10	870	8859	1730	6052	119
嵩明县	2	455	5577		2021	
禄劝彝族苗族自治县	2	103	1073		658	
寻甸回族彝族自治县	7	467	5179	1168	2536	158
安宁市	8	900	14520	3921	7137	609
四、餐饮业按地区分组	**171**	**18565**	**337288**	**34506**	**9355**	**86**
五华区	29	2404	40334	3899	2842	13
盘龙区	32	5271	79463	2358		
官渡区	25	4429	90428	12573	128	
西山区	21	2542	43762	8005	113	
东川区	1	50	638			
呈贡区	9	1642	43219	4936	3842	
晋宁区	4	132	2786		423	19
富民县	5	187	2759	511	288	
宜良县	3	196	11029	300	414	
石林彝族自治县	13	727	10201	670	885	3
嵩明县	9	368	3831	525	319	42
禄劝彝族苗族自治县	7	178	2417	150	26	
寻甸回族彝族自治县	4	110	1828		1	
安宁市	9	329	4594	579	77	8

单位：万元

通过非自营平台实现的客房收入	餐费收入	通过公共网络实现的餐费收入	通过非自营平台实现的餐费收入	商品销售额收入	其他收入	客房数(间)	床位数(个)	餐位数(位)	年末餐饮营业面积(平方米)
	131176	8860		14406	3496			33449	90264
	56383	2157	402	1317	8818	457	757	21463	59989
	105201	4944	915	3058	1787	1205	1960	69000	232072
	1749	116		467	74	6	12	2255	12039
6227	**116747**	**4808**	**737**	**14565**	**38350**	**33151**	**53988**	**82432**	**341022**
484	19991	215	100	3184	6418	6970	9765	11671	53125
	28265	167		3630	5144	4572	7309	13383	54494
3966	29606	895	601	1336	15270	10015	16316	24817	58926
1157	22731	3319	25	1765	7506	4200	7376	12746	56480
	591				15	177	317	2137	4000
620	2707	106	12	433	2189	1699	3128	3767	43532
	417				90	168	258	1350	3889
	1174			159	63	206	629	1068	3000
	81			36	59	286	462	230	920
	2338	18		311	158	1591	3042	3065	9845
	2611			557	388	1059	1572	1404	10300
	199				216	142	244	1080	6100
	1510	50		310	823	754	1124	2880	19978
	4526	39		2845	12	1312	2446	2834	16433
	294509	**16076**	**1317**	**19248**	**14176**	**1668**	**2729**	**126167**	**394364**
	32649	2229	374	249	4594	148	217	11123	48781
	77279	2538	503	789	1395			19021	68135
	71807	1415	402	14052	4442	46	92	35037	100353
	40871	5433		673	2105	83	139	16384	68641
	638							1300	1400
	37097	4084	18	1015	1265	327	573	12630	27982
	2359				4	104	158	1628	8490
	2107	9	9	259	105	57	104	3120	10130
	10615					26	48	3020	8600
	7805	61		1472	39	652	921	6912	10330
	3109	118		302	103	123	183	4746	14400
	2391					15	30	4750	11000
	1480			348		15	36	2070	4209
	4302	190	10	89	125	72	228	4426	11913

13-7 限额以上住宿和餐饮

（2017年）

指　　标	法人企业数(个)	年初存货	期末资			
			流动资产合计	应收帐款	存货	固定资产合计
总计	**339**	**276057**	**1018734**	**79454**	**223431**	**619826**
一、住宿业	**168**	**257959**	**640602**	**56383**	**200891**	**487354**
1.按国民经济住宿业行业分(GB/T4757-2011)						
旅游饭店	124	257222	620465	52461	199991	470054
一般旅馆	39	505	16284	3740	629	13485
其他住宿业	5	232	3852	182	272	3816
2.按国民经济住宿业行业分(GB/T4757-2017)						
旅游饭店	123	257222	620407	52461	199991	470052
旅游饭店	123	257222	620407	52461	199991	470052
一般旅馆	41	533	19452	3809	635	16419
经济型连锁酒店	6	29	2466	664	35	237
其他一般旅馆	35	503	16986	3145	599	16182
民宿服务						
露营地服务						
其他住宿业	4	204	742	113	265	882
其他住宿业	4	204	742	113	265	882
3.按登记注册类型分						
内资企业	**160**	**256193**	**578618**	**53072**	**199119**	**424026**
国有企业	21	1356	38841	3331	1316	45575
集体企业	4	104	1095	30	99	190
股份合作企业						
联营企业	1	32	378	19	21	301
国有联营企业	1	32	378	19	21	301
集体联营企业						
国有与集体联营企业						
其他联营企业						
有限责任公司	66	252295	464536	43452	195429	331695
国有独资公司	7	564	35155	1551	565	39367
其他有限责任公司	59	251732	429381	41901	194864	292328
股份有限公司	6	254	5804	303	254	6634
私营企业	62	2152	67963	5937	2000	39631
私营独资企业	7	39	1301	130	59	6606
私营合伙企业						
私营有限责任公司	53	2113	66247	5789	1846	32271
私营股份有限公司	2		416	19	94	754
其他企业						

业法人企业财务状况

单位：万元

产负债

固定资产原价	房屋和构筑物	机械设备	运输工具	累计折旧	本年折旧	在建工程	非流动资产合计	资产总计	流动负债合计	应付账款
1064400	**442074**	**94593**	**8686**	**481316**	**49783**	**32455**	**1098380**	**2121299**	**930127**	**91616**
866750	**420426**	**83364**	**6832**	**412217**	**42389**	**28201**	**909853**	**1554320**	**746818**	**63234**
833597	415719	81358	6212	395269	40179	28059	876878	1500609	725360	61430
24891	4449	1986	604	12433	1798	21	28010	44895	17371	1729
8262	259	20	16	4514	412	121	4965	8817	4087	75
833595	415719	81358	6212	395269	40178	28059	876877	1500550	725327	61430
833595	415719	81358	6212	395269	40178	28059	876877	1500550	725327	61430
31639	4449	1326	559	16251	2001	141	30472	50524	18652	1642
512	234	22	9	311	84		1446	3912	1079	450
31128	4215	1304	550	15940	1917	141	29026	46612	17573	1191
1515	259	680	61	697	209		2504	3247	2839	162
1515	259	680	61	697	209		2504	3247	2839	162
724819	**325097**	**67160**	**5996**	**330741**	**36729**	**22998**	**809697**	**1392180**	**729314**	**60638**
139203	50665	12277	2216	95622	5349	1649	62493	101999	36841	7991
999		66	7	810	80		321	1564	1677	96
2387				2087	54		1273	1651	247	3
2387				2087	54		1273	1651	247	3
505233	257606	50337	3169	198589	25590	16780	647058	1111594	593279	47498
77947	27620	6426	871	38581	1416	215	85684	120839	37891	744
427285	229986	43912	2298	160009	24174	16565	561374	990755	555388	46753
15176	5173	2080	202	8542	285	21	9379	15183	3585	315
61821	11653	2400	402	25092	5371	4548	89174	160189	93685	4735
7193	600	343	216	667	303	169	7282	8582	1181	61
53660	11053	2056	182	24212	5068	4379	81137	150436	92490	4672
968			4	213	0		755	1170	14	3

13-7 续表 1

（2017年）

指　　标	法人企业数(个)	年初存货	期末资			
			流动资产合计	应收帐款	存货	固定资产合计
港、澳、台商投资企业	**7**	**1597**	**57886**	**2822**	**1626**	**60774**
与港澳台商合资经营企业	3	622	40408	1195	584	3754
与港澳台商合作经营企业	1	135	4908	85	202	12420
港澳台商独资企业	2	656	7692	260	663	19462
港澳台商投资股份有限公司						
其他港澳台投资企业	1	183	4878	1282	177	25138
外商投资企业	**1**	**170**	**4098**	**489**	**146**	**2554**
中外合资经营企业	1	170	4098	489	146	2554
中外合作经营企业						
外资企业						
外商投资股份有限公司						
其他外商投资企业						
4.按控股情况分						
国有控股	45	250663	383730	39705	188620	275547
集体控股	4	104	1095	30	99	190
私人控股	91	3573	110164	9800	5300	61388
港澳台商控股	3	839	12570	1542	840	44600
外商控股	1	170	4098	489	146	2554
其他	23	2574	126583	4483	5828	97177
5.按经营形式分						
独立门店	153	257809	628345	55540	200708	485779
连锁总店	1		4739	218		166
连锁直营店	2	8	3376	124	7	151
连锁加盟店	6	41	1396	225	38	381
其他	6	101	2745	276	138	878
6.按单位规模分						
大型	3	247687	256214	32723	185377	167514
中型	47	6775	290514	15217	9613	221767
小型	115	3480	93601	8356	5817	96971
微型	3	17	272	86	84	1102
7.按星级分						
五星	10	2023	109204	2867	1953	90375
四星	23	2811	115986	4747	4970	89017
三星	21	1146	31507	2592	749	23044
二星	7	215	5370	591	209	1059
一星						
其他	107	251764	378535	45586	193011	283859

单位：万元

产负债

固定资产原价	房屋和构筑物	机械设备	运输工具	累计折旧	本年折旧	在建工程	非流动资产合计	资产总计	流动负债合计	应付账款
130831	**86844**	**14222**	**749**	**72930**	**5096**	**5203**	**95918**	**153803**	**16741**	**2386**
2646	2137	78	311	1764	155	627	14948	55356	6771	1065
26843	19770	6836	136	14423	644		24356	29264	1253	166
63571	30261	4237	278	44110	2295	2302	24731	32423	5893	875
37771	34676	3071	24	12633	2002	2274	31883	36761	2825	280
11100	**8485**	**1982**	**87**	**8546**	**564**		**4238**	**8337**	**763**	**209**
11100	8485	1982	87	8546	564		4238	8337	763	209
486705	237931	53132	3940	218853	20218	2770	582051	966445	496193	39364
999		66	7	810	80		321	1564	1677	96
95296	23604	5285	1806	41893	8315	5641	122975	236192	147457	7447
101342	64937	7308	302	56742	4297	4576	56614	69183	8718	1156
11100	8485	1982	87	8546	564		4238	8337	763	209
161387	85469	15591	690	81345	8544	15214	137756	264339	86646	13628
861804	420225	83067	6775	408648	42069	28039	900809	1532872	740124	62189
1440		4	36	1275	126	6	5871	10610	1570	309
407				261	65	5	647	4023	817	336
481	200	186	19	287	70		1399	2795	1665	77
2618	1	107	3	1746	60	151	1128	4021	2642	323
219558	173608	22082	114	57049	13314	5	380470	636684	386872	31234
473701	191617	38982	3720	275257	20314	23279	386628	677142	242005	25053
172141	55201	22301	2999	79658	8620	4917	140915	238382	116948	6840
1350				253	141		1840	2112	994	108
241087	148959	19726	487	156168	12129	4010	143147	252351	38627	11702
189960	65518	25500	2133	112731	8048	2572	178927	294914	101478	5292
49300	11224	2710	526	28174	1012	706	41552	75659	24955	2596
6220	483	11	306	5161	506	48	1893	7264	5357	728
380184	194243	35418	3381	109983	20695	20865	544334	924133	576401	42917

13-7 续表 2

（2017年）

指　　标	法人企业数(个)	年初存货	期末资			
			流动资产合计	应收帐款	存货	固定资产合计
二、餐饮业	**171**	**18099**	**378132**	**23071**	**22540**	**132472**
1.按国民经济餐饮行业分（GB/T4757-2011）						
正餐服务	**163**	**17033**	**354957**	**17257**	**21387**	**121415**
快餐服务	**4**	**769**	**9645**	**116**	**915**	**9140**
饮料及冷饮服务						
茶馆服务						
咖啡馆服务						
酒吧服务						
其他饮料及冷饮服务						
其他餐饮业	**4**	**296**	**13530**	**5698**	**238**	**1916**
小吃服务						
餐饮配送服务	3	227	13506	5696	236	1908
其他未列明餐饮业	1	69	24	2	2	9
2.按国民经济餐饮行业分（GB/T4757-2017）						
正餐服务	**163**	**17033**	**354957**	**17257**	**21387**	**121415**
正餐服务	163	17033	354957	17257	21387	121415
快餐服务	**4**	**769**	**9645**	**116**	**915**	**9140**
快餐服务	4	769	9645	116	915	9140
饮料及冷饮服务						
茶馆服务						
咖啡馆服务						
酒吧服务						
其他饮料及冷饮服务						
餐饮配送及外卖送餐服务	**3**	**227**	**13506**	**5696**	**236**	**1908**
餐饮配送服务	3	227	13506	5696	236	1908
外卖送餐服务						
其他餐饮业	**1**	**69**	**24**	**2**	**2**	**9**
小吃服务						
其他未列明餐饮业	1	69	24	2	2	9
3.按登记注册类型分						
内资企业	**166**	**17359**	**355115**	**17389**	**21654**	**125597**
国有企业	2	2	343	0	1	166
集体企业						
股份合作企业						
联营企业						
国有联营企业						
集体联营企业						
国有与集体联营企业						
其他联营企业						

单位：万元

产负债

固定资产原价	房屋和构筑物	机械设备	运输工具	累计折旧	本年折旧	在建工程	非流动资产合计	资产总计	流动负债合计	应付账款
197651	**21648**	**11229**	**1854**	**69100**	**7394**	**4255**	**188527**	**566979**	**183309**	**28381**
172929	**21648**	**8159**	**1805**	**55163**	**6290**	**3627**	**165126**	**520403**	**166013**	**23297**
20007		**3069**	**22**	**10866**	**777**	**627**	**21484**	**31130**	**10475**	**2370**
4715			**27**	**3070**	**327**		**1916**	**15446**	**6821**	**2715**
4705			27	3069	327		1908	15413	6806	2700
9				1	0		9	33	16	15
172929	**21648**	**8159**	**1805**	**55163**	**6290**	**3627**	**165126**	**520403**	**166013**	**23297**
172929	21648	8159	1805	55163	6290	3627	165126	520403	166013	23297
20007		**3069**	**22**	**10866**	**777**	**627**	**21484**	**31130**	**10475**	**2370**
20007		3069	22	10866	777	627	21484	31130	10475	2370
4705			**27**	**3069**	**327**		**1908**	**15413**	**6806**	**2700**
4705			27	3069	327		1908	15413	6806	2700
9				**1**	**0**		**9**	**33**	**16**	**15**
9				1	0		9	33	16	15
180744	**21648**	**8159**	**1832**	**58796**	**6895**	**3627**	**173150**	**528561**	**168268**	**24211**
166				23	18		567	911	196	15

13-7 续表 3

（2017年）

指　　标	法人企业数(个)	年初存货	期末资			
			流动资产合计	应收帐款	存货	固定资产合计
有限责任公司	54	3838	66283	13155	4801	24434
国有独资公司						
其他有限责任公司	54	3838	66283	13155	4801	24434
股份有限公司	2	23	11048	350	10698	257
私营企业	107	13474	277406	3861	6142	100660
私营独资企业	12	1663	2270	176	1587	9410
私营合伙企业						
私营有限责任公司	92	11666	270583	3622	4402	89463
私营股份有限公司	3	144	4553	63	153	1787
其他企业	1	22	34	23	12	80
港、澳、台商投资企业	**2**	**287**	**14524**	**5660**	**321**	**2033**
与港澳台商合资经营企业	1	221	13423	5660	232	1903
与港澳台商合作经营企业						
港澳台商独资企业	1	65	1101		89	130
港澳台商投资股份有限公司						
其他港澳台投资企业						
外商投资企业	**3**	**453**	**8493**	**23**	**565**	**4842**
中外合资经营企业						
中外合作经营企业						
外资企业	3	453	8493	23	565	4842
外商投资股份有限公司						
其他外商投资企业						
4.按控股情况分						
国有控股	7	850	28694	13446	608	10447
集体控股	1		53		19	51
私人控股	147	15990	321115	8957	9614	111174
港澳台商控股	1	65	1101		89	130
外商控股	3	453	8493	23	565	4842
其他	12	741	18675	646	11646	5828
5.按经营形式分						
独立门店	152	16462	327125	8918	10072	112273
连锁总店	7	789	21379	521	11838	9614
连锁直营店	1	11	1570	45	9	20
连锁加盟店	1	20	60			90
其他	10	816	27998	13587	622	10475

单位：万元

产负债

固定资产原价	房屋和构筑物	机械设备	运输工具	累计折旧	本年折旧	在建工程	非流动资产合计	资产总计	流动负债合计	应付账款
43572	5763	2426	675	20032	2025	1150	55091	121374	70602	10513
43572	5763	2426	675	20032	2025	1150	55091	121374	70602	10513
296				39	3	1	39	11383	9783	5790
136578	15753	5733	1157	38650	4834	2476	117373	394779	87677	7893
9299	612	318	37	358	84	46	10512	12781	1816	172
125377	14216	5115	620	37402	4445	2430	105001	375584	85541	7609
1902	926	300	500	890	306		1861	6414	321	112
132	132			52	15		80	114	10	
5640				**3879**	**358**		**2215**	**16739**	**7100**	**2878**
4678				3047	327		1903	15326	6747	2669
962				832	31		312	1413	353	209
11267		**3069**	**22**	**6425**	**142**	**627**	**13162**	**21679**	**7942**	**1293**
11267		3069	22	6425	142	627	13162	21679	7942	1293
17184		511	68	7726	887	223	19189	47883	19521	6643
51				14	14		159	213	298	185
155736	20885	6599	1653	47417	5498	3402	143366	464482	138104	12460
962				832	31		312	1413	353	209
11267		3069	22	6425	142	627	13162	21679	7942	1293
12451	763	1050	111	6687	822	1	12338	31310	17092	7592
159515	21278	8041	1755	50251	5664	3402	150499	477647	143950	13350
20683	100	3119	72	11220	832	629	21637	43312	20431	8320
119				99	23		55	1625	297	104
80	60	20		10	3		90	150	10	
17253	210	49	27	7520	873	223	16247	44245	18620	6608

13–7 续表 4

（2017年）

指　　标	法人企业数(个)	年初存货	期末资			
			流动资产合计	应收帐款	存货	固定资产合计
6.按单位规模分						
大型	6	2145	57856	15085	2655	21066
中型	13	1052	275972	2770	12118	65897
小型	141	14867	43659	5193	7721	44128
微型	11	34	646	23	47	1381
三、住宿业按地区分组	**168**	**257959**	**640602**	**56383**	**200891**	**487354**
五华区	22	1892	93424	5756	1726	81031
盘龙区	24	1777	88005	4370	1690	58864
官渡区	49	3690	97886	5948	3295	62674
西山区	24	1641	54033	4525	1849	139963
东川区	2	6	254		-18	5328
呈贡区	11	282	8443	477	387	1868
晋宁区	2	61	222	38	61	2430
富民县	2	302	333		96	22218
宜良县	3	17	303	41	24	740
石林彝族自治县	10	257	5890	693	2130	37690
嵩明县	2	247199	242787	31947	185173	47684
禄劝彝族苗族自治县	2	13	591	15	19	1383
寻甸回族彝族自治县	7	192	10326	664	725	17843
安宁市	8	632	38103	1909	3735	7638
四、餐饮业按地区分组	**171**	**18099**	**378132**	**23071**	**22540**	**132472**
五华区	29	831	17299	846	1432	8106
盘龙区	32	8476	12690	549	1111	8483
官渡区	25	3724	72169	15606	14643	25199
西山区	21	2060	252543	2298	1948	32878
东川区	1		41	14	2	173
呈贡区	9	818	11840	1829	1065	35806
晋宁区	4	29	866	31	57	207
富民县	5	445	2399	735	715	6204
宜良县	3	115	1457	3	98	5723
石林彝族自治县	13	1111	3898	467	1119	3934
嵩明县	9	156	1116	232	109	3161
禄劝彝族苗族自治县	7	249	501	245	18	1375
寻甸回族彝族自治县	4	36	208	88	76	380
安宁市	9	52	1106	129	148	844

单位：万元

产负债

固定资产原价	房屋和构筑物	机械设备	运输工具	累计折旧	本年折旧	在建工程	非流动资产合计	资产总计	流动负债合计	应付账款
42912	1635			22117	1871	1634	49913	107769	65300	9858
95650	4055	6387	441	29755	3069	1	79951	356219	82405	9488
53989	14676	4833	1374	13507	2356	2619	57140	100823	35138	8994
5100	1282	8	39	3721	99		1523	2169	467	42
866750	**420426**	**83364**	**6832**	**412217**	**42389**	**28201**	**909853**	**1554320**	**746818**	**63234**
235207	112811	19145	1124	157736	11319	3429	126307	220331	51293	11140
128439	72213	14436	1754	70842	4276	2431	141810	229815	87787	3583
138990	82854	12398	2335	89510	9411	4295	97448	198452	73543	8117
195842	81077	20716	869	57891	7389	1282	168081	222262	190159	8852
8657	6984	1399	74	3339	410		5333	5587	5998	0
4709	300	221	191	3448	454	687	12772	21215	8282	372
3022		660	45	611	133		3247	3469	1683	138
16139				5523	519	10603	23553	23886	19278	1066
1189				450	24		944	1248	140	
42600	5263	1763	118	4918	801	5348	47603	53493	30319	3103
56873	52257	2062	56	9189	6424		243450	486238	233039	24693
2756	990	135	11	1373	201		1383	1974	897	366
20666	5678	10325	215	3321	526		29125	39450	7691	691
11662		106	40	4066	501	125	8798	46901	36710	1114
197651	**21648**	**11229**	**1854**	**69100**	**7394**	**4255**	**188527**	**566979**	**183309**	**28381**
14948	2402	4572	417	7166	891		12397	29695	9625	3179
15239	1226	2451	84	7535	360	627	20774	33464	14595	2462
46188	2964	2294	124	21819	1706	1074	49081	121547	69121	12921
42238	2560	581	505	10228	1273	2158	39112	291678	29145	4366
173				6	6		590	631	38	
53834	4075	602	65	18044	2096		42786	54626	50131	4169
519	213	77	9	336	49		251	1118	314	165
6447	4047			363	41		6204	8603	4904	74
6043				1071	186	272	5794	7251	431	73
5178	2001	567	477	1244	496	124	4462	8360	2484	232
3260	1764	6	118	282	141		3549	4665	1270	347
1764	244	3		409	51		1492	1992	202	172
508				128	29		937	1145	130	1
1313	152	77	55	469	71		1100	2206	919	221

13-7 续表 5

（2017年）

指　　标	期末资					
	非流动负债合计	负债合计	所有者权益	实收资本		
					国家资本	集体资本
总计	**472056**	**1404659**	**716640**	**627831**	**157511**	**5551**
一、住宿业	**300274**	**1049598**	**504722**	**549821**	**147917**	**847**
1.按国民经济住宿业行业分（GB/T4757-2011）						
旅游饭店	297152	1025018	475591	528351	145638	847
一般旅馆	3122	20493	24401	20867	1781	
其他住宿业		4086	4730	603	498	
2.按国民经济住宿业行业分（GB/T4757-2017）						
旅游饭店	297152	1024985	475565	528348	145638	847
旅游饭店	297152	1024985	475565	528348	145638	847
一般旅馆	1603	20255	30269	21270	2279	
经济型连锁酒店		1079	2833	3167		
其他一般旅馆	1603	19176	27436	18103	2279	
民宿服务						
露营地服务						
其他住宿业	1519	4358	-1112	203		
其他住宿业	1519	4358	-1112	203		
3.按登记注册类型分						
内资企业	**231777**	**963597**	**428584**	**467779**	**147567**	**847**
国有企业	1453	38262	63737	105122	34952	
集体企业	260	1937	-373	387		387
股份合作企业						
联营企业	18	265	1386	422	422	
国有联营企业	18	265	1386	422	422	
集体联营企业						
国有与集体联营企业						
其他联营企业						
有限责任公司	225908	819187	292407	301428	110923	160
国有独资公司	100	37991	82848	31854	31854	
其他有限责任公司	225808	781196	209559	269574	79069	160
股份有限公司	882	4467	10717	11436	1000	
私营企业	3255	99479	60710	48984	270	300
私营独资企业	90	1271	7312	2821		
私营合伙企业						
私营有限责任公司	3165	98194	52242	46130	270	300
私营股份有限公司		14	1156	33		
其他企业						

单位：万元

产负债				损益及分配						
法人资本	个人资本	港澳台资本	外商资本	营业收入	主营业务收入	营业成本	主营业务成本	税金及附加	主营业务税金及附加	其他业务利润
314683	**87783**	**58654**	**3648**	**710914**	**686752**	**322458**	**309665**	**17993**	**17417**	**12753**
289357	**50653**	**58548**	**2499**	**382658**	**368517**	**139998**	**135151**	**12679**	**12480**	**9218**
278819	42000	58548	2499	339209	325960	126157	122212	12074	11903	8358
10433	8653			38024	37733	10191	9885	546	518	851
105				5425	4824	3651	3054	59	59	10
278817	41999	58548	2499	339069	325820	126145	122201	12073	11902	8358
278817	41999	58548	2499	339069	325820	126145	122201	12073	11902	8358
10338	8653			40604	40313	11453	11147	599	571	848
1957	1210			3762	3707	1281	1240	36	33	
8381	7443			36842	36606	10173	9907	564	538	848
202	1			2985	2384	2400	1803	7	7	13
202	1			2985	2384	2400	1803	7	7	13
268713	**50653**			**340953**	**326960**	**128749**	**124050**	**11828**	**11628**	**9218**
70170				46477	42572	18885	16208	1037	1025	928
				3874	3874	979	979	25	25	
				1570	1473	253	253	7	7	
				1570	1473	253	253	7	7	
180819	9526			218723	211754	83868	82377	9207	9047	6986
				25871	22650	11992	11641	795	772	1623
180819	9526			192852	189104	71876	70736	8412	8276	5363
9000	1436			9415	9216	3951	3945	185	185	
8723	39691			60895	58072	20814	20289	1368	1339	1304
207	2614			3930	3896	2599	2318	157	132	2
8486	37074			55971	53182	17592	17347	1195	1191	1302
30	3			994	994	623	623	16	16	

13-7 续表 6

（2017年）

指　　标	期末资					
	非流动负债合计	负债合计	所有者权益			
				实收资本		
					国家资本	集体资本
港、澳、台商投资企业	**67997**	**84739**	**69065**	**72042**	**350**	
与港澳台商合资经营企业	5118	11889	43466	4744	350	
与港澳台商合作经营企业	37630	38882	-9618	9936		
港澳台商独资企业	10182	16075	16348	32027		
港澳台商投资股份有限公司						
其他港澳台投资企业	15068	17892	18868	25335		
外商投资企业	**500**	**1263**	**7074**	**9999**		
中外合资经营企业	500	1263	7074	9999		
中外合作经营企业						
外资企业						
外商投资股份有限公司						
其他外商投资企业						
4.按控股情况分						
国有控股	174448	670608	295837	369022	145717	160
集体控股	260	1937	-373	387		387
私人控股	7544	157539	78652	68637	2190	300
港澳台商控股	25250	33967	35216	57362		
外商控股	500	1263	7074	9999		
其他	92272	178918	85421	44413	10	
5.按经营形式分						
独立门店	299824	1042454	490418	540441	146159	780
连锁总店		1570	9041	6000		
连锁直营店	121	938	3085	300	90	
连锁加盟店	330	1995	800	778		
其他		2642	1379	2302	1668	67
6.按单位规模分						
大型	129547	516419	120266	182318	70318	
中型	146019	388024	289118	278364	54141	160
小型	24708	144162	94220	88042	23457	687
微型		994	1119	1097		
7.按星级分						
五星	67197	105824	146527	150000		
四星	62347	163826	131088	101065	45959	
三星	3291	30784	44875	31037	5140	67
二星	455	5812	1452	4171	3951	220
一星						
其他	166984	743352	180781	263547	92866	560

单位：万元

产负债				损益及分配						
法人资本	个人资本	港澳台资本	外商资本	营业收入	主营业务收入	营业成本	主营业务成本	税金及附加	主营业务税金及附加	其他业务利润
13144		**58548**		**38044**	**37896**	**10534**	**10386**	**823**	**823**	
3208		1186		15757	15757	4071	4071	48	48	
9936				6504	6356	3700	3552	396	396	
		32027		9711	9711	2068	2068	164	164	
		25335		6073	6073	695	695	215	215	
7500			**2499**	**3661**	**3661**	**715**	**715**	**29**	**29**	
7500			2499	3661	3661	715	715	29	29	
221777	183	1186		165738	157256	70213	67155	8654	8567	2794
				3874	3874	979	979	25	25	
20433	45715			110969	107201	41882	40755	1902	1873	1565
		57362		15783	15783	2763	2763	379	379	
7500			2499	3661	3661	715	715	29	29	
39647	4756			77468	76274	20414	20298	1569	1496	4860
282322	50133	58548	2499	357772	345754	136550	131744	12582	12385	8328
6000				9870	9866	419	419	30	30	
50	160			7053	5040	289	289	21	21	43
418	361			2979	2873	1569	1528	23	21	847
567				4984	4984	1171	1171	23	23	1
112000				66672	65376	31151	31091	6571	6571	785
140641	22374	58548	2499	219637	209507	67294	63727	3908	3823	6647
36049	27849			95830	93150	41328	40108	2198	2084	1785
667	430			519	483	226	226	3	3	1
105588	5000	39412		67141	65545	17755	17204	2014	2014	1041
35818	15894	894	2499	81844	76765	23272	20947	1257	1194	4899
14125	11414	292		38098	37273	12584	12584	400	377	249
				8681	8594	3377	3377	149	149	87
133826	18345	17950		186894	180340	83011	81039	8860	8747	2943

13-7 续表 7

（2017年）

指标	期末资					
	非流动负债合计	负债合计	所有者权益	实收资本	国家资本	集体资本
二、餐饮业	**171782**	**355062**	**211917**	**78010**	**9595**	**4704**
1.按国民经济餐饮行业分(GB/T4757-2011)						
正餐服务	**168340**	**334323**	**186081**	**69640**	**8155**	**4704**
快餐服务	**3442**	**13918**	**17212**	**6409**		
饮料及冷饮服务						
茶馆服务						
咖啡馆服务						
酒吧服务						
其他饮料及冷饮服务						
其他餐饮业		**6821**	**8625**	**1961**	**1440**	
小吃服务						
餐饮配送服务		6806	8608	1945	1440	
其他未列明餐饮业		16	17	16		
2.按国民经济餐饮行业分(GB/T4757-2017)						
正餐服务	**168340**	**334323**	**186081**	**69640**	**8155**	**4704**
正餐服务	168340	334323	186081	69640	8155	4704
快餐服务	**3442**	**13918**	**17212**	**6409**		
快餐服务	3442	13918	17212	6409		
饮料及冷饮服务						
茶馆服务						
咖啡馆服务						
酒吧服务						
其他饮料及冷饮服务						
餐饮配送及外卖送餐服务		**6806**	**8608**	**1945**	**1440**	
餐饮配送服务		6806	8608	1945	1440	
外卖送餐服务						
其他餐饮业		**16**	**17**	**16**		
小吃服务						
其他未列明餐饮业		16	17	16		
3.按登记注册类型分						
内资企业	**169077**	**337314**	**191247**	**73659**	**8155**	**4704**
国有企业		196	715	900	900	
集体企业						
股份合作企业						
联营企业						
国有联营企业						
集体联营企业						
国有与集体联营企业						
其他联营企业						

单位：万元

产负债				损益及分配						
法人资本	个人资本	港澳台资本	外商资本	营业收入	主营业务收入	营业成本	主营业务成本	税金及附加	主营业务税金及附加	其他业务利润
25327	**37130**	**106**	**1149**	**328256**	**318236**	**182459**	**174514**	**5314**	**4938**	**3535**
23585	**32997**	**106**	**93**	**228315**	**219281**	**133607**	**126509**	**5050**	**4685**	**3535**
1721	**4109**		**579**	**80799**	**80053**	**35119**	**34388**	**47**	**37**	
21	**23**		**477**	**19142**	**18902**	**13734**	**13617**	**216**	**216**	
5	23		477	18385	18145	13355	13238	213	213	
16				757	757	379	379	3	2	
23585	**32997**	**106**	**93**	**228315**	**219281**	**133607**	**126509**	**5050**	**4685**	**3535**
23585	32997	106	93	228315	219281	133607	126509	5050	4685	3535
1721	**4109**		**579**	**80799**	**80053**	**35119**	**34388**	**47**	**37**	
1721	4109		579	80799	80053	35119	34388	47	37	
5	**23**		**477**	**18385**	**18145**	**13355**	**13238**	**213**	**213**	
5	23		477	18385	18145	13355	13238	213	213	
16				**757**	**757**	**379**	**379**	**3**	**2**	
16				757	757	379	379	3	2	
23670	**37130**			**246475**	**237441**	**138645**	**131547**	**5081**	**4714**	**3192**
				1467	1401	1230	1230			

13-7 续表 8

（2017年）

指　　标	期末资					
	非流动负债合计	负债合计	所有者权益	实收资本	国家资本	集体资本
有限责任公司	5123	75725	45648	29949	7255	
国有独资公司						
其他有限责任公司	5123	75725	45648	29949	7255	
股份有限公司		9783	1601	1601		
私营企业	163953	251601	143178	41158		4704
私营独资企业	8	1841	10940	6740		
私营合伙企业						
私营有限责任公司	163771	249264	126320	32978		4704
私营股份有限公司	175	495	5919	1440		
其他企业		10	105	51		
港、澳、台商投资企业		**7100**	**9639**	**2023**	**1440**	
与港澳台商合资经营企业		6747	8579	1917	1440	
与港澳台商合作经营企业						
港澳台商独资企业		353	1061	106		
港澳台商投资股份有限公司						
其他港澳台投资企业						
外商投资企业	**2706**	**10648**	**11031**	**2329**		
中外合资经营企业						
中外合作经营企业						
外资企业	2706	10648	11031	2329		
外商投资股份有限公司						
其他外商投资企业						
4.按控股情况分						
国有控股	1316	20837	27046	15013	9295	
集体控股		298	-85	80		
私人控股	165532	303606	160875	51978		4704
港澳台商控股		353	1061	106		
外商控股	2706	10648	11031	2329		
其他	2229	19321	11989	8505	300	
5.按经营形式分						
独立门店	166195	310116	167532	55934	2500	4704
连锁总店	3434	23866	19447	8243		
连锁直营店		297	1327	50		
连锁加盟店		10	140	50		
其他	2153	20773	23472	13733	7095	

单位：万元

产负债				损益及分配						
法人资本	个人资本	港澳台资本	外商资本	营业收入	主营业务收入	营业成本	主营业务成本	税金及附加	主营业务税金及附加	其他业务利润
5187	17507			128060	126213	74322	73901	2321	2268	1861
5187	17507			128060	126213	74322	73901	2321	2268	1861
20	1581			8710	8710	4511	4511	291	282	
18462	17991			107537	100415	58049	51372	2457	2154	1332
354	6385			5298	5298	3974	3895	111	107	3
16718	11556			99002	91880	52611	46013	2291	1993	1329
1390	50			3237	3237	1465	1465	55	55	
	51			701	701	533	533	11	11	
		106	**477**	**25390**	**25150**	**17330**	**17213**	**186**	**186**	
			477	17536	17296	12774	12658	172	172	
		106		7854	7854	4555	4555	14	14	
1657			**672**	**56391**	**55645**	**26485**	**25754**	**47**	**37**	**343**
1657			672	56391	55645	26485	25754	47	37	343
	5241		477	42941	41986	32333	31868	401	401	183
80				551	551	298	298	2	2	
22774	24500			170768	163393	97948	91231	4248	3927	1373
		106		7854	7854	4555	4555	14	14	
1657			672	56391	55645	26485	25754	47	37	343
816	7389			49752	48808	20840	20807	602	556	1637
22565	25966	106	93	196309	187946	112444	105747	4040	3675	2797
1911	5753		579	89380	88634	38569	37839	323	313	739
50				919	919	304	304	3	3	
50				340	339	260	240	1	1	
750	5411		477	41308	40398	30883	30385	946	945	

13-7 续表 9

（2017年）

指　　标	期末资					
	非流动负债合计	负债合计	所有者权益	实收资本	国家资本	集体资本
6.按单位规模分						
大型	1483	66783	40986	20726	6895	
中型	162080	244485	111733	18686	200	4519
小型	8213	43321	57502	37682	2500	185
微型	6	473	1696	916		
三、住宿业按地区分组	**300274**	**1049598**	**504722**	**549821**	**147917**	**847**
五华区	56452	107746	112585	170194	3962	
盘龙区	47380	135167	94648	65793	21360	220
官渡区	8185	84267	114185	63226	30269	260
西山区	20465	210624	11637	31622	16922	67
东川区		5998	-410	2000		
呈贡区	5000	13282	7933	6733		
晋宁区	1519	3202	268	2100		
富民县	5990	25268	-1382	4100		
宜良县		140	1107	410		
石林彝族自治县	4071	34390	19103	4718	600	
嵩明县	129580	362586	123652	180106	69318	
禄劝彝族苗族自治县	100	997	977	300		
寻甸回族彝族自治县	16820	24510	14940	9723		
安宁市	4712	41422	5479	8797	5487	300
四、餐饮业按地区分组	**171782**	**355062**	**211917**	**78010**	**9595**	**4704**
五华区	2886	12511	17184	6060		
盘龙区	3965	18578	14886	7254	1200	
官渡区	4862	73982	47565	32241	6895	4519
西山区	135995	165140	126538	9635	300	
东川区	49	88	543	5		
呈贡区	22044	72175	-17550	10295	200	
晋宁区		314	804	967		
富民县		4904	3699	2205		
宜良县	500	931	6320	1937		
石林彝族自治县	1009	3493	4867	2688	1000	
嵩明县	6	1277	3388	2982		
禄劝彝族苗族自治县	148	350	1642	1120		185
寻甸回族彝族自治县	127	210	935	300		
安宁市	190	1109	1096	321		

单位：万元

产负债				损益及分配						
法人资本	个人资本	港澳台资本	外商资本	营业收入	主营业务收入	营业成本	主营业务成本	税金及附加	主营业务税金及附加	其他业务利润
1645	11131		1057	142327	141132	78141	77264	1686	1686	
10227	3634	106		75421	67235	40412	33827	1281	955	1615
12943	21962		93	108661	108023	62613	62130	2330	2279	1917
513	403			1847	1846	1293	1293	17	17	3
289357	**50653**	**58548**	**2499**	**382658**	**368517**	**139998**	**135151**	**12679**	**12480**	**9218**
124020	300	39412	2499	75094	74035	16360	15957	1559	1492	517
12372	13891	17950		67275	63069	24225	23829	1708	1705	2672
10285	21227	1186		98126	92955	33584	31502	1546	1485	2201
12528	2106			67129	64363	20202	19342	960	944	3815
2000				1774	1774	1686	1686	20	20	
4672	2061			13279	12628	4515	3877	76	74	10
100	2000			1204	1204	1215	1215	20	20	2
4000	100			2717	2717	2479	2469	40	40	
310	101			3115	3115	1134	1134	39	39	
666	3452			8273	8027	4003	3809	356	333	
110788				28954	28932	23673	23665	5939	5939	
100	200			1032	1032	478	478	58	58	
6417	3306			4866	4866	2867	2611	101	76	1
1100	1910			9820	9800	3577	3577	257	257	
25327	**37130**	**106**	**1149**	**328256**	**318236**	**182459**	**174514**	**5314**	**4938**	**3535**
3721	2338			38800	38304	21770	21203	794	774	17
2211	3264		579	75746	74957	38976	38493	311	240	958
3668	16682		477	86888	85275	51634	51169	2083	2081	899
7656	1480	106	93	48144	41579	31736	25662	846	638	1504
5				608	577	469	437	30	30	
3136	6959			39959	39572	15310	15082	392	329	156
562	406			2763	2756	2095	2091	51	50	
100	2105			2215	2096	1407	1397	62	55	
20	1917			11005	11005	3548	3548	283	283	
249	1439			9877	9877	7101	7101	110	110	3
2778	204			3847	3844	2744	2744	79	78	
900	35			2381	2381	1584	1584	42	42	
120	180			1587	1587	1041	962	89	84	
201	120			4438	4426	3045	3042	143	142	

13-7 续表 10

（2017年）

指　　标	损益及					
	销售费用	管理费用	财务费用			资产减值损失
				利息收入	利息支出	
总计	**187914**	**161026**	**13453**	**3237**	**18780**	**2020**
一、住宿业	**111632**	**123118**	**7316**	**2731**	**7766**	**1425**
1.按国民经济住宿业行业分（GB/T4757-2011）						
旅游饭店	95926	110576	6767	2718	7428	1424
一般旅馆	15015	11172	531	11	338	1
其他住宿业	691	1370	18	3	1	
2.按国民经济住宿业行业分（GB/T4757-2017）						
旅游饭店	95900	110502	6767	2718	7428	1424
旅游饭店	95900	110502	6767	2718	7428	1424
一般旅馆	15653	11909	547	13	338	1
经济型连锁酒店	1108	1113	19	0	3	
其他一般旅馆	14545	10795	528	13	335	1
民宿服务						
露营地服务						
其他住宿业	78	707	2	0	1	
其他住宿业	78	707	2	0	1	
3.按登记注册类型分						
内资企业	**99556**	**106915**	**7200**	**2630**	**7599**	**1425**
国有企业	15558	16924	17	288	196	0
集体企业	1550	1436	31		26	
股份合作企业						
联营企业	702	582	2			
国有联营企业	702	582	2			
集体联营企业						
国有与集体联营企业						
其他联营企业						
有限责任公司	56577	68744	6425	2313	6897	1399
国有独资公司	6182	6604	1369	234	1244	-1
其他有限责任公司	50395	62140	5056	2080	5653	1400
股份有限公司	3215	1832	2	17	6	
私营企业	21954	17398	722	11	473	26
私营独资企业	1446	489	20	0	18	12
私营合伙企业						
私营有限责任公司	20368	16695	699	11	455	14
私营股份有限公司	140	214	4			
其他企业						

单位：万元

分配								人工成本及增值税		从事住宿和餐饮业活动的从业人员平均人数(人)
公允价值变动收益	投资收益	其他收益	营业利润	营业外收入	营业外支出	利润总额	所得税费用	应付职工薪酬(本年货方累计发生额)	应交增值税	
1356	**1348**	**32**	**10864**	**5275**	**5254**	**8730**	**8320**	**154430**	**19695**	**38761**
1230	**267**	**3**	**-9949**	**4312**	**4505**	**-12163**	**3619**	**94874**	**11936**	**20627**
1230	266	3	-11196	4019	4461	-13706	3287	83333	10833	17685
	1		1598	267	44	1878	329	9789	1050	2524
			-351	26	0	-335	2	1752	53	418
1230	266	3	-11225	4019	4461	-13735	3284	83273	10829	17665
1230	266	3	-11225	4019	4461	-13735	3284	83273	10829	17665
	1		1484	291	45	1776	329	10948	1089	2765
			197	45	14	227	4	1312	60	332
	1		1287	246	30	1549	326	9635	1028	2433
			-209	2		-204	5	654	18	197
			-209	2		-204	5	654	18	197
1230	**139**		**-12309**	**1878**	**4218**	**-14533**	**3419**	**81316**	**11009**	**18646**
	-19		-5964	589	240	-5615	106	8566	1226	3082
	14		-133	78	28	-83	1	1240	303	306
			26	1	5	22	5	631	38	105
			26	1	5	22	5	631	38	105
1226	144		-6137	901	3746	-9336	3017	52858	8151	10107
	38		-1033	47	23	-1008	209	9593	1362	1553
1226	107		-5104	854	3724	-8328	2808	43265	6788	8554
	1		230	8	120	118	10	3463	242	608
5			-331	302	79	362	280	14558	1050	4438
			243	5	4	270	33	539	91	267
5			-571	297	75	5	245	13625	951	4037
			-3	0	0	87	3	394	8	134

13-7 续表 11

（2017年）

指　　标	损益及					
	销售费用	管理费用	财务费用			资产减值损失
				利息收入	利息支出	
港、澳、台商投资企业	**10289**	**14678**	**81**	**97**	**137**	
与港澳台商合资经营企业	3983	4866	174	32	189	0
与港澳台商合作经营企业	498	1757	-54	62	-8	0
港澳台商独资企业	3500	5423	-37	1	-44	
港澳台商投资股份有限公司						
其他港澳台投资企业	2308	2632	-3	3		
外商投资企业	**1787**	**1525**	**36**	**4**	**30**	
中外合资经营企业	1787	1525	36	4	30	
中外合作经营企业						
外资企业						
外商投资股份有限公司						
其他外商投资企业						
4.按控股情况分						
国有控股	43236	56460	851	2637	2390	3
集体控股	1550	1436	31		26	
私人控股	36365	31528	1091	28	749	1416
港澳台商控股	5808	8055	-39	3	-44	
外商控股	1787	1525	36	4	30	
其他	22793	22065	5310	40	4584	5
5.按经营形式分						
独立门店	101928	113740	7264	2732	7765	1425
连锁总店	3979	4647	21	-1		
连锁直营店	2176	2256	10			
连锁加盟店	526	603	9	0		
其他	3022	1872	13	0	1	
6.按单位规模分						
大型	8579	23083	-60	914	806	0
中型	73799	71169	6346	1733	6221	1390
小型	27932	28864	1030	84	739	34
微型	1322	1	1		1	
7.按星级分						
五星	20280	23264	492	940	806	-2
四星	30734	26963	2985	714	2638	13
三星	12211	13137	65	83	73	0
二星	3037	2246	34	5	12	0
一星						
其他	45369	57507	3740	989	4238	1414

单位：万元

分配								人工成本及增值税		从事住宿和餐饮业活动的从业人员平均人数(人)
公允价值变动收益	投资收益	其他收益	营业利润	营业外收入	营业外支出	利润总额	所得税费用	应付职工薪酬(本年贷方累计发生额)	应交增值税	
	78	**3**	**2739**	**2424**	**287**	**2740**	**200**	**11821**	**664**	**1775**
	78	3	2696	2140	9	2691	178	6112	213	707
			207	34	269	-28		1532	128	224
			-389	240	9	-158	22	2587	252	536
			225	11		235		1590	70	308
	50		**-379**	**10**	**1**	**-370**		**1738**	**263**	**206**
	50		-379	10	1	-370		1738	263	206
0	196	3	-13482	1196	749	-13391	735	43354	6092	8157
	14		-133	78	28	-83	1	1240	303	306
1230	1		-940	462	127	-133	951	24632	2480	7038
			-164	250	9	77	22	4177	322	844
	50		-379	10	1	-370		1738	263	206
	6		5317	2316	3593	1905	1910	19223	2455	3964
1230	261	3	-13233	4120	4496	-15628	3220	90371	10722	19603
			774	73	5	842	264	1615	702	304
			2301	1	0	2302	111	668	130	160
			250	2	1	249	18	426	70	111
	6		-41	117	3	72	7	1794	312	449
0	99		-2552	495	102	-2159	1693	10163	2675	1385
1226	153	3	-1869	3059	4035	-5339	1312	57808	6787	11689
4	15		-5566	758	364	-4704	610	26721	2458	7509
			38		4	39	4	183	16	44
	-19		4339	2424	370	4270	1812	17298	1551	3135
1	56		-3323	167	120	-3647	499	22701	3109	4584
	73	3	-224	327	133	-29	327	9749	1513	2145
	14		-148	44	41	-145	8	3209	339	618
1229	144		-10593	1350	3842	-12612	973	41918	5424	10145

13-7 续表 12

（2017年）

指　　标	损益及					
	销售费用	管理费用	财务费用	利息收入	利息支出	资产减值损失
二、餐饮业	**76283**	**37908**	**6136**	**506**	**11014**	**596**
1.按国民经济餐饮行业分（GB/T4757-2011）						
正餐服务	**46784**	**29323**	**6312**	**417**	**11004**	**516**
快餐服务	**29051**	**6560**	**-125**	**145**	**8**	**36**
饮料及冷饮服务						
茶馆服务						
咖啡馆服务						
酒吧服务						
其他饮料及冷饮服务						
其他餐饮业	**448**	**2025**	**-50**	**-57**	**2**	**43**
小吃服务						
餐饮配送服务	403	1997	-51	-57	2	43
其他未列明餐饮业	46	28	1			0
2.按国民经济餐饮行业分（GB/T4757-2017）						
正餐服务	**46784**	**29323**	**6312**	**417**	**11004**	**516**
正餐服务	46784	29323	6312	417	11004	516
快餐服务	**29051**	**6560**	**-125**	**145**	**8**	**36**
快餐服务	29051	6560	-125	145	8	36
饮料及冷饮服务						
茶馆服务						
咖啡馆服务						
酒吧服务						
其他饮料及冷饮服务						
餐饮配送及外卖送餐服务	**403**	**1997**	**-51**	**-57**	**2**	**43**
餐饮配送服务	403	1997	-51	-57	2	43
外卖送餐服务						
其他餐饮业	**46**	**28**	**1**			**0**
小吃服务						
其他未列明餐饮业	46	28	1			0
3.按登记注册类型分						
内资企业	**56662**	**29935**	**6295**	**418**	**11012**	**517**
国有企业	95	104	3	0		-1
集体企业						
股份合作企业						
联营企业						
国有联营企业						
集体联营企业						
国有与集体联营企业						
其他联营企业						

单位：万元

分配								人工成本及增值税		从事住宿和餐饮业活动的从业人员平均人数(人)
公允价值变动收益	投资收益	其他收益	营业利润	营业外收入	营业外支出	利润总额	所得税费用	应付职工薪酬(本年货方累计发生额)	应交增值税	
126	**1081**	**29**	**20813**	**962**	**749**	**20893**	**4701**	**59556**	**7759**	**18134**
125	**965**	**29**	**7861**	**576**	**260**	**8037**	**1781**	**41588**	**5748**	**12725**
1	**41**		**10152**	**378**	**480**	**10055**	**2535**	**12040**	**285**	**4479**
0	**75**		**2801**	**9**	**9**	**2801**	**385**	**5929**	**1726**	**930**
	75		2500	9	9	2500	385	5830	1726	910
0	0		301	0		301		99	0	20
125	**965**	**29**	**7861**	**576**	**260**	**8037**	**1781**	**41588**	**5748**	**12725**
125	965	29	7861	576	260	8037	1781	41588	5748	12725
1	**41**		**10152**	**378**	**480**	**10055**	**2535**	**12040**	**285**	**4479**
1	41		10152	378	480	10055	2535	12040	285	4479
	75		**2500**	**9**	**9**	**2500**	**385**	**5830**	**1726**	**910**
	75		2500	9	9	2500	385	5830	1726	910
0	**0**		**301**	**0**		**301**		**99**	**0**	**20**
0	0		301	0		301		99	0	20
126	**1006**	**29**	**10519**	**746**	**565**	**10566**	**2361**	**44252**	**5646**	**13345**
			36			36		186	183	40

13-7 续表 13

（2017年）

指标	损益及					
	销售费用	管理费用	财务费用			资产减值损失
				利息收入	利息支出	
有限责任公司	29375	11817	1224	59	652	272
国有独资公司						
其他有限责任公司	29375	11817	1224	59	652	272
股份有限公司	1547	1726	532	98	434	
私营企业	25636	16220	4527	261	9917	247
私营独资企业	452	734	565	0	558	1
私营合伙企业						
私营有限责任公司	24320	14792	3955	261	9359	67
私营股份有限公司	864	695	7			179
其他企业	10	69	10		10	
港、澳、台商投资企业	**3005**	**2079**	**-29**	**-56**	**2**	**43**
与港澳台商合资经营企业	249	1974	-55	-56	2	43
与港澳台商合作经营企业						
港澳台商独资企业	2756	105	26			
港澳台商投资股份有限公司						
其他港澳台投资企业						
外商投资企业	**16616**	**5894**	**-130**	**145**		**36**
中外合资经营企业						
中外合作经营企业						
外资企业	16616	5894	-130	145		36
外商投资股份有限公司						
其他外商投资企业						
4.按控股情况分						
国有控股	1183	4258	87	-5	176	268
集体控股	382	25	2			
私人控股	35419	23860	5158	264	10232	282
港澳台商控股	2756	105	26			
外商控股	16616	5894	-130	145		36
其他	19927	3767	994	103	605	10
5.按经营形式分						
独立门店	42974	26278	5645	273	10398	305
连锁总店	31597	8148	407	244	441	36
连锁直营店	580		3			
连锁加盟店			1			
其他	1133	3482	81	-11	175	255

单位：万元

分配								人工成本及增值税		从事住宿和餐饮业活动的从业人员平均人数(人)
公允价值变动收益	投资收益	其他收益	营业利润	营业外收入	营业外支出	利润总额	所得税费用	应付职工薪酬(本年贷方累计发生额)	应交增值税	
-17	48	29	8712	500	454	8676	1774	22366	2807	6329
-17	48	29	8712	500	454	8676	1774	22366	2807	6329
			104	2		71	4	1609	245	585
144	958	0	1598	243	110	1713	569	20031	2390	6376
1		0	-440	47	2	-439	70	1053	57	451
20	958		1942	191	108	2051	467	17630	2275	5574
123			96	5	0	101	32	1347	58	351
			69			69	14	60	22	15
	75		**2851**	**22**	**12**	**2861**	**486**	**6450**	**1822**	**1020**
	75		2453	9	9	2453	376	5673	1702	829
			398	13	3	408	110	777	120	191
			7443	**195**	**172**	**7466**	**1855**	**8855**	**291**	**3769**
			7443	195	172	7466	1855	8855	291	3769
	75		4487	93	98	4421	735	10664	2833	1770
			-158	7		-151	14	215	15	72
122	947	0	5016	379	115	5207	1164	30888	3923	10079
			398	13	3	408	110	777	120	191
			7443	195	172	7466	1855	8855	291	3769
4	59	29	3628	276	361	3543	824	8158	576	2253
126	965	0	5733	557	156	6164	1449	33935	4430	10858
	41		10341	380	488	10232	2559	13806	563	5150
			30	0	0	30	7	310	28	50
			79			79		65		18
	75	29	4632	26	104	4389	686	11441	2739	2058

13-7 续表 14

（2017年）

指　　标	损益及					
	销售费用	管理费用	财务费用	利息收入	利息支出	资产减值损失
6.按单位规模分						
大型	32787	13078	417	7	319	291
中型	20297	10829	3820	485	9755	
小型	22857	13778	1897	14	940	305
微型	342	224	3	0	0	
三、住宿业按地区分组	**111632**	**123118**	**7316**	**2731**	**7766**	**1425**
五华区	31849	27368	3315	868	2961	8
盘龙区	18660	19496	1519	253	1353	1392
官渡区	27987	26359	287	480	444	1
西山区	17476	30186	1347	198	1457	
东川区	291	280	0	1	1	
呈贡区	4446	3935	136	4	93	
晋宁区	5	149	2	0		
富民县	283	460	388	6	383	
宜良县	487	200	7	1	1	1
石林彝族自治县	1779	2922	462	1	364	10
嵩明县	2109	5873	-887	899	13	0
禄劝彝族苗族自治县	4	369	54		38	
寻甸回族彝族自治县	2748	2383	160	3	118	
安宁市	3508	3139	527	17	541	13
四、餐饮业按地区分组	**76283**	**37908**	**6136**	**506**	**11014**	**596**
五华区	8483	5386	161	128	159	2
盘龙区	21939	7049	350	23	51	69
官渡区	13224	13399	1818	95	1300	255
西山区	9330	4331	2101	239	8270	214
东川区	5	35	4		4	
呈贡区	18378	3418	1052	14	1058	
晋宁区	57	250	5	1		
富民县	166	199	37	3	18	
宜良县	2489	1295	294	0		40
石林彝族自治县	1217	1155	189	1	89	
嵩明县	266	400	82	0	65	0
禄劝彝族苗族自治县	60	428	2			5
寻甸回族彝族自治县	140	151	9	0	0	
安宁市	529	414	33	1	1	10

单位：万元

分配								人工成本及增值税		从事住宿和餐饮业活动的从业人员平均人数(人)
公允价值变动收益	投资收益	其他收益	营业利润	营业外收入	营业外支出	利润总额	所得税费用	应付职工薪酬(本年贷方累计发生额)	应交增值税	
	116		16043	381	537	15887	3538	24452	3736	7575
	962		-255	234	107	-190	502	10830	1995	2727
126	4	29	5057	347	104	5231	660	24096	2015	7783
			-32	0	1	-35	1	179	13	49
1230	**267**	**3**	**-9949**	**4312**	**4505**	**-12163**	**3619**	**94874**	**11936**	**20627**
	31		-4314	426	74	-3941	578	22433	2361	4268
1226	51		1552	367	337	1301	519	17698	2351	3537
0	84	3	8460	2534	298	8605	2049	24375	2758	5501
	1		-3041	297	170	-2915	4	10324	1717	2928
			-503		1	-504		602	24	278
			171	73	3	242	86	3428	277	897
			-186		1	-187	5	266	22	93
			-932	3	3511	-4440		893	140	276
			1248			1248	4	430	46	143
			-1260	3	4	-1093	7	2570	199	883
0	99		-7654	447	78	-7285		6826	1597	365
			70			70		299	26	102
			-2357	33	1	-2162	3	1360	130	453
4	1		-1203	128	28	-1102	363	3369	289	903
126	**1081**	**29**	**20813**	**962**	**749**	**20893**	**4701**	**59556**	**7759**	**18134**
1			2126	31	43	1984	387	6610	775	2379
17		29	7098	250	194	7121	1922	13516	537	5207
0	79	0	4556	240	113	4664	784	17105	4403	4320
101	884		580	86	12	736	688	9246	1171	2618
			65			35		100	30	50
	117		1526	282	336	1412	747	6474	288	1411
			304	14	13	305	24	385	54	127
			344			334	19	341	4	141
			3056	16	14	3058	60	666	16	200
			106	38	3	144	31	2083	244	708
0	0		276	5	1	300	26	1455	118	368
3			263			245		427	34	175
			256		1	255	5	147	20	95
4			259		20	299	7	1004	67	335

主要统计指标解释

社会消费品零售总额　是指企业（单位、个体经营户）通过交易直接售给个人、社会集团非生产、非经营用的实物商品金额，以及提供餐饮服务所取得的收入金额。其中，商品包括售给个人用于生活消费的商品，也包括售给社会集团用于非生产、非经营的商品。该指标不包括企业和个体经营户用于生产经营和固定资产投资所使用的原材料、燃料和其他消耗品的价值量，也不包括居民用于购买商品房的支出和农民用于购买农业生产资料的支出费用等。

社会消费品零售总额主要用于反映国内消费品市场的总规模和地域分布情况，也能基本反映城乡居民和社会集团对实物商品消费需求的总量和变化趋势。

（一）统计和计算方法

社会消费品零售总额为限额以上批发零售住宿餐饮业单位（包括法人企业、产业活动单位和个体经营户，下同）消费品零售额、限额以下批发零售住宿餐饮业单位消费品零售额之和。限额以上单位是指年主营业务收入 2000 万元及以上的批发业单位、 500 万元及以上的零售业单位、200 万元及以上的住宿和餐饮业单位，实施全面调查。限额以下批发零售住宿餐饮业单位为达不到上述标准的单位，实施抽样调查。

（二）资料来源

根据国家统计局制定的《批发和零售业、住宿和餐饮业统计报表制度》，地方各级统计局具体承担基础数据的收集工作。限额以上单位采用联网直报和统计报表相结合的方式，限额以下样本单位采用企业自行上报调查表或派调查员上门访问的方式收集数据。

14

对外贸易、旅游

DUIWAIMAOYI LVYOU

14-1 主要年份海关进出口贸易总额

单位：万美元

年 份	海关进出口贸易总额	出 口	进 口
1993	67548	43653	23895
1994	129676	80411	49265
1995	174372	105267	69105
1996	139791	75497	64294
1997	122115	81106	41009
1998	116410	74055	42355
1999	108930	61843	47087
2000	115068	71298	43770
2001	134097	78033	56064
2002	148131	89501	58630
2003	177972	100570	77402
2004	261462	138396	123066
2005	344940	173602	171338
2006	470385	232961	237424
2007	667728	323921	343807
2008	731091	354145	376946
2009	563411	297197	266214
2010	1016285	532598	483686
2011	1199977	660318	539659
2012	1441975	568633	873342
2013	1689710	1012278	677432
2014	1777057	1159388	617668
2015	1232405	943833	288571
2016	661276	405931	255345
2017	782987	294236	488751

注：此表数据来源于昆明海关。

14-2 市属外商直接投资

单位：万美元

年 份	项目个数(个)	合同利用外资	实际利用外资
1991	16	1546	
1992	102	12736	
1993	199	31903	4362
1994	117	11103	6930
1995	142	26612	6051
1996	66	5898	5919
1997	60	12352	3142
1998	36	22233	4430
1999	52	15396	2403
2000	35	10749	1228
2001	48	11384	2592
2002	76	12830	3703
2003	58	15408	5148
2004	104	17443	6228
2005	77	26332	8261
2006	122	51887	20933
2007	89	44697	30038
2008	143	93110	60178
2009	115	110944	73000
2010	83	72941	100900
2011	78	68796	127443
2012	63	44664	158800
2013	56	51641	179800
2014	73	59934	223714
2015	75	75134	226146
2016	70	190076	73996
2017	115	191315	80133

注：此表数据来源于昆明市商务和投促局。

14–3 旅游业发展情况

年 份	国际旅游		国内旅游		旅游业总收入(万元)
	旅游人数(人次)	旅游外汇收入(万美元)	旅游人数(万人次)	旅游收入(万元)	
1990	148166	1581	-	-	-
1991	160165	2223	-	-	-
1992	231749	2943	389	35028	59455
1993	271065	3314	420	47027	74533
1994	378672	7409	520	101966	163461
1995	397562	9253	710	145125	221925
1996	450568	11751	820	295796	393331
1997	510116	15666	952	424674	555171
1998	384023	10059	933	695754	779542
1999	549207	14550	1150	1057294	1178494
2000	520247	13707	1106	904744	1018925
2001	590827	15824	1897	1280360	1412178
2002	699683	18080	1936	1263632	1414237
2003	426667	11325	1549	1090471	1184804
2004	493251	13073	1708	1266131	1375025
2005	696481	17251	1971	1240838	1384543
2006	707489	18979	2169	1405603	1563699
2007	713448	20784	2437	1533330	1689213
2008	700685	20416	2664	1832342	1971173
2009	778321	21759	3037	2114789	2263402
2010	860632	24252	3471	2683182	2848097
2011	1004040	29788	4002	2586701	3672490
2012	1137364	33863	4581	4052744	4266757
2013	1231265	40338	5479.06	4909193	5158887
2014	1192057	39729	6149.45	5903394	6147729
2015	1144868	44033	6796.91	6962941	7234624
2016	1234688	48201	9990.00	10437876	10735279
2017	1340690	53222	13208.45	15727398	16086647

注：此表数据来源于昆明市旅发委。

主要统计指标解释

进出口总额　又称进出口贸易或进出口总值，是以货币表现的一定时期内一国全部实际进出口商品的总金额，也就是同一时期的进口总额与出口总额之和。它反映一国对外贸易的总体规模和发展水平，是研究一国对外贸易往来和国际收支平衡状况的重要依据。

进口总额　又称进口贸易额或进口总值，是以货币表示的一定时期内从国外进口的商品和总金额。

出口总额　又称出口贸易额或出口总值，是以货币表示的一定时期内向国外出口的商品和总金额。

利用外资　指我国各级政府、部门、企业和其他经济组织通过对外借款、吸收外商直接投资以及用其他方式筹措的境外现汇、设备和技术等。

旅游人数　指来我国参观、访问、旅行、探亲、访友、休养、考察、参加会议和从事经济、科技、文化、教育、体育、宗教等活动的外国人、华侨、港澳和台湾同胞的人数。不包括外国在我国的常驻机构，如使领馆、通讯社、企业办事处的工作人员；来我国常住的外国专家、留学生以及在岸逗留不过夜人员。

国际旅游(外汇)收入　指入境旅游的外国人、华侨、港澳台胞在中国大陆旅游过程中发生的一切旅游支出，对国家来说就是国际旅游(外汇)收入。

15

城市建设、环境保护

CHENGSHIJIANSHE HUANJINGBAOHU

15-1 城市市政设施水平

（2017年）

指　　标	单 位	昆明	市辖区
人均日生活用水量	升	120.21	119.41
用水普及率	%	99.05	99.70
燃气普及率	%	93.84	98.72
建成区供水管道密度	公里/平方公里	8.87	8.10
人均城市道路面积	平方米	9.32	8.07
建成区排水管道密度	公里/平方公里	1.93	0.50
污水处理率	%	94.59	94.88
#污水处理厂集中处理率	%	92.37	92.43
建城区绿地率	%	37.83	38.45
建城区绿化覆盖率	%	41.31	41.92
生活垃圾处理率	%	100.00	100.00
#生活垃圾无害化处理率	%	100.00	100.00

注：1.市辖区是指五华区、盘龙区、官渡区、西山区、呈贡区、东川区、晋宁区数据；
2.此表数据来源于昆明市住建局。

15-2 城市供水

（2017年）

指　　标	单位	昆明	市辖区
综合生产能力	万立方米/日	228.94	200.33
供水管道长度	公里	5465.66	4080.44
供水总量	万立方米	50186.60	44531.81
#生产运营用水	万立方米	16110.81	14629.96
居民家庭用水	万立方米	17714.16	14917.55
用水户数	万户	157.49	134.74
用水人口	万人	468.21	392.05

注：1.市辖区是指五华区、盘龙区、官渡区、西山区、呈贡区、东川区、晋宁区数据；
2.此表数据来源于昆明市住建局。

15-3 城市供气

（2017年）

指　　　标	单位	昆明	市辖区
一、人工煤气			
供气管道长度	公里	575.00	205.00
供气总量	万立方米	4945.53	2264.38
#家庭用气	万立方米	3602.52	934.19
用气户数	户	92740	20002
#家庭用气户数	户	92453	20000
用气人口	万人	26.75	4.00
二、天然气			
供气管道长度	公里	4386.63	3877.44
供气总量	万立方米	29815.27	21338.05
#家庭用气	万立方米	10066.86	7945.20
用气户数	户	1419683	1377859
#家庭用气户数	户	1411150	1375010
用气人口	万人	387.47	366.84
三、液化石油气			
供气总量	吨	82407	76800
#家庭用气	吨	15475	12110
用气户数	户	231904	204980
#家庭用气户数	户	115304	89480
用气人口	万人	29.32	17.36

注：1.市辖区是指五华区、盘龙区、官渡区、西山区、呈贡区、东川区、晋宁区数据；
2.此表数据来源于昆明市住建局。

15-4 城市道路和桥梁

（2017年）

指　　标	单 位	昆明	市辖区
道路长度	公里	2443.87	1850.49
道路面积	万平方米	4404.42	3173.11
#人行道面积	万平方米	474.53	172.94
年末实有桥梁数	座	436	384
#立交桥	座	30	30
道路照明灯盏数	盏	174563	129587
安装路灯的道路长度	公里	2326.67	1866.43

注：1.市辖区是指五华区、盘龙区、官渡区、西山区、呈贡区、东川区、晋宁区数据；
2.此表数据来源于昆明市住建局。

15-5 园林绿化

（2017年）

指　　标	单 位	昆明	
			市辖区
绿化覆盖面积	公顷	30037.98	18456.20
园林绿地面积	公顷	20962.40	16933.24
公园绿地面积	公顷	5435.33	4393.00
公园个数	个	545	478
公园面积	公顷	4034.62	3391.75

注：1.市辖区是指五华区、盘龙区、官渡区、西山区、呈贡区、东川区、晋宁区数据；
　　2.此表数据来源于昆明市住建局。

15-6 城市环境卫生情况

（2017年）

指　　标	单 位	昆明	市辖区
道路清扫保洁面积	万平方米	9710	8355
#机械清扫面积	万平方米	6429	6003
生活垃圾清运量	万吨	209.97	183.43
生活垃圾处理量	万吨	209.97	183.43
生活垃圾转运站	座	155	135
公共厕所	座	3506	2947
市容环卫专用车辆设备总数	辆	2164	1800

注：1.市辖区是指五华区、盘龙区、官渡区、西山区、呈贡区、东川区、晋宁区数据；
2.此表数据来源于昆明市住建局。

15-7 环境保护情况

指　　标	单位	2016年	2017年
环境保护投资额	**万元**	**1595826**	**1471325**
一、水质状况			
废水排放总量	万吨	54740.94	86197.11
#工业废水排放总量	万吨	5359.00	3346.30
工业化学需氧量排放总量	吨	8837	3962
二、废气排放			
工业二氧化硫排放量	吨	80083	50882
工业烟粉排放量	吨	25188	36018
三、声环境质量状况			
主城区区域环境昼间噪声平均值	分贝	53.5	53.2
主城区交通干线昼间噪声平均等效声级	分贝	67.4	67.1
四、固体、废物综合利用			
工业固体废物综合利用量	万吨	1160.03	1176.12
工业固体废物处置利用率	%	99.36	95.35

注：此表数据来源于昆明市环保局。

主要统计指标解释

自来水生产能力　指年底城建部门管理的自来水厂实际生产能力。

生活用水量　指居民日常生活与公共福利设施的用水量。包括居民、饮食店、旅馆、医院、理发店、浴池、洗衣店、游泳地、商店、学校、机关、部队等单位的用水量。

实有桥梁　指城市范围内，修建在河道上的桥梁和道路与道路立交、道路跨越铁路的立交桥，以及人行天桥。包括永久性桥和半永久性桥，不包括临时性桥、铁路桥、涵洞。

公共绿地面积　指供游览休息的各种公园、运动场、植物园、陵园以及花园、游园和供游览休息用的林荫道绿地、广场绿地。不包括一般栽植的行道树及林荫道的面积。

16

科技、教育、文化、体育、卫生和其他

KEJI JIAOYU WENHUA TIYU WEISHENGHEQITA

16-1 规模以上工业企业R&D活动及相关情况

指　　　标	单位	2017年
一、企业基本情况		
单位数	个	989
有R&D活动单位数	个	364
有研发机构单位数	个	237
其中：享受研究开发费用加计扣除的企业数	个	63
二、R&D人员情况		
1.R&D人员合计	人	13224
参加项目人员	人	12977
管理和服务人员	人	247
其中：女性	人	3232
其中：研究人员	人	4426
其中：①全时人员	人	9127
②非全时人员	人	4097
2.R&D人员折合全时当量合计	人年	9489
其中：研究人员	人年	3110
其中：①基础研究人员	人年	15
②应用研究人员	人年	251
③试验发展人员	人年	9223
三、R&D经费支出情况		
1.R&D经费内部支出合计	万元	350846
其中：①经常费支出	万元	289521
其中：人员劳务费	万元	84627
②资产性支出	万元	61326
其中：土建工程	万元	702
仪器和设备	万元	60624
其中：①基础研究支出	万元	79
②应用研究支出	万元	6594
③试验发展支出	万元	344173

注：本表数据包含省统计局下返昆明市军工企业数据。

16-1 续表 1

指　　　标	单位	2017年
其中：①政府资金	万元	32451
②企业资金	万元	316834
③境外资金	万元	
④其他资金	万元	1562
2.R&D经费外部支出合计	万元	32369
其中：对境内研究机构支出	万元	4860
对境内高等学校支出	万元	3916
对境内企业支出	万元	21299
对境外支出	万元	2295
四、企业办研发机构情况		
1.机构数	个	256
2.企业在境外设立的研发机构数	个	6
3.机构人员合计	人	8908
其中：博士毕业	人	219
硕士毕业	人	1038
4.机构经费支出	万元	284488
5.科技机构仪器和设备原价	万元	343333
其中：进口	万元	82129
五、研发产出及相关情况		
(一)自主知识产权情况		
1.专利申请数	件	2749
其中：发明专利	件	1089
2.有效发明专利数	件	3244
其中：已被实施	件	1636
其中：境外授权	件	124
3.专利所有权转让及许可数	件	149
4.专利所有权转让及许可收入	万元	1264
(二)新产品生产及销售情况		
1.新产品开发项目数	项	1806

16-1 续表 2

指　　标	单位	2017年
2.新产品开发经费支出	万元	446716
3.新产品产值	万元	3319984
4.新产品销售收入	万元	3276324
其中：出口	万元	130062
(三)其他情况		
1.发表科技论文	篇	828
2.拥有注册商标	件	4381
其中：境外注册	件	739
3.形成国家或行业标准	项	106
六、其他情况		
(一)政府相关政策落实情况		
1.使用来自政府部门的研发资金	万元	33257
2.研究开发费用加计扣除减免税	万元	7113
3.高新技术企业减免税	万元	11009
(二)技术获取和技术改造情况		
1.引进境外技术经费支出	万元	11844
2.引进境外技术的消化吸收经费支出	万元	205
3.购买境内技术经费支出	万元	42426
4.技术改造经费支出	万元	166896

16-2　非工业企业R&D活动及相关情况

指　　标	单位	2017年
一、企业基本情况		
单位数	个	337
有R&D活动单位数	个	65
有研发机构单位数	个	43
其中：享受研究开发费用加计扣除的企业数	个	18
二、R&D人员情况		
1.R&D人员合计	人	7380
参加项目人员	人	7187
管理和服务人员	人	193
其中：女性	人	1554
其中：研究人员	人	3017
其中：①全时人员	人	4310
②非全时人员	人	3070
2.R&D人员折合全时当量合计	人年	5363
其中：研究人员	人年	2180
其中：①基础研究人员	人年	76
②应用研究人员	人年	369
③试验发展人员	人年	4918
三、R&D经费支出情况		
1.R&D经费内部支出合计	万元	183825
其中：①经常费支出	万元	176678
其中：人员劳务费	万元	54165
②资产性支出	万元	7146
其中：土建工程	万元	294
仪器和设备	万元	6853
其中：①基础研究支出	万元	1291
②应用研究支出	万元	9100
③试验发展支出	万元	173434
其中：①政府资金	万元	6636
②企业资金	万元	177151
③境外资金	万元	
④其他资金	万元	37

16-2 续表

指　　标	单位	2017年
2.R&D经费外部支出合计	万元	3234
其中：对境内研究机构支出	万元	605
对境内高等学校支出	万元	951
对境内企业支出	万元	1603
对境外支出	万元	75
四、企业办研发机构情况		
1.机构数	个	68
2.企业在境外设立的研发机构数	个	1
3.机构人员合计	人	4533
其中：博士毕业	人	68
硕士毕业	人	657
4.机构经费支出	万元	138488
5.科技机构仪器和设备原价	万元	43381
其中：进口	万元	2717
五、研发产出及相关情况		
1.专利申请数	件	763
其中：发明专利	件	246
2.有效发明专利数	件	857
其中：已被实施	件	370
六、其他情况		
1.使用来自政府部门的研发资金	万元	7424
2.研究开发费用加计扣除减免税	万元	4260
3.高新技术企业减免税	万元	18054

16-3 主要年份全市医疗卫生机构数、卫生技术人员、医疗床位数

年份	卫生机构数合计(个)	医院	卫生技术人员合计(人)	医生	卫生机构床位数合计(张)	医院
1978	1253	218	17754	8035	14304	13151
1980	1335	229	20336	8459	16697	13682
1985	1523	228	25363	12528	18421	15897
1990	1622	270	28820	14576	24356	20917
1995	1586	288	30527	15094	27044	22143
1996	2474	274	31115	15107	24906	20646
1997	2326	277	33146	16074	25906	21690
1998	2715	280	32637	15705	26043	22111
1999	2922	155	33186	16310	26127	19558
2000	2753	157	32190	15220	25027	19756
2001	2580	153	31171	14428	25345	19268
2002	1427	169	27173	12136	24610	20793
2003	1977	174	29647	13405	25704	20514
2004	2072	197	31660	14324	27104	21757
2005	2575	218	33123	15381	28710	22744
2006	2777	207	34143	15441	28955	22958
2007	2798	202	35031	16017	31003	24501
2008	2730	205	35664	16700	32457	25952
2009	2755	201	37015	18101	33607	26887
2010	3004	218	40165	18636	38056	30434
2011	3103	225	42371	18812	41363	33387
2012	3163	236	46647	19920	44507	35878
2013	4552	253	53742	22128	48087	39467
2014	4492	268	57626	22595	50702	42409
2015	4490	282	64279	24109	55191	46984
2016	4755	307	71000	26049	57776	49785
2017	4823	308	75964	27317	60959	53072

注：1.2000年卫生系统统计报表制度变动，口径有所调整；
2.此表数据来源于昆明市卫计委。

16–4 卫生机构、床位、人员数

（2017年）

指　　标	机构数(个)	卫生技术人员数合计(人)	执业(助理)医师	实有床位数(张)
总计	**4823**	**75964**	**27317**	**60959**
医院	308	54502	17366	53072
疗养院	5	224	85	788
社区卫生服务中心(站)	389	4697	1792	2346
卫生院	103	2871	1103	4116
门诊部	167	1943	1018	64
急救中心(站)	2	199	81	
采供血机构	1	131	21	
妇幼保健院(所、站)	17	1820	703	533
专科疾病防治院(所、站)	4	46	22	40
疾病预防控制中心	17	1214	690	
卫生监督所	16	271		
卫生监督检验(监测、检测)所(站)				
医学科学研究机构	5	453	72	
健康教育所(站、中心)	4	42	19	
临床检验中心(所、站)	5	250	30	
县(区)诊所、卫生所、医务室	2488	6937	4036	

注：此表数据来源于昆明市卫计委。

16–5 民政事业基本情况

指　　标	单位	2014年	2015年	2016年	2017年
民政经费	万元	290091	344182	379815	393226
城市居民最低生活保障人数	人	99077	99278	91604	83093
农村社会救济人数	人	196973	199076	238527	161944
其中：农村居民最低生活保障人数	人	151800	165203	167588	111107
收养性社会福利单位数	个	93	93	85	89
收养性社会福利单位床位数	张	13285	15865	17093	22718
收养性社会福利单位收养人数	人	8528	8621	11249	13687
社区服务中心	个	279	261	241	254
每千居民之离婚宗数	‰	3.66	2.71	2.84	2.86
社会组织单位数	个	4373	4758	4889	5263
城市居民最低生活保障人数	万人	9.91	9.92	9.16	8.31
农村居民最低生活保障人数	万人	15.78	16.52	16.75	11.11
每千老年人口养老床位数	张	2.01	2.38	2.54	3.35

注：此表数据来源于昆明市民政局。

16-6 文化事业基本情况(市属)

指　　标	单位	2017年
国家文物保护单位	个	19
省级文物保护单位	个	55
电视台(含广播电台)	个	12
剧团	个	2
群众艺术馆、文化馆	个	16
文化站	个	135
图书馆	个	15
博物馆	个	34
剧场演出场次	场	261
国内艺术表演场次	场	4701
#农村	场	33
国内艺术表演观众	万人次	567
公共图书馆藏书	千册	3955

注：此表数据来源于昆明市文广体局。

16-7 分地区各类办学类型学校数情况

（2017年） 单位：所

地区	基础教育						中职教育
	幼儿园	小学	初中	普通高中	特殊教育	工读学校	
昆明市	**1247**	**755**	**198**	**116**	**6**	**1**	**77**
五华区	99	46	11	18	1		15
盘龙区	100	62	19	12	1	1	13
官渡区	160	89	27	26	1		10
西山区	119	66	19	12	1		9
东川区	44	37	10	2			1
呈贡区	48	16	3	11			3
晋宁区	55	19	12	2			3
富民县	39	26	6	2			2
宜良县	111	74	13	3	1		3
石林县	92	16	5	3			2
嵩明县	65	47	8	3			6
禄劝县	69	42	16	2			2
寻甸县	114	154	17	4	1		3
安宁市	59	11	10	7			4
高新区	20	3	5	3			
经开区	21	15	8	2			1
度假区	15	6	4	4			
阳宗海	17	26	5				

注：此表数据来源于昆明市教育局。

16-8 分地区各类办学类型在校生情况

（2017年）

单位：人

地 区	基础教育						中职教育
	幼儿园	小学	初中	高中	特殊教育	工读学校	
昆明市	**224453**	**485697**	**217167**	**110009**	**630**	**78**	**177593**
五华区	24725	49834	21395	14887	123		59022
盘龙区	20400	49523	17152	7736	108	78	16105
官渡区	40174	89741	28022	14389	34		14469
西山区	23937	42501	17230	7171	254		20757
东川区	8691	21010	11685	4163			51
呈贡区	8831	17138	8674	7335			13969
晋宁区	8744	19426	8957	3887			1234
富民县	4095	12934	5478	2805			
宜良县	11075	23679	13236	6120	33		8477
石林县	8362	16954	10264	4509			685
嵩明县	13604	22800	11165	5017			23864
禄劝县	9903	26763	15793	7093			1738
寻甸县	15765	35984	20592	12359	78		483
安宁市	10825	22885	11735	6220			10526
高新区	4055	10270	4372	4592			1119
经开区	4907	11572	3422	961			3785
度假区	3911	6448	4487	765			1309
阳宗海	2449	6235	3508				

注：此表数据来源于昆明市教育局。

16-9 分地区各类办学类型

（2017年）

地 区	基础			
	幼儿园		小学	
	离园幼儿人数	入园幼儿数	毕业生数	招生数
昆明市	**77133**	**96080**	**81442**	**84648**
五华区	8855	9723	9475	11056
盘龙区	6963	7831	7789	9100
官渡区	15364	21024	14985	18957
西山区	8613	11032	7612	8585
东川区	3314	5681	4042	3119
呈贡区	2916	4077	2160	4037
晋宁区	3335	3729	3281	3465
富民县	1872	1727	2223	1680
宜良县	5236	5022	5555	4380
石林县	3235	2826	3422	2882
嵩明县	4235	5630	4261	4026
禄劝县	4172	5235	5490	4149
寻甸县	5502	8235	7085	5523
安宁市	3521	4308	4062	3689

注：此表数据来源于昆明市教育局。

毕业、招生学生基本情况

单位：人

教育				中职教育	
初中		高中			
毕业生数	招生数	毕业生数	招生数	毕业生数	招生数
71345	**76316**	**31310**	**40001**	**52067**	**67716**
9139	9083	6107	6712	19246	20394
5882	5989	2308	2736	7732	4622
10164	11594	4311	5685	5276	7805
6681	7726	2342	3122	4990	9082
3683	3938	1174	1517	3	17
2338	3606	1200	3032	2334	6148
3175	2886	1148	1425	428	438
1681	2130	596	1229		
5855	5332	1755	2074	3306	3376
3382	3324	1341	1629	167	224
3959	4054	1677	1739	3993	11257
5006	5234	1826	2599	123	1007
6290	7254	4174	4248	132	253
4110	4166	1351	2254	4337	3093

16-10 分地区各类办学类型专任教师情况

（2017年）　　单位：人

地　区	基础教育						中职教育
	幼儿园	小学	初中	高中	特殊教育	工读学校	
昆明市	**13936**	**28480**	**17167**	**8497**	**212**	**43**	**5658**
五华区	1821	2550	1568	1135	36		1510
盘龙区	1481	2493	1298	596	38	43	618
官渡区	2630	4747	2114	1215	15		496
西山区	1745	2322	1327	583	101		800
东川区	342	1557	913	311			57
呈贡区	640	982	712	686			156
晋宁区	498	1155	852	276			124
富民县	157	753	487	178			35
宜良县	683	1508	1024	412	7		403
石林县	415	1286	687	330			74
嵩明县	696	1297	850	374			717
禄劝县	455	2052	1299	449			106
寻甸县	468	2533	1602	912	15		77
安宁市	716	1342	965	560			342
高新区	341	528	376	303			31
经开区	362	431	367	75			112
度假区	344	488	460	102			
阳宗海	142	456	266				

注：此表数据来源于昆明市教育局。

16-11 昆明市辖区高等教育情况

（2017年）　　单位：人

指　　标	学校数(所)	毕业生数	招生数	在校生数
研究生	**13**	**9897**	**13620**	**35550**
科研机构研究生	2	26	25	85
普通高等学校研究生	11	9871	13595	35465
普通高等教育	49	122312	167063	503538
本科	20	69394	81321	300791
专科	29	52918	85742	202747
成人高等教育	2	48395	47402	142725
本科	1	21410	20187	66074
专科	1	26985	27215	76651

注：此表数据来源于昆明市教育局。

主要统计指标解释

科技活动　指在自然科学、农业科学、医药科学、工程与技术科学、人文与社会科学领域（简称科学技术领域）中，与科技知识的产生、发展、传播和应用密切相关的有组织的活动。企业的科技活动包括：1.在科学技术领域，为增加知识总量、以及运用这些知识去创造新的应用进行的系统的创造性的活动。其中较为常见的活动是利用现有知识和实际经验，为产生新的产品、材料和装置，建立新的工艺、系统和服务，以及对已产生和建立的上述各项做实质性的改进而进行的系统性工作。这些活动的成果形式主要是专利、专有技术、新产品原型或样机样件等。2.为使产生的新产品、材料和装置，建立的新工艺、系统和服务以及做实质性改进后的上述各项能够投入生产或实际应用，解决所存在的技术问题而进行的系统性的工作。这些活动的成果形式大多是可供生产和实际操作的带有技术和工艺参数的图纸、技术标准和操作规范。企业的科技活动不包括企业从事的常规性技术升级或对某项科研成果直接应用等活动（如直接采用新的工艺、材料、装置、产品、服务或知识等）。在企业中只有列入企业工作计划的科技活动才予以统计，而独立发明人等在企业外或计划外进行的科技活动不在统计范围之内。

R&D 活动　为增加知识总量、以及运用这些知识去创造新的应用进行的系统的创造性的活动。包括基础研究、应用研究和试验发展。

非 R&D 活动　为使产生的新产品、材料和装置，建立的新工艺、系统和服务以及做实质性改进后的上述各项能够投入生产或实际应用，解决所存在的技术问题而进行的系统性的工作。

基础研究　为了获得关于现象和可观察事实的基本原理的新知识（揭示客观事物的本质、运动规律，获得新发现、新学说）而进行的实验性或理论性研究，它不以任何专门或特定的应用或使用为目的。其成果以科学论文和科学著作为主要形式。

应用研究　为获得新知识而进行的创造性研究，主要针对某一特定的目的或目标。应用研究是为了确定基础研究成果可能的用途，或是为达到预定的目标探索应采取的新方法（原理性）或新途径。其成果形式以科学论文、专著、原理性模型或发明专利为主。

试验发展　利用从基础研究、应用研究和实际经验所获得的现有知识，为产生新的产品、材料和装置，建立新的工艺、系统和服务，以及对已产生和建立的上述各项作实质性的改进而进行的系统性工作。其成果形式主要是专利、专有技术、具有新产品基本特征的产品原型或具有新装置基本特征的原始样机等。

R&D 经费支出　指统计年度内规模以上工业企业实际用于基础研究、应用研究和试验发展的经费支出。

科技活动人员合计　指报告期内企业内部直接参加科技项目人员，以及科技活动的管理和直接服

务的人员。不包括全年累计从事科技活动时间占制度工作时间10%以下的人员。

全部科技项目数 指在报告期当年企业立项并开展研究工作、以前年份立项报告期仍继续进行的科技项目数，包括当年完成和报告期内研究工作已告失败的科技项目数，但不包括委托外单位进行的科技项目数。

专利申请数 指报告期内企业作为第一申请人向境内外知识产权行政部门提出专利申请并被受理的件数。

专利申请数中发明专利 指报告期内企业作为第一申请人向境内外知识产权行政部门提出发明专利申请并被受理的件数。

卫生技术人员 指卫生事业机构支付工资的全部固定职工和合同制职工中现任职务为卫生技术工作的专业人员。包括中医师、西医师、中西医结合高级医师、护师、中药师、西药师、检验师、其它技工、其它中医、护理员、中药剂师、西药剂员、检验员、其它初级卫生技术人员。

普通高等学校 指按国家规定的审批程序批准举办，通过全国统一招生考试，招收高级中等学校毕业生和具有同等学历者，实施高等教育，培养高等专门人才的学校。包括大学、专门学院、专科学校和短期职业大学。

在校学生数 指学年初具有学籍的在校生总数。

学龄儿童入学率 指调查范围内已入小学学习的学龄儿童占校内外学龄儿童总数(包括弱智儿在内，但不包括盲聋哑儿童)的比重。

计算公式：

$$\text{学龄儿童入学率}=\frac{\text{已入学的小学学龄儿童数}}{\text{校内外学龄儿童总数}}\times 100\%$$

专任教师 指主要从事教学工作的人员。包括临时(一年以内)调去帮助做其他工作的教学人员。高等学校函授部、夜大学校的专任教师和承担科研任务，为担任教学工作仍属教师编制的人员，应计入专任教师中。专任教师不包括调离教学岗位，担任行政领导工作或其他工作的原教学人员。

艺术表演观众人数(人次) 指售票、包场演出或民族地区免费演出的艺术表演观众人次数。不包括彩排审查和内部观摩演出的观看人次数。

17

开发区建设

KAIFAQUJIANSHE

17-1 昆明经济技术开发区建设发展情况

指　　标	单位	2017年
开发区土地面积(管辖面积)	平方公里	156.6
工业总产值	亿元	481.99
#规模以上工业总产值	亿元	433.79
外商投资企业工业总产值	亿元	27.34
高新技术企业工业总产值	亿元	184.03
规模以上工业增加值增速	%	10.2
全区“四上”企业主营业务收入	亿元	1742.29
#规模以上工业企业主营业务收入	亿元	399.39
一般公共预算收入	亿元	33.51
一般公共预算支出	亿元	32.90
税收收入	亿元	61.38
进出口总额	亿美元	20.46
#出口总额	亿美元	10.02
进口总额	亿美元	10.44
高新技术产品进出口额	亿美元	5.09
实际利用外资	万美元	9019.39
新增内资企业注册资本金(不含增资)	亿元	197.8
固定资产投资(不含农户)	亿元	188.14
#基础设施投资	亿元	13.29
期末研发机构数	个	55
同级财政支持科技发展资金	万元	19604

注：此表数据由昆明经济技术开发区根据商务部制定的国家级开发区统计制度统计。

17-2 昆明高新技术产业开发区建设发展情况

指　　标	单位	2017年
规划面积(含马金铺新城产业基地)	平方公里	48.65
已开发面积(含马金铺新城产业基地)	平方公里	13.7
基础设施建设	亿元	12.30
高新区工商分局注册企业	个	12555
实际利用外资	万美元	9194
总收入	亿元	2002.5
规上工业增加值增速	%	14.2
固定资产投资(不含农户)	亿元	96.06
一般公共预算收入	亿元	22.88
一般公共预算支出	亿元	12.88

注：此表数据由昆明高新技术产业开发区提供。

17-3 昆明滇池国家旅游度假区建设发展情况

指　　　标	单位	2017年
工商新增注册企业及个体户	个	2263
一般公共预算收入	亿元	15.55
一般公共预算支出	亿元	15.16
招商引资实际到位内资	亿元	37.75
招商引资实际到位外资	万美元	8027.78
固定资产投资(不含农户)	亿元	145.26
服务业总收入	亿元	612.77
#旅游收入	亿元	26.38
接待人次	万人次	1582.0
#国内游客	万人次	1563.4
海外游客	万人次	18.6

注：此表数据由昆明滇池国家旅游度假区提供。

17-4 昆明阳宗海风景名胜区建设发展情况

指　　　标	单位	2017年
规划面积	平方公里	546
工商分局注册企业	个	141
规模以上工业总产值	亿元	202.7
规模以上工业增加值增速	%	14.7
固定资产投资(不含农户)	亿元	86.08
工业固定资产投资	亿元	1.36
基础设施投资额	亿元	9.2
旅游服务总收入	亿元	9.97
招商引资实际到位资金(内资)	亿元	30.2
招商引资实际到位资金(外资)	万美元	400
一般公共预算收入	亿元	5.74
一般公共预算支出	亿元	7.07
农民人均纯收入	元	14939

注：此表数据由昆明阳宗海风景名胜区提供。

18

各州市主要经济指标

GEZHOUSHIZHUYAOJINGJIZHIBIAO

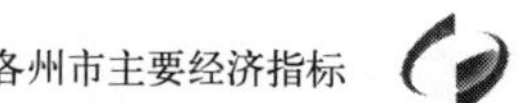

18-1 各州市年末常住人口及城镇人口比重

（2017年）

地　　区	年末常住人口（万人）	城镇人口比重（%）
全　　省	**4800.5**	**46.69**
昆 明 市	**678.3**	**72.05**
曲 靖 市	612.2	47.28
玉 溪 市	238.1	50.71
保 山 市	261.4	35.68
昭 通 市	553.7	33.38
丽 江 市	129.0	39.26
普 洱 市	262.7	42.31
临 沧 市	252.6	40.75
楚 雄 州	274.4	44.15
红 河 州	471.3	46.74
文 山 州	363.6	40.81
西双版纳州	118.0	46.85
大 理 州	358.4	45.68
德 宏 州	130.9	45.23
怒 江 州	54.7	31.73
迪 庆 州	41.2	34.58

18-2 各州市生产总值

（2017年）

地　区	生产总值（亿元）	第一产业增加值	第二产业增加值	第三产业增加值
全　省	**16376.34**	**2338.37**	**6204.97**	**7833.00**
昆 明 市	**4857.64**	**210.13**	**1865.97**	**2781.54**
曲 靖 市	1941.12	351.76	756.88	832.48
玉 溪 市	1415.14	141.95	729.44	543.75
保 山 市	678.95	159.06	245.70	274.19
昭 通 市	832.45	156.38	357.94	318.13
丽 江 市	339.48	49.61	137.14	152.73
普 洱 市	624.59	159.82	222.89	241.88
临 沧 市	604.06	162.24	207.87	233.95
楚 雄 州	937.37	171.02	366.11	400.24
红 河 州	1478.57	225.03	687.94	565.60
文 山 州	809.11	163.03	291.67	354.41
西双版纳州	393.84	96.80	106.63	190.41
大 理 州	1066.55	214.95	409.63	441.97
德 宏 州	356.97	81.87	89.19	185.91
怒 江 州	141.50	20.86	43.25	77.39
迪 庆 州	198.65	12.01	75.99	110.65

18-3 各州市生产总值指数

（2017年）

地　　区	生产总值（%）	第一产业增加值	第二产业增加值	第三产业增加值
全　　省	**109.5**	**106.1**	**110.7**	**109.5**
昆 明 市	**109.7**	**106.0**	**109.0**	**110.5**
曲 靖 市	110.0	106.0	111.7	110.0
玉 溪 市	109.3	106.3	107.9	112.0
保 山 市	111.0	106.2	114.5	110.9
昭 通 市	109.0	105.9	110.1	109.2
丽 江 市	109.4	105.8	112.1	108.1
普 洱 市	110.5	106.2	112.0	112.0
临 沧 市	110.0	106.1	110.9	111.9
楚 雄 州	110.8	106.3	113.1	110.6
红 河 州	110.8	106.2	113.5	109.3
文 山 州	110.0	106.0	111.9	110.3
西双版纳州	108.7	105.9	106.4	111.4
大 理 州	109.7	106.0	110.4	110.8
德 宏 州	110.7	106.1	111.8	112.3
怒 江 州	110.9	105.4	112.7	111.4
迪 庆 州	111.0	105.9	114.0	109.6

18-4 各州市固定资产投资

（2017年）

地　　区	固定资产投资（不含农户）(亿元)	比上年增长(%)
全　　省	**18474.89**	**18.0**
昆 明 市	**4217.94**	**7.6**
曲 靖 市	2244.80	25.1
玉 溪 市	1080.85	20.9
保 山 市	881.78	32.1
昭 通 市	897.36	21.4
丽 江 市	402.23	16.4
普 洱 市	611.34	21.8
临 沧 市	1170.14	27.6
楚 雄 州	1290.33	27.8
红 河 州	2533.75	20.3
文 山 州	758.07	20.8
西双版纳州	479.35	15.5
大 理 州	881.97	17.5
德 宏 州	371.39	19.6
怒 江 州	151.65	25.4
迪 庆 州	364.48	15.5

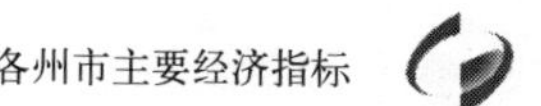

18-5 各州市社会消费品零售总额

（2017年）

地　　区	社会消费品零售总额(亿元)	比上年增长(%)
全　　省	**6423.06**	**12.2**
昆 明 市	**2590.95**	**12.2**
曲 靖 市	635.33	12.5
玉 溪 市	367.45	12.5
保 山 市	224.90	12.4
昭 通 市	266.74	12.3
丽 江 市	117.70	12.3
普 洱 市	182.86	12.2
临 沧 市	195.28	12.5
楚 雄 州	335.99	12.5
红 河 州	411.85	12.4
文 山 州	363.40	12.3
西双版纳州	130.33	12.0
大 理 州	373.81	12.3
德 宏 州	138.52	11.1
怒 江 州	36.53	12.0
迪 庆 州	51.42	12.0

18-6 各州市一般公共预算收支

（2017年）

地　　区	一般公共预算收入（亿元）	一般公共预算支出（亿元）
全　　省	**1886.17**	**5712.97**
昆 明 市	**560.86**	**775.90**
曲 靖 市	136.22	442.55
玉 溪 市	137.22	262.12
保 山 市	62.32	238.03
昭 通 市	67.53	416.42
丽 江 市	40.06	160.80
普 洱 市	53.22	271.78
临 沧 市	40.04	242.95
楚 雄 州	80.26	248.69
红 河 州	141.28	402.79
文 山 州	56.88	321.57
西双版纳州	28.46	117.77
大 理 州	87.01	338.18
德 宏 州	33.77	150.92
怒 江 州	9.93	89.67
迪 庆 州	10.17	139.94

18-7 各州市农村居民收入

（2017年）

地　　区	农村常住居民人均可支配收入 (元)	比上年增长 (%)
全　　省	**9862**	**9.3**
昆 明 市	**13698**	**9.1**
曲 靖 市	11345	9.3
玉 溪 市	13057	9.1
保 山 市	10321	9.5
昭 通 市	8675	9.1
丽 江 市	9520	8.8
普 洱 市	9484	9.4
临 沧 市	9814	10.1
楚 雄 州	10044	9.4
红 河 州	10356	9.6
文 山 州	9184	9.3
西双版纳州	12043	9.0
大 理 州	10525	9.5
德 宏 州	9464	9.3
怒 江 州	5871	10.8
迪 庆 州	7776	9.7

注：农村常住居民人均可支配收入增速未扣除价格因素。

18-8 各州市城镇居民收入

（2017年）

地　　区	城镇常住居民人均可支配收入(元)	比上年增长(%)
全　　省	**30996**	**8.3**
昆 明 市	**39788**	**8.3**
曲 靖 市	31932	8.3
玉 溪 市	34880	8.4
保 山 市	30164	8.5
昭 通 市	25560	8.1
丽 江 市	30403	8.2
普 洱 市	26853	8.3
临 沧 市	25056	8.6
楚 雄 州	31653	8.4
红 河 州	30808	8.7
文 山 州	27995	8.6
西双版纳州	27201	7.8
大 理 州	31779	8.2
德 宏 州	27013	8.3
怒 江 州	22648	9.3
迪 庆 州	31853	8.2

注：城镇常住居民人均可支配收入增速未扣除价格因素。

19

全国省会城市主要经济指标

QUANGUOSHENGHUICHENGSHIZHUYAOJINGJIZHIBIAO

19-1 年末总人口

单位：万人

城市名称		2017年	位次			
			全部	西部	中部	东部
西部城市	昆明市	678.30	17	4	7	8
	成都市	1604.50	1	1		
	贵阳市	480.20	19	5		
	西安市	961.67	7	2		
	兰州市	372.96	21	6		
	西宁市	235.50	24	9		
	银川市	222.54	26	10		
	南宁市	715.33	16	3		
	乌鲁木齐市	350.40	22	7		
	呼和浩特市	311.50	23	8		
	拉萨市	54.36	27	11		
中部城市	哈尔滨市	1092.90	3		1	
	武汉市	1089.29	4		2	
	郑州市	988.10	6		3	
	长沙市	791.81	12		5	
	南昌市	546.35	18		8	
	合肥市	796.50	11		4	
	太原市	437.97	20		9	
	长春市	748.90	14		6	
东部城市	广州市	1449.84	2			1
	石家庄市	1087.99	5			2
	沈阳市	829.40	10			5
	福州市	766.00	13			6
	济南市	732.12	15			7
	海口市	227.21	25			9
	杭州市	946.80	8			3
	南京市	833.50	9			4

注：拉萨、长春为年末户籍人口。

19-2 地区生产总值

单位：亿元

城市名称		2017年	位次				同比±%	位次			
			全部	西部	中部	东部		全部	西部	中部	东部
西部城市	昆明市	4857.64	17	3	8	8	9.7	3	3	1	1
	成都市	13889.39	2	1			8.1	10	5		
	贵阳市	3537.96	19	5			11.3	1	1		
	西安市	7469.85	8	2			7.7	19	9		
	兰州市	2523.54	23	8			5.7	25	10		
	西宁市	1284.91	26	10			9.5	4	4		
	银川市	1803.17	24	9			8.0	13	7		
	南宁市	4118.83	18	4			8.0	13	7		
	乌鲁木齐市	2743.82	21	6			8.1	10	5		
	呼和浩特市	2743.72	22	7			5.0	26	11		
	拉萨市	479.25	27	11			10.0	2	2		
中部城市	哈尔滨市	6355.00	14		6		6.7	24		9	
	武汉市	13410.34	3		1		8.0	13		6	
	郑州市	9130.20	7		3		8.2	9		5	
	长沙市	10535.51	6		2		9.0	5		2	
	南昌市	5003.19	16		7		9.0	5		2	
	合肥市	7213.45	9		4		8.5	8		4	
	太原市	3382.18	20		9		7.5	20		8	
	长春市	6530.00	12		5		8.0	13		6	
东部城市	广州市	21503.15	1			1	7.0	23			8
	石家庄市	6460.90	13			6	7.3	22			7
	沈阳市	5865.00	15			7	3.5	27			9
	福州市	7104.02	11			5	8.7	7			2
	济南市	7201.96	10			4	8.0	13			4
	海口市	1390.48	25			9	7.5	20			6
	杭州市	12556.16	4			2	8.0	13			4
	南京市	11715.10	5			3	8.1	10			3

19-3 第一产业增加值

单位：亿元

城市名称		2017年	位次				同比±%	位次			
			全部	西部	中部	东部		全部	西部	中部	东部
西部城市	昆明市	210.13	16	4	6	8	6.0	2	2	1	1
	成都市	500.87	3	1			3.9	10	9		
	贵阳市	147.33	19	5			6.3	1	1		
	西安市	281.12	11	3			4.6	5	5		
	兰州市	61.47	22	7			5.9	3	3		
	西宁市	41.80	24	9			5.1	4	4		
	银川市	61.38	23	8			4.2	7	7		
	南宁市	404.18	6	2			4.1	8	8		
	乌鲁木齐市	29.62	26	10			2.7	22	11		
	呼和浩特市	107.74	20	6			2.8	20	10		
	拉萨市	17.54	27	11			4.5	6	6		
中部城市	哈尔滨市	688.80	1		1		3.7	12		4	
	武汉市	408.20	5		2		2.8	20		8	
	郑州市	158.60	18		8		2.6	23		9	
	长沙市	379.45	7		3		3.0	18		6	
	南昌市	192.13	17		7		4.0	9		2	
	合肥市	272.75	12		5		3.7	12		4	
	太原市	40.82	25		9		3.0	18		6	
	长春市	315.10	9		4		3.8	11		3	
东部城市	广州市	233.49	15			7	-1.0	27			9
	石家庄市	480.50	4			2	2.4	24			6
	沈阳市	268.20	13			5	3.6	16			4
	福州市	519.49	2			1	3.7	12			2
	济南市	317.40	8			3	3.3	17			5
	海口市	63.72	21			9	3.7	12			2
	杭州市	311.67	10			4	1.9	25			7
	南京市	263.01	14			6	1.2	26			8

19-4 第二产业增加值

单位：亿元

城市名称		2017年	位次				同比±%	位次			
			全部	西部	中部	东部		全部	西部	中部	东部
西部城市	昆明市	1865.97	16	3	7	8	9.0	4	4	1	1
	成都市	5998.19	2	1			7.5	11	6		
	贵阳市	1375.18	19	5			10.0	3	3		
	西安市	2596.08	13	2			5.5	18	9		
	兰州市	881.74	22	7			3.1	25	10		
	西宁市	556.44	25	10			10.6	1	1		
	银川市	908.60	21	6			6.5	17	8		
	南宁市	1599.50	18	4			8.6	5	5		
	乌鲁木齐市	827.63	23	8			7.4	13	7		
	呼和浩特市	755.75	24	9			2.6	27	11		
	拉萨市	189.38	27	11			10.4	2	2		
中部城市	哈尔滨市	1820.70	17		8		3.6	24		9	
	武汉市	5861.35	3		1		7.1	14		7	
	郑州市	4247.50	7		3		7.6	10		5	
	长沙市	4998.26	4		2		7.7	9		4	
	南昌市	2666.10	12		6		8.4	7		3	
	合肥市	3643.08	8		4		8.6	5		2	
	太原市	1271.42	20		9		7.0	15		8	
	长春市	3175.20	9		5		7.5	11		6	
东部城市	广州市	6015.29	1			1	4.7	22			7
	石家庄市	2913.90	11			5	3.7	23			8
	沈阳市	2261.40	15			7	2.7	26			9
	福州市	2962.94	10			4	6.9	16			3
	济南市	2569.22	14			6	8.4	7			2
	海口市	252.22	26			9	5.0	21			6
	杭州市	4387.19	6			3	5.3	19			4
	南京市	4454.87	5			2	5.1	20			5

19-5 工业增加值

单位：亿元

城市名称		2017年	位次				同比±%	位次			
			全部	西部	中部	东部		全部	西部	中部	东部
西部城市	昆明市	1159.20	17	4	8	7	10.1	1	1	1	1
	成都市	5217.20	2	1			8.4	12	7		
	贵阳市	872.57	18	5			9.5	4	4		
	西安市	1677.48	14	2			5.8	19	8		
	兰州市	607.13	22	8			4.6	23	10		
	西宁市	413.34	24	10			9.7	2	2		
	银川市	667.59	20	6			8.5	11	6		
	南宁市	1189.89	16	3			9.7	2	2		
	乌鲁木齐市	643.62	21	7			8.6	9	5		
	呼和浩特市	551.73	23	9			5.8	19	8		
	拉萨市	—	—	—			—	—	—		
中部城市	哈尔滨市	1206.70	15		7		4.8	22		9	
	武汉市	4724.87	3		1		7.5	15		7	
	郑州市	3683.50	7		3		7.4	16		8	
	长沙市	4101.47	4		2		8.1	13		6	
	南昌市	1977.78	12		6		9.3	5		2	
	合肥市	2952.20	8		4		9.3	5		2	
	太原市	862.20	19		9		8.9	7		4	
	长春市	2677.60	9		5		8.6	9		5	
东部城市	广州市	5459.69	1			1	5.2	21			6
	石家庄市	—	—			—	—	—			—
	沈阳市	1819.30	13			6	2.5	25			8
	福州市	2270.92	10			4	7.7	14			3
	济南市	2003.10	11			5	8.9	7			2
	海口市	142.22	25			8	4.3	24			7
	杭州市	3982.10	5			2	6.5	17			4
	南京市	3853.39	6			3	6.0	18			5

19-6 第三产业增加值

单位：亿元

城市名称		2017年	位次				同比±%	位次			
			全部	西部	中部	东部		全部	西部	中部	东部
西部城市	昆明市	2781.54	16	3	7	8	10.5	5	2	2	3
	成都市	7390.33	3	1			8.9	16	6		
	贵阳市	2015.45	20	5			12.6	1	1		
	西安市	4592.65	8	2			9.2	11	5		
	兰州市	1580.34	23	8			7.2	25	10		
	西宁市	686.67	26	10			8.7	18	7		
	银川市	833.18	25	9			10.1	8	3		
	南宁市	2115.15	18	4			8.4	19	8		
	乌鲁木齐市	1886.56	21	6			8.4	19	8		
	呼和浩特市	1880.23	22	7			6.1	26	11		
	拉萨市	272.33	27	11			10.0	9	4		
中部城市	哈尔滨市	3845.50	10		4		9.0	13		5	
	武汉市	7140.79	4		1		9.2	11		4	
	郑州市	4724.10	7		3		9.0	13		5	
	长沙市	5157.80	6		2		10.9	4		1	
	南昌市	2144.96	17		8		10.2	7		3	
	合肥市	3297.62	13		5		8.9	16		8	
	太原市	2069.94	19		9		7.9	24		9	
	长春市	3039.70	15		6		9.0	13		5	
东部城市	广州市	15254.37	1			1	8.2	22			7
	石家庄市	3066.40	14			7	11.6	2			1
	沈阳市	3335.40	12			6	4.0	27			9
	福州市	3621.60	11			5	11.0	3			2
	济南市	4315.34	9			4	8.2	22			7
	海口市	1074.54	24			9	8.4	19			6
	杭州市	7857.30	2			2	10.0	9			5
	南京市	6997.22	5			3	10.3	6			4

19-7 固定资产投资

单位：亿元

城市名称		2017年	同比 ±%
西部城市	昆明市	4217.94	7.6
	成都市	9404.20	12.3
	贵阳市	3850.60	18.1
	西安市	7463.31	13.0
	兰州市	1315.35	-33.9
	西宁市	1600.03	14.3
	银川市	1719.05	1.4
	南宁市	4307.95	12.6
	乌鲁木齐市	2020.15	25.6
	呼和浩特市	1490.78	-19.4
	拉萨市	611.73	5.1
中部城市	哈尔滨市	5395.50	7.1
	武汉市	7871.66	11.0
	郑州市	7573.44	8.2
	长沙市	7567.77	13.1
	南昌市	5115.18	12.7
	合肥市	6351.43	5.0
	太原市	964.86	6.8
	长春市	5194.80	11.5
东部城市	广州市	5919.83	5.7
	石家庄市	6310.10	6.7
	沈阳市	1484.00	-9.0
	福州市	5823.39	12.3
	济南市	4363.60	13.5
	海口市	1415.50	11.3
	杭州市	5856.65	1.4
	南京市	6215.20	12.3

注：以上城市统计口径不一致，不可比。

19-8 房地产投资

单位：亿元

城市名称		2017年	位次				同比±%	位次			
			全部	西部	中部	东部		全部	西部	中部	东部
西部城市	昆明市	1683.33	9	3	3	5	10.0	14	7	5	4
	成都市	2487.90	5	1			-5.7	23	8		
	贵阳市	1026.43	14	4			10.7	12	5		
	西安市	2333.34	6	2			15.0	8	2		
	兰州市	432.16	22	6			10.5	13	6		
	西宁市	351.33	25	9			11.0	11	4		
	银川市	402.82	24	8			-15.2	24	9		
	南宁市	958.09	15	5			12.2	10	3		
	乌鲁木齐市	428.74	23	7			18.3	3	1		
	呼和浩特市	238.40	26	10			-54.2	26	10		
	拉萨市	—	—	—			—	—	—		
中部城市	哈尔滨市	494.30	20		8		-3.5	21		7	
	武汉市	2686.34	4		2		6.7	16		6	
	郑州市	3358.84	1		1		20.9	1		1	
	长沙市	1489.69	11		5		18.2	4		2	
	南昌市	790.69	17		6		17.2	6		3	
	合肥市	1557.41	10		4		15.1	7		4	
	太原市	478.14	21		9		-29.9	25		9	
	长春市	573.80	19		7		-3.8	22		8	
东部城市	广州市	2702.89	3			2	6.4	17			6
	石家庄市	1243.60	12			6	20.0	2			1
	沈阳市	814.20	16			8	14.7	9			3
	福州市	1694.18	8			4	0.9	20			9
	济南市	1232.60	13			7	5.9	18			7
	海口市	603.25	18			9	9.5	15			5
	杭州市	2734.00	2			1	4.9	19			8
	南京市	2170.21	7			3	17.6	5			2

19-9 社会消费品零售总额

单位：亿元

城市名称		2017年	位次				同比±%	位次			
			全部	西部	中部	东部		全部	西部	中部	东部
西部城市	昆明市	2590.95	16	3	7	8	12.2	3	2	2	1
	成都市	6403.50	2	1			11.5	6	4		
	贵阳市	1335.28	22	7			11.7	4	3		
	西安市	4329.51	7	2			10.5	12	6		
	兰州市	1358.72	21	6			7.6	23	9		
	西宁市	560.79	26	10			9.3	20	8		
	银川市	562.31	25	9			9.4	19	7		
	南宁市	2204.16	17	4			11.3	8	5		
	乌鲁木齐市	1317.12	23	8			6.5	24	10		
	呼和浩特市	1570.95	20	5			6.0	26	11		
	拉萨市	258.76	27	11			12.7	1	1		
中部城市	哈尔滨市	4044.80	11		4		8.0	21		8	
	武汉市	6196.30	3		1		10.4	15		6	
	郑州市	4057.22	10		3		10.7	11		4	
	长沙市	4547.68	6		2		10.5	12		5	
	南昌市	2096.96	18		8		12.3	2		1	
	合肥市	2728.51	15		6		11.6	5		3	
	太原市	1767.82	19		9		6.1	25		9	
	长春市	2922.80	14		5		10.3	16		7	
东部城市	广州市	9402.59	1			1	8.0	21			8
	石家庄市	3296.00	13			7	10.8	10			4
	沈阳市	3989.80	12			6	0.1	27			9
	福州市	4193.87	8			4	11.4	7			2
	济南市	4146.10	9			5	10.1	18			7
	海口市	726.12	24			9	11.0	9			3
	杭州市	5717.43	4			2	10.5	12			5
	南京市	5604.66	5			3	10.2	17			6

19-10 一般公共预算收入

单位：亿元

城市名称		2017年	位次				同比±%	位次			
			全部	西部	中部	东部		全部	西部	中部	东部
西部城市	昆明市	560.86	13	3	5	7	8.2	22	8	8	8
	成都市	1275.50	4	1			11.3	9	3		
	贵阳市	377.77	18	5			8.0	23	9		
	西安市	654.50	11	2			9.8	15	4		
	兰州市	234.20	22	7			8.7	18	6		
	西宁市	79.16	27	11			18.2	2	2		
	银川市	177.46	24	9			9.3	17	5		
	南宁市	332.15	20	6			6.2	24	10		
	乌鲁木齐市	400.78	17	4			8.4	19	7		
	呼和浩特市	201.63	23	8			-23.0	27	11		
	拉萨市	89.63	26	10			26.6	1	1		
中部城市	哈尔滨市	368.10	19		8		8.4	19		6	
	武汉市	1402.93	3		1		11.2	10		3	
	郑州市	1056.67	6		2		9.6	16		5	
	长沙市	800.35	7		3		11.5	8		2	
	南昌市	417.08	16		7		3.7	26		9	
	合肥市	655.90	10		4		12.8	4		1	
	太原市	311.85	21		9		10.3	14		4	
	长春市	450.10	15		6		8.3	21		7	
东部城市	广州市	1533.06	2			2	10.9	11			5
	石家庄市	460.90	14			8	12.2	6			3
	沈阳市	656.20	9			5	5.7	25			9
	福州市	634.16	12			6	10.4	13			7
	济南市	677.20	8			4	10.5	12			6
	海口市	125.37	25			9	12.8	4			2
	杭州市	1567.42	1			1	17.4	3			1
	南京市	1271.91	5			3	11.9	7			4

19-11 一般公共预算支出

单位：亿元

城市名称		2017年	位次				同比±%	位次			
			全部	西部	中部	东部		全部	西部	中部	东部
西部城市	昆明市	775.90	16	3	7	8	12.7	8	1	6	3
	成都市	1756.70	2	1			10.1	13	2		
	贵阳市	578.08	19	5			10.1	13	2		
	西安市	1045.09	8	2			7.1	20	6		
	兰州市	429.36	22	7			1.2	24	9		
	西宁市	288.37	25	10			0.2	25	10		
	银川市	341.83	24	9			3.3	22	8		
	南宁市	646.31	18	4			10.1	13	2		
	乌鲁木齐市	458.58	21	6			9.8	16	5		
	呼和浩特市	402.27	23	8			-4.4	26	11		
	拉萨市	257.47	26	11			3.7	21	7		
中部城市	哈尔滨市	958.50	10		5		9.4	18		9	
	武汉市	1728.28	3		1		13.4	5		4	
	郑州市	1514.94	5		2		14.6	2		1	
	长沙市	1186.57	7		3		13.9	3		2	
	南昌市	654.28	17		8		12.2	12		8	
	合肥市	965.34	9		4		12.3	11		7	
	太原市	479.06	20		9		13.0	7		5	
	长春市	875.70	12		6		13.6	4		3	
东部城市	广州市	2185.99	1			1	12.5	10			5
	石家庄市	806.70	15			7	8.1	19			7
	沈阳市	848.00	13			5	2.7	23			8
	福州市	940.82	11			4	13.1	6			2
	济南市	834.10	14			6	12.6	9			4
	海口市	198.50	27			9	-4.8	27			9
	杭州市	1540.92	4			2	9.7	17			6
	南京市	1353.96	6			3	15.3	1			1

19-12 金融机构人民币（含外资）存款、贷款余额

（2017年） 单位：亿元

城市名称		年末存款余额	位次				年末贷款余额	位次			
			全部	西部	中部	东部		全部	西部	中部	东部
西部城市	昆明市	13492.69	11	3	4	6	14830.89	8	3	3	4
	成都市	34423.30	3	1			28359.30	3	1		
	贵阳市	10814.51	16	4			10403.12	15	5		
	西安市	20047.62	7	2			16954.81	7	2		
	兰州市	8513.59	20	6			9643.55	19	6		
	西宁市	3883.79	24	9			5109.15	23	9		
	银川市	3587.23	25	10			4460.31	25	10		
	南宁市	9367.53	19	5			10470.44	14	4		
	乌鲁木齐市	8320.71	21	7			6235.78	22	8		
	呼和浩特市	6312.61	22	8			7646.01	21	7		
	拉萨市	2726.28	26	11			2754.91	26	11		
中部城市	哈尔滨市	10512.60	17		7		9968.30	18		8	
	武汉市	23967.69	5		1		22558.03	5		1	
	郑州市	20349.56	6		2		17992.36	6		2	
	长沙市	—	—		—		—	—		—	
	南昌市	10011.39	18		8		10209.28	17		7	
	合肥市	13881.72	10		3		12865.46	12		4	
	太原市	11621.28	14		5		11340.29	13		5	
	长春市	11467.60	15		6		10341.90	16		6	
东部城市	广州市	49332.53	1			1	33312.73	1			1
	石家庄市	11702.97	13			8	8924.98	20			8
	沈阳市	15559.20	9			5	12952.50	10			6
	福州市	13136.68	12			7	13320.41	9			5
	济南市	15957.70	8			4	12883.70	11			7
	海口市	5318.03	23			9	4538.22	24			9
	杭州市	35321.94	2			2	28573.63	2			2
	南京市	29944.86	4			3	24578.25	4			3

19-13 居民消费价格指数

单位：%

城市名称		2017年	位次			
			全部	西部	中部	东部
西部城市	昆明市	100.5	27	11	9	9
	成都市	102.0	7	3		
	贵阳市	101.0	26	10		
	西安市	102.0	7	3		
	兰州市	101.5	17	7		
	西宁市	101.8	12	5		
	银川市	101.7	15	6		
	南宁市	102.3	4	2		
	乌鲁木齐市	102.8	2	1		
	呼和浩特市	101.4	18	8		
	拉萨市	101.4	18	8		
中部城市	哈尔滨市	101.6	16		5	
	武汉市	101.9	10		2	
	郑州市	101.8	12		3	
	长沙市	101.3	23		7	
	南昌市	102.1	6		1	
	合肥市	101.4	18		6	
	太原市	101.8	12		3	
	长春市	101.3	23		7	
东部城市	广州市	102.3	4			3
	石家庄市	101.4	18			6
	沈阳市	101.4	18			6
	福州市	101.1	25			8
	济南市	102.0	7			4
	海口市	103.3	1			1
	杭州市	102.5	3			2
	南京市	101.9	10			5

19–14 城镇常住居民人均可支配收入

单位：元

城市名称		2017年	位次				同比 ± %	位次			
			全部	西部	中部	东部		全部	西部	中部	东部
西部城市	昆明市	39788	10	2	3	7	8.3	13	6	6	3
	成都市	38918	11	3			8.4	11	5		
	贵阳市	32186	25	10			9.1	3	2		
	西安市	38536	12	4			8.2	18	8		
	兰州市	32331	24	9			9.0	6	4		
	西宁市	30043	27	11			9.1	3	2		
	银川市	32981	21	7			8.2	18	8		
	南宁市	33217	19	6			8.1	21	11		
	乌鲁木齐市	37028	15	5			8.3	13	6		
	呼和浩特市	43518	6	1			8.2	18	8		
	拉萨市	32408	23	8			10.3	1	1		
中部城市	哈尔滨市	35546	17		7		7.1	24		7	
	武汉市	43405	7		2		9.2	2		1	
	郑州市	36050	16		6		8.5	10		4	
	长沙市	46948	4		1		8.4	11		5	
	南昌市	37675	14		5		8.8	8		3	
	合肥市	37972	13		4		9.0	6		2	
	太原市	31469	26		9		6.2	26		9	
	长春市	33168	20		8		6.8	25		8	
东部城市	广州市	55400	2			2	8.8	8			2
	石家庄市	32929	22			9	8.1	21			7
	沈阳市	41359	8			5	6.1	27			9
	福州市	40973	9			6	8.3	13			3
	济南市	46642	5			4	8.3	13			3
	海口市	33320	18			8	8.3	13			3
	杭州市	56276	1			1	7.8	23			8
	南京市	54538	3			3	9.1	3			1

注：增幅未扣物价因素。

19–15 农村常住居民人均可支配收入

单位：元

城市名称		2017年	位次				同比±%	位次			
			全部	西部	中部	东部		全部	西部	中部	东部
西部城市	昆明市	13698	20	6	8	8	9.1	8	4	2	4
	成都市	20298	6	1			9.1	8	4		
	贵阳市	14264	18	5			10.0	2	2		
	西安市	16522	12	3			8.8	15	8		
	兰州市	11305	26	10			8.8	15	8		
	西宁市	10548	27	11			9.0	12	7		
	银川市	13087	23	7			8.7	17	10		
	南宁市	12515	25	9			9.8	3	3		
	乌鲁木齐市	17839	10	2			9.1	8	4		
	呼和浩特市	15710	14	4			8.2	20	11		
	拉萨市	12994	24	8			13.5	1	1		
中部城市	哈尔滨市	15614	15		6		8.1	21		6	
	武汉市	20887	5		2		9.1	8		2	
	郑州市	19974	7		3		8.4	19		5	
	长沙市	27360	2		1		7.5	24		7	
	南昌市	16364	13		5		9.4	5		1	
	合肥市	18594	8		4		9.0	12		4	
	太原市	15595	16		7		6.9	26		8	
	长春市	13431	21		9		6.8	27		9	
东部城市	广州市	23484	3			2	9.5	4			1
	石家庄市	13345	22			9	8.1	21			7
	沈阳市	15461	17			6	7.5	24			9
	福州市	17865	9			4	9.3	6			2
	济南市	16594	11			5	8.1	21			7
	海口市	13763	19			7	8.6	18			6
	杭州市	30397	1			1	8.9	14			5
	南京市	23133	4			3	9.3	6			2

注：增幅未扣物价因素。